U0534391

本书由河南师范大学学术专著出版资金资助出版

德性、政治与礼乐教化

——《礼记》礼乐释义研究

张树业 著

图书在版编目（CIP）数据

德性、政治与礼乐教化：《礼记》礼乐释义研究/张树业著. —北京：中国社会科学出版社，2020.7

ISBN 978-7-5203-6756-1

Ⅰ.①德… Ⅱ.①张… Ⅲ.①礼乐—文化研究—中国②《礼记》—研究 Ⅳ.①K892.9

中国版本图书馆 CIP 数据核字（2020）第 115862 号

出版人	赵剑英
责任编辑	孙　萍
责任校对	石春梅
责任印制	王　超

出　　版	中国社会科学出版社
社　　址	北京鼓楼西大街甲 158 号
邮　　编	100720
网　　址	http://www.csspw.cn
发 行 部	010-84083685
门 市 部	010-84029450
经　　销	新华书店及其他书店
印　　刷	北京君升印刷有限公司
装　　订	廊坊市广阳区广增装订厂
版　　次	2020 年 7 月第 1 版
印　　次	2020 年 7 月第 1 次印刷
开　　本	710×1000　1/16
印　　张	25.25
字　　数	402 千字
定　　价	139.00 元

凡购买中国社会科学出版社图书,如有质量问题请与本社营销中心联系调换
电话:010-84083683
版权所有　侵权必究

序

儒学之主旨在教化。此教化以人的德性人格与社会伦理之动态互成为特征，其中实涵蕴儒家"内圣外王"之价值追求，希望人之精神生命向上超拔以达致"立人极""与天地参"的天人合一之人格境界，向外展开为社会政治层面"兼济天下"乃至"参赞化育"的事功。历史上，儒家用以行其教化的重要方式是礼乐，因此，对作为教化之根本方式的礼乐系统之建构，一直是历代儒者理论探索和躬行实践的重要方向。

儒家之所以将礼乐作为教化的根本方式，乃因为一文化的教化理念，必须落实到具体的仪式、习俗之中，方能对人产生更直接的影响，并由此培育价值认同，养成德性。礼乐是中国人最古老、最根本的生活样式，儒家在承袭其仪轨的同时，又对之予以提升和转化。在此之前，礼乐文化之精神价值处于一种非自觉状态，其中蕴含的对人类生活之真切理解与合理规划未能充分彰显，反而容易被现实中各类特殊的政治需求或流俗观念所扭曲。譬如被现代学术界普遍视为"礼乐文化"之标准形态的盛周礼乐，便因其与周代制度的密合而呈现为一种宗法封建形态，这又几乎成为后世对礼乐之特性和精神的标准定位。实则礼乐作为一种生活样式，并非起源于周朝，亦未随周衰而亡失，足见礼乐与周制之关系乃是历史性的，而非本质性的。儒家言礼制虽主要以周礼为基本参照，但并不如流俗所言，意在倡导复归于历史性的周礼。因儒者所言周礼，本身已经是以德性的回复为进路的价值重建后的理想化之"周礼"，此其一。自孔子开始，儒家就注意到并强调礼乃是在"因"和"损益"中变化着的历史性存在，认为礼乐之重构必须因时制宜，从不固执于某种特殊的历史性制度、仪轨，此其二。儒家并不试图在民众现有礼乐生活方式之外刻意人为建构一个新的仪轨体系，而主张即此现存之礼乐系统而对其进行精神价值的点化和提升，同时又强调必须根据社会生活的变化而对礼乐系统进行必要的改变甚至重建。更重要的是，儒家在对"礼坏乐崩"的反思中，通过"礼之本"的追问和"达礼乐之原"的思想努力，给予礼乐以形上的理论支持，揭示出礼乐的精神价值内蕴，即其作为一种"达天道而顺人情"的生活样式所包含的人性理解和终极关切。对礼乐的释义行动构成早期儒家哲学最基本的理论生长点。

先秦儒家的礼乐释义文献，最初以礼之"记"的形式被收藏、记录，《礼记》之编选，即以此类文献为中心。"三礼"主题各有侧重，《礼记》正以阐释礼乐之精神价值和政教意义为其特征。特别是其中大量的礼仪释义文献，与《仪礼》相关内容形成明确的"仪""义"对应关系，故朱子以为《仪礼》是"经"而《礼记》是"传"。而《礼记》地位在历史上不断提升，不但获得"经"的地位，其实际影响也超过《仪礼》《周礼》。之所以如此，实因随着时间推移和情势变迁，众多古老的制度、仪式必将渐趋消亡或变得不合时宜，唯有超越于特定时空而具有一贯性的礼之义才是礼乐系统得以重构并获得持久生命力的根本所系，如《礼记·郊特牲》所言："礼之所尊，尊其义也。失其义，陈其数，祝史之事也。故其数可陈也，其义难知也。知其义而敬守之，天子之所以治天下也。"在社会生活发生根本改变之际，通过阐明礼义而重整礼乐，使之能够应对生活变化并再度为教养—教化生活奠基，便显得十分必要。就此而言，《礼记》研究在礼学和经学领域实具有更强的必要性和紧迫性。

然而，近代以来学界对《礼记》的研究主要集中于文献学和历史学领域，鲜少针对其思想内容进行系统的哲理研讨，这与其礼乐释义理论主题颇不相称。之所以如此，乃因长期以来中国哲学研究中，对"哲学"之内涵与研究方式的理解本质上被西方学术话语霸权所笼罩，致使儒家礼乐释义理论根本无法找到自己在一种西式"哲学体系"中的研究定位。《礼记》在现代学术分科体系中变得支离破碎，被分割为哲学、政治学、社会学、宗教学、人类学等不同学科的研究对象，这与礼乐作为一种生活样式本具的整体性、弥散性和浑融性实相矛盾。儒家礼乐释义理论乃建基于对人类生活之"通"性本质的把握之上，基于分析式学科定位的"哲学"研究恰恰遮蔽了"通"达这一整体性精神的道路，这也是近代以来学者们对如何界定"礼"或"礼乐"深感困惑的原因所在。一些学者提倡回归传统的礼学和经学研究模式，对《礼记》和儒家礼乐释义理论研究而言，的确是一个极有价值的进路。

经学在20世纪曾遭到否定，认为其不具备"科学"性，且内含对思想"权威"的"屈从"。今天看来，用以否定经学的"科学"性研究诉求，实源于对西方话语霸权的认同，也是对西方学术传统缺乏深入了解的表现。至于所谓经学的"权威"观念，则须稍作分疏。历史地看，经学之发生、延续与演变，与中国历史上经典系统的建构和传衍相关。从经典系统的发展看，由"六经"系统的确立，到"四书五经"以及"十三经"系统的定型，中间经历了很长的历史时期。与之相应，经学也并非一成不变，而是一个发展、衍化着的思想系统。"就其表现形式而言，整个中国思想和哲学发展的历史可以说就是一部经典诠释史。"①经典诠释的历史包含了经典系统的重建和经典意义系统的重建两个方面。《礼记》由传记之书而升格为礼经正典，即是经典系统重建的典型例子；据经典诠释以形成一时代的思想视域，并赋予经典以新的思想史意义，则为经典意义系统的重建。"儒学在每一个历史时期都有其当代性的形态，表现为一种历史性和当代性的统一。一时代学术的重心，乃在于其面对经典，继承传统，因任现实的思想性创造。"②

民国以降，学者盛言经学终结。然经学之衰，实非中华文化之福。盖中国虽非本无宗教，社会教化亦非全赖经学，然经典教育在中国社会中仍起着关键的维系世道人心的作用。经学之经，乃是中华文化传统的"神圣经典"，或更准确地说是"圣典"。此处所言"神圣"，是在中国传统语境和观念系统中的"神圣"，而非西方语境中纯然宗教性的"神圣"。在儒家看来，经之为经，乃因为其体现圣人之道，而所谓圣人之道，不过是一个"常道"，此常道并非某一神灵本于其"自由意志"所创而对人颁布的神圣"律法"，更非少数人奋其私智而设，而是古初圣

---

① 李景林：《教化视域中的儒学》，中国社会科学出版社2013年版，第257页。
② 同上书，第270页。

贤基于"仰观俯察，近取诸身，远取诸物"的努力而达成的对天道自然秩序和人之性情的体察与理解。因此，古人之尊经，并非以经典为绝对权威而不敢稍持异议，此绝非中国经学传统之真貌。对古人而言，经固为传道之书，为古圣贤垂世立教之作，然道不赖经而存，经亦不能尽道，因而经典权威并非绝对，经中文字亦可怀疑，经中义理亦可辩驳。尊经者，非尊经典之文字，非尊经典之具体论断，而尊经典之根本精神之谓。此根本精神既超越古今而一以贯之，又不泥故常而与日俱新。

经学的存在，并不意味着压制思想的独立和创造，中国古典学问体系中经学与子学并行，即其明证。然若无经典教育和经学（或曰"经典诠释"）以涵养社会的整体性价值本原，而一任"天下各得其一察焉以自好"，则不足以维持文化共同体之存续。从这个意义上讲，经典和经学绝非本出于儒家，亦非为儒家所私有，而是中国传统社会共通思想观念和价值体系——上文所谓常道——的体现。换言之，儒家之所以能成为中国文化和思想之主流，正因为其所传述者乃一常道，而非一家之言。将儒学仅仅视为一家之言，是对儒学之根本精神缺乏了解的表现。

今日经学研究所应具之对经典义理的确信，乃在于对中华文化根本精神价值原理的体认与认同，同时也是对人类生活之"常道"的理解和确信。经典文本作为一种"文化基因"，对一民族的精神气质、价值信念和思想学术都有强大的形塑效应。一时代之思想文化形势亦影响经典诠释思路，转变诠释重点和诠释方法，并赋予经典以新的时代精神内涵。向经学诠释的回归，并非意在回归某种"权威主义"，而是作为中华文化复兴前提的价值体系之重建的重要方式。通过这种方式，现代中国的思想创造方能获得来自我们历史文化本原处的活水源头，只有复归于"自我"而达到"自主"，方能通向"自由"和"创造"。

张树业博士《德性、政治、与礼乐教化——〈礼记〉礼乐释义研究》一书对《礼记》的研究，正显示出一种回归传统经学诠释方式的努力。作者并未基于现代学术分科体系而预设某种理论框架和思想方法，将《礼记》拆解为散碎的"原始材料"并予取予求地进行重组，而是最大程度地保留《礼记》诸礼乐释义文献之文本独立性与完整性，努力按古人理解自身的方式诠释经典，强调依循经典文献本身篇章结构和语脉思理的指引，探析其独具匠心的谋篇布局、文体、修辞与义理宗旨间的内在联系。这样做既合乎《礼记》本身的文献特质，更有助于凸显经典文本内涵的独特问题意识和致思路向。

该书将《礼记》礼乐释义文献分为礼乐综论、礼仪释义专论和乐论三大类，其第三、四、五章细致疏解《礼记》礼乐综论文献，并将儒家礼乐释义理论之要旨概括为本原天人、协调文质、崇尚中和三点，指出儒家礼乐政教传统所追求的政治理想乃是"教化政治"，即以礼乐教化为基础的无为政治。第七、八章考察《礼记》之礼仪释义专论，探究冠、昏、丧、祭、乡、射、朝、聘等礼仪的象征意义、价值内蕴和教化功能，由此推阐儒家的婚姻、家庭观念与社会、政治理想。着重发挥儒家礼仪释义中情为礼本之旨，对丧礼之哀、祭礼之"齐"与敬进行抽丝剥茧般的细致阐释与辨析，颇能有所发明。第九章专论《乐记》。乐是儒家政教理想实现的根本途径，又是儒家德性人格和精神境界之最高成就形态的象征。作者详细考察了《礼记》所言乐之本原与特质、乐教之内容与方法，着力分析作为儒家成德之象征的"乐境"。对《乐记》之礼乐通论，则着重探析其本于天人一体视野的礼乐政教理想。全书由此勾勒出儒家礼乐释义理论的完整图景。

该书继承传统经学诠释模式，将章句、义疏等解经体裁融会贯通，在分析章句、疏解经文中阐发义理，哲理探研与文本解析深入贴合。同时，充分参考历代《礼记》注疏文献，化用传统集注之法，对汉唐儒之经传注疏、宋明儒之义理发挥、清人之朴学考据及今人研究成果多有采撷、辨正，展现了作者深厚的经学工夫。

如前文所言，回归传统经学诠释模式的意义，不在于复古，而在于以此方式深入经典的精神世界，领会经典之义理宗旨，并针对各类现实问题予以切实的理论回应，展现经典之"常道"所应有的当下思想活力，也使经典思想获得新的具有时代特性的理论形态。该书在疏解《礼记》文本，阐释其思想主旨的同时，也力求本之儒家哲学精神和经典理论视野，对当代社会的一些思想和文化课题进行反思，特别针对诸多长期广泛流行的对儒家思想和礼乐文化传统之批评与质疑，给予学理辨析和理论回应。这些努力虽未必成熟，然实构成恢复经典面对现实之思想活力的一个尝试，显示经典诠释中经典义理系统自我更新的一种可能性。

张树业君 2006 年跟我攻读中国哲学专业博士学位，选择《礼记》作为自己的研究方向，博士毕业论文偏重在《礼记》之礼义学的研究。树业君 2009 年获得哲学博士学位，旋任教于河南师范大学，转眼已历十载。十年间，树业君一直究心于《礼记》学的研究，由《礼记》礼义学进一步拓展到礼乐学的研究，其间，又发表相关论文多篇，本书即是由他的博士学位论文增补充实和深化而成。树业君为人诚悫笃实，勤学好思，祝愿他在《礼记》学及中国思想文化研究领域取得更大的成绩。

李景林

己亥仲秋序于北师大励耘九楼寓所

目 录

绪 论 …………………………………………………………… (1)

第一章 华夏礼乐文明源流：《礼记》的历史根基 ………… (23)
第一节 华夏礼乐文明之滥觞与早期演变 ……………… (23)
第二节 周代礼乐文化之特质与其理想性 ……………… (26)
第三节 宗周政制衰退与礼乐文化之转型 ……………… (32)

第二章 先秦诸子礼乐反思：《礼记》的思想本源 ………… (40)
第一节 礼所以本：春秋诸贤对礼乐的认知与阐释 …… (40)
第二节 何以文为：战国诸子对礼乐的批评与质疑 …… (45)
第三节 与于斯文：儒家礼乐释义理论之兴起与发展 … (50)

第三章 《礼记》通论部礼乐政教思想疏义（上） …………… (61)
第一节 《礼记》通论部文献概说 ………………………… (61)
第二节 《礼运》：道之行隐与礼之运转 ………………… (65)
第三节 《礼器》：忠信之本与义理之文 ………………… (93)

第四章 《礼记》通论部礼乐政教思想疏义（中） ………… (109)
第一节 《哀公问》：爱人与成身 ………………………… (110)
第二节 《仲尼燕居》：制中与周流 ……………………… (123)
第三节 《孔子闲居》：达礼乐之原 ……………………… (137)

第四节 《儒行》：礼乐人格的辩护 …………………… (152)

第五章 《礼记》通论部礼乐政教思想疏义（下） ………… (165)
第一节 《坊记》《表记》《缁衣》：仁义文质之道 ……… (165)
第二节 《中庸》：礼乐政教义理纲维的全面开显 ……… (177)
第三节 《礼记》通论部礼乐释义思想综论 …………… (184)

第六章 教学之道与礼乐政教：《礼记》学礼诸篇疏义 …… (190)
第一节 古代学校制度与礼乐教化 ……………………… (190)
第二节 《学记》与古典教学方法 ……………………… (196)
第三节 《经解》与儒家六艺之教 ……………………… (200)

第七章 礼乐人生与成德之教：《礼记》吉事诸篇疏义 …… (206)
第一节 《冠义》：成人之道与"礼之始" ……………… (207)
第二节 《昏义》：夫妇之义与"礼之本" ……………… (216)
第三节 《乡饮酒义》：尊贤养老以成政教 …………… (232)
第四节 《射义》：志正体直以立德行 …………………… (240)
第五节 《燕义》《聘义》：君臣宾主相敬之道 ………… (247)

第八章 情文意识与终极关怀：《礼记》丧祭理论疏义 …… (253)
第一节 "称情立文"：《礼记》丧礼释义 ……………… (254)
第二节 "致敬鬼神"：《礼记》祭礼释义 ……………… (279)
第三节 丧祭礼与华夏古典政教精神 …………………… (309)

第九章 乐与儒家政教理想：《乐记》礼乐论通诠 ………… (315)
第一节 华夏乐教传统与儒家音乐境界 ………………… (316)
第二节 本情象德：音乐之本原与特质 ………………… (326)
第三节 广乐成教：乐教之内容与方法 ………………… (346)

第四节　天地中和：礼乐政教之全体大用 …………………（358）

结　语 ……………………………………………………………（375）

参考文献 …………………………………………………………（384）

后　记 ……………………………………………………………（389）

绪　　论

一　华夏礼乐的历史命运

礼乐文化是华夏文明的根本标志之一，也曾是中国人为之备感自豪的身份表征。中华古传经籍中关于中国之为中国的自我理解大率归本于礼乐。其为人所习闻乐道者，如东汉何休《春秋公羊经传解诂》云："中国者，礼义之国也。"① 唐孔颖达《春秋左传正义》释"华夏"云："中国有礼仪之大，故称夏；有服章之美，谓之华。"② 对古人而言，所谓夷夏之分、人禽之辨，实系于礼义之存亡。礼乐文化在中国历史上扮演了如此重要的角色，以至于舍弃之，甚或只是淡化之，中国文化的面貌都将变得模糊不清。正是礼乐文化深度塑造了传统中国的社会结构、生活样式和文化心理，成就了华夏民族独特的精神世界和价值追求，并因此成为国人教养、教化的深厚根基和活水源头。

礼乐华夏，是一段至今仍令人心向往之的辉煌历史，是一个国人曾为之魂牵梦萦的生活理想。自从礼乐文化于远古时代混茫幽渺的历史深处发生那一刻起，就绽放出文明生活的璀璨光华，照亮华夏民族的漫漫行程。而后，在众多圣贤英杰的创制传承中，这滥觞处的源泉混混，汇聚奔流而为中华文明的浩浩江海；这发端处的斑斓色彩，调绘染织成神州历史的锦绣画卷。于是中国人有了尧、舜圣圣相继，"日月光华，旦复旦兮"那炳焕文章的美好回忆："虞宾在位，群后德让"，"箫韶九成，凤凰来仪"。经过夏、商两代的累积，华夏礼乐在周代呈现空前美盛的景象，故孔子由衷赞叹："周监于二代，郁郁乎文哉！"③《汉书·礼乐志》云："周监于二代，礼文尤具，事为之制，曲为之防，故称礼

---

① 《春秋公羊经传解诂》卷一，隐公七年"不与夷狄之执中国也"注文。
② 《春秋左传正义》卷五十六，定公十年"裔不谋夏，夷不乱华"疏文。
③ 《论语·八佾》。

经三百，威仪三千。于是教化浃洽，民用和睦，灾害不生，祸乱不作，囹圄空虚四十余年。"之后礼乐文化虽经历春秋战国的空前世变而一度崩坏衰替，又遭遇新兴诸子的攻讦责难而陷入低迷困顿，但终能浴火重生，成就汉、唐、宋、明的盛世繁华。

然而，这个曾在历史上令整个世界神往想慕的伟大国度，在遭遇明季天崩地陷般的兵革丧乱之后，已然黯淡了往日的辉煌光焰。在如磐暗夜中踉跄挣扎的国人，灵魂日益变得麻木扭曲，无怪乎两百余年后，面对因工业革命而如日中天的西方文明，陷入惶惑茫然，不知所措。在痛感自身"百事不如人"之余，不免滋生自怨自艾之情，最终积渐而成"五四"全盘否定中国文化传统的慷慨愤激，变异而为"文革"粗暴践踏人类文明精神的肆无忌惮。礼乐被定性为"封建礼教"、束缚国人灵魂的枷锁符咒，成为众矢之的、千夫所指。作为礼乐文化精神传统继承人的儒家也在国人百余年的历史奔突中声誉一落千丈，无复昔日圣学道统的荣光。在群情汹涌的时代狂澜中，正视传统文化变得无比艰难，礼乐文化的形象更是彻底扭曲变形，"吃人的礼教"等指控不绝于耳，以致人人对礼乐二字谈虎色变。在很长时间里，人们提到礼乐时，联想到的无外乎封建专制、等级秩序、宗法观念等，① 礼乐的存在仿佛只是为了压抑人性、扼杀自由，其目的似乎不过服务专制统治、奴化民众，无人关心这一切责难非议是否有失实之处。时至今日，礼乐对国人而言，已是一极陌生而模糊的词语，长期以来对传统的仇视和决裂，对各类古传仪式、风俗的人为摧毁，导致国人生活中的相关内容迅速流失；现代生活方式和思想观念的冲击、渗透，又正在一点点地将日常生活中残留的传统元素侵蚀殆尽。

经历过二十世纪八十年代"文化热"又一轮传统批判的热情高涨

---

① 此类概念在长期以来的礼乐文化研究中，几乎已成为对礼乐之标准定性，而这类定性显然带有强烈的政治色彩，充满话语意识形态意味。但问题是，礼乐文化是否从根源上讲就与上述制度、观念密不可分？即便历史上礼乐文化中出现大量此类内容，是否就可以认定它们便是礼乐文化的本质内涵？而且，在以往的研究中，"封建""等级""宗法""专制"等词语，往往是作为政治价值标签而存在的，鲜有人关注这些标签背后真实的历史形态。譬如文化界至今流行的"封建专制"一语，本身在学理上便是自相矛盾的，并非基于对中国历史的切实考察。对于此类问题，本书将在相应章节予以进一步辨析。

之后，中国知识人的文化意识开始走出狂热的全盘西化诉求和仇视传统情绪——尽管此类观念至今仍颇有市场。虽然小心翼翼，但越来越多的人开始用平和乃至充满"温情与敬意"的目光重新审视中国历史和文化传统。毕竟，如果斩绝自己的文化精神之根，一个民族又如何实现其文明之生机的重新焕发？那些人们满怀希望"嫁接"而来的异文化枝条恐怕也将失去本根的滋养而枯槁毁败。更重要的是，中国晚近的发展成就已然改变了近代以来贫弱艰困的尴尬处境，从而使长期处于自我怀疑、自我否定中的国人开始重新发生文化自信。在此自信的基础上，与西方文化之间真正的平等对话和交流才得以发生。亦缘于此，我们才惊觉自己在"向西方求真理"的道路上不但"邯郸学步，失其故步"，而且已经沦落为昔日"蛮貊之邦"眼中行止无仪的野蛮人。① 世事无常，白云苍狗，历史似乎和中国人开了一个过于残酷的玩笑。于是，一度几成绝响的礼学又开始被人关注，复兴礼学的微弱呼声也开始出现。

当然，这一切在各色以"启蒙""再启蒙"自命的文化人眼中，也许会被打上"民族本位意识""文化保守心态"诸如此类的标签，甚或被更激进者指为"封建思想回光返照"而不遗余力地大加挞伐。对于更多"被启蒙"过的大众而言，礼乐文化即使不必作为"封建残余"而进一步批判和肃清，也该作为古董送进历史博物馆，留给少数不合时宜的人"发思古之幽情"。但正如越来越多的学者明确意识到并为之担忧的那样，传统的断裂使现代中国文化处于一种无根状态，种种因素导致国人精神世界中意义、信仰的失落和社会价值体系的衰颓，与此相应，民间的公共生活形式也迟迟无法得到有效的重建。其影响所及，便是社会文化教养体制的亏空，这一切不能不说是中国在经济突飞猛进的同时埋藏于社会肌理中的巨大隐患。没有一个稳健的社会文化形态的支撑，单纯的经济增长必有势穷力竭之时。如果我们确信自己正在实现"中华民族的伟大复兴"的话，就必须认真面对上述问题并通过慎思明辨予以解答。

---

① 近年来，关于大陆游客在海外因各类不文明行为而遭当地人冷眼和外媒讥评的报道比比皆是，并引发热议。这其中固然不乏文化差异所造成的误会，不排除各类针对中国人的傲慢与偏见作祟的因素，但国人教养生活的亏空也是一不容回避的事实。

当然不少人会坚持认为，此类困境的解决办法只能在现代性方案内部寻找，现代化衍生的问题只能靠现代化去解决，乞灵于完全与现代生活相脱节的"古人之糟粕"不过是食古不化、故步自封的表现。这的确是一个诱人的想法。然而一个不容回避的事实是，自二十世纪现代性的种种弊病显露之后，世界各地的有识之士便在"现代性内部"推出了各式各样的疗救方案，结果却收效甚微。这使我们不得不怀疑持上述观念的人究竟是深思熟虑之后的决断，还是仅仅出于对现代性理念的痴迷。退一步讲，即便现代化的弊端如同论者们乐观相信的那样，有希望在现代化方案内部解决，在前景尚未可知的情况下，我们是该将人类命运交给这在近乎失控状态中飞驰的车辆，去祈祷前方不是悬崖绝壁万丈深渊，而是光明坦途，还是努力扼制其狂奔的势头，去冷静审慎地观察道路，并随时准备调节其行驶方向呢？无论从哪个角度讲，去倾听而不是拒斥对现代性的反思和批判都将是一个更为明智的选择。

然而，此类反思往往会激起文化界现代主义者的强烈情绪反弹。近代以来，各类以"现代化"相标榜的"中国文化批判"就把矛头对准了中国传统思想特别是儒家的"保守性"，宣称中国现实中一切病痛皆因保守而致，而保守之壁垒似乎正是"封建礼教"。然而，中国百余年来历史的磕碰余痛犹在，果真皆是拜"保守"所赐？明眼人应看得出，这期间恰是各式各样的激进主义观念在掌舵。一个健康的社会应该是激进与保守两种力量彼此制约，保持平衡的社会。如果说激进的意义在于否定和突破旧有的格局，为创造开拓新的空间；则保守的意义在于肯定和保存人类的文明成果，使之得以持续并构成社会文明的基础。纯粹的激进必沦为虚无主义，因为它无法持有自身的创造成果；纯粹的保守必陷于干枯僵化，因其缺乏生命活力的滋润。由此看来，礼乐教化体制即便在一定意义上是"保守"的，也未必如过去人们理解的那样一无是处，而有望对未来中国更为稳健平衡的社会形态之建构提供启迪。何况礼乐的主旨在于教化，以内在德性人格之养成和外在群体生活之协调为目的，而非以"保守"为宗旨。礼乐文化肯定传统，特别是各种生活仪轨对人类社会的重要意义，因为只有通过传统，人类的文明、文化才能得以传递，教养生活才得以可能。但礼乐文化也绝不固执于特定的既有制度形态和生活仪轨，而主张因时损益。从这个意义上讲，将礼乐文化局限于特定历史形态而进行考察和评价，显然是对其作为一种文化理想之内涵与特性缺乏理解的表现。

如今，席卷全球的现代化浪潮已将人类带到了一种共同的现代性生活处境中来，我们似乎已经离"天下大同"如此之近，但同样值得警醒的是，各种关于"现代性危机"的呼告恐怕也绝非危言耸听。中国当前社会和文化问题之复杂性在于，所谓"前现代"、现代、后现代现象与观念的共时性存在和缠绕交织，以及由此引发的各类文化价值观念和话语系统间的分裂与冲突，使中国在重构自身的制度、文化和思想时遭遇困难重重。吊诡的是，这一困难之发生根源恰在于现代性本身，并且构成现代性问题的一种突出表现形式。当然，描述现代性问题的诸种表现形式并对之加以理论研讨本身即是一个庞大复杂的课题，绝非三言两语可办，本书所关注的，是考察传统礼乐文化及其相关论说是否可以构成我们反思和研治中国现代性问题的文化精神资源。这一追问远非出于某种"迷恋古代"的心理动机。不妨设想，即便中国以欧美为样板彻底改塑了自身的文化生态和国民精神，现代性问题仍然不可回避，而且我们还失去了以自身文化形态和思想资源对治此问题的可能性。如果现代性的推进将使人类丧失文化多样性的生存空间，将人类心性和生活方式都塑造成某种"普遍均质"或者单向度、平面化状态，则现代性诉求本身之合理性都将是可疑的。

那么，问题就在于，礼乐作为一种文化传统向我们展示了一幅怎样的生活样式，这生活样式在今天是否仍然具有可欲性，进而言之，礼乐文化是否具有一种本质上的可欲性因而可以不断突破和超越具体的历史形态而始终成为人类生活样式的一种可能选择？此处不可遽下断言。回答这一问题的前提必然是对礼乐文化之源流、义理的全面考察和深入省思。欲理解中国文化在当代和未来的命运，更切要的任务恐怕反而是重温经典，以期再次进入古人的精神世界。因为只有透过历史，才有希望对我们当下的生存状态有一恰切的认知和定位。礼乐既为华夏文化之根本所系，对礼乐文化之研究便尤为迫切。本书的主旨，正是试图通过对以《礼记》为中心的古代礼乐释义文献的解读和反思，追溯华夏礼乐文化源流，勾勒其历史演变脉络，探寻礼乐之本原、内容、结构与特质，考察其功能、主旨与理想，以此理解传统中国的情感心理、思想观念、价值系统和精神信仰。

二 礼乐文化之内涵、结构及特质

今日重思礼乐文化，首先必须面对的问题就是，在现代学术思想语境中，礼乐之面貌已变得模糊不清。在大多数现代学者眼中，礼乐是一种过于含混的文化现象，使相关研究几乎无从下手。[①] 这一困惑恰从侧面映照出礼乐文化的关键特性，同时也反衬出现代学术分科体系本身的局限。作为研究的起点，有必要对华夏礼乐文化之内涵、结构与特质进行基本的界定与梳理。

礼乐文化并非古代中国特定时期的特殊文化形态，亦非传统生活领域的特定制度规范、行为准则或抽象的观念模式，而是华夏文明之根基，是在中国历史长河中不断生长变化的文化生命。礼乐文化是由礼与乐之共同作用而形成的华夏民族独有的生活样式。礼、乐并非两种互不相干的事物，而是彼此支撑、互补，相互融合、贯通，将整个人类社会统合而为一浑融不可分割的整体。礼乐文化之要旨，在于以仪式教化和艺术教养为情感、观念和信仰之沟通与传递的核心方式，以此为本促进群体凝聚和社会整合，追求一种以德性人格培育为本的，致力于教养—教化的"文"明—"文"化生活理想。这种生活样式融合了政治、伦理、宗教的功能与特性，将人类生活与自然秩序的协调作为其终极目标。

学术界对礼乐文化的研究传统上一直以礼学为重心。这一方面是因为礼、乐本不可分割，作为传统经学之重镇的礼学往往包含乐论，另一方面则由于礼学包罗万象，最能体现礼乐文化的浑融性和整体性特质。因此，本书对礼乐文化之内容、结构与特质的讨论，也将更多围绕儒家

[①] 在传统社会，礼乐主导着国人的日常生活，对古人而言，礼乐皆可知可履，本无疑问。近代西学的介入反而引发了知识界对礼乐文化尤其是礼的理解困难，在现代学术分科体系面前，礼成为一种过于含混的现象令人们无所适从。如李安宅称："中国的'礼'字，好像包括'民风'（folkway）、'民仪'（mores）、'制度'（institution）、'仪式'、'政令'等。所以在社会学的已在范畴里，'礼'是没能相当名称的：大而等于'文化'，小而不过是区区的'礼节'。"参见氏著《〈仪礼〉与〈礼记〉社会学的研究》，上海人民出版社2005年版，第3页。

礼学理论进行。

总体而言，古人所言礼包含以下三方面内容：其一，宗教仪式，主要是丧祭礼。作为华夏民族最古老的信仰生活方式，丧祭礼既指向终极关切的精神生活维度，也与传统社会组织形式息息相关。这是礼的最原始形式之一，并在后世始终构成礼乐典制的重心。其二，日常生活中各类习传仪式、风俗[①]和行为规范。这是礼最普泛、最为众所习见的内容，遍及社会各个角落，形式也最为纷繁复杂，乃传统社会维系公共生活的根本形式。其三，国家政治制度与朝堂典礼仪式。此于礼文化系统中最为晚出，而特为人所重。

若从礼之构成要素入手，又可以将之分为礼制、礼仪（含礼容）、礼器（含礼物）和礼义四个方面。礼制是一个时代或社会的整体制度设计和组织方案，也包括对礼之全部内容与结构层次的划分与规定。礼制主要通过礼仪而得以生活化落实。礼仪是人在各类社会生活场合所践履的具体仪式（关于仪式的定义与特性分析详见下文）。礼器是构成仪式过程不可或缺之一部的各类器物、衣服、用具等。礼义则指上述礼制、礼仪、礼器中所涵蕴和传达的思想观念、价值系统和生活理想等。当然，此乃分析而言，若再行约简，则可以将礼分为礼文、礼义两端，

[①] 此处须简要辨析礼与俗。一种流行的说法认为，礼是数百年来的习惯。不可否认，作为一种行为仪轨和生活样式的礼乐文化和民间风俗习惯有一定渊源关系，但若将礼等同于习俗，势必遮蔽华夏礼乐文化所拥有的稳定的制度形态特征。而且，鉴于各类风俗乃至礼仪普遍地存在于一切民族中，上述说法也无法解释中国礼乐文化与其他任何民俗文化的本质区别。所谓风俗，乃是在特定地域，由于自然环境和各种复杂历史社会因素的影响，而在当地人群中形成的一系列行为习惯和生活模式。风俗的形成是不自觉的，因而一般不具有严格的系统性。礼则不然，礼诚然有不少内容源于风俗，但它们只构成礼的一部分，并非礼之全体。即便是这些风俗性的内容，在成为礼制和礼仪的过程中，也经历过有意识地调校、整合和价值升华。如古人所言，礼之所以为礼，乃因其包含了"圣人之意"。这一点，却被现代人判为"圣人制作论"而遭到排斥。将礼乐之发生全然归于圣人制作固然可疑，但由早期社会之祭礼、民俗而向礼乐文明演进的过程中，无疑经过了人为的有意识整合。上古时代，高层次的文化知识实际上为少数领袖人物或专职人员所拥有是不争的事实，他们显然在礼乐之整合中起了决定性的影响，并将自己对天道、人情的深刻领会体现于"制礼作乐"中，此即后世礼家所称道的"圣人之意"。礼一方面因应风俗，继承了其中古老深沉的生命精神和意义内蕴，同时又对之提振、转化，使其获得了更高远的价值目标和生活理想内涵。对这些价值、意义的诠释，构成后世儒家礼义之学的核心内容。

因为礼器乃依礼仪而行，而礼仪与礼制皆以形式节文为其根本特征。①

此处有必要对古代礼制和礼仪系统作进一步简单说明。礼制主要指礼乐国家的政治制度结构，古代礼学经典如《周礼》与《礼记》之《王制》《月令》诸篇皆为礼制文献。曾有不少学者认为此类文献所记乃政治制度，与礼无涉，此乃将礼狭隘化理解为礼仪的结果，并不合乎古人论礼之传统。早在春秋时代，政治制度就被视为礼的重要组成部分甚至是核心内容。东汉以来，《周官》得以《周礼》为名而行于后世，即本于此观念。《礼记》亦收入《王制》篇，记王者班爵制禄、朝聘巡守、教学养老、丧葬祭祀等古代政治生活之大节。《月令》则以四季十二月为序，本诸人事法天道的原则安排君主起居，发布国家政令。此外，《礼记》中许多篇章如《曲礼》等也有不少关于政治制度的记载和构想。上古时代，礼本身即包含政治制度于其中，各类制度亦通过礼仪的形式而得以实施，如《周礼》天官之邦治，地官之邦教，看似抽象制度划分，若求落实，皆须借仪文形式而成。《王制》所举爵禄、巡守、祭祀等制更是如此。礼仪性的内容在国家政制中也占重要位置，成为以礼治天下之政治理想在制度层面的落实。

礼之为礼的最典型特征，在于其仪式性。但对华夏礼乐文化传统而言，礼绝不可单纯理解为仪式，故春秋时代即有"礼、仪之辨"（参本书第二章），礼被理解为经国家、安社稷、序民人、理万物之大经大法，持养情性、修身成德、天人合一的至德要道。不过，礼又绝非抽象的、孤立的政治制度、法律规范或伦理观念、宗教信仰，礼之政制义、德性义与终极义都必通过仪式而得以落实。

仪式在西方思想语境中，往往是宗教的或宗教性的。从字源学角度看，汉字"禮"发源于祭祀仪式，亦关乎宗教生活。但在中国思想传统中，礼作为仪式绝非仅关涉宗教，而是广及全部人类生活领域。在此意义上，仪式可以被界定为特定群体共享的、具有象征意味的行为模式。仪式一般都具有较强的规范性，要求参与者的言语、动作、容貌、

---

① 《礼器》云："先王之立礼也，有本有文。忠信，礼之本也；义理，礼之文也。无本不立，无文不行。"所谓礼本于忠信，正是礼之意所在，是礼之所以产生的根本，而礼的现实化形式，乃是所谓礼之文。

衣着都遵循特定方式。借助各种富于象征意味的特定符号、器物和言辞、行为，人们通过仪式表达情感和思想意图，维系群体生活，强化对共同体本身和其所持守的价值体系、信仰的认同。中国人仪式观念的最突出特征，是对礼之情感本质和教化主旨的强调，这一点将在本书中得到详细阐释。

传统礼仪广及社会生活各个角落，可谓无处不在，无所不包。① 广大悉备的同时，又似乎庞杂无统。古人对传统礼仪的系统类分，总体而言有以下两种方式：一是以《周礼》为本的吉、凶、军、宾、嘉五礼系统。注重对现实礼制按其所涉领域和事类的不同而进行最概括的分类，凸显其制度框架设计之意图，追求拥有最广阔的覆盖面。一是以《仪礼》《礼记》为本的"达礼"系统。所谓达礼，即一些对朝廷、乡党、家族和个人具有重要意义的礼仪形式，如《仪礼》所记士冠礼、士昏礼、士相见礼、乡饮酒礼、乡射礼、燕礼、大射仪、聘礼、公食大夫礼、觐礼、士丧礼、士虞礼、特牲馈食礼、少牢馈食礼等。《礼记》有六礼、八礼之目，②《大戴礼记》有九礼之说。③ 名目虽殊，内容则大同小异。《仪礼》《礼记》所列诸礼，皆为最切近个人现实生活和社会行为的礼仪大项，并不追求对全部礼仪进行形式意义上的严格类分，而

---

① 关于礼之内容与结构，古文献中又常见三百、三千之说，此处亦需略加分疏。其说在大小戴《礼记》中都反复出现。其见诸《大戴礼记》者，如《本命》云："礼经三百，威仪三千"，《卫将军文子》曰："礼仪三百，可勉能也；威仪三千，则难能也。"见诸《小戴礼记》者，如《礼器》云："经礼三百，曲礼三千"，《中庸》云："礼仪三百，威仪三千"，可见"三百三千"的确是古人对礼制之节目的一种典型概括方式。然而对于何为经礼，何谓曲礼，三百、三千所指节目之详，则众说纷纭，莫衷一是。其中最有影响的说法有二：一为郑玄提出，认为经礼即指《周礼》，因为"《周礼》六篇，其官有三百六十。举其成数，故言三百"。曲礼指《仪礼》："曲，犹事也。事礼，谓今礼也。礼篇多亡，本数未闻，其中事仪三千。"汉代所谓今礼即《仪礼》，因此经礼、曲礼乃分别指《周礼》《仪礼》两部礼典。另一种解释反对郑氏以经礼三百为《周官》之说，认为《周礼》三百，乃为官名，并非专为礼设，经礼实指古礼中冠、昏、丧、祭、射、乡、朝、聘之类礼文大节，而曲礼则指上述礼义类目及日常生活中的各类微文小节。此说为臣瓒、朱子、叶梦得等人所主，亦为当代学界普遍接受和认同。

② 六礼见《王制》，指冠、昏、丧、祭、乡、相见六种礼仪。八礼见《礼运》《昏义》等篇，指冠、昏、丧、祭、射、乡、朝、聘八种重要礼仪。

③ "冠、昏、朝、聘、丧、祭、宾主、乡饮酒、军旅，此之谓九礼也"（《本命》）。

侧重于列举对人生有决定性、标志性意义和重大教化功能的礼项，严格来讲并非一种礼制分类，而是一种礼仪举要，故而不像《周官》五礼系统那样结构稳定严密，这正其举要性质的体现。

礼乐文化的存在方式是整体性、弥散性和浑融性的，其特点是借助礼乐而将整个社会凝成一个不可分割的有机整体，尊重人类生活本然的生命一体性特质，而非基于一种外在的观照分析立场，将人类社会分割为政治、经济、伦理、宗教等领域。陈来先生在《古代宗教与伦理》中指出，礼乐是一套制度与文化的建构，是一个无所不包的文化体系，其文化模式是"习惯于用一种整合性的机制，即功能混融而不分化的文化规范体系来整合社会。这样一种独特的文明组织方式，从文化上看也是不区分宗教与道德，不严格区分礼俗与法律，而以一种包容性很大的礼，以期达到一种弥散性的文化目标，在这种看法中，从政治管理到日常生活，并不认为是不同质的社会领域，并不认为这些领域应遵循不同的法则，而是认为这些领域都可以由礼来整合规范。礼在此意义上可以说是一种政教德法合一的体系"。① 礼乐文化有其器用的即物质生活的层面，更有政治、社会的制度层面，又有审美、伦理等情感心理和价值层面，还有信仰、终极等精神层面。礼乐文化之神韵便在于将上述各层面相互贯通，融而为一。这种浑融性、弥散性特征与其说是各社会领域未能分化的结果，毋宁说是出于一种教化意图而有意保持其融贯性。华夏古典教化所要达成的，也并非某种单向度的宗教或政治或伦理的目标，而是一个达天道，顺人情，治化大行的王道至治境界，其中各类制度和原则皆相互为用。

业师李景林先生将儒家思想称作"教化的哲学"，礼乐文化正以教化为其根本内涵，儒家德性人格和社会政治理想都通过教化而成立。对儒家而言，教化是人之本质与生活理想的实现过程，此过程必以人之内在心性转变与德行人格造就为基础。教化在古汉语语境中可以理解为"教而化之"或"通过教而实现化"。"教"古训"效"，效意味着对理想的积极认同和自我同化于此理想的努力。但"教"在儒家，并不指向某种人为的外在目标。《中庸》曰："修道之谓教。"此道乃率性之

---

① 陈来：《古代宗教与伦理》，生活·读书·新知三联书店1996年版，第285页。

道，性乃天命之性，教根基于性与天道，既是自然的、终极的，又是内在的。教意味着由一种生命精神的内在自觉所推动的自我修养努力，其目的在于实现生命境界的提升和自我人格的完善。化意味着人内在心性之转化，个体生命之升华，在此基础上又自然引向社会风俗之醇化。教化是人类文明、文化发生、保存和传递的基本方式与过程，是人的根本生存方式，也是人类文明、社会得以存在并生生不息的条件。中国传统社会的教化主要通过礼乐而进行，礼乐所开显的教化形态，亦可谓是一"合外内之道"，同时关注内在心性存养、人格造就和外在的社会秩序之协调、良善人伦风俗之培育。

儒家主张教化通过礼乐来进行，很大程度上是因为礼乐传承了许多古老的宗教、民俗仪式和日常行为仪轨。业师李景林先生指出："凡一文化的教化理念，必落实于某种特定的生活习俗、仪式、礼仪系统方能见其功。"[1] 此类仪式、仪轨为民众所熟习，具有强大的社会凝聚力，又与民众之日常生活富于亲和性，内含丰富的社会认同、意义赋予和价值传递功能，能够将一文化群体之思想、情感和信念、理想潜移默化于其成员之中。礼乐之不同于宗教、民俗者，则在于其对这些仪式、仪轨的整合、规范及对其精神意义的点化与升华。礼乐教化因而绝非外铄意义上的思想观念之灌输，更非威权强制性的制度行为规范，而是一种在共同参与中合聚人群、培育德性的生活方式。

儒家教化观念近来被一些人攻击为"服务于"特定政治目的之规训、说教，甚或诋为"愚民"，并由此认定"教化"与现代启蒙理念所倡导之"个体自由精神"相对立。上述指责的谬误首先源自流行于某些现代学人中的对"教化"一语的根本性误读，同时也基于长期以来人们对儒家政治观念的一贯曲解。本书将着力说明，儒家的基本主张是"教化的政治"而非"政治的教化"，即认为政治当服从和服务于教化，受教化的规范和价值指引，而非相反。而且，正是通过教化，人方能彰显其生命中本然而具的真实的自由。儒家教化观念本身蕴含着对自由的真实理解，而且这自由乃是富于价值内涵，指向意义创造的。如业师李景林先生所言："儒学所谓'性与天道'的形上本体，乃是在实存之实

---

[1] 李景林：《教化的哲学》，黑龙江人民出版社2006年版，第2页。

现完成历程中所呈现之'通'或'共通性',而非认知意义上的'共同性'。因此,这'通'性,非抽象的实体,而是一种把当下实存引向超越,创造和转化了实存并赋予其存在价值的创生性的本原。……这创生赋值的活动,乃本原于作为人的'存在性事实'的'自由'。中国文化内在超越的精神,即奠基于此。"①

教化总是本于并指向一种生活理想,在传递思想、情感和价值、信念的同时,也激发和引导人之生命理想追求和社会治理行动。礼乐发生于华夏民族天地人三才世界结构的观念基础之上,故而其所构筑的生活方式,以天人关系之协调为终极旨趣。在儒家看来,礼乐之存在的形上根基,在于天道自然秩序与人之内在情性。礼乐所欲达成的,是一个"达天道、顺人情"的生活形态。一方面是人类生活方式与天道自然秩序之协调。人之劳作、休憩、节庆、冠、昏、丧、祭皆因顺天地、阴阳、四时、五行之节序。礼乐作为一种人文生活形态与自然天道相契,故能和顺而无差忒违失。另一方面是礼乐之秩序、仪轨与内在性情的协调。儒家自始即强调礼乐乃因人情而作,是情感的展开和节文化形式,同时又对情加以适当节制、引导,施以文饰,使之和美优雅,养成文质彬彬的君子人格。如此内外交相养,使人类生活无处不体现中和精神,富于审美意味,从而形成一种艺术化的生活样式,并最终指向天人合一的生命理想。

三 《礼记》与儒家礼乐释义理论

(一) 礼学在传统思想学术中的地位及其现代困局

有礼乐之事,自然有礼乐之学。就传世文献而论,尧舜时代已经有了关于礼乐之特性、内容及作用的简要讨论。当然,现代学者难免会怀疑这些文献的历史真实性,但不可否认此类文献渊源有自,更不可将之一概指为后人虚构。礼乐文化自远古而来,至尧舜时代人智大开,有相应思想亦属水到渠成。夏、商、周三代演替,虽时代绵邈,人事迁移,然其因革损益皆围绕"礼"而进行。周代文章隆盛,周公制礼作乐后,周文几乎成为礼乐文化的历史象征。

---

① 李景林:《教化的哲学》,黑龙江人民出版社2006年版,第14页。

但总体而言，对礼乐政教精神的大规模理论反思则至春秋方始浡兴。究其根源，大概正是缘于"礼坏乐崩"之局面的现实刺激。以"礼、仪之辨"的发生为标志，春秋时代的贤达已对礼之政教价值有了明晰认知。

传统礼学之真正奠基，毫无疑问始于孔子。孔子少时即以娴习礼乐闻名，后目睹周季陵夷衰替之时代危局，深感礼乐乃救亡拯溺之大本达道，遂以承继斯文、复兴周道为己任。其后周游列国，更考述虞、夏、商、周四代礼乐典制，而求斟酌损益。同时，孔子洞悉周礼文弊之失，而以尚质救之，以文质彬彬为礼乐教化的理想，开启后世礼学思想的大方向。孔子继承三代礼乐教养传统，以诗、书、礼、乐教养弟子，晚年删定群经，礼之书于竹帛而为礼经，自孔子始。孔子卒后，弟子分散各地教授，儒家学说广布天下，虽有"儒分为八"之说，而"儒之崇礼，八家所同"，先王礼乐，因之传习不绝。在此过程中，礼经进一步结集，各类阐释礼义之作亦层出不穷。

至汉，礼经则有高堂生所传士礼十七篇，礼义之作则有《汉志》所载百三十篇记等，又有《周官》一书，亦附礼经而行，东汉以来，遂又有《周礼》之名。汉廷以士礼十七篇为礼经，立于学官，传者不绝。《周官》虽为今文家所诋斥，然自刘歆以下，研习者众，大行于民间，隐然有与朝廷礼经之学分庭抗礼之势。

东汉末年，郑玄分别为《周礼》《仪礼》《礼记》三书作注，并撰《三礼目录》，"三礼"之名由此而兴，传统礼学之整体学术格局亦由此而定。郑玄此举显示出其在学理建构的意义上将三礼视为一个有机整体：《周礼》为经礼，《仪礼》为曲礼，《礼记》则通论礼义。三者各有所主，相辅相成，不可偏废。《周礼》是礼乐政教在静态结构意义上的官职设置层面的落实，《仪礼》则是礼乐政教在动态实践意义上的行为仪轨层面的落实。前者具有总体性、纲领性特征，后者则更富具体性、生活化色彩。但《周礼》《仪礼》都只是对礼之外在制度、仪式的记录、描述，未从内在精神价值方面对其意义进行阐发。《礼记》的出现，恰恰实现了这一要求，也综合了先儒阐释礼义的成果。并非《礼记》所有篇目都是阐释礼义之作，但通论礼、乐之政教内涵和诠解礼仪之象征意蕴的篇章无疑是其中最主要、最能彰显《礼记》之独特地位的内容，故而《礼记》历来被视为儒家礼乐释义的经典文献。三礼并建，共同构成礼乐文化的全体景观，有制、有仪、有义，儒家礼学的整体学理结构至此得以完成。

礼学在古代学术中的地位，恰与礼乐文化在传统中国社会的地位相侔。礼乐之于华夏民族的生活世界如此重要，故对之进行理解和解释的努力也势必发生极早。钱穆先生言："大抵古代学术，只有一个礼。"[1]礼学作为古典经学之重镇、儒家思想之要津，历代学者研习不辍，注疏文献蔚为大观。治古典学术者，无不知礼学之重要性。《汉书·礼乐志》云："六经之道同归，而礼乐之用为急。"皮鹿门云："六经之文，皆有礼在其中。六经之义，亦以礼为尤重。……六经其教虽异，总以礼为本。"[2]汪辟疆先生亦言："读注疏既久，即知《礼》为群经关键，此节不打通，则经无由治。"[3]诸家所见略同，洵有以也。

然而民国以降，西学反客为主，中国学者亦纷纷改弦更张，奉西人分科之学为圭臬。礼学门庭冷落，甚或丧失容身之地。直到晚近，这一情势才有改观的迹象。在当今占主导地位的现代学术分科体系中，礼学的身份仍然十分尴尬，人们无法找到一个合适的学科门类将之整体不受损害而恰如其分地安置其中。当然，这也是整个中国古典学术思想面临的共同命运。但《易》《书》《诗》《春秋》等还能勉强塞入哲学、政治学、文学、历史学等框架之中，尽管这种归类也大半属于比附联想，并在对现代学科的适应过程中扭曲、失落了太多古典思想学术精神。相比之下，礼学的困窘之态尤为突出，几乎处于无家可归境地。一个时常被人们忽略而又最引人深思的现象是，在现代图书馆目录系统中，我们欲检索礼学典籍时几乎无处着手，最终可能发现此类书被置于"民俗学"之列。然而礼学竟然是"民俗学"？礼乐文化即便包纳了民俗的成分，诸如《周礼》所述官制、《仪礼》所记士礼、《礼记》所论义理，又与民俗有多少相干？然则礼学如何归类？政治学、伦理学、法学、社会学、历史学、哲学？答案无一例外都是否定的。何以会出现如此理论

---

[1] 钱穆：《国史大纲》，商务印书馆1996年版，第94页。
[2] 皮锡瑞：《经学通论·三礼通论》，清光绪 中师伏堂丛书本。
[3] 汪辟疆：《目录学研究》，华东师范大学出版社2000年版，第209页。

困局？是中国古典学术尤其是礼学完全是一个错误？还是现代学科体系本身的偏蔽使然？

现代学术分科体系源出西方，其根基是西方文化分析性思维模式传统。此思维模式惯于将人类生活划分为不同的领域和层级，并且这种分化有不断延伸的趋势，这便是当代文化中日益细密的分科之学的根源所在。这种基于分析思维的分科系统当然有其合理性和优势，特别是其对事物细致深入的考察，使人类建立了庞大的知识系统并由此获得对事物之形态与原理的复杂认知，成为现代科技发展的主要内在动力。但这一模式也内涵着巨大的偏蔽和危险：日益分化的知识系统使人无法建立通贯性的视野，"各得其一察焉以自好"。由此建立的现代技术化管理模式，更潜在地将人性分割而为不同的领域，成为导致现代人精神困顿的原因之一。与之相比，中国学术从根本上讲乃是基于一种"通"的意识。李师景林先生指出："从中国思想学术之起源于统一的道术或王道精神这种历史连续性的意识出发，强调学术的'通'性特质和整体性的意义，乃是中国传统思想学术的一个根本精神"。① 这种通的精神，植根于华夏民族心灵深处的天人一体意识，其要领在于将天地万物视为一生命整体，一气流注，血脉贯通。礼乐文化即建立于此通性意识之上，故其所养成的社会生活样式和文化心理也是浑融不可分割的。礼学作为其理论形态，因之也是浑涵不可分析的。强行将之纳入现代学术体系，最终的结果只能是对其学问精神的肢解破坏。

(二)《礼记》源流及其历史地位

《礼记》乃早期儒家礼乐释义文献之汇编。据《汉书·艺文志》，当时中秘所藏礼类文献有"《记》百三十一篇、《明堂阴阳》三十三篇、《王史氏》二十一篇、《曲台后仓》九篇、《中庸说》二篇、《明堂阴阳说》五篇"。② 乐类有《乐记》二十三篇、《王禹记》二十四篇。《隋

---

① 李景林：《教化视域中的儒学》，中国社会科学出版社2013年版，第204页。
② 汉志于此下又附"《周官经》六篇、《周官传》四篇、《军礼司马法》百五十五篇、《古封禅群祀》二十二篇、《封禅议对》十九篇、《汉封禅群祀》三十六篇、《议奏》三十八篇"。分别为周官类，军礼类和封禅类三种文献，并非礼义阐释类作品。

书·经籍志》曰："汉初河间献王又得仲尼弟子及后学者所记一百三十一篇献之，时亦无传之者。至刘向考校经籍，检得一百三十篇，向因第而序之。而又得《明堂阴阳记》三十三篇、《孔子三朝记》七篇、《王史氏记》二十一篇、《乐记》二十三篇，凡五种，合二百十四篇。"若考虑到官府藏书不可能网罗靡遗，则类似文献之实际数目当不止于此。此类传记文献，班固以为皆"七十子后学所记也"。孔颖达《礼记正义》本此说而申之云："《礼记》之作，出自孔氏。但正礼残缺，无复能明。至孔子没后，七十二之徒，共撰所闻，以为此记。或录旧礼之义，或录变礼所由，或兼记体履，或杂序得失，故编而录之，以为记也。"

《礼记》之编纂成书，依郑玄《六艺论》所言，乃西汉时期"戴德传记八十五篇，则《大戴礼》是也。戴圣传礼四十九篇，则此《礼记》是也"。① 盖二戴于前述礼乐之记，各有编选，分别成书而为《大戴礼记》《小戴礼记》。东汉以降，《小戴礼记》即广受关注，研习者众。相形之下，《大戴礼记》则呈若存若亡之势，陵夷至于唐代，更佚失大半，仅存三十九篇。职此之故，《小戴礼记》在中国学术思想史上，基本专有《礼记》之名。与郑玄稍有不同，《隋书·经籍志》谓戴德删二百十四篇记为八十五篇，而戴圣又删戴德本为四十六篇，至汉末马融增入《月令》《明堂位》《乐记》，始为四十九篇。然此说乃影响揣摩之论，颇多谬失，后人皆有驳议。② 近代以降，疑古风炽，《礼记》编者之争又起。其中最具代表性者，如洪业以为《礼记》非戴圣所传，乃郑玄之前多人抄合而成。此说显然脱胎于《隋书·经籍志》，又受晚清今文经学影响，以为汉代今、古文两派势同水火，小戴今文家博士，必不用古说，而《礼记》杂取今古文，故必不出小戴手。钱玄《三礼通论》、蔡介民、王文锦诸人亦主此说。钱穆、李学勤、杨天宇等人则谓晚清今文家言附会夸饰，不足为据。故本书仍从旧说，以戴圣为《礼记》撰者。

---

① 孔颖达：《礼记正义》卷一，"礼记"大题疏引。
② 清儒戴震、钱大昕等即力辟小戴删大戴说，《四库全书总目》亦证马融增补说为无稽。

对《礼记》诸篇之作者、产生时代等问题，古人很早即有所考订。① 后世学者对《礼记》各篇所涉文献问题亦多有辨证，王锷《〈礼记〉成书考》罗列甚详。由前引孔颖达说，足见对《礼记》的来源，古人心目中是存在一个大致定位的。近代以来，这一说法却一再遭到质疑。《礼记》整体上被当成了秦汉儒者的作品。晚近地下文献的出土，又使得学术界逐渐重新开始肯定孔颖达的说法。由于争议的存在，文献定位成为《礼记》研究中必须面对的重要问题。诚如皮锡瑞所言："《礼记》四十九篇，众手撰集，本非出自于一人。一篇之中，杂采成书，亦非专言一事。"② 《礼记》诸篇之作者与产生时代，古来即众说纷纭，近世疑古风炽，更是横生枝节，言人人殊。现在看来，如果没有出土文献直接证明，则诸说实难定论。与其空言论辩，驰骋臆说，不如阙疑以俟来者。由于文献考证并非本书的主题，我们无法对每一种观点进行全面的辨析，很多时候只能择善而从，间附己意，力求不穿凿、不武断。③ 本书凡涉及对《礼记》各篇之作者、时代等文献问题的细节辨析者，皆于相关章节详述，绪论中不烦一一论列。

《礼记》成书之后，即为世所重。刘向校理秘书，著《别录》，已存其目。戴圣弟子桥仁，著《礼记章句》，开《礼记》诠释之先河。东汉大儒曹褒、马融、卢植等人皆有注释文献问世，足见后汉之世，《礼记》学已悄然兴起，成为礼学研究之重镇。今存最早的《礼记》完整注本，为汉末郑玄所作。郑君融会今古文，"扩囊大典，网罗百家，删裁繁诬，刊改漏失"，遍注群经，"闳通广大，无所不包"，海内学者，翕然宗仰，其在经学史上的地位，卓然无人可及，皮锡瑞谓之经学"小

---

① 如东汉卢植以为《王制》乃文帝命众博士所制，郑玄称《月令》系本《吕氏春秋》钞集而成，南朝梁沈约谓《中庸》《表记》《坊记》《缁衣》为子思所作，《乐记》取自《公孙尼子》。

② 皮锡瑞：《经学通论》"三礼通论"，《续修〈四库全书〉》影印思贤书局刻本。

③ 关于如何进行文献考证，赵逵夫先生指出："《礼记》中的各篇，是在相当长的时间中先后完成的，具有历史性。我们讨论《礼记》一书的时代，不能将它作为一部完整的著作看，而要一篇一篇加以考辨，有些甚至要打破篇的结构，将篇分为几部分来分别确定其产生的时代；还有一些，可能一方面确定其基本内容产生的时代，另一方面指出后人更改加工过的痕迹，由附注、旁批窜入的文字。"参见王锷《礼记成书考》赵逵夫序，中华书局2007年版，第15页。

统一时代"。① 康成尤邃于礼学,后人有"礼是郑学"之说。郑玄之前,《礼记》被视为传记类文献,乃辅翼经典之作。郑玄将之与《周礼》《仪礼》并称"三礼",虽未以《礼记》为经,然实以经目之。《礼记》之获得经典地位,当以郑玄《礼记》注的出现为起点。其后数百年间,虽朝代更替,南北分裂,而士人论礼,皆奉其三礼注为圭臬,并由此演生出以郑注为本的义疏之学。

隋唐混一区宇,南北学术重归一统,唐太宗诏命孔颖达与诸儒撰定五经义疏,礼经用《礼记》,自此《礼记》不但正式获得礼经之名,而且取《周礼》《仪礼》而代之,可谓《礼记》学史上的里程碑事件。唐代《礼记》为大经,用为取士科程,地位日隆,而《周礼》《仪礼》,习者渐少。宋因唐制,然民间学风渐变,理学大兴,说经亦以阐发义理为尚,于制度、名物不甚措意。《礼记》重在诠释礼义,正与宋儒论学旨趣相合,故亦极受重视。此间尤为值得大书特书的,是程朱盛推《大学》《中庸》两篇为圣人道统所在,将之从《礼记》中抽出,与《论语》《孟子》并列而称"四书"。自宋以来数百年间,四书地位转在五经之上。晚清廖平倡言礼制为今古文经学分际所在,以为古文家主《周礼》,今文家主《王制》,《王制》为今文大宗,乃孔子晚年改制之作。通过高扬《王制》《春秋》托古改制之义,为维新变法运动张本。康有为作《礼运注》《大同书》,阐扬儒家大同之说。以上种种,皆证明《礼记》诸篇一直在思想史上发挥重要的理论创造和思想引领作用。

《礼记》作为"三礼"之一,是传统礼学的核心经典。如前所述,礼学为经学之重镇,而经学构成全部中国古典学术的基础,则《礼记》在古代思想学术中的地位与影响显而易见。《礼记》在礼学系统中的特殊地位和价值,正在于其"达礼乐之原",阐发古圣先贤制礼作乐之用心的努力。如《郊特牲》所言:"礼之所尊,尊其义也。失其义,陈其数,祝史之事也。故其数可陈也,其义难知也。知其义而敬守之,天子之所以治天下也。"《礼运》曰:"礼也者,义之实也,协诸义而协,则礼虽先王未之有,可以义起也。"《礼记》是早期儒家礼乐释义理论的

---

① 皮锡瑞:《经学历史》,中华书局1981年版,第151页。

集成之作,此其所以能与《周礼》《仪礼》并列而称"三礼"之根本原因。

若从思想理论之阐发而言,《礼记》的价值和意义甚至更在《周礼》《仪礼》之上。皮锡瑞称:"治礼经者,虽重礼之节文,而义理亦不可少。圣人所定之礼,非有记者发明其义,则精义闳旨,未必人人能解,且节文时有变通,而义理古今不易。……《礼记》网罗浩繁,与十七篇亦当并行。"① 焦循则更直接了当地宣称:"《周官》《仪礼》,一代之书也。《礼记》曰:'礼,时为大。'此一言也,以蔽万世制礼之法可矣。……吾于《礼运》、《礼器》、《中庸》、《大学》等篇,得其微焉。"② 制度、仪文乃因时而制,时移世易,则不能无弊,故不能通行后世而废坏湮灭。礼乐之精神、理想,则有其超越时空的意义与价值,是中国传统文化心灵与生活方式之延续与创造的重要支点,因此尤为世人关注。唐以后《礼记》地位之尊,研究之盛,皆本于此。

四 本书的主题与研究方案

本书的主题,即以《礼记》为本,重新勾勒儒家礼乐释义理论的整体图景,探寻其诠释原则和义理架构,领会礼乐文化的价值内蕴和意义旨归,展示其独具的风采神韵。本书将力求按照古人理解自身的方式去阐述其对天道自然秩序的体察,对人类心性和情感生活的理解,对伦常日用的关切,对创制家国天下之大经大法的沉思,对德性人格造就和至善生活形态的期许。这一切都以教化为根本动机,在教化的整体视域中进行。因此,业师李景林先生所揭示的以"教化"为本的儒学解释进路对本书有着根本的理论指引意义。

在现代学术语境中,《礼记》研究面临的最大难题,在于其内容看似庞杂纷乱,令人无从下手。于是除了延续传统注疏体的各类译注类著作之外,大多数理论诠释性作品所采取的办法往往是抽取其中一篇或数篇同类型文献,进行小范围的独立研究,而少有对《礼记》之思想义理进行整体的贯通性研究者。当然,许多人会指出,《礼记》本为丛书

---

① 皮锡瑞:《经学通论·三礼通论》,《续修〈四库全书〉》影印清光绪思贤书局刻本。
② 焦循:《礼记补疏》序,《续修〈四库全书〉》影印清刻本。

或文献汇编，来源不一，各篇内容也不乏彼此矛盾抵牾之处。此类疑虑不无道理，但若只关注其"别异"之处，甚至夸大其词，难免会掩盖并遗忘其"和同"之蕴。本书所要做的，便是将《礼记》各篇重新放回华夏礼乐政教传统中进行定位和考察，凭借《礼记》各篇的指引，去重构儒家礼乐释义理论，以此为据探研儒家教化哲学传统，聆听古典心智对天道性命和家国天下的沉思洞见。

这种研究本身将构成中国礼学传统的一种当代延伸，故很难在现代学科体系中找到其类属。鉴于本书的主体内容偏重义理诠解，也可以因循当今习惯，称之为哲学性的研究。但必须明了的是，这一哲学形态，将不再是某种以近现代西方哲学为样板建构起来的思辨理论体系，而着意于回归中国古典思想学术自身的问题意识和义理架构。

总体而言，儒家礼乐释义理论包含以下内容：（1）对礼乐之起源与本原的追问，对圣人制礼作乐之原则与意图的推求；（2）对各类礼制与礼仪在礼文化结构中的地位、功能和象征意义的解释；（3）关于礼乐对于社会、人生和国家政治之作用的思考；（4）对礼制国家建构原则、组织形式和运转方案的讨论与设计。但若我们基于上述分析，用现代学术的学科范畴、思想方法和理论体系对《礼记》诸篇本有的文本结构进行拆解，势必会导致其内在语脉思理被彻底打碎，丧失原有的理论贯通性，反而会遮蔽其精神主旨。更合理的方案是通过对《礼记》各篇原有篇章结构、思想脉络的梳理，和对其重点段落、重要观念的疏解，使儒家礼乐释义理论的内容和精神自然呈现。欲达此目的，《礼记》研究必须向传统经学诠释模式复归。

回归传统经学诠释模式，便要求恢复《礼记》的经典地位，而不是将之当成一个予取予求的古代思想文化"资料库"。这并非要"复活"一种"权威主义"思想，而是恢复对经典中展现的先贤智慧和文化精神的敬畏之心。经典之为经典，正是因为其对人类生活具有永恒的启示意义，并在历史的传习中获得普遍的承认。然而长期以来，一种现代主义的虚骄心理使人们习惯于将古典思想都视作粗糙、幼稚甚至蒙昧、落后的观念形态，认定其最多只有某种历史价值，而不具备永恒的意义。学者们或选取某些所谓的"科学"方法对经典之文本进行想当然的解剖，以期借此考察某个历史阶段的文化思想和社会风貌；或秉持一种偏蔽的"启蒙"理念将经典之思想一概定性为"封建专制主义""王权思想"之类，必欲彻底否定和打倒而后快。至于所谓"取其精华，去其糟粕"的高明方式，则像一把剔骨刀，将经典思想支分节解，取去了现代人看着顺眼的"精华"，剩下的全成了"糟粕"。如此"站在现代立场上重释古典"，古典不过是取悦现代人的玩物，其结果只能是现代人观念上的自我复制，而不能从经典中获得丝毫启迪和教益。

因此，对《礼记》重新进行经学模式的研究，就意味着文本诠释方式的彻底转变。

以往对古代经典的哲学研究或思想研究，其基本方式是根据一种事先设定的理解模式或标准来经典中寻章摘句，进行重新编排组合或解析，是为思想找材料，而不是由文本生发思想。近代以来，尤其是二十世纪八十年代以来，中国文化界几乎成为各种西学思潮的跑马场，各种研究范式、术语你方唱罢我登场，于是传统思想也在这种话语的魔咒中变身为各种形态。哲学研究几乎等于在中国古典文献中寻找某种西方哲学观念的对应物，面对经典文本，我们习惯性地对之进行本体论、宇宙论、伦理学、美学等理论切分，对经典自身的提问方向和解答思路则视而不见。我们热衷于寻找一些新名词来使古典显得新鲜，却惰于去寻找古典自身的精神生命之源，中国哲学也就最终难以避免继续沦为"山寨版西方哲学"的命运。

与之相反，本书的《礼记》诠释，将在很大程度上采取传统经学的义疏体式。首先着重通过对经典章句的分析，梳理其文本结构和思理语脉，关注其语言风格和文体形式所展现的思想旨趣。其次参考历代《礼记》注疏文献，努力将字义训诂、义理阐释和名物考据融会贯通。在此基础上，对《礼记》礼乐释义理论文献进行全面的疏解，重建其内在理论结构，阐发其思想主旨，揭示其观念特质和精神价值。

根据这样一种经学诠释方案，本书的《礼记》礼乐释义理论研究，将主要围绕对《礼记》经典文本的疏解展开。这首先需要对《礼记》诸篇进行简单的分类。事实上，这一工作早在《礼记》问世之初即已发生，《礼记》各篇的编排次序本身就在一定程度上遵循着以类相从的原则，但整体来看尚较为散漫。之后刘向在《别录》中对《礼记》四十九篇进行了全面的重新整理归类，将之分为制度、通论、明堂阴阳、丧服、祭祀、乐记、吉礼、吉事八类。其中制度、明堂阴阳、丧服、祭祀、吉礼诸篇大体属于前述礼制和礼仪类文献，而通论、吉事诸篇属于礼义类文献。因为本书的主题是《礼记》礼乐释义理论研究，故对其中礼制、礼仪类文献不再专门论析，而重点研讨通论部、吉事部诸篇和《乐记》的思想内容。

准此，本书的结构安排大致如下：第一章，概述华夏礼乐文明的发生和发展历程，考察《礼记》思想的社会历史根基。第二章，追溯《礼记》编成之前，从春秋时代即已开始的对礼乐文化之理解与阐释，及战国时代墨、道、法等新兴诸子对礼乐传统的质疑与批评，回顾儒家礼乐释义理论的兴起与发展，探索《礼记》礼乐释义的理论渊源。第三章至第五章，重点疏解《礼记》通论部诸篇的礼乐释义思想。根据其文体形式、思想风格和义理旨趣的差异，将之分为三个系列：《礼运》《礼器》为一组，《哀公问》《仲尼燕居》《孔子闲居》《儒行》为一组，《坊记》《表记》《缁衣》《中庸》为一组。在对上述篇章之文本结构、理论要点进行义疏性质的深入诠解后，对其中展现的儒家礼乐释义理论的思想特征和精神主旨进行总结。第六章集中考察通论部中与传统学礼有关的篇章，以《学记》《经解》为中心研讨其中蕴含的礼乐政教思想。第七章以吉事部礼仪释义文献为本，考察儒家教化之道如何通过现实生活中的仪式行为得以实践地落实，这些仪式又如何因儒家的礼仪释义而被点化，显露其内在精神价值。第八章重点疏解《礼记》丧、祭礼释义文献，探析其中的文化意识和信仰生活特性，以此为本考察中华传统的终极关切形式及政教精神。第九章通过对《乐记》思想的全面梳理，探讨儒家对音乐之本原与本质、乐教之内容与方法的论说主旨，阐明乐何以成为儒家教化的终极形式和儒家德性人格、生活理想的最高表征，展现《乐记》对礼乐政教之全体大用的宏深理解。希望通过上述篇章，使《礼记》礼乐释义理论的全貌得以呈现。在疏解经文、研析经义的过程中，本书也基于经典理论视野对当代社会的一些重要思想与文化课题进行了一定思考，特别是就长期以来广泛流行的对儒家思想和礼乐文化传统的批评意见予以简略回应。其是非得失，则有待学界贤达评鉴。

第一章

华夏礼乐文明源流：《礼记》的历史根基

在对《礼记》礼乐释义理论展开讨论之前，须就华夏礼乐文化的历史进程进行一概览式回顾，并略述《礼记》成书前礼乐释义理论的发生形态、发展脉络及思想成就。通过考察华夏礼乐之起源、流变，其存在与作用方式，以期理解其教化内涵，观照礼乐对传统中国之政治制度、社会文化与价值观念、思想精神之塑形过程，及其与各类历史事件的互动影响。这样，华夏礼乐将被还原为一个生气蓬勃的文化生命旅程，而非现代人心目中刻板凝滞的形象。由此了解儒家礼乐释义理论的时空背景和文化语境，并将之与《礼记》文本相映照、印证，方有望把握礼乐文化的全部内涵和精神价值。

第一节 华夏礼乐文明之滥觞与早期演变

一 礼乐文化的历史起源

欲理解一事物之本质与命运，当以追溯和探究其本根渊源为先务。尽管不少学者以周制为礼乐文化的样板，甚或以为礼乐文化作为一种综合性的政教系统只存在于周代，但华夏礼乐文化绝非至周初方始起步。周代礼乐如此成熟、繁盛，若无长期的积累而横空出世才是咄咄怪事。孔子早已指出夏、商、周之间的文明继承关系。① 《礼记》对虞、夏、商、周四代礼制之沿革，记述尤详。然而三代以上，文献乏征，儒者论次古史，但及尧、舜，自此以上，渺茫无稽。百家之说，文不雅驯，易

---

① 子曰："殷因于夏礼，所损益，可知也；周因于殷礼，所损益，可知也。"（《论语·八佾》）

成影响揣摩之谈，难有征实之论。古人于此，亦不甚措意，故于礼乐之历史起因并无系统专题论说。

近代以来，考古学、人类学浡兴，学者援据其说，对礼乐起源问题着意考究，提出诸多新解。约其旨意，略有三类：曰宗教起源说，曰婚姻起源说，曰交换起源说。

诸说之中，宗教起源说影响为最大，持此论者亦最多。就字形而言，"礼"字本指宗教祭仪。《说文解字》云："礼（禮），履也，所以事神致福也。从豊，豊亦声。"刘师培《古政原始论》云："礼字从'示'，足证古代礼制，悉该于祭礼之中。舍祭礼而外，固无所谓礼制也。"① 钱穆先生以为："礼本为祭仪，推广而为古代贵族阶级间许多种生活的方式和习惯。此种生活，皆带有宗教的意味与政治的效用。宗教、政治、学术三者，还保着最亲密的联络。"② 在各类非宗教性仪式中，也往往包含一些带有宗教色彩的内容。《礼运》论礼之起源云："夫礼之初，始诸饮食，其燔黍捭豚，汙尊而抔饮，蒉桴而土鼓，犹若可以致其敬于鬼神。"宗教起源说既有经典依据，更与今日宗教学、人类学观念相吻合，故得到广泛支持。

在现代人类学视角的影响下，又有学者提出礼起源于婚姻制度说。邹昌林依据人类学理论，认为婚姻血缘关系是古礼之重要根源，古礼中的昭穆制度、用尸制度、称谓制度，乃至冠礼的部分仪程，以及氏族内部的禁婚制度都源自母系氏族社会，他言称："告别杂乱性关系，同血缘禁婚和昭穆两合群婚组织的产生，这是古礼起源的另一根本原因。"③《易传》曰："有天地然后有万物，有万物然后有男女，有男女然后有夫妇，有夫妇然后有父子，有父子然后有君臣，有君臣然后有上下，有上下然后礼义有所错。"《郊特牲》亦云："男女有别然后父子亲，父子亲然后义生，义生然后礼作，礼作然后万物安。"上述文字往往被引作婚姻起源说的经典依据。

杨向奎《宗周社会与礼乐文明》则提出礼起源于原始交换说。其

---

① 《刘申叔遗书》（上），凤凰出版社 1997 年版，第 678 页下、679 页上。
② 钱穆：《国史大纲》，商务印书馆 2006 年版，第 95 页。
③ 邹昌林：《中国礼文化》，中国社会科学出版社 2000 年版，第 113 页。

理论渊源是西方人类学关于原始部落商业交易行为的考察。① 杨向奎认为，许多人世间的礼仪交往都和原始社会的物品交易有关，原始社会所谓礼品交换实际是商业交易行为。② 杨氏特别征引《礼记·曲礼》中脍炙人口的"礼尚往来。往而不来，非礼也；来而不往，亦非礼也"一语作为此说的经典论据。

上述礼乐起源诸理论，各有所见，皆言之成理。我们可以综合诸说，将华夏礼乐文明理解为"多源合流"的结果。之所以最后以渊源于祭祀仪式的"禮"字为整个文化系统的总称，当然显示出宗教信仰在上古生活中的核心地位。但礼乐并不限于祭祀，而是整合了各类社会生活中的仪式行为之后形成的一个无所不包的浑融性的文化系统。成熟的礼乐文明，正是由诸多远古时代不同生活领域之思想信念和行为习惯交汇融合演变而成。

二 礼乐文化的整合与演变

无论华夏礼乐文明在后来的历史演变过程中保留了多少远古的信息和遗迹，其作为一种文明生活样式，却也绝非此类初民仪式与宗教的单纯延续和扩充，如王锦民所说："夏商周三代之礼，虽然自远古巫术起源，但已不可将之等同于巫术。三代之礼的奠基，当在上古时代的国家政教初步确定之后，为自觉创立之文明形式，而非原始巫术的自然延续。按照人类学之研究，原始的巫术基本上是一种个人的迷信行为，而礼所代表的则是早期国家的集体信仰。"③

综合古典文献之叙述和当代学者之研究，可以发现，在礼乐文化早期发展历程中有几个值得重视的时期、阶段。邹昌林认为中国古礼的整合大约经过了两个阶段，即传统文献所言五帝时代和三王时代，"五帝时代，经过整合而形成的新的古礼系统，与起源阶段相比，明显的不同在于，它形成了以父系血缘为基础的，社会礼仪为中心的新的礼文化系

---

① 参见［法］马塞尔·莫斯《礼物：古式社会中交换的形式与理由》，上海人民出版社2005年版，第8—10页。
② 参见杨向奎《宗周社会与礼乐文明》，人民出版社1997年版，第238页。
③ 王锦民：《古学经子——十一朝学术史述林》，华夏出版社2008年版，第134页。

统。而三王时代则形成了以君臣关系为核心,以政治等级礼仪为主干的新的礼仪文化系统。"① 陈来先生则倾向于将礼乐文化定位于周代,认为中国早期文化经历了一个由巫觋文化到祭祀文化进而发展为礼乐文化的过程,"虽然事神行为意义上的'礼'固可追溯到三皇五帝甚至更早,凡有事神行为即可认为已经有'礼'。……不过,周代礼乐所集大成而发展的'周礼'、'礼乐'显然早已超出宗教礼仪的范围。历史上所谓'周公制礼作乐'的礼乐,分明是指一套制度与文化的建构。"②

与五帝时代吉光片羽般的记载相比,古代典籍中对夏商周三代礼制的叙述要详备得多。《礼记》等书中尚能见到大量条列比较三代礼制异同的文字,如《檀弓》言夏、殷、周丧制之异,《王制》记四代养老制度之别,《明堂位》更详叙四代礼制、器物细节之殊。③ 大体而言,夏、商、周各代执政者皆有意识地在一些带有标志性意味的制度仪式上与前代相区别,以突出天下统治秩序的转移,而在这改制更化中,又潜在地涵蕴一种不断向更文明、更富修饰意味的形态演化的趋势。

第二节 周代礼乐文化之特质与其理想性

三王时代是华夏礼乐文化发展过程中的重要阶段。夏、商二代岁月辽远,其礼制全貌,已难考见。④ 周因夏、殷二代礼制而损益之,最为详密完备,故成为后人考察古典礼乐文化之基本参照。周制完全是以礼乐政教为核心建构起来的制度模式,礼乐是周代文化的根本表征,如柳

---

① 邹昌林:《中国礼文化》,中国社会科学出版社 2000 年版,第 131 页。
② 陈来:《古代宗教与伦理》,生活・读书・新知三联书店 1996 年版,第 225 页。
③ 自从孔子指出夏、殷、周三代礼制的因革损益关系后,对三代礼制的考索便成为后世礼学的主题之一。更有学者上溯有虞氏,而有四代礼之说。三代礼制之比较可能源于孔子答子张十世可知之问,而四代礼之说可能源于孔子答颜渊问为邦。
④ 《论语》曰:"夏礼,吾能言之,杞不足征也;殷礼,吾能言之,宋不足征也。文献不足故也,足则吾能征之矣。"《中庸》《礼运》中亦载类似说法。今日所见文献中述夏、殷制者,多与周制相比较而论之。或实有所考见,如《礼运》谓孔子得《夏时》《坤乾》之类;或因周之文化保护,于宋、杞两国礼制想见其仿佛。然其中或多想象与变形,不可全据。

诒徵先生所言："周之文化，以礼为渊海，集前古之大成，开后来之政教。"① 周代礼乐空前详备美盛，加之国祚绵长，执政者的有力推动，使礼乐文化深度作用于全社会，形塑了华夏国家的制度模式和文化精神，使礼乐成为华夏民族独有的生活样式。

一 周公与周代礼乐文化建构

周人自叙其先世出于帝喾之子弃，帝舜时为后稷，实系华夏胄裔。然自不窋奔戎狄之后，又为西陲小国。故周之礼乐，或远有渊源，然较之作为中原正统王朝的大邑商，又相形见绌，藐焉不足道。周克商后，亟须全面的政治建构和文化建设以奠定立国基础。《尚书》载武王伐纣，战事甫毕，即访箕子而问治国之大法。然武王英年早逝，西周政权的巩固和政教格局的奠立，实有赖于周公之辅政。周公对于周朝，乃至整个中国政治文化史和思想史而言，都是至关重要的核心人物之一。其最伟大的文化贡献，当属制礼作乐。《尚书大传》称周公"一年救乱，二年克殷，三年践奄，四年建侯卫，五年营成周，六年制礼作乐，七年致政成王"，并细致刻画其作礼乐之情境、用心云：

> 周公将作礼乐，悠游之三年不能作。君子耻其言而不见其从，耻其行而不见其随。将大作，恐天下莫我知；将小作，恐不能扬父祖功业德泽。然后营洛以观天下之心。于是四方诸侯率其群党各攻位于其庭。周公曰："示之以力役且犹至，况导之以礼乐乎？"然后敢作礼乐。

《明堂位》亦曰：

> 武王崩，成王幼弱，周公践天子之位以治天下。六年，朝诸侯于明堂，制礼作乐，颁度量，而天下大服。七年致政于成王。

周公制作之礼，昔人或以为即《周礼》《仪礼》二书。此说自古即

---

① 柳诒徵：《中国文化史》（上），中华书局2015年版，第203页。

多异议，今人更不肯置信，多判为战国、秦汉之传闻假托。疑古辨伪之风，虽有所摧廓涤荡，但往往以偏概全，见小遗大，可谓得失参半。[①] 若不将《周礼》《仪礼》二书之文本指实为周公手订，而肯定其纲领、规模肇于周初，当距史实不远。

二 周礼之制度精神与文化理想

周礼广大繁复，约其旨要，盖有以下数端：一曰封建之制。周行封建，古今无异辞，历代学者考订其制度内容极详备。本书认为封建亦非周人所创，而属三代通制，特至周而臻于极盛。二曰宗法之制。有封建，则有贵族世袭制度；有贵族世袭，则有家族继嗣问题，解决此问题的根本方案，即为宗法。封建与宗法结合，构成一个以血亲伦理为基础的严整的等级秩序，贯穿于社会生活各个方面，周代礼乐因此具有十分突出的等级秩序意味。三曰职官之制。《周礼》所言六官，今人多视为理想化设计，而倾向于以宗彝文为据重新梳理周代职官系统。然周代官制详密，应属事实。四曰学校之制。礼乐之治，以教化为本，故最重学校，本书将于论学礼时详为论析。五曰礼仪之制。《周礼》以吉、凶、军、宾、嘉五礼综括之，《仪礼》《礼记》则关注冠、昏、丧、祭、射、乡、朝、聘诸达礼。

周代是礼乐文化发展之重要时期，一方面，经过全面整顿的礼乐政教体制得以广泛深入社会生活各个方面，全方位塑造华夏文明；另一方面，周制也深刻影响了礼乐文化，使后人心目中的礼乐皆染上了鲜明的周制色彩。关于周制之特性和意义的争议几乎贯穿春秋以后整个中国思想史，成为中国传统政治哲学思考的灵感源泉。

[①] 即就《仪礼》《周礼》而言，今文家以为《仪礼》即孔子所作礼经，今日学界多从此说，所异者，不过谓孔子但发其端，而七十子及后学续成其事耳。然孔子自谓述而不作，故其定礼经，非无所凭依而向壁虚构，其所据者，正是周朝礼乐旧章。今文家称孔子作六经，谓其文经孔子删定而后始得为经，是从经之名义立论，非谓此前绝无经书所言制度篇籍。《周礼》晚出，又为汉世今文家所排拒，目之为"末世渎乱不验之书""六国阴谋之作"。今人或竟以为战国法家所著。但古人疑之，乃嫌其太过周密，易流于深文网罗，而乏宽简为政之意。今人指为法家作，则意在褒扬法家。或称儒者迂拘，不能为此恢宏之制，此则纯属以私心好恶强为抑扬，舍本逐末，不识大体。今日学界普遍认为，《周礼》确属规模宏大，立意深远之作，其中制度也大多承周制而来。

当然这并不意味着本书将采用古代学者将周制完全理想化的立场，合理的作法是将之置于中国历史和文化的命运旅程中予以观照，视作中华民族生命成长的一个时期，承认其所展开的文化方向代表着人类社会的一种根本可能性，包含着超越其时空条件限制的理想性内核。

对于周制之理想性，王国维先生如是说：

> 中国政治与文化之变革，莫剧于殷周之际。……周人制度之大异于商者，一曰立子立嫡之制，由是而生宗法及丧服之制，并由是而有封建子弟之制、君天子臣诸侯之制；二曰庙数之制；三曰同姓不婚之制。此数者，皆周之所以纲纪天下，其旨则在纳上下于道德，而合天子、诸侯、卿、大夫、士、庶民以成一道德之团体。周公制作之本意，实在于此。①

牟宗三先生在《历史哲学》中对周制的道德内涵之分析，较之王氏又大为推进。他首先肯定了《公羊春秋》之说，以为周文之核心在于"传子不传弟，尊尊多礼文"。

> 周公损益前代，制礼作乐，孔子称之曰"文哉"，荀子称之曰"粲然"。而其密义则由尊尊传子而可窥。……文必与尊尊连。尊尊只表示政治形式之公性。唯公乃可尊。何者能公？曰理曰道，曰政治形式，曰法度。政治形式之涌现，必然有尊尊。此文之所以为文之切义也。尊尊之义，用之于宗法社会，帝王世袭，必有大宗小宗之别，因而必笃世子。盖大宗世子所以全公法也。质家笃母弟，大宗小宗不别，未能跨越所亲之直接性，只就其近于己者而与之。此则只依舐犊之私而措施，未能就法度之公而措施。故质必与亲亲连，而其所显示者要在政治形式之未涌发。法度之公，跨越时空之限制。不问亲不亲，故文家必尊尊。以尊尊为主干，亲亲只所以补尊尊之不足。……总结言之，尊尊之义，即义道之表现，亦即客观精神之出现。凡公私之辨，分位之等，

---

① 《观堂集林》卷第十，《王国维遗书》第2册，上海古籍书店1983年版。

皆义道也，亦皆客观精神也。此周文之所以称为吾华族历史发展之一大进步处也。①

历史上的周制是一个在特定时代环境中生长变化着的制度形态，其中有理想性的因素，自然也不乏弊病，古人对此并非视而不见。春秋战国诸子百家争论的主题之一，便是周制之问题所在及其解决方案。当然，统治阶层之骄奢、朝廷内部之权力斗争、下层民众处境之悲苦，以及战争杀戮之残酷，在人类历史上从未间断过，但绝不能因此而否定人类文明之辉煌成就，圣贤德行之高卓，以及历史深处时时闪耀的人性光辉。

三　宗周礼乐政教与贵族文化精神

周文的重要特征便是礼乐文化与贵族制度的融合及相互塑造。贵族制将等级和宗法精神全面纳入礼乐文化制度形式中，使之深入各类礼仪的微文细节，以至后人以周礼为本考察礼乐文化时，极易将等级、宗法视为礼乐文化之根本精神。与此同时，礼乐文化也在不断形塑贵族阶层，其中最令人瞩目者，便是经礼乐教化而养成的君子人格成为贵族阶层的价值追求。②

《左传》为后世提供了春秋时代贵族礼乐教养的许多鲜活例证：

> 郤至三遇楚子之卒，见楚子，必下，免胄而趋风。楚子使

---

① 牟宗三：《历史哲学》，《牟宗三先生全集》第10册，台湾联经出版社2003年版，第36—38页。

② "君子"一语在《诗》《书》等前诸子时代文献中，原为贵族之专称。春秋以降，仍在很长时间中保有此含义。如《书·无逸》："君子所其无逸。"郑玄注谓"君子"即"在官长者"。《诗·小雅·大东》云："周道如砥，其直如矢。君子所履，小人所视。"此处君子、小人之分，正是贵族与平民之别。故而孔颖达《周易正义》释"君子"云："君子者，谓君临上位，子爱下民，通天子、诸侯、公卿大夫有地者。"（《乾·象传》"君子以自强不息"疏）但君子又绝不仅仅只是有土有人者之称，而是内在地包含了对其德行的期许与认可。贵族欲临下治民，不可纯然依赖暴力和威势，在大多数情况下，贵族更倾向于通过展示自身的德行教养而宣示自身的优越地位。这也是"君子"一词的含义能够发生由偏重指涉地位到偏重指涉德行之转变的内在依据。

工尹襄问之以弓,曰:"方事之殷也,有靺韦跗注君子也,识见不榖而趋,无乃伤乎?"郤至见客,免胄承命,曰:"君之外臣至,从寡君之戎事,以君之灵,间蒙甲胄,不敢拜命,敢告不宁君命之辱。为事之故,敢肃使者。"三肃使者而退。(《左传·成公十六年》)

穆叔如晋,报知武子之聘也。晋侯享之。金奏《肆夏》之三,不拜。工歌《文王》之三,又不拜。歌《鹿鸣》之三,三拜。韩献子使行人子员问之,曰:"子以君命辱于敝邑,先君之礼,藉之以乐,以辱吾子。吾子舍其大而重拜其细,敢问何礼也?"对曰:"三夏,天子所以享元侯也,使臣弗敢与闻;《文王》,两君相见之乐也,臣不敢及;《鹿鸣》,君所以嘉寡君也,敢不拜嘉?《四牡》,君所以劳使臣也,敢不重拜?《皇皇者华》,君教使臣曰:'必谘于周。'臣闻之,访问于善为咨,咨亲为询,咨礼为度,咨事为诹,咨难为谋。臣获五善,敢不重拜?"(《左传·襄公四年》)

类似记载在《左传》中不胜枚举,《左传》的历史叙事即是以礼为其思想主线,在其中可以看到礼乐文化所塑造的君子人格群像:他们立身行事普遍以礼为准则,待人接物讲究谈吐优雅、言辞得体、礼貌周全、行为节制,谦谨恭敬而又保持威仪端重;对《诗》的娴熟掌握和恰切引用,体现整个贵族阶层对文化教养的重视;即便于情势凶险的战场,在展现战士之勇猛的同时也不失礼仪风度。三代贵族君子这些德行品质与文化精神,来自整个阶层对教养的重视及文教内容的系统创制。《国语》记载楚庄王为太子择师时,申叔时建议:

教之《春秋》而为之耸善而抑恶焉,以戒劝其心;教之《世》而为之昭明德而废幽昏焉,以休惧其动;教之《诗》而为之道广显德,以耀明其志;教之礼使知上下之则;教之乐以疏其秽而镇其浮;教之令使访物官;教之语使明其德,而知先王之务用明德于民也;教之故志使知废兴者而戒惧焉;教之训典使知族类,行比义焉。

礼乐乃春秋贵族教育的关键内容，如此造就的君子人格，应拥有高度的文化教养和艺术品位，对诗、乐等艺术形式有深刻理解，并与其高尚的德行操守融而为一。这正是宗周贵族时代留给中国文化的最丰厚遗产。诚如钱穆先生所礼赞的那样：

> 古代的贵族文化，实到春秋而发展到它的最高点。……大体言之，当时的贵族，对古代相传的宗教均已抱有一种开明而合理的见解。因此他们对于人生，亦有一个清晰而稳健的看法。当时的国际间，虽则不断以兵戎相见，而大体上一般趋势，则均重和平，守信义。外交上的文雅风流，更足表显出当时一般贵族文化上之修养与瞭解。即在战争中，犹能不失他们重人道、讲礼貌、守信让之素养……他们识解之渊博，人格之完备，嘉言懿行，可资后代敬慕者，到处可见。
>
> 春秋时代，实可说是中国古代贵族文化已发展到一种极优美、极高尚、极细腻雅致的时代。①

第三节　宗周政制衰退与礼乐文化之转型

三代贵族封建制度，至周而臻于极盛，盛极而衰，至春秋战国而趋于瓦解。春秋战国因此成为中国历史的重大分水岭，是中国古代社会政治、文化思想全方位根本变革的时期。由于宗周封建贵族制乃通过礼乐落实，使礼乐具有了封建宗法特征，故而封建制度的衰落，便呈现为周代礼乐典制的衰废，即所谓"礼坏乐崩"。

一　贵族封建制的解体与宗周礼制的破坏

贵族政治的衰落在一定程度上可谓历史的必然。一个社会的稳定和繁荣要求其领导者和中坚力量必须具备较高的政治素质和德行。尽管从理论上讲，贵族政体本身具有其他政体所无法取代的优势，但历史上贵

---

① 钱穆：《国史大纲》，商务印书馆1996年版，第68—71页。

族作为一个狭小而封闭的群体，无法保证其能始终承担这一政体对其素质的高度要求。由于贵族阶层全面掌握社会财富和权力，养尊处优的生活环境容易使之趋于腐化，追求侈靡的生活享受，日渐丧失其最初赢得贵族身份时所展现的德性、才能。尽管贵族阶层也努力通过对教养生活的极度重视以竭力保持其整体素质，但仍无法遏抑其衰落势头在全社会的蔓延，最终导致封建贵族体制的总崩溃。就周代历史而言，先是周天子的政治德性之丧失，之后便是各诸侯国君主普遍的失礼和堕落，导致各诸侯国普遍形成"政在家门"的局面，大夫的僭越和腐坏更使权柄落入家臣之手。

与贵族阶层之腐坏相伴随的，是封建制度的破坏。① 随着周天子政治德性之堕落而来的是周王室威信的丧失：穆王征犬戎而荒服者不至，厉王止谤而国人流诸彘，周天子势力急剧衰退。东周以后，天子不得不依靠晋、郑等诸侯的支持，在封建制传统的庇护下勉力撑持局面。与周室衰微形成对照的，是大国诸侯的崛起，五霸取代周天子成为天下形势的实际掌控者。诸侯因立国形势不同和统治政策的差异而日渐呈现实力不平衡格局，随着岁月迁流，原先紧密的宗族姻娅关系所形成的血亲纽带日渐松弛，加之周天子控制局势能力的丧失，诸侯国间的攻伐兼并，使原来的封建秩序不断被破坏。春秋二百四十二年间，小国被攻灭吞并者无数，齐、晋、秦、楚等大国兴起。在急剧的形势变化和激烈的政治、军事冲突中，原来的封建体制完全不能适应诸侯争霸的需求。在诸侯国内部，卿大夫阶层也迅速扩张其实力，对国君的地位构成威胁。于是，各大诸侯国基本只有两条路可选择：或者国君打击、削弱传统贵族势力以强化君权，如秦、楚等国所为；或者卿大夫取国君而代之，如齐、晋等国所为。最终的归宿则是封建制度的彻底破坏和君主集权制度的兴起，其标志便是郡县制和官僚制的

---

① 宗周传统封建格局的维系，乃诸多因素共同作用的结果。其一，是周天子相对于天下诸侯的宗主权威和实力。周制，天子"邦畿千里"，而天下诸侯大者不过百里，周天子保持着对各路诸侯的实力优势。其二，周初大封同姓，以辅翼藩屏王室。周公"兼制天下，立七十一国，姬姓独居五十三人"（《荀子·儒效》）。同时严格推行同姓不婚之制，通过姬姓诸侯和各异姓诸侯的联姻，以强化血缘纽带，推动政治认同。其三，是通过五服制度、朝觐聘问制度等强化各诸侯国对宗周封建政治秩序的认同，形成制度和传统的约束。

出现并逐步取代周代的贵族封建制。封建政治秩序的破坏，使西周以来已经宗法封建化了的礼乐典制面临空前的合法性危机，此即"礼坏乐崩"之由来。

发生在春秋战国之际的"礼坏乐崩"，作为一个政治、文化事件，其内容主要是宗周封建秩序和相应文化、价值观念的衰敝废坏。《国语》首叙穆王征犬戎一事，正是为了表明，因天子非礼行师，故至王室威信扫地。礼的废弃也意味着一系列政治、价值秩序的破坏。到春秋后期，知礼反而成为少数贤达之人才具备的品行，许多诸侯显贵对各类礼制懵然无知，每每成为笑柄。[①] 一些重大礼制疏略草率：告朔礼废，子贡欲去其羊；禘自既灌，夫子不欲复观。与礼之荒忽废怠相对的，是对传统礼制的公然僭越，如季氏八佾舞于庭，三家者以雍彻。随着封建秩序的解体，君主权威的丧失，这一情况有愈演愈烈之势。

二 春秋战国的社会转型与礼乐变迁

周代礼乐秩序的衰落意味着封建制度的解体，与之相伴而至的是战争频仍、政局动荡和制度、文化、思想的急剧变迁。与宗周封建体制的江河日下形成对照的，是方兴未艾的战国新政体。今日学界或基于政体结构形式而称之为"官僚帝国制"，或着眼于社会基层结构形态而称之为"四民社会"，或立足于政治运作模式而称之为"选举社会""士大夫政治"等，不一而足。秦汉以后中国社会政治亦处于不断的变迁中，本难以某种特定模式和观念简单概括。若采用古人的自我理解，则此转变之关键可谓由封建向郡县的演替，与之相联系的是政治社会领域一系列根本性变革。

这场变革在春秋时代已悄然来临：郡县制在晋、楚等国的出现，成为封建制即将退出历史舞台的预兆。郑国、晋国先后铸刑书，更标志着社会文化重大变革的来临。进入战国时代，封建政体完全崩溃，战争成

[①] 《国语·周语中》载，晋侯使随会聘于周，定王飨之肴烝，原公相礼，随会乃私问原公曰："吾闻王室之礼无毁折，今此何礼也？"引得周定王亲为解说。"武子遂不敢对，而退归，乃讲聚三代之典礼，于是乎修执秩以为晋法。"与之相映成趣的是鲁国的孟僖子，鲁在诸侯中向来以笃守周礼著称，然而昭公七年九月，公至自楚，孟僖子病不能相礼，乃请学之。临终更命其子南宫敬叔和孟懿子师事孔子以学礼。

为时代主题，为了应对愈加激烈的竞争局势，春秋时代缓慢酝酿的社会裂变演化成为疾风骤雨的政治革新。由李悝到商鞅，变法的浪潮席卷列国，其矛头所指，正是周代贵族宗法封建体制。变法的动因，是至为现实的富强攻取，获得战争的主动与优势，其背后则是集权君主的贪欲和野心。这由变法的核心内容可见一斑：首先是建立君主专制政体，法家鼓吹"一切一断之以法"，其潜台词则是一切权力归于君主，君主利益至高无上。相应地，打击和消灭传统封建贵族成为变法的首要目标。其次是奖励耕战，以图富强。耕的目的是战，富的目的是强。为了保障耕战，各国发明了严酷的民众管控方法如连坐制、告奸制、首功制等，将百姓变成从事生产和战争的机器。

今日重新审视和评价春秋、战国间的历史变迁，诚如前述，封建制的弊端可谓昭昭朗朗，其衰歇乃势所必至。战国以下的新兴制度，恰针对封建制之弊而起：其一，郡县制与官僚制所体现的权力集中能有效克服封建体制潜在的分裂和离心倾向，也使统一政府在应对各类危机时变得更强有力，更加高效。其二，官僚制的出现使国家治理从宗法家族式管理逐渐演变成公共行政。封建世袭的废除，选贤与能——官员的选拔制度——使得社会阶层的流动成为可能，政制结构和政治行为因此更趋合理化，封建时代静态的社会分层模式被打破。凡此种种，皆针对封建政治弊端，对中国政治历史形态之演进有重大推进意义。

在春秋战国制度文化的剧烈变迁中，与宗法封建制密合的周礼陷入崩坏，但若由此断言华夏礼乐文明已整体败落则绝非事实。其一，华夏礼乐渊源上古，植根先民生活整体，内涵广大，初非封建宗法形态。演变至周，宗法封建精神虽融入礼乐仪制，但也仅为其全体之一端而已。诸如冠、昏、丧、祭等重大礼制，大多本原上古，即便加入封建内容，亦不构成其核心原则。此类礼仪意蕴深广，乃华夏民族基本生活方式，故虽经各类社会变迁而相沿不衰。其二，礼乐文明承载着华夏民族的制度与生活理想，即便在贵族封建秩序形态中，其价值与魅力也不曾减退。汉以后，由儒家知识分子组成的士大夫群体成为大一统王朝官僚阶层的主要来源。儒家作为先王礼乐政教传统精神的热诚继承者和坚定守护者，致力于礼乐教化精神的阐扬和践行。士大夫政治的形成使儒家礼乐政教精神仍然深刻影响着后世的王朝政治理念，修起礼乐仍是历代王朝确立其统治合法性和正当性的根本途径。其三，即以周制而论，封建制的衰亡，贵族阶层的没落，并不意味着贵族文化精神完全失去了其独特的价值与意义，贵族时代所发展出的教养体制和人格理想作为人类所企慕的文化形态和精神生活方式，仍然值得后人推崇和向往。礼乐文化作为一种精神文化传统成为中华文化的根基，持续作用于此后华夏民族的生活世界。

三　秦汉以降中华礼乐文化演变大势

春秋战国数百年的社会裂变在秦之统一中走向完成。秦国的崛起，始于商鞅变法，这是一场基于法家精神的彻底的社会改造，使秦国最终成为中央集权的军国主义国家。今天不少文化人将秦的统一解读为法家思想的胜利，甚至鼓吹中国重走法家政治路线，此类历史叙事中同样洋溢着不可遏抑的政治野心和权力欲望。然而这些人似乎忘了，历史并未眷睐秦王朝，仅仅十余年后，不可一世的秦帝国便在起义的烈焰中灰飞烟灭，恰恰是法家政治将秦朝推入绝境。

汉高祖入关之初，即宣布悉除秦朝苛政，唯与民众约法三章，正是针对法家政治严酷暴虐而发，由此奠立了汉初崇尚宽简，与民休息的治国方针。汉初王公大臣多好黄老，正与此相应。然而黄老之学所提供的，只是一种政治理念，缺乏制度细节建构力和实际操作形式，故而在现实政治运作方面呈现"汉承秦制"的格局。黄老道家与法家的结合是否能成为中国社会和文化的别样选择？今天仍有人向往这种执政理念的清静无为和操作层面"一断以法"的理想图景，并极力论证其与西方现代法治精神之相似。黄老和法家之间虽有高度的思想亲和力，然而黄老的无为而治思想和法家的严刑峻法观念之间并非不存在裂痕。更重要的是，它们都基于不同的理由而主张"愚民"，故而在社会文化和道德教化方面完全落空，这显然与人类文明的内在走势南辕北辙。因此，至汉景帝时，这种政治模式在面对汉朝的日渐富裕强盛及由此衍生的新问题时已捉襟见肘。正是在这样的时代环境中，儒家的文化优势得以充分彰显。

儒家在先秦即为显学，其所以成为显学，乃根源于其"守先王之道"的深广文化底蕴，而绝非近世诬枉之辞所谓"符合君主专制需要"。真正与新兴君主专制政体更具亲和力的是黄老和法家思想。儒家继承三代贵族民主的精神传统,主张"从道不从君"(《荀子·臣道》),反而一直与新兴政体疏离,而被战国君主们视为"迂远而阔于事情"。崇尚法家绝对专制思想的秦始皇最终无法容忍儒生"以古非今",选择了"以法为教,以吏为师"的彻底法家政治,也由此最终葬送了秦王朝。

与秦始皇不同,出身微末的刘邦最初对儒生抱持极强的偏见,然而一大批他曾认为迂阔无用的儒生在楚汉之争中的突出表现令其刮目相看。特别是项羽败亡,天下服从之后,以儒家文化为底色的孤城曲阜却因为其曾是项王初封地而坚守不下,一定对刘邦形成了强烈的心理震撼。刘邦与陆贾之间的著名对话更是汉朝立国以后政治反思的起点:

> 陆生时时前说称诗书,高帝骂之曰:"乃公居马上而得之,安事《诗》《书》?"陆生曰:"居马上得之,宁可以马上治之乎?且汤、武逆取而以顺守之,文武并用,长久之术也。昔者吴王夫差、智伯极武而亡;秦任刑法不变,卒灭赵氏。向使秦已并天下,行仁义,法先圣,陛下安得而有之?"高帝不怿而有惭色,乃谓陆生曰:"试为我著秦所以失天下,吾所以得之者何,及古成败之国。"陆生乃粗述存亡之征,凡著十二篇。每奏一篇,高帝未尝不称善,左右呼万岁,号其书曰《新语》。(《史记·郦生陆贾传》)

陆贾向汉高帝指明了秦政失败的根源和天下由战乱走向和平之后治国方略转换的必要性。与道家不同,儒家重视国家的制度建设。其制度设计以教化为本,又根本不同于法家。从陆贾开始,汉代儒者便极力向朝廷陈说礼乐政教制度与秩序重建的必要性,最著名者首推贾谊提倡的改革计划:

> 谊以为汉兴二十余年,天下和洽,宜当改正朔,易服色制度,定官名,兴礼乐。乃草具其仪法,色上黄,数用五,为官名悉更,奏之。(《汉书·贾谊传》)

这些努力最终推动了影响深远的汉武帝"复古更化"时代的到来。尽管人们对武帝时"罢黜百家、独尊儒术"的历史详情尚存在争议，但有一点应该毫无疑问，儒术从此成为进身之阶，儒家在中国文化史上的主导地位再无动摇。同样，由于政治参与者的儒家思想背景，礼乐教化为治国之本的政治观念得以延续。

但秦汉以后，中国的社会与政治变迁使得礼乐制度的各方面都发生了不小的变化。一方面，后世官僚体制建构所形成的复杂制度模式使礼乐之影响力受到各种限制。另一方面，大一统王朝的君主们在实际决策中往往呈现教化政治之理想信念与阳儒阴法的政治权谋相交织的复杂心态。这一点，汉宣帝教训元帝时有颇为露骨的表述：

> （孝元皇帝）壮大，柔仁好儒。见宣帝所用多文法吏，以刑名绳下，大臣杨恽、盖宽饶等坐刺讥辞语为罪而诛，尝侍燕从容言："陛下持刑太深，宜用儒生。"宣帝作色曰："汉家自有制度，本以霸、王道杂之，奈何纯任德教，用周政乎！且俗儒不达时宜，好是古非今，使人眩于名实，不知所守，何足委任？"乃叹曰："乱我家者，太子也！"由是疏太子而爱淮阳王，曰："淮阳王明察好法，宜为吾子。"（《汉书·元帝纪》）

东汉以后，由于朝廷"名教治国"理念的推动，礼法观念在全社会产生普泛的影响。然而察举制的弊端和士人的浮华交会也使名教、礼法日益流于虚浮文饰，最终引发魏晋名士群体否弃礼法、任诞放纵的思想行动，将名教与自然对立起来。然而清谈玄理究竟只是少数人的行为，整个魏晋南北朝时期，由于门阀士族占据主导地位，同样重视宗法礼制，特别是丧服制度成为当时礼学研究的重点。经过魏晋南北朝数百年的演变，至隋唐统一时，中国文化的格局已经发生极大变化。在思想文化上，体现为儒、道、释三教的并立与会通。传统礼仪在唐朝前期由于士族的继续存在而仍有保留，但也发生不少变化，许多古礼渐趋失落。中唐以后，士族没落，中国社会结构发生新的转变，社会文化更趋平民化和世俗化。这一形势在宋朝进一步发展，中华礼乐文化传统也因此经历了一场相对平和但同样深刻的变化：承自先秦的带有浓烈贵族化色彩的古老礼俗日渐淡化，礼乐向更多凸显平民化精神的方向演变，主要体现为仪式的简化，这从宋代民间的礼仪重整运动即可见一斑。宋代许多著名儒者如司马光、张载、朱熹等都曾参考古礼，结合时代特性和需要，重新修定部分生活礼仪，成为明清时代日常礼仪的重要渊源。

  宋以后数百年间，随着时间的推移，朝代更替，礼乐文化由上到下都经历着不断的变化。如孔子所言，这是在"因"与"损""益"间的变化发展，尽管其中有过扭曲变形，但中华礼乐之精神内涵，始终未衰。直到近代，面对"三千年未有之大变局"，这一传统陷入前所未有的深重危机，对此本书绪论中已有描述。华夏礼乐文明是否已纯属历史陈迹，抑或仍拥有某种未来前景？如前所述，回答的前提是重新深入理解礼乐文化之精神义理。类似的危机早在春秋战国时代便已发生过，由此展开的对礼乐文化的理解与思考，特别是儒家礼乐释义理论，成为后世礼学的源头，也是《礼记》的直接思想来源。下一章我们将概述礼乐反思在春秋战国的发生和儒家礼乐释义的早期形态，以期理解《礼记》诞生的思想语境。

第二章

先秦诸子礼乐反思：《礼记》的思想本源

《礼记》作为七十子后学礼乐释义作品选辑，其基本观念和思考方向皆渊源有自。"礼坏乐崩"的历史困局和道、墨、法诸子对礼乐的质疑非难，凸显了围绕礼乐文化传统而展开的观念论争与价值冲突。春秋、战国数百年间，是宗周礼乐文明大衰变的时代，由之引发的礼乐反思成为礼学的起点，甚至是整个中国哲学的起点。对这一切的回顾，构成《礼记》研究不可或缺的重要环节。

第一节 礼所以本：春秋诸贤对礼乐的认知与阐释

春秋时代的礼乐反思主要发生于各诸侯国执政卿大夫群体，多针对各级贵族尤其是国君的违礼行为而发，意在强调礼对维持政治秩序的根本意义。《左传》记载此类言论颇多，如隐公五年，公将如棠观鱼，臧僖伯谏，称：

> 凡物不足以讲大事，其材不足以备器用，则君不举焉。君将纳民于轨物者也。故讲事以度轨量谓之轨，取材以章物采谓之物。不轨不物，谓之乱政。乱政亟行，所以败也。故春蒐、夏苗、秋狝、冬狩，皆于农隙以讲事也。三年而治兵，入而振旅，归而饮至，以数军实，昭文章，明贵贱，辨等列，顺少长，习威仪也。鸟兽之肉不登于俎，皮革、齿牙、骨角、毛羽不登于器，则公不射，古之制

也。若夫山林川泽之实、器用之资、皂隶之事、官司之守，非君所及也。

桓公二年，取郜大鼎于宋，纳于大庙，臧哀伯谏云：

"君人者，将昭德塞违，以临照百官，犹惧或失之，故昭令德以示子孙。是以清庙茅屋、大路越席、大羹不致、粢食不凿，昭其俭也；衮冕黻珽、带裳幅舄、衡紞纮綖，昭其度也；藻率鞞鞛、鞶厉游缨，昭其数也；火龙黼黻，昭其文也；五色比象，昭其物也；锡鸾和铃，昭其声也；三辰旂旗，昭其明也。夫德，俭而有度，登降有数，文物以纪之，声明以发之，以临照百官，百官于是乎戒惧而不敢易纪律。今灭德立违，而寘其赂器于大庙，以明示百官，百官象之，其又何诛焉？国家之败，由官邪也。官之失德，宠赂章也。郜鼎在庙，章孰甚焉？武王克商，迁九鼎于雒邑，义士犹或非之，而况将昭违乱之赂器于大庙，其若之何？"

二人在批评鲁君非礼之举的同时，通过描述合礼行为的特征，对礼之形式、器物、仪节之意义，特别是其政治与德性象征意蕴进行细致说明，以此彰显谨守礼制对治国安民的极端重要性。

正是缘于对礼之政治功能的肯认，春秋时代的人们将礼视为国家存亡之本：

齐侯问仲孙湫："鲁可取乎？"对曰："不可。犹秉周礼，周礼所以本也。臣闻之，国将亡，本必先颠，而后枝叶从之。鲁不弃周礼，未可动也。"（《左传·闵公元年》）

天王使召武公、内史过赐晋侯命，受玉惰。过归，告王曰："晋侯其无后乎？……礼，国之干也；敬，礼之舆也。不敬则礼不行，礼不行，则上下昏，何以长世？"（《左传·僖公十一年》）

齐侯侵我西鄙，季文子曰："齐侯其不免乎？己则无礼，而讨于有礼者，曰：'女何故行礼？'礼以顺天，天之道也。己则反天，而又以讨人，难以免矣。……以乱取国，奉礼以守，犹惧不终，多

行无礼，弗能在矣。"(《左传·文公十五年》)

季文子以礼为立身之本，将关切点引向礼与人之德性修养关系的讨论，虽然还主要是从一种外在的联系着眼，但礼已成为君子之德的关键内容则无疑义。这从春秋时代的人物品评上亦可见一斑：鲁僖公二十三年，晋公子重耳流亡至楚国，楚令尹子玉请杀之，楚子曰："晋公子广而俭，文而有礼……天将兴之，孰能废之？违天必有大咎。"之后长期的晋楚争霸过程中，执政者的礼义德行成为其势力消长及政治评价的核心要素。

楚子玉治兵，蒍贾不贺。子文问之，对曰："不知所贺。……子玉刚而无礼，不可以治民。"(《左传·僖公二十七年》)

子玉的无礼为城濮之战楚军的败绩埋下伏笔。同时的晋国，则呈现相反情景：

晋谋元帅，赵衰曰："郤縠可。臣亟闻其言矣，说礼、乐而敦诗、书。诗、书，义之府也；礼、乐，德之则也。德、义，利之本也。"

在这样浓烈的礼乐反思氛围中，渐次形成了对礼乐的系统认知。礼乐之本原，主旨、功能与价值等问题都获得重要的理论奠基。其中尤为后世瞩目者，首推发生于春秋后期的"礼、仪之辨"：

公如晋，自郊劳至于赠贿，无失礼。晋侯谓女叔齐曰："鲁侯不亦善于礼乎？"对曰："鲁侯焉知礼！"公曰："何为？自郊劳至于赠贿，礼无违者，何故不知？"对曰："是仪也，不可谓礼。礼，所以守其国，行其政令，无失其民者也。今政令在家，不能取也；有子家羁，弗能用也；奸大国之盟，凌虐小国；利人之难，不知其私。公室四分，民食于他。思莫在公，不图其终。为国君，难将及身，不恤其所。礼之本末将于此乎在，而屑屑焉习仪以亟。言善于

礼，不亦远乎？"君子谓叔侯于是乎知礼。(《左传·昭公五年》)

陈来先生指出："昭公与晋侯相见，本无失礼之处。但晋臣女叔齐却批评昭公不懂得礼，可见'礼'的观念在这个时候已经出现了突破性的变化，而这种突破就在于注重'礼'与'仪'的区分。在这个区分中，礼的意义渐渐发生了某种变化。礼不再被作为制度、仪式、文化的总体，被突出来的是'礼'作为政治秩序的核心原则的意义。"① 礼仪之辨的目的不在于将礼与仪剥离并对立起来，而是借此凸显礼的政治内涵，从而强化春秋以来对礼的反思和推崇。

昭公二十五年，子太叔与赵简子的对话延续并深化了这一主题。

> 子太叔见赵简子，简子问揖让周旋之礼焉，对曰："是仪也，非礼也。"简子曰："敢问何谓礼？"对曰："吉也闻诸先大夫子产曰：'夫礼，天之经也，地之义也，民之行也。'天地之经而民实则之。则天之明，因地之性，生其六气，用其五行。气为五味，发为五色，章为五声。淫则昏乱，民失其性。是故为礼以奉之。为六畜、五牲、三牺以奉五味，为九文、六采、五章以奉五色，为九歌、八风、七音、六律以奉五声，为君臣上下以则地义，为夫妇、外内以经二物，为父子、兄弟、姑姊、甥舅、昏媾、姻亚以象天明，为政事、庸力、行务以从四时，为刑罚、威狱使民畏忌，以类其震曜杀戮，为温慈惠和以效天之生殖长育。民有好、恶、喜、怒、哀、乐，生于六气，是故审则宜类，以制六志：哀有哭泣，乐有歌舞，喜有施舍，怒有战斗。喜生于好，怒生于恶。是故审行信令，祸福赏罚，以制死生。生，好物也；死，恶物也。好物，乐也；恶物，哀也。哀乐不失，乃能协于天地之性，是以长久。"简子曰："甚哉礼之大也！"对曰："礼，上下之纪，天地之经纬也，民之所以生也，是以先王尚之。故人之能自曲直以赴礼者，谓之成人。大，不亦宜乎！"简子曰："鞅也请终身守此言也。"(《左传·昭公二十五年》)

---

① 陈来:《古代思想文化的世界》，生活·读书·新知三联书店2009年版，第237页。

礼义之阐释，成为早期中国哲学，尤其是儒家哲学生成的重要进路。如前所述，礼义诠解首先是政治和伦理的，之后便渐次凸显形上维度。前引季文子之语已经将礼之本原归诸天道，认为行礼旨在顺应天道，礼乃是天道下贯而成之人事基本原则，这为礼乐本原探求和礼乐价值反思开拓了一个新的维度。刘康公亦将礼与人之性命相联系：

> 刘子曰："吾闻之，民受天地之中以生，所谓命也。是以有礼义威仪之则，以定命也。能者养之以福，不能者败以取祸。是故君子勤礼，小人尽力。勤礼莫如致敬，尽力莫如敦笃。"（《左传·成公十三年》）

人作为三才之一，处身天地之间，既是天地之道的承负者，又是其体现者。所谓"受天地之中"，既表明人是天地之中，又暗示人之行事应以"中"道为原则。礼的功能是"定命"，说明人们已经意识到礼与中道理想之间的关联。

子太叔对赵简子之语则堪称由礼制而升华为哲理的典范，可以理解为追寻礼之形上根基的早期尝试。一个系统的形上理论图景正是在礼乐诠释中得以唤启和展开，一些原本松散而潜在的观念由此得以综合。首先，华夏民族古老的天、地、人三才世界图式，渊源固然至为深远，但正是由于礼义探求的指引，才使以下观念得以突出：一是天、地、人之内在统一性，三者一以贯之而成为有机整体；一是三才之道所包含的秩序理则。因天、地、人通而为一，故其秩序理则通而为一，而被统称之为"礼"。礼从其现实意义上讲，固然属于"民之行"，其终极依据则是"天之经""地之义"。"民行"法则天地，不是外在的模仿和依循，而是根基于民之性和事之理，因而本质上是由内而外的。

尤为值得注意的是"性"字作为中国哲学独有词语的出现，所谓"则天之明，因地之性，生其六气，用其五行。气为五味，发为五色，章为五声，淫则昏乱，民失其性"。文中更多使用了富于内在色彩和生成意味的"因""生""用""发""章"等字，以强调人类生活秩序乃是因顺事物之内在理则而自然生成者，其与"天地之则"的关系并非两种性质截然不同的事物之间外在的决定与被决定、模仿与被模仿关系。接下来令人瞩目的便是六气、五行等观念的阐释，标志事物内在的明确而稳定的秩序关系被有意识地强调和关注。礼既以协调天人为目的，故尤为关注人之性情的内在秩序。文中也暗含对性情关系的理解，认为"民之性"便落实于好、恶、喜、怒、哀、乐之情。在《左传》看来，此六志既生于六气，因而性情的协调又是人与天地之道相协调的基础。礼将这一切联系起来并起着关键作用，在人类生活中的地位无与伦比。虽然天道秩序是人间礼义秩序得以发生的根据，但从观念发生的角度讲，则是对礼的重视引导着人们对自然秩序的肯认和理解。礼的功能在于奉持天地之道，守护民之性，由此生成各种政治制度和社会秩序。"礼"与"仪"之区别的关键，在于"礼"是以天人秩序为终极依据的人类社会根本法则，因而是恒久之常经，"仪"则是各种现实行动的微文细节，无关大体而可以变易更改。当然，上述对话将"礼"与"仪"区别甚至对立起来，目的是将"礼"解释为治国理民之大经大法，但这样一来，在崇礼的同时，也使之成为抽象的政治法则，淡化了其本具的体、履之义。

春秋时代礼乐文化反思和诠释的潮流，成为诸子学术，尤其是儒家兴起的先声，对儒家礼义之学起着直接的先导作用，并在一定程度上奠立了其理论基础。

第二节　何以文为：战国诸子对礼乐的批评与质疑

《史记·秦世家》中记载了秦穆公与西戎来使由余之间一段耐人寻味的对话：

> 戎王使由余于秦。由余，其先晋人也，亡入戎，能晋言。闻缪公贤，故使由余观秦。秦缪公示以宫室、积聚。由余曰："使鬼为之，则劳神矣。使人为之，亦苦民矣。"缪公怪之，问曰："中国以诗书礼乐法度为政，然尚时乱，今戎夷无此，何以为治，不亦难

乎？"由余笑曰："此乃中国所以乱也。夫自上圣黄帝作为礼乐法度，身以先之，仅以小治。及其后世，日以骄淫。阻法度之威，以责督于下，下罢极则以仁义怨望于上，上下交争怨而相篡弑，至于灭宗，皆以此类也。夫戎夷不然。上含淳德以遇其下，下怀忠信以事其上，一国之政犹一身之治，不知所以治，此真圣人之治也。"

如果这段文字真是历史实录的话，可以说早在春秋前期便有人开始对礼乐文明表示质疑，同时隐隐暗示中原礼乐文明发展至周代，也有盛极而衰的迹象。① 但这毕竟只是来自西北一隅的微弱声音，至战国，这类声音急剧增多并汇聚成了一股批评礼乐文化的潮流，除儒家外，先秦诸子几乎无一例外的对礼乐文化持否定态度，这一强大的社会思潮对礼乐文化形成激烈的观念冲击。

一 墨家

首先要提到的便是与儒家并称显学的墨家思想。战国时代儒、墨之争虽然热闹，实则两家在许多问题上看法较为近似，特别是在对古圣先王之道、孝悌仁义之德的肯定上，两家并无异词。正是在礼乐问题上，双方持论相左，甚至成为彼此攻讦的焦点。《墨子·非儒》中批评儒家的重要理由就是认为儒者"繁饰礼乐以淫人，久丧伪哀以谩亲"。② 墨家主天志、明鬼、节用、节葬、非乐、非命，上述主张皆围绕墨子所倡导的"兴天下之利，除天下之害"这一墨学宗旨展开。墨家反对礼乐亦本于此动机。墨者尤其对于儒家所坚持的婚礼和葬礼仪节极为不满，将儒者描述为厚葬的鼓吹者，而厚葬久丧被墨家渲染成天下大害之一。墨家对世俗丧葬风习之奢靡的抨击颇为犀利中肯，但以儒家为厚葬的倡导者，则并非实情。儒家在丧葬制度上的一贯主张是"以礼"和"从俭"。在坚决反对殉葬这一远古陋习的问题上，其态度较墨家更为激烈

---

① 然而这段对话更可能属于后世黄老道家伪托之语。史迁之父笃信黄老，迁习闻其说，以为掌故而笔之于书。

② 原文作晏婴对齐景公语，司马迁《史记·孔子世家》亦采其说。但从晏婴与孔子之交往，晏子个人思想倾向和春秋时代文化氛围看，这段话不太可能出自晏子之口，盖系战国墨家之徒伪撰。

而彻底。① 儒家对丧礼的重视，乃着眼于"慎终追远"之孝道，是其教化主旨的重要体现方式，以对丧葬礼俗之文化渊源和心理动机的深刻体察为基础。墨家对丧礼的意义与价值缺乏深度了解，其批评也十分牵强。

墨子对音乐的反对态度更为决绝，不但非乐，而且排斥一切没有直接实用效果而仅带给人审美愉悦和官能快感的事物，并将审美愉悦和感官快乐视同一物。这使其无法理解审美价值对社会、人生的积极意义。因此，尽管墨家简朴刻苦的生活风格对浮靡世风有着突出的矫厉意义，其实用功利思想中蕴含的民生关切也本于高尚的道德动机，但如荀子所言，墨子对礼乐之价值缺乏认知："先王之道，礼乐正其盛者也，而墨子非之。故曰：墨子之于道也，犹瞽之于白黑也，犹聋之于清浊也，犹欲之楚而北求之也。"②《庄子·天下》也批评道："歌而非歌，哭而非哭，乐而非乐，是果类乎？其生也勤，其死也薄，其道大觳，使人忧，使人悲，其行难为也。恐其不可以为圣人之道。反天下之心，天下不堪。墨子虽独能任之，奈天下何？离于天下，其去王也远矣。"

二 法家

法家同样基于功利主义理由反对礼乐文化传统，但动机却与墨家大为不同。法家对礼乐的否定多以道家哲学为理论根据。《韩非子·解老》阐发《老子》"失义而后礼"一语云："礼为情貌者也，文为质饰者也。夫君子取情而去貌，好质而恶饰。夫恃貌而论情者，其情恶也；须饰而论质者，其质衰也。何以论之？何氏之璧，不饰以五彩；隋侯之珠，不饰以银黄。其质之美，物不足以饰之。"但实质上，法家的态度更多本于其集权诉求，礼乐之所以被否定的根本原因，是其阻挠干扰了君主专制政体的运行（"儒以文乱法"），特别是三代礼乐的贵族文化精神对中央权力的掣肘，与新兴君主专制政体构成严重冲突。

---

① 墨家还在一定程度上带有"众人民"的功利动机，儒家则本诸对一切人之基本人格的普遍尊重和对人之生命的诚挚关切的立场对殉葬深恶痛绝，《孟子》记孔子之言曰："始作俑者，其无后乎！为其象人而用之也。"《檀弓》亦述孔子意云："孔子谓为刍灵者善，谓为俑者不仁，不殆於用人乎哉！"

② 《荀子·乐论》。

法家政治思想的出现有其历史必然性和理论合理性。阎步克先生指出，法家的法治观念体现了社会分化意识，即将政治领域视为一个分化后的自主领域，有其特有的角色、规则与目标。法家力图依靠系统的、充分程式化的、运用合理技术的成文规则去运作行政，体现非人格性和普适性。[①] 这些都是法家的长处。但法家将其法治理论绝对化而排斥一切异己思想，其强烈的专制主义倾向和严酷的施政执法方针反而引起更恶劣的政治和文化后果，这也是秦帝国法家实践最终失败的根源所在。

三 道家

与墨家和法家的实用主义和功利主义立场不同，道家之礼乐批判乃基于一种哲学反思，且达到了前所未有的思想深度，其批判的矛头也不再止于"周文"，而是广及人类社会一切价值观念和制度设施。道家认为，礼乐之不合理不在于其末流的形式主义弊端或制度设计之偏失，而在于其存在论意义上的次生性和非本真性。《老子》云：

> 失道而后德，失德而后仁，失仁而后义，失义而后礼。夫礼者，忠信之薄而乱之首；前识者，道之华而愚之始。

由道向礼的展开被《老子》描述为一个不断在亡"失"着的人类生存品质下滑的过程，而礼以一种体制化形态将这一去本质化行为推向极致。道家认为，礼全然借助一种人为的名分将人强行纳入一个实体性制度结构之中。这样的名分规制不但破碎大道，而且戕害人性，使人日渐背离其真性而困拘于其伦理、政治身份的规范性要求。

道家的文明批判有其深刻之处，但也存在理论困境：若以为恶源于人为（不必要的造作、追求，非自然的意愿），而人性本清静无为，人为又从何而起？莫不是人内在地有追求"非自然"地生活的倾向？消解仁、义等道德价值真的可以使人回复到一种超越善恶对待的至善生活中去？如何证明恬淡无欲是人类的天性？谁能保证其结果不是人类生活

[①] 阎步克：《"礼治"秩序与士大夫政治的渊源》，《国学研究》第一卷，北京大学出版社1993年版，第5页。

秩序的总崩溃？墨子和荀子都曾描述过在没有礼制秩序的环境中"一切人反对一切人"的可怕景象，对此不可不深思细味。不难理解，道家所向往的和平景象乃是以圣王"愚之"，使百姓无知无欲、削减欲望的政治手段换取的。然而，如果人性"自然"地倾向于扩张自己的知识、欲望的话，道家的政治设计岂不与其因顺自然的初衷相悖？道家的礼乐批判对于反思人类文明之弊端，抵制人类欲望和各类人为制度秩序的无节制扩张都是有益的，但道家由此走向对人类文明生活的总体拒绝，使其无法成为真正意义上的建设性思想力量。

上述先秦诸子的礼乐反思恰是在回应春秋战国时代的社会文化变革主题——宗周礼乐政教制度的衰落和秦汉新帝国政治格局之兴起——的过程中发生的，本身即构成此历史变迁的一个组成部分。宗周礼乐之衰敝既有其自身的内在根源，诸子的礼乐批评也因触及这些因素而具有理论和历史的合理性：其一，对宗周封建宗法等级秩序不同程度的否定和批评，其中尤以墨子与法家最为突出。墨子力图以"兼爱"取代周礼"亲疏有别"的伦理等差秩序，法家则极力突出法凌驾于阶层身份之上的普遍约束力。其二，对礼乐之形式主义趋向可能引起的伪饰和烦琐化之不满，这类观点在道家那里特别得到强化。其三，对贵族阶层之侈靡的不满，这在《墨子》中表现得尤为突出，《老子》中也有类似看法。[①]礼乐本身固然并非贵族骄奢淫逸的生活方式，但礼乐对修饰化行为和美感生活的追求，也暗含着对生活之丰富和美化的需求，可能扭曲为奢侈的生活方式。

诸子之礼乐反思凸显了宗周礼乐衰落的事实，也催生了各类因应时代变局的哲学路向。但诸子对礼乐的质疑、批评和拒斥也包含甚多偏蔽观念，其关键在于对礼乐之人文内涵和精神价值缺乏足够认知。墨家和法家的实用功利倾向使其人文精神相对单薄，法家更时常流露出反人文的倾向，这一倾向又与道家之反人文思想有着千丝万缕的联系。当然，道家之反人文乃基于其道法自然的形上视野，也常被一些学者称作"超人文"的，而法家之反人文，则是基于一种冷酷的制度偏执，二者有境

---

① 如"朝甚除，田甚芜，仓甚虚，服文采，带利剑，厌饮食，财货有余，是谓盗夸，非道也哉！"

界高下之别。但从思想之历史演变进程而言,恰是道家的"超人文"启发了法家的"反人文",并予之以形上的"理论支点",这在韩非子思想中体现得尤为突出。这种政治观念一旦作用于政治实践,便会引发灾难性的后果。

第三节　与于斯文：儒家礼乐释义理论之兴起与发展

儒家与道、墨、法诸子形成最鲜明反差的便是其对礼乐文明传统的热情。这或许与儒家的历史起源有关,但更多基于儒家独特的文化哲学。先秦诸子中,唯有儒家是华夏礼乐文化传统全面而积极的阐释和弘扬者,儒家也因此成为三代贵族文化精神和君子人格教养的直接继承者。道、墨、法等诸子固然也在上古华夏文明传统中有或近或远、或浅或深的渊源,但皆不及儒家全面。正是儒学植根传统深处之特质,使其拥有最深广的文化精神资源,成为中华民族精神的主要表达形式。

一　孔子与儒家礼乐释义理论之奠基

> 孔子者,中国文化之中心也,无孔子则无中国文化。自孔子以前数千年之文化,赖孔子而传;自孔子以后数千年之文化,赖孔子而开。①

孔子在中国文化中的地位与影响,无人能与比肩,诚如司马迁在《孔子世家》中赞叹的那样:"天下君王至于贤人众矣,当时则荣,没则已焉。孔子布衣,传十余世,学者宗之。自天子王侯,中国言六艺者,折中于夫子,可谓至圣矣。"孔子之伟大,首先在于其德性人格和精神世界之深邃辽阔,这又源于他一生对自我完善和学问教养的不懈追求,使他成为自己那个时代公认的最渊博宏富之人,其中最关键的内容

---

① 柳诒徵:《中国文化史》(上),中华书局2015年版,第391页。

便是礼乐文化教养。《史记》称孔子孩提时代"为儿嬉戏",即时常"陈俎豆,设礼容",展现出对礼乐传统的敏锐感受力和高度热情。青年时代,便因"知礼"而闻名,[①] 教子弟以礼乐为先务。后周游列国,虽处流离颠沛之际,遭艰危不测之境,仍修习礼乐不辍。[②] 礼乐实乃孔门儒家传习守护的中心内容之一。

春秋末年,宗周礼乐文化衰废趋势更为明显,战国政治文化格局已呼之欲出,许多人开始废弃礼乐传统而另起炉灶。孔子却对三代礼乐制度情有独钟,似乎与"时代精神"南辕北辙,孔子也因此被近代以来的文化界指责为"保守""复古"。殊不知,孔子之"从周""复礼",不但是在春秋以降的时代乱局中对和平与秩序的热切肯定,更是基于其对历史与人类文化本质之深刻反思和洞察,而对人类生活和社会政治问题作出的根本性理解与应答。

孔子承春秋贤达之绪,将礼视为治国安邦的根本途径和最佳选择,倡言"为国以礼",然而孔子并非仅仅复述春秋诸贤对礼治效能的理解,实具备更为深远的历史眼光和文化哲学视野。孔子指出,人类社会的任何时代或阶段,都与此前时代或阶段间有着"因"和"损益"的关系,此"因"和"损益",皆围绕"礼"而展开。"殷因于夏礼,所损益,可知也;周因于殷礼,所损益,可知也。其或继周者,虽百世可知也。"此处所谓礼,不但是政治意义上的,也是文化意义上的,不但是一种政治制度,也是一种生活方式。且礼并非某种固定的政治制度或生活样式,而是注重在继承性之"因"和创造性之"损益"中变化演替的文化生活系统。因此,礼不可能永远停留于某个历史时期的具体样态,但又与前代有着内在的渊源关系。因此,具体的某种制度形式反而

[①] 《左传·昭公七年》:孟僖子病不能相礼,乃讲学之。苟能礼者,从之。及其将死也,召其大夫曰:"礼,人之干也,无礼无以立。吾闻将有达者曰孔丘,圣人之后也,而灭于宋。其祖弗父何以有宋而授厉公。及正考父,佐戴、武、宣,三命兹益共。故其鼎铭云:'一命而偻,再命而伛,三命而俯,循墙而走,亦莫余敢侮。馆于是,鬻于是,以糊余口。'其共也如是。臧孙纥有言曰:'圣人有明德者,若不当世,其后必有达人。'今其将在孔丘乎?我若获没,必属说与何忌于夫子,使事之而学礼焉,以定其位。"故孟懿子与南宫敬叔师事仲尼。

[②] 《史记·孔子世家》:"去曹适宋,与弟子习礼大树下。宋司马桓魋欲杀孔子,拔其树。"后在陈绝粮,从者病,莫能兴,孔子讲诵弦歌不衰。

是不重要的，绝非不可更改。孔子对礼制的态度，从来不是本质主义、形式主义的，而是结合具体的情境、形势及特定价值需求、目的进行现实的衡量取舍。故孔子既言从周，① 又认为周礼应适时损益变革。《论语》云：

> 颜渊问为邦，子曰："行夏之时，乘殷之辂，服周之冕，乐则韶舞，放郑声，远佞人。"（《论语·卫灵公》）

引文向我们传达了两个重要信息，其一是在儒家看来，"为邦"即管理国家必须以礼乐教化为本，其二是礼乐制度的建构应参酌历代礼制而兼综众家所长。

与此同时，孔子敏锐地把握到了正在兴起并试图取代礼治传统的"法治"主张。经过比较考察之后，孔子指出"法治"不可能奠定善政的基础，因为它所依赖的乃是国家强力压制下的服从，不具备道德上的教化力量，其根基注定是脆弱的："道之以政，齐之以刑，民免而无耻。"（《论语·为政》）建立在道德基础上的礼治秩序才是长久之道："道之以德，齐之以礼，有耻且格。"（《论语·为政》）礼治国家以教化为基础和根本任务。教化固然关注外在的政治秩序和社会风俗之维系，但更多指向德性人格之养成。正是在此意义上，儒学将自身理解为一种成德之教、为己之学。这一人格教养关切承春秋贵族文化精神而来，体现于君子、仁等词语内涵在孔子思想那里所发生的关键性变化中。

几乎所有孔子思想诠释者都强调仁在孔子哲学中的核心地位，然而仁恰恰也是整个《论语》中最难以捉摸的词语。孔子从未试图以"下定义"的方式给予仁以某种观念化的系统解说，而是在不同的谈话场景中针对弟子之个性特征进行当下的指引与点拨。更令人深感困惑的是孔子从不轻易以仁许人，因而"仁"似是至高至难之德，但孔子又时常

---

① 孔子"从周"，一方面是因为"周监于二代，郁郁乎文哉"，是经过夏商两代和宗周数百年积累而成的完备礼制体系，充分地展示出"文"化生活的特性和意义；一方面是因为周礼"今用之"，即周礼仍在被世人所普遍奉行，因而更切合实际，易于接受。孔子绝非固执拘泥周礼或任何形态的古礼。

将仁视为极平易切近之道。所以如此，乃因为孔子从未将仁理解为某种概念形式，而是将之体认为在每个人的生命现实中当下展开的自我生命精神之创造性转化，体认为人追求自我完善的鲜活生命历程。仁必须且只能在个体当下的生命现实中生长和生成，因此对之不可能有一个一劳永逸的观念性解说。只有针对每个人不同的个性特征和实际状态而进行恰切指引，才是实现"仁"的最合理方式。对仁作任何思辨的观念形式的论说都只能是影响揣摩和概念游戏，不可能达成对仁的真实理解。过去流行的将《论语》之仁解说为某种"先验道德观念"或形式化的道德律之类作法，更纯属谰言戏论。将对仁的解说引向某种幽深玄奥的形上思辨一途，最终必然与《论语》思路格格不入。唯有不执着于字面意义上的"仁"之讨论，在更宽广丰富的《论语》相关文本的关联和相互指引中，才有希望通达"仁"。如《论语》再三指出的那样，只有在"欲仁""为仁"的躬行践履中，仁才在一个人生命中现实地发生、扎根并与其生命共同成长。只有通过"为仁"，才能真正"识仁"。

《论语》中同样作为人格理想而备受关注的词语是"君子"，孔子曾明确指出仁德与君子之道的关联性：

君子去仁，恶乎成名？君子无终食之间违仁，造次必于是，颠沛必于是。(《论语·里仁》)

"仁"是君子之为君子的根本条件，本书第一章指出，君子最早是贵族之称，但从一开始就内涵了德性教养的期许，这成为其由主要指涉地位向主要指涉德行这一语义转变的基础，此转折正是开始于《论语》。如前所述，贵族君子之教养，主要由礼乐来承担。尽管贵族阶层随着封建制的崩解而没落，但君子作为一种德性人格理想，不应与之一同消亡。孔子沿用君子一词，并以诗、书、礼、乐为基本教学内容，其意正在赓续三代文教传统。君子和仁都必须在礼乐教养中现实地生成，这由《论语》"颜渊问仁"章可得明证：

颜渊问仁，子曰："克己复礼为仁。一日克己复礼，天下归仁焉。为仁由己，而由人乎哉？"颜渊曰："请问其目。"子曰："非

礼勿视，非礼勿听，非礼勿言，非礼勿动。"颜渊曰："回虽不敏，请事斯语矣。"（《论语·颜渊》）

同篇的"仲弓问仁"一章亦可与之相参证：

仲弓问仁，子曰："出门如见大宾，使民如承大祭。己所不欲，勿施于人。在邦无怨，在家无怨。"仲弓曰："雍虽不敏，请事斯语矣。"

"如见大宾""如承大祭"，亦是以礼达仁。正是因为《论语》对仁与礼之微妙关联的抉发，仁、礼关系问题成为学界讨论孔子思想时必须予以梳理的主要问题之一。① 然而《论语》对仁、礼关系的表达方式不免令人心生疑窦：一方面，仁似乎是礼乐之价值本原；② 另一方面，在颜渊问仁等章节中，礼似乎又构成仁之前提。该如何理解这一文本表象上的循环乃至悖论？解答的关键恐怕在于认识到，仁与礼的关系绝非思辨概念之间的关系，而是在现实人生之德行实践中建构起来的生存论联系。仁作为修养实践和生命理想，并非一现成之物，亦非一时兴会可顿悟而得，而是在个体之学问修养中现实地生成，礼乐恰是理想人格造就的关键要素，这一发生着的，富于活泼的生命精神的仁又赋予礼乐以蓬勃的生机。

孔子对于礼乐在理想人格生成中不可取代之地位的理解，在《论语·泰伯》"兴于诗，立于礼，成于乐"一语中得到最充分体现。诗吟咏情性，其所展露的生命之"质"的纯挚无邪，是儒家理想人格生长的基点。通过礼的节制、文饰与引导，德性人格之体得以贞定。《论语》反复强调"博文约礼"，亦是此意。乐以其和谐纯美化解礼所可能产生的人际疏离感和形式化、僵固化等弊端，使人格臻于中和乐易之

---

① 二十世纪不少学者曾为孔子思想核心是仁抑或礼而斫斫致辨，争辩的背后是对孔子思想之价值的两种不同认知。主张孔子思想以仁为核心者大多仍对儒家传统持同情理解，而力言孔子思想以礼为本者则以为这一判断足以证明孔子思想的"保守""落后"而必须予以根本否定。两种观点对孔子理解的方式都存在严重偏失，因而无法把握孔子之道的内在一贯性。

② "人而不仁，如礼何！人而不仁，如乐何！"（《论语·八佾》）

境，由此唤启生命内在的真乐，成为理想人格之终极形态和艺术象征。诗、礼、乐构成儒家理想人格生成的三部曲。孔子的人格教养理论以审美教育为基本内容和主要方式，其对礼的理解和把握也是美学式的。只有理解了孔子以艺术化生命形态为追求的人格理想，才能全面和真切地领会儒家礼乐教化的全部精神内涵。

礼乐的意义在于"文之"，这构成孔子对礼乐之精神本质的主要理解方式。《论语》最引人注目的内容便是其对华夏精神"文"之传统的理解和推进。孔子将承传此"文"作为自己的使命。

> 子畏于匡，曰：文王既没，文不在兹乎？天之将丧斯文也，后死者不得与于斯文也。天之未丧斯文也，匡人其如予何？（《论语·子罕》）

"文"的核心内容，正是礼乐。孔子正是在"文"的意义上肯定周礼：

> 子曰："周监于二代，郁郁乎文哉！吾从周。"（《论语·八佾》）

据此，如果说孔子与儒家精神之关切重点在于"文"，当属"虽不中，不远矣"。

孔子在重"文"的同时，又对"质"高度关切，这正展示孔子精神之渊深博大，证明他在充分肯定和继承三代"文"统的同时，又明察至周而盛极的礼乐文教之流弊与危机，并寻求通过回归性情本真之"质"以消解"文"弊。《论语》中同样充满了"质"的意象和对"质"的推崇言论。著名者如"绘事后素"说：

> 子夏曰问："'巧笑倩兮，美目盼兮，素以为绚兮。'何谓也？"子曰：绘事后素。曰："礼后乎？"子曰："起予者商也，始可与言诗已矣。"（《论语·八佾》）

"绘事后素"暗喻文、质之先后关系，如朱子所说："犹人有美质，然后可加文饰。"子夏立即联想到礼，足见礼被认为本质上属于"文"。"素"则喻指先于礼并构成礼之本的未加修饰的性情之自然。《先进》篇中，孔子宣称："先进于礼乐，野人也；后进于礼乐，君子也。如用之，则吾从先进。"先进之野，盖谓其质朴；后进之君子，盖谓其文过于质。正是继承孔子的"重质"倾向，汉代公羊学者提出"春秋"变周之文，从殷之质说。由《论语》开始的对"礼之本"的探讨主要指向人之内在生命情感，正与对"质"的关注相呼应：

> 林放问礼之本，子曰："大哉问！礼与其奢也，宁俭；丧与其易也，宁戚。"（《论语·八佾》）

在回答宰我对三年之丧的质疑时，孔子指出丧礼的本原即在孝子的"不安"之情和对父母的"三年之爱"中，由此开拓出儒家礼学以情释礼的思想进路。

但孔子绝非摇摆于文、质两端之间，而是提出了文质中和的理想，《论语》对君子之道的解说是其典型表述：

> 子曰："质胜文则野，文胜质则史。文质彬彬，然后君子。"（《论语·雍也》）

文与质的中和协调，是君子、成人的理想状态，此文质彬彬的中和之境，也是礼乐教化的最高境界，即前述"成于乐"之境。考虑到先秦典籍中"仁"与"人"二字的字义相通，以及经常出现的两者混用情况，可以认为，《论语》之"仁"正是"成人"意义上的"人"，也即一个成就了的，具备了理想的人之德性和教养的人。

孔子对礼乐的思考成为后世儒家礼乐释义理论的基石，七十子及其后学则将礼乐释义进一步拓展和深入。其文献流传于后世者，一部分被编入大小戴《礼记》中，是本书的重点研讨对象。由于主题的限制，我们不再对《孟子》《易传》等儒家文献中的礼乐思想进行专门研讨，但这绝不意味着二者在早期儒家礼乐释义理论发展过程中无足轻重。恰恰相反，两书中的一些重要观念，如孟子以礼为四端之一，其礼乐论的性情化、内在化特征代表儒家礼学的重要方向，在礼学思想史中的地位与影响不下于荀子。《易传》以"亨通""嘉会"释礼，充分展现儒家礼仪释义的美学精神，其"知礼成性"说拓展了儒家礼学的形上维度，使天道观和心性论在礼中得以贯通。凡此皆成为后世礼乐释义的重要思想源泉。①

二 荀子与儒家礼乐释义格局之展开

荀子礼乐释义理论承孔子重礼之意而来，又与战国政治社会变化相呼应，既有化性起伪的道德人格养成诉求，又有明分饰群的政治制度建构意图。其基本思路和观念，往往成为《礼记》诸篇礼乐释义理论之所本。谢墉称：

> 小戴所传《三年问》，全出《礼论》篇；《乐记》、《乡饮酒义》所引，俱出《乐论》篇；《聘义》子贡问贵玉贱珉，亦与《德行》篇大同。大戴所传《礼三本》篇，亦出《礼论》篇，《劝学》篇即《荀子》首篇，而以《宥坐》篇末见大水一则附之；《哀公问五义》出《哀公》篇之首。则知荀子所著，载在二戴记者尚多，而本书或反阙佚。②

谢氏所言，仅就其文字相同者立论。若从思想方法和义理架构之相通或相近而论，则《礼运》《礼器》等篇，亦与荀子思想关系匪浅。本章对荀子礼学作概要介绍，目的即在于探明《礼记》礼乐释义理论与荀子思想之渊源关系。

荀子礼学建基于其人性论之上。荀子认定人性的自然趋向只能是恶

---

① 孟子礼学精神之研讨，可参见拙文《礼乐政教的心性论奠基——孟子礼乐论及其思想史效应》，《中国哲学史》2012 年第 3 期，第 64—71 页。《易传》礼学，可参见拙文《从亨通嘉会到知礼成性——〈易传〉对礼的哲学思考》，《中国哲学史》2016 年第 3 期，第 40—47 页。

② 谢墉：《荀子笺释序》，见王先谦《荀子集解》卷首，《续修〈四库全书〉》影印清光绪刻本。

的，且人性的基本特质无法改变，这决定了人性可能导致的争夺暴乱只能通过外在的制度化方式解决，此制度建设之核心恰是"制礼义以分之"。荀子书中曾反复论说这一主张：

> 夫贵为天子，富有天下，是人情之所同欲也，然则从人之欲，则执不能容，物不能赡也。故先王案为之制礼义以分之，使有贵贱之等、长幼之差、知愚贤不肖之分，皆使人载其事而各得其宜，然后使悫禄多少厚薄之称，是夫群居合一之道也。（《荀子·荣辱》）

荀子着力强调的是人之欲求与当下财物供给之不相称，解决的根本方案则是通过制度秩序的建立使两者获得一种相对平衡，此平衡的前提是"分"，"分"的原则正是礼义。人们立刻会注意到，荀子所说的"礼义之分"乃是一种等差秩序，并因此认为礼制秩序便是以等差秩序为根本内容的。荀子以等差说礼义，固然受周代封建等级秩序政治格局的影响，但其等差观念也增添了许多儒家思想的内容，认为人的知、愚、贤、不肖之分才应是贵贱之等的前提。更重要的是，荀子将"分"视为一切合理社会秩序的本原，认为合理的秩序恰应该是等差性的：

> 分均则不偏，势齐则不壹，众齐则不使。有天有地而上下有差，明王始立而处国有制。夫两贵之不能相事，两贱之不能相使，是天数也。势位齐而欲恶同，物不能赡则必争，争则必乱，乱则穷矣。先王恶其乱也，故制礼义以分之，使有贫富贵贱之等，足以相兼临者，是养天下之本也。书曰："维齐非齐"，此之谓也。（《荀子·王制》）

对现实的行政运作而言，等差秩序才是合理的，是组织有效性的根本原则。如果一种绝对平均的财富分配原则不可取，则最合适的原则莫过于按照上述礼义之分进行设置。荀子由此提出其关于礼之起源的著名论说：

> 礼起于何也？曰：人生而有欲，欲而不得，则不能无求；求而

无度量分界，则不能不争；争则乱，乱则穷。先王恶其乱也，故制礼义以分之，以养人之欲，给人之求，使欲必不穷乎物，物必不屈于欲，两者相持而长，是礼之所起也。（《荀子·礼论》）

将礼之起源的动因和作用宗旨定位于养，既是对前述由性恶而引发的乱局之解决办法，亦是儒家政治的根本宗旨。王道政治首在养民。荀子虽主性恶，但并不因此主张禁欲。性既为不可学不可事者，人所能做的便应是节制与平衡。只有"养人之欲，给人之求"，方能根本消弭冲突之源。但养由于现实中物之供给的限制必须以有节制的秩序化形式进行，此即礼义。礼义的目的，在于协调物、欲，使"欲必不穷乎物，物必不屈于欲，两者相持而长"。礼并非是本诸凌驾于人之上的某种社会存在的要求而对人欲进行抑制、约束的产物，而是成全人之欲求的根本方式。荀子不但提出应保持物与欲的平衡，而且认为两者可以在平衡的基础上不断增长，这也是其思想中最具创造力的内容。

礼根源于对人性的治理行动，使人获得了完全不同于其他自然界物种的生存样式，此即荀子所谓"群"。这也是人之所以为人，以及人之所以能成为天地之间最强大、最可贵之种群的原因。礼义之分构成人禽之辨的关键，人之所以为人的根本所在。

> 人之所以为人者，何已也？曰：以其有辨也。饥而欲食，寒而欲煖，劳而欲息，好利而恶害，是人之生而有也，是无待而然者也，是禹、桀之所同也。然则人之所以为人者，非特以二足而无毛也，以其有辨也。……夫禽兽有父子而无父子之亲，有牝牡而无男女之别。故人道莫不有辨，辨莫大于分，分莫大于礼，礼莫大于圣王。（《荀子·非相》）

礼义既然是群体生活的保障，合理政治秩序的源头，故而荀子将礼之政治功能视为其要义，认为政治之根本亦在礼义。"君子治治，非治乱也。何谓邪？曰：礼义之谓治，非礼义之谓乱也。"[①] 治国之要，便

[①] 《荀子·不苟》。

是"法先王，统礼义，一制度"。① 荀子强调，"国无礼则不正。礼之所以正国也，譬之犹衡之于轻重也，犹绳墨之于曲直也，犹规矩之于方圆也。正错之，而人莫之能诬也"。② 具体而言，社会中的每个人都按照礼义所赋予的政治和伦理职分规范自己的行动，便能实现"群居合一"的理想生活形态。

礼义也被视为人之修身成德的根本途径。荀子尽管坚持性恶论，但却肯定人可以通过化性起伪的方式成为君子乃至圣人，其"涂之人可以为禹"的信念与孟子"人皆可以为尧舜"的思想可谓异曲同工、殊途同归。

在世人的刻板印象中，荀子主性恶，认为"人情甚不美"，但事实上，他对性情的理解远非如此简单。在表达对人性严厉看法的同时，荀子也继承了儒家肯定和重视情感的传统。在论及三年之丧的合理性与存在意义时，荀子提出了著名的"称情而立文"说，对孝子执亲丧时展现出的哀痛思慕之情持充分肯定态度，这显然是继承孔子以情释礼之传统而来。荀子的独特之处在于他再度强调了对情之自然表现进行调整的必要性，认为仅仅有情尚不足以构成礼，即便是丧之哀、祭之敬这样的正面情感，也必须经过修饰和品节，方合乎礼，而这便是"文"。礼乃是情与文的结合，二者彼此协调，性情得以持养而不流滥，制度有所品节而非扼杀，方构成最理想的制度选择和生活方式。

综上，儒家礼学于先秦已初步奠立规模，其基本义理结构、观念系统、思想方法业已确立，成为此后儒家礼学的基本经典依据和思想源头。《礼记》大部分篇章本系先秦儒家礼乐释义作品，故《礼记》研究之主体内容在很大程度上亦可谓对先秦儒家礼学的研究。

---

① 《荀子·儒效》。
② 《荀子·王霸》。

第三章

《礼记》通论部礼乐政教思想疏义（上）

儒家礼乐释义理论文献大致可分为礼乐政教综论、礼仪释义专论和乐论三类。礼乐政教综论试图对礼乐之本原、本质、结构、特性、功能、意义等问题进行总体性的考察与论析，注重从天道、心性等哲思维度阐发礼乐文化的形上根基、价值系统、教化意蕴和生活理想。《礼记》通论部诸篇大体属于礼乐政教综论性质。礼仪释义专论重在通过对冠、昏、丧、祭等具体礼仪的细致解说，揭示其象征意义，阐明其情感特质、价值内蕴和教化功能。《礼记》中讨论丧祭礼义的篇章如《问丧》《三年问》《祭义》《祭统》等，吉事部文献如《冠义》《昏义》《乡饮酒义》《射义》等，皆属此类。乐论是对音乐之本质、特性与意义的专题论述。《礼记》中《乐记》一文，是考察儒家乐论的基本文献依据。本书对《礼记》礼乐释义理论的研究，将分别围绕此三类文献展开。从本章起，我们开始对《礼记》通论部诸篇进行系统疏解，以此为据探讨儒家礼乐政教思想之核心内容与基本特质。

第一节 《礼记》通论部文献概说

"通论"一语，出自刘向《别录》。所以名"通论"者，盖因此类文章，并不专论某类礼制，而致力于对礼乐政教精神的总体考察。早期儒家对华夏礼乐政教传统的总体性理解与反思多体现于此类篇籍，实为儒家哲学的一个重要分支。① 据郑玄《三礼目录》，通论部文献计有《檀弓》《礼运》《礼器》《大传》《学记》《经解》《哀公问》《仲尼燕居》《孔子闲居》《坊记》《中庸》《表记》《缁衣》《儒行》《大学》凡十五篇，在《礼记》中篇目最多。

或许会有人提出如下疑问：其一，《礼记》通论部文献中一些篇章如《大学》《中庸》等是否以礼乐为思考主题？如果答案是否定的，则《礼记》真不过一部杂凑而成的"丛书"而已。但《礼记》全书实有其根本的整体性和一致性，若我们不受现代学术思维定势的局限，深入考察这些篇章与华夏礼乐政教传统的内在联系，不难发现，它们只有在礼乐文化的背景中才能得到恰切理解。如《中庸》对天、性、道的思考，最终指向"教"，而此"教"即落实于"礼仪三百、威仪三千"中。不明乎此，必流于性命空谈，无法领会儒家下学上达、体用一源的精神旨趣。其二，《礼记》通论部文献各篇之间是否存在义理的统一性？一些学者极力强调《礼记》部分篇目之间的观念不一致乃至相互矛盾处，以证明其源头非一，内容芜杂。不可否认，孔子之后，儒家出现不断的思想分化，然而即便儒分为八，仍为儒家，尽管存在学派分歧，并不妨碍其义理宗旨和价值认同的一致。考察通论部文献，既须分疏各篇思想细节之异，更当留心其义理旨趣之同，方能得见儒家礼义之学的总体风貌。此一致性不但在于对礼乐之效能与价值的肯定，亦见于其探寻礼乐本原、本质及诠解礼乐政教内涵、宗旨时所体现的义理精神之一贯，特别是承继孔子以来在天人关系视野中对礼乐进行定位与解说而展现的宏阔眼界和终极关切。

本书对《礼记》通论部文献的考察，将化用传统经学的义疏体裁，在分章析句疏解经文的基础上，探究其理论结构、思想脉络和精神主旨。采取这种形式，一方面意在尽可能避免从某种预定的现代学科范式、观念前提出发肢解经典文本、断章取义、强古人以就我之范的颠倒做法。另一方面还因为通论部各篇虽主题相通，然各有独特思理语脉，

---

① 《别录》对《礼记》的部类划分似亦有不尽妥当之处。如《檀弓》以讨论丧祭礼为主，而被置入通论部；《礼器》显属通论性质，而被归于制度部。因此，本书对《礼记》通论类文献的考察，将不尽以《别录》为准。

若依今人习惯对之进行任意的剪切拼贴,以人为建构一套看似严整的理论体系,难免会出现大量张冠李戴、削足适履之处。

根据其义理结构、思想脉络和理论渊源之同异,本书将分三个系列疏解《礼记》通论部下述篇目。首先是《礼运》与《礼器》两篇。其次是《哀公问》《仲尼燕居》《孔子闲居》《儒行》四篇,再次是《坊记》《中庸》《表记》《缁衣》四篇。上述三组文章各自呈现相对一致的思想方法、理论原则和行文风格。而在研讨中,我们也会将其他类目文章中的个别章节纳入考察范围,以期达成对《礼记》礼乐政教思想精神的全面观照。

对《礼运》和《礼器》两篇文章的疏解将于本章进行。二者在《礼记》中前后相邻,文意也似相联属,故历史上不少学者认为两篇实为一理论整体。① 如张载云:"《礼运》云者,语其达也;《礼器》云者,语其成也。达与成,体用之道也。合体与用,大人之事备矣。"② 方悫云:"形而上者谓之道,形而下者谓之器。道运而无名,器运而有迹。则《礼运》言道之运,《礼器》言器之用而已。道散而为器,故继《礼运》而后有《礼器》焉。然《礼运》非不及器,以道为主尔;《礼器》非不及道,以器为主尔。故记者各以所主名篇。"③ 诸说虽不免有附会之处,亦非无所见而云然。整体上讲,《礼运》偏重阐发礼之政教功能和协调天人之宗旨,《礼器》则关切礼之践履施行与修身成德之功效,与《礼运》恰成对照。两者一内一外,一宏远,一切实。总体而言,《礼运》留意于天人之际、古今之间,于时空之虚阔处照察制度之

---

① 《礼器》开篇云:"礼器是故大备",观其文意,似前有所承。郑玄云:"《礼器》言礼使人成器,如耒耜之为用也。'人情以为田','修礼以耕之',此是也。大备,自耕至于'食之而肥'。"所谓人情为田、修礼耕之、食之而肥云云,皆《礼运》篇中语,康成以此释"礼器""大备"之义,盖以为《礼器》在运思和行文上皆直承《礼运》而来。孔颖达《礼记正义》申郑说,更以为《郊特牲》篇亦与《礼器》相承:"'郊特牲'以下,至于'降尊以就卑',文承《礼器》之下,覆说以少为贵之事。"(《礼记正义》卷二十五)

② 《张子全书》,林乐昌编校,西北大学出版社2015年版,第343页。

③ 卫湜:《礼记集说》卷五十九引。案宋人《礼记》注疏及说解大多佚失,而散见于卫氏书中。本书所涉宋儒诸家如方悫、马晞孟等人《礼记》说,皆本于此。为免称引烦琐,此后各处凡引自卫湜《礼记集说》者,皆唯注人名、卷数。本书所用《礼记集说》,系四库全书荟要本,吉林出版集团2005年影印出版。

实义;《礼器》存心于本、文之辨、器用之宜,于度数之微细处体认心性之灵动。

第四章重点疏解《哀公问》《仲尼燕居》《孔子闲居》和《儒行》四篇文献。《哀公问》通过哀公与孔子的问答,围绕民生以礼为大和礼为政之本两大思想主题,阐明礼对于国家、社会和个体的重大意义。《仲尼燕居》以孔子与子贡、子游、子张三人谈话的方式,讨论"以礼周流无不遍"即礼的普适性问题。《孔子闲居》记述了孔子与子夏间以《诗经》"民之父母"观念为引而展开的对"礼乐之原"的探讨,通过"五至""三无""五起""三无私"等一系列范畴,指点礼乐之心性本原与天人合一的生命境界追求。上述三篇文章都以问答体写成,讨论的主题都是礼乐政教,在《礼记》中篇次前后相邻。这很可能是戴圣在编纂《礼记》时注意到其文体和主题的一致性而有意为之,亦可能是因为它们在编入《礼记》前本来就属于同一文献系统。《儒行》虽并未与上述三篇编于一处,但与《哀公问》相似,都以孔子答哀公问为引,系同类型文献。"儒服"问题本属古代礼制范围,且儒者以礼乐修身立德,礼乐正是儒行之本,故我们将《儒行》与《哀公问》等三篇合并考察,亦属切当。

第五章对上述第三组文献即《坊记》《中庸》《表记》《缁衣》的思想脉络和理论要旨进行疏解和研讨。这四篇文章的文体形式、语言风格和义理旨趣颇为接近,很可能出于一人或一派学者之手。① 尤其是《坊记》《表记》《缁衣》三篇,皆以语录体形式写成,每章先以"子言之"或"子曰"起首陈说义理,章末则引《诗》《书》以证成其说,风格更为一律。与《哀公问》等第二组文献相比,其文章结构较为松散,思想主题亦不集中。大体而言,《坊记》之主旨在于以礼为民之坊,重点阐述礼对人之行为过差的制度规范效能。《表记》讨论仁义之道,和与之相关的尊、亲之别,由此而引申论及历史文化意义上的文、质之辨。王船山以为《坊记》与《表记》彼此相为表里,"坊者,治人

---

① 南北朝时代的沈约称此四篇皆出《子思子》,现在不少学者据之推定其乃子思学派作品,当距事实不远。

之道；表者，修己之道。修己治人之实，礼而已矣。"① 可见两篇内容相互发明，都与礼义主题密切关连。《缁衣》，据船山说，实为《表记》之下篇。船山又称："《坊记》以下至此三篇，本末相资，脉络相因，文义相肖，盖共为一书。而杂《中庸》于《坊记》之后，则传者乱之尔。"② 准此，则本章将此四篇置于一处进行研讨，可谓有充分的文献和思想理据。

此外，《礼记》通论部还有《檀弓》《大传》《学记》《经解》《大学》五篇。其中，《学记》旨在阐述古代学校的立学宗旨、教学制度、教学方法。《经解》首先分析了"六艺政教得失"，即六经之教对人之性情和社会文化精神的各类积极影响，与可能出现的偏失，之后重点关注礼的政教意义。《大学》以"三纲领"即"明德""亲民""止于至善"揭示教学宗旨，以"八条目"即格物、致知、诚意、正心、修身、齐家、治国、平天下的序列展现其由内而外、由微至著的学行实践方案，使儒家内圣外王之道获得了典范性的表述，堪称儒家政治思想之纲领。鉴于上述文献都与教学之道有关，我们将为之专辟一章予以集中研讨。至于《檀弓》，实以论丧、祭礼为主，《大传》则以丧、祭礼为本论宗法制度，我们将在第八章结合儒家丧祭理论对之展开研究。

第二节 《礼运》：道之行隐与礼之运转

张横渠曰："《礼运》本是大片段文字，混混然一大意，须是据大体而观之，乃能见。"③《礼运》基于一种恢宏的天人视野和深远的历史意识，由道之隐显而推阐礼之运转，若自太古而来，莽莽苍苍，开阖万

---

① 王夫之：《礼记章句》，《船山全书》第四册，岳麓书社1991年版，第1213页。
② 同上，第1359页。
③ 《张子全书》，林乐昌编校，西北大学出版社2015年版，第336页。

端，忧思深远，而归其旨于立政、立教，堪称儒家政治哲学之大宗。① 呈现高度的思想整合力和创造性，在中国思想史中发挥着持久的精神唤启力量。

一 大同、小康之辨："礼之运"与"礼之急"

春秋以降，华夏礼乐政教传统面临空前的历史危机与理论挑战。对儒家学者而言，当务之急在于对此危机之发生原因进行合理解释，并针对此而重新全面阐扬礼乐政教传统之内涵、特质与价值内蕴，显明其存在理据与精神理想，如此方能保华夏礼乐文明不致失坠。《礼记》通论部诸篇，无不致力于此。《礼运》最显卓立特出、立意高远之处，则在于其题目中展示的对礼之运转的发现与关注。郑玄云："名曰《礼运》者，以其记五帝三王相变易，阴阳转旋之道。"② 认为其中包含历史之迁转与天道之运转两重意义。总体而言，"礼运"一语，有三重义涵：一为运行义。礼制达天道，顺人情，自然发生并作用于人类生活，以推动社会臻于理想形态，此运行义。③ 一为运转义。"人事有代谢，往来成古今"，时势迁转，礼亦随之而有损益盛衰之变，此运转义。一为运命义。世运之升降，风俗之淳漓，有非人力所能为者。道有隐显，而礼有缓急，必因时设施，此运命义。

《礼运》篇中最为今人所耳熟能详者，便是其大同、小康之说。然而我们无意采取学界惯常做法，急于对大同、小康说描述的生活图景进行社会史或政治学意义上的理论分析。由于近代以来广受关注，《礼

---

① 《礼运》诠释可以作为考察近代中国政治思想演变过程的一条重要线索。康有为作《礼运注》《大同书》，以寄托微意后，《礼运》成为近现代中国知识分子会通中国思想传统与西方近代宪政民主乃至社会主义思潮的经典依据。关于"大同"之理论内涵及其学派归属的争议，则成为中国近世文化裂变的绝佳写照。

② 孔颖达：《礼记正义》卷二十一。本书凡引郑玄《礼记注》及孔颖达《礼记正义》文句，皆从清嘉庆中南昌府学刊阮刻《十三经注疏》本，台北艺文印书馆1956年影印出版。为避称引繁琐，此后凡引郑注、孔疏皆唯注卷数。

③ 孙希旦称："礼运者，言礼之运行也。盖自礼之本于天地者言之，四时五行，亭毒流播，秩然燦然，而礼制已自然运行于两间矣。然必为人君者体信达顺，然后能则天道，治人情，而礼制达于天下，此又礼之待圣人而后运行者也。"孙希旦：《礼记集解》，中华书局1989年版，第581页。

运》开头的这一简短篇章已被各类现代思想观念过多涂饰，由此引生无数理论纠葛。研究者往往落入诸多思想陷阱中而无法自拔，几乎无人记得《礼运》为大同小康说设计了一个颇富戏剧性的谈话场景。对理解大同小康说之立论宗旨及其与《礼运》全篇之关系而言，考察这一场景的细节以体会作者的谋篇匠心，恰恰至关重要。这里先完整引述《礼运》开篇这段著名文字，作为分析的起点。

> 昔者仲尼与于蜡宾，事毕，出游于观之上，喟然而叹。仲尼之叹，盖叹鲁也。
> 言偃在侧，曰："君子何叹？"
> 孔子曰："大道之行也，与三代之英，丘未之逮也，而有志焉。大道之行也，天下为公。选贤与能，讲信修睦。故人不独亲其亲，不独子其子。使老有所终，壮有所用，幼有所长，矜寡孤独废疾者皆有所养。男有分，女有归。货恶其弃于地也，不必藏于己；力恶其不出于身也，不必为己。是故谋闭而不兴，盗窃乱贼而不作，故外户而不闭，是谓大同。
> 今大道既隐，天下为家。各亲其亲，各子其子。货力为己，大人世及以为礼。城郭沟池以为固。礼义以为纪：以正君臣，以笃父子，以睦兄弟，以和夫妇，以设制度，以立田里，以贤勇知。以功为己，故谋用是作，而兵由此起。禹、汤、文、武、成王、周公，由此其选也。此六君子者，未有不谨于礼者也。以著其义，以考其信，著有过，刑仁讲让，示民有常。如有不由此者，在势者去，众以为殃，是谓小康。"

这场著名谈话发生于孔子与其高足子游之间，地点是岁末蜡祭礼结束后的鲁国宫门旁。蜡祭的主题是"合聚万物而索飨之"，在古代祭礼中最为独特，其仪式隆重热烈，且颇具趣味性，故而蜡日也成为举国同欢的节日。① 蜡祭礼虽热闹，却也不乏古典政教精神，如蒋君实所言："礼莫重于祭，祭莫重于蜡。故记礼之君子首以夫子蜡宾之叹，而发诸《礼运》之篇。……古者上下之间，势位未隔，文法未备，而岁时蜡礼之讲，终以序饮。其重农力本、存爱示情之意，见于祈祝祷禳之间、劳来劝相之际，仁之至，义之尽。"② 孔子作为鲁臣而以宾的身份参与蜡祭，无论如何都是一种荣誉，而夫子在游于观③时却偏偏喟然而叹，弟子们自然会察觉其间的不寻常。言偃作为发问者的设定亦绝非偶然，因其曾于武城实际推行过礼乐政教，由他来探问夫子深意，最合适不过。④

---

① 蜡祭之狂欢性质，在《杂记》中有所透露：子贡观于蜡。孔子曰："赐也乐乎？"对曰："一国之人皆若狂，赐未知其乐也！"子曰："百日之蜡，一日之泽，非尔所知也。张而不弛，文武弗能也；弛而不张，文武弗为也。一张一弛，文武之道也。"
② 卫湜：《礼记集说》卷五十九引。
③ 孔子游观之地也含深意。《尔雅·释宫》云："观谓之阙"，即宫城门阙。其所以称为观，则因朝廷悬法象于其上使民观之，因此，观是宣布国家政令之处，所以又称象魏。孔颖达云："魏，巍也。其处巍巍高大。"观象征国家制度之尊严，游于此无疑会唤启人的政治关切。
④ 《礼运》之真伪及创作年代，古来异说纷纭。王锷《礼记成书考》条列各家说甚详，此不具引。所需补充说明者，"真伪"一说，易生误会。托古讽喻，自重其言，本古人写作通例。古人著书，既无版权之说，故不妨成于多人之手，其作者、时代皆不可一概而论。就《礼运》而言，其中孔子、子游之语，今人多以为托古附会之言。钱穆《先秦诸子系年》云："言偃，少孔子四十五岁。按，孔子反鲁，子游年二十三，盖其从游当在孔子反鲁后也。……《家语》：'孔子为鲁司寇，与于蜡，既宾事毕，乃游于观之上，喟然而叹。言偃侍'。《礼运注》亦谓'孔子仕鲁，在助祭之中'。考孔子年五十一为司寇，子游年六岁。孔子年五十五岁去鲁，子游年十岁。孔子与语大同、小康，有是理乎？后人犹有信《礼运》大同为孔子当日之言，皆坐不知论世考年之咎。"案，钱先生此说似颇有力，然亦非无可疑者：一则所谓子游少孔子四十五岁，乃据《史记·仲尼弟子列传》而言，而《史记》所记弟子行年，未必确然无误。（钱先生于史传所记颜渊诸人年岁颇有异词，则子游之年，何以独能无误？）二则即便《列传》所记子游年岁无差，孔子与于蜡宾，亦未必在仕鲁之时。今本《家语》乃王肃伪造，不可信据。《礼运》但言"昔者仲尼与于蜡宾"，未言仕鲁，郑注所谓"仕鲁助祭"亦推想为说而已。上古蜡祭乃举国同行之仪式，并非唯仕宦者始能参与，且孔子反鲁之后，虽不复仕，而鲁之君臣，尊为国老，何以不能"与于蜡宾"？《礼运》所记，若出于此时，有何不可？一些学者由此推断《礼运》篇出于子游氏之儒，并以为正是他们传扬了儒家大同之说，虽属猜测，亦非无稽。子游乃孔子晚年弟子中的佼佼者，与子夏一样以文章著称，《礼记》所记礼乐谈说多与游、夏二人有关，亦自侧面反映出孔子晚年自卫反鲁后，关注重心转向古典文献之整理诠释与理论阐发，故弟子们普遍具有较强立言兴趣，由此推动了儒家礼乐释义理论的早期繁荣。

鉴于大同、小康说之内容为众所熟知，此处不复详为疏解，唯于各家争议处稍作辨析。

其一，大同小康思想出于道家说。郑玄注"礼义以为纪"至"兵由此起"一节云："以其违大道敦朴之本也。教令之稠，其弊则然。《老子》曰：'法令滋章，盗贼多有。'"注"是谓小康"云："大道之人，以礼于忠信为薄。言小安者，失之则乱贼将作矣。"是郑玄即开以老学解大同之先河。汉儒论学，每出入黄老，本不足怪。郑玄不过以老子义说解其旨，并不以为大同非孔子语。至宋，始有人指其说似庄老。元陈澔作《礼记集说》，引石梁王氏说云："以五帝之世为大同，以禹、汤、文、武、成王、周公为小康，有老氏意，而注又引以实之，且谓礼为忠信之薄，皆非儒者语。"① 见解已显拘隘，至清乾隆《钦定礼记义疏》，则直云："通篇极言礼之重，独篇首小康之说，乃老氏礼起于忠信之衰、道德之薄之意，与通篇殊不相应。……此为小戴所掺入，窃老庄之说以为高，而不知其缪也。"② 然而以三代为小康如何即是道家言？孔子言从周，乃美其文之郁郁，非以周礼为至极不可改易之则。朱子门人尝问"《礼运》言三王不及上古事，人皆谓其说似庄老"，朱子答云："《礼运》之说有理，三王自是不及上古。"③ 盖世运有升降，故政治有高下，就儒家政治理想而论，三王之德业不及上古，本毋庸讳言。特儒家论政，并不一味高标理想，而重因应现实，持守中道，故文中称禹、汤、文、武、成王、周公为"三代之英""六君子"，并无贬抑之意。道一而已，因时势而有行隐，故治法有不同，此意与道家绝然不同。道家固然以小康为浇世末俗，但也绝不会以大同为"大道之行""至德之世"。庄老鄙薄尧舜，以混沌无为为尚，何尝留意于"为公""为家"之别？《礼运》陈大同之义，首言"选贤与能，讲信修睦"，此与道家"不尚贤"之意绝然相反，断非道家所肯言。陆佃曰："言'大道之行，天下为公'，而曰'选贤与能，讲信修睦'，是乃所以异乎黄老之言

---

① 陈澔：《云庄礼记集说》卷四，文渊阁四库全书本。此后引陈氏书，唯注卷数，例同《正义》。

② 《钦定礼记义疏》卷三十，文渊阁四库全书本。此后引用，例同《正义》。

③ 《朱子语类》卷二十三。文渊阁四库全书本，此后引用，例同《正义》。

也。"① 陈氏等人归之于道家，皆宋以后儒学拘迫狭隘、自小规模之弊。

其二，大同小康思想出于墨家说。此说近人吴虞持之甚坚。盖民国之际，大同说颇见重于世，而吴氏平生专以非毁儒家为事，凡有一善可取，必力证其非儒家言。其以为大同系墨家言者，不过因墨家主兼爱尚同，而此有"不独亲其亲，不独子其子"之语；"货恶其弃于地"，有节用、尚俭之意；"力恶其不出于身"，近非命、力作之说。然墨家兼爱、节用之说，实从儒家转出。儒家言爱有等差，非以为人只可"独亲其亲，独子其子"，而实欲本此自然孝慈之情，推以及人。吴虞于此，绝口不提，而极力诋訾儒家无此境界，多见其私意作祟，偏蔽颠顶而已。墨家尚力，以为儒者既主有命，则不能尚力，此墨家之偏见，于儒者论命之意，不能领会。不知《论语》言"学而不厌"，则勤力于学；"诲人不倦"，则勤力于教；"忠信笃敬"，则勤力于修身；"先难后获"，则勤力于职守：儒者何尝不尚力作？故大同之义，儒、墨两家，皆能言之。然战国之世，儒、墨相争如水火，虽通义甚多，而多不肯彼此推重。若大同之说果出墨家，绝无设为孔子、子游对话之理。儒者立论，自有本根，亦绝不肯暗用墨家言。如此，则大同说出于儒家无疑。吴氏之说，殊无足观。

其三，大同小康说与全篇之关系问题。自陈澔以来，学者多疑此节为汉儒所增，与全篇文义不协。《钦定礼记义疏》且以为"辨此一节之缪，则通篇粹然无疵"。汪绂亦云："此章首节之下，孔子当犹有言礼之说，而既已失之。汉儒乃妄以己意演绎此二节撺入中间，遂使读者亦以为孔子之言，而莫或辨也。夫此章方以礼为小康，而篇中又推演至天下一家、中国一人，以至于大顺，不与小康之言自相刺谬矣乎？况孔子方极言礼之大，以本于天地，而以失礼叹鲁之衰，则不以礼为小康可知，而大同之说，则未尝一言及也。"② 凡此等见解，多因不能体会篇题所揭"礼之运转"义所至。不知若无篇首揭出大同、小康之意，则"礼运"二字必将落空。若开篇极言礼之重，明其为承天道而治人情之

---

① 卫湜《礼记集说》卷五十四引。
② 汪绂：《礼记章句》卷四，《续修〈四库全书〉》影印清光绪刻本。此后引用，例同《正义》。

大端，何来礼之运转之说？恰因礼有运转，始能知其与道升降，为时世所急，由此方能探其本而溯其源，明其为治道之极。盖众人所以疑惑者，乃因大同小康说中，礼似乎只是"小康"之法，不免由此联想老子以礼为"忠信之薄而乱之首"之说，以为此乃否弃礼义，贬抑三王之说。此意上文已辨其非是。由大同而小康，固然有道之行、隐所导致的政治品质差异，但孔子并未因此否定小康，而是以禹、汤、文、武、成王、周公六君子为"三代之英"而有志焉，并不以为"小康"之世乃禹、汤诸人造成。相反，夫子称赞他们是在"大道既隐"之后，"谋用是作，而兵由此起"的时代乱局中，通过"谨于礼"的努力而成功维系人类社会伦常秩序，开创和平安定局面的英杰。后人以礼义为小康之道，不过惑于字面，误谓礼但为小康而设。实则依《礼运》语脉，礼乃所以治乱而致小康，非所以致乱而至小康，① 此儒、道言礼之分际，不可不知，此其一。《礼运》述大同，虽未用"礼"字，然礼之义则无处不在，所谓"选贤与能，讲信修睦""老有所终，壮有所用，幼有所长""男有分，女有归"，正是儒家礼治所致力之目标，见于《论语》《孟子》，此其二。须知《礼运》篇中礼乃贯穿大同、小康说之内在主题。在道之行、隐中，礼之运亦随之而有隐显、升降。在大道流"行"的大同时代，礼是"隐"性的，而在大道既"隐"的小康时代，礼则成为"显"性的。大同时代礼并非不存在，而是更多融入社会生活，未成为政治生活中的显性因素。小康时代礼之显，则是因为在"天下为家，各亲其亲，各子其子"的社会文化格局中，欲维持公共生活秩序和伦理价值，礼必须呈现为显性的政治、伦理秩序形态。此意横渠先生辨之最明："大道之行，由礼义而行者也；礼义以为纪，行礼义者也。纪对纲而细。今规规然以礼义治其小，礼义而施于小，未及其大者也。若夫大道之行，则礼义沛然。"② 因此，大同、小康的对比绝不意味着

---

① 任铭善云："'今大道既隐'章'故谋用是作而兵由此起'十字，当在'货力为己'句下，因'为己'字同而致错简。谓谋作兵起，然后不得已而为世及之礼，以息天下之争也。不然，以禹、汤、文、武、成王、周公为兵谋之选，岂孔子之言乎？《孔子家语》作'货则为己，力则为人'，无此十字，可参。黄震、陈澔乃以大同小康为老氏之言，亦不察之甚矣。"见氏著《礼记目录后案》，齐鲁书社1982年版，第24页。

② 《张子全书》，林乐昌编校，西北大学出版社2015年版，第336页。

礼是一种与道相悖的反价值或坏秩序，恰恰相反，礼乃是与道相协调的治国理民之极则。

大同小康说与《礼运》全篇之间也存在广泛的呼应。首先，子游对"礼之急"的感悟，正由深明夫子论小康之意而来。就《礼运》的描述看，大同、小康之别，可以归结为公、私之分，大同以"天下为公"为本，小康以"天下为家"为本。虽然古代注家普遍认为此乃是指天子之位的传继之法不同（禅让或世袭），但天子之位正是整个时代制度精神的集中体现。由天下为公之和平而沦入天下为家之争夺，是人类生存品质与政治德性的堕落，是"大道之隐"。问题在于，设若我们生活在一个"大道既隐"的末世，该如何应对这一危局？追怀往昔、感时伤世或愤世嫉俗都无济于事，必须努力寻求和持守维系人类社会伦理与价值秩序的法则，使之不致彻底崩坏。孔子指出，这正是禹、汤、文、武、成王、周公六君子所致力的方向，他们通过"谨于礼""以正君臣，以笃父子，以睦兄弟，以和夫妇""以考其信，著有过，刑仁讲让，示民有常"，始得以成就一个小康之局。因此，《礼运》言小康之礼，并无诋訾之意，而恰意在说明礼是上述秩序、价值得以维系的根本方式。如郑玄所说，"康，安也。言小安者，失之则贼乱将作矣。"可见郑玄虽肤引老子，而于全篇语脉，则甚通明。春秋末年，即使三王制度也趋于废坏，天下随时可能会上演"率兽食人、人将相食"的人间惨剧。言偃敏锐地把握到了夫子大同小康史论的意图，故感叹"如此乎礼之急也"，话题由此自然转向对礼制之源流义理的讨论。孔子及其弟子并没有因世衰俗弊而决意去做历史的冷眼旁观者，而是满怀对黎元生民的忧患与哀矜之情，竭力寻绎礼之本末源流、变迁运转之理，以期疗救时代的膏肓之疾。

其次，《礼运》全篇大旨，一则在于面对小康亦不能保之危局，阐明礼之所以为急，而后推本溯源，使人知礼为承天道治人情之大经大法，以见守小康之礼可解天下之危。二则在于阐明礼为大同、小康之通义，礼可保守小康，由小康亦可驯致乎大同，此意于篇末言"大顺"可见。"大顺"正与篇首"大同"遥相呼应，两者之间，以礼相连接。盖《礼运》之意，当先以礼保三王小康之道不失，而后以礼推行政教，渐返于大同之治。以"顺"为名者，一则见大道既隐，世道衰敝，势难遽复，当顺时制宜，徐徐为之，不可急迫。二则见由此道行，自能达天道顺人情，渐臻于化境。故《礼运》篇中，时时有与大同、小康之说旨意重合之处。如篇中论当时非礼之举泛滥，感叹"我观周道，幽厉伤之"，此见季世浇薄，不能保小康之状。欲保小康，则当"正君臣""笃父子""睦兄弟""和夫妇"，篇中言礼所以治政安君，礼所以治人七情，修十义，即本此意，篇末称："明于顺，然后能守危也。"可谓情见乎辞矣。同时，即此礼而大同之义在其中，故言："圣人耐以天下为一家，以中国为一人者，非意之也，必知其情，辟于其义，明于其利，达于其患，然后能为之。"又云："讲信修睦，谓之人利。争夺相杀，谓之人患。故圣人之所以治人七情，修十义，讲信修睦，尚慈让，去争夺，舍礼何以治？"讲信修睦者，大同之义；争夺相杀者，小康之患。礼足以治患而安小康，亦足以修义而致大同。此意篇中屡屡言之，如"故礼义也者，人之大端也，所以讲信修睦，而固人肌肤之会、筋骸之束也"。又如"士以信相考，百姓以睦相守，天下之肥也"。又篇中言礼"其居人也曰养，其行之以货力、辞让"，则与大同货恶弃于地、力恶不出于身之旨意相通。凡此种种，焉有菲薄礼义之意？综上可知，《礼运》开篇论大同、小康之语，绝非后人附会、掺入，与通篇内容不相联属，而恰是全篇文章的有机组成部分。

二 礼之全体大用："承天道"而"治人情"

《礼运》中，言偃于孔子陈述大同小康之意后不失时机地发问："如此乎礼之急也？"足见他已然把握住了孔子之言的脉络与重点。但礼是否只是小康之世的政制法则，仅拥有一种小治效能，甚或正是应大道之隐而生的衰世之法，是"忠信之薄而乱之首"？如前所述，许多人以为《礼运》亦含此意。果真如此，则禹、汤、文、武、成王、周公等人谨于礼的努力岂不是扬汤止沸、抱薪救火的下策？欲探明礼乐制度之实质及其效应，需要对礼之本末终始细加梳理。《礼运》下文，正循此思路展开。

孔子曰："夫礼，先王以承天之道，以治人之情。故失之者死，得之者生。《诗》曰：'相鼠有体，人而无礼，人而无礼，胡不遄死！'是故夫礼，必本于天，殽于地，列于鬼神，达于丧、祭、射、御、冠、昏、朝、聘。故圣人以礼示之，故天下国家可得而正也。"

此节可谓礼之全体大用的综括性表述。若说《礼运》是一篇儒家礼乐政教思想序论性文字，则上文便是《礼运》言礼之纲要。《礼运》首揭大同、小康之说，意在突出"礼之急"，即礼对于小康时代之必要性与急迫性。上述礼制总论则重在彰显礼之"极"，即礼所拥有的终极依据及其对国家政治、社会生活之根本意义。正是"礼之极"，使对礼的守护与施行在现实中变得急迫。

"承天之道，治人之情"一语之要领在"先王""天道""人情"三事。这种对礼的理解思路春秋时即已出现，在儒家礼乐释义理论中具有典范意义。儒家所言"先王"，乃是集圣人之德性智慧、王者之权威力量和历史传统教训于一身的制度创立者，是礼治秩序之起源正当性和存在现实性的可靠保障。对于儒家的"先王"观念，必须在这一层面上理解方能不失其本旨。先王制礼，绝非出于成心私智而人为造作，而是上承天道自然法则而来，以顺理人之生活情实为目的。下文言"达天道而顺人情"，足见"治"以"顺"为本。此处引人兴味者，是《礼运》所展示的儒家礼乐释义理论之根本方法与理论旨趣，即从"天人之际"视野思考礼之发生与存在的终极依据，由此给予礼以存在论奠基。礼以"承天之道"，天道乃礼之终极本原，如《乐记》所言，"礼者，天地之序也。"天地万物，自然有其内在节文秩序，此可谓宇宙之大"礼"，人间之礼即本此而来。人本于天，与天地万物为一体，顺承天道以安立其性命之本。礼效法天道而制，以天道自然法则指引人间生活。礼又以"治人之情。"古汉语中，"情"有"情实"义，有"情感"义，此处兼而有之，因情感①即人生命中的基本情实。情本诸性，性出于天，故人情亦有天然之则，可顺而治之。礼本天道，又立足于人之生命现实，因顺情性而予以修治疏导，使人得其性之所安而自然成

---

① 本书使用"情感"一词，与现代心理学所谓"情感"义有不同。按中国古典哲学，情者，人心感物而动所起之生命反应，包括喜怒哀乐等情绪（普通所谓"情感"）和饮食男女等欲求。

就。《礼运》谓礼承天道而治人情，是从一种动态过程和作用视角理解礼，而礼之所以能承天道而治人情，乃因其本身即是天道、人情之自然内在节文条理，此节文条理是礼之动态作用所由之体，即用而见体在其中。天道、人情本无二致，礼亦非于天道、人情之外强生事端，而是旨在协调天人，以奠立人之存在根基与生活理想。因此，礼乃人于天地间安身立命的根本方式，故《礼运》有"失之者死，得之者生"之语。如刘彝所言："礼也者，能使三才安于其位而不失其宜者也。"①

"是故夫礼"以下，可谓承天道而治人情一义之引申。"本于天，殽于地，列于鬼神"，详言承天之道的方案，"达于丧、祭、射、御、冠、昏、朝、聘"，则为治人之情的礼制要目。丧、祭等八礼乃《礼记》《仪礼》所采用的礼制分类法，本书绪论对其内涵与特质已略有论及，第七、八两章将对之进行专门论述。《礼运》此处论礼之大体，而条列八礼，以涵盖人类生活各个层次、领域，亦足见《礼运》对礼制之深思明察。如陈祥道所言："丧、祭，内也；射、御，外也。冠、昏，内也；朝、聘，外也。君子行其在己而不忘其在人者，为其在人而不忽其在己者，然后为能尽己而尽人，此丧祭、射御、冠昏、朝聘先后之意。"又曰："本于天者，礼之道；殽于地者，礼之体。列于鬼神者，礼之情；达于丧、祭、射、御、冠、昏、朝、聘者，礼之度数。礼之为道则尊，而其体则卑；其情则幽，而其度数则显。圣人以此示人，则天下国家可得而正也。"②

《礼运》称，通过"示天下以礼"，可以达到正天下国家之目的，因为对儒家而言，政治的宗旨与礼之精神具有内在一致性。孔子尝言："政者，正也。""正"乃儒家政治思想之义理支点。何谓正？古汉语中，"正"之同义词为"直"，所谓正直，即依事物性分之本然而动，故《论语》云："人之生也直。""正"之反义词为"邪"，邪之同义词为"曲"、为"枉"，即对事物本然之正道的偏离。由此可见，在儒家传统思想语境中，政治行动，即"为政"，其目的在于维护人间的正当秩序（正义），并在此秩序被破坏时采取适当措施加以修治，使之复归

---

① 卫湜：《礼记集说》卷五十四引。
② 卫湜：《礼记集说》卷五十四引。

正道。① 然此正义秩序并非基于某种人为造作的价值理想而由外强加于人,而是源于人类生存内在本具之正当性原理,此即《易传》所谓"各正性命"。此性命之正本于天道而内在于万物之中,故政治可以而且应当以教化为其根本方式。教化的主要途径,则是礼。《礼运》所言,可称作儒家的"政教理论"。本书"政教"一语,是在儒家古典文献原意上使用,与今日流行的"政教"观念有别。今人所言"政教",乃政治教育甚至意识形态教育之义。儒家传统所言"政教",乃"政治与教化"之合称,内涵政治当以教化为本之意,以一种"教化政治"形态为理想追求。

三 礼之历史进程:"礼之初"至"礼之大成"

在《礼运》的篇章布局中,子游的两次适时提问起着关键的思想承转作用。"礼之急"一问承大同小康说而来,一则突出礼在历史运转中所呈现的急迫意义,一则由此引向对礼之本原的讨论。下文"礼之极"一问则承前文礼承天道而治人情之说而来。既已明了礼之全体大用及政教宗旨,则知礼为治世极则。下文追溯"礼之初"以至于"礼之大成",正是礼之"极"在人类历史进程中的表现。

> 言偃复问曰:"夫子之极言礼也,可得而闻与?"
> 孔子曰:"我欲观夏道,是故之杞,而不足征也;吾得《夏时》焉。我欲观殷道,是故之宋,而不足征也;吾得《坤乾》焉。《坤乾》之义,《夏时》之等,吾以是观之。"

上文既已从存在论角度概述礼之体用,此节又进而自发生学角度考察礼之源流。观夏、观殷,正本此意。《论语》《中庸》亦有类似文

---

① 《乐记》云:"先王之制礼乐也,非以极口腹耳目之欲也,将以教民平好恶而反人道之正也。"正足以发明此意。

字。① 相比之下，《礼运》重在据前代遗文考察礼制因革。郑玄以为，《夏时》乃"夏四时之书，其书存者有《小正》"，《坤乾》为"殷阴阳之书，其书存者有《归藏》"。② 《夏时》《坤乾》今不可复见，推想言之，《夏时》当为授时之历，《坤乾》当为卜筮之书，二者初看似与礼关涉甚浅，实则历法、卜筮于上古皆为礼制重要内容。天地、四时、阴阳之运乃圣人制礼之所法，亦其施政治民之根本依据，于此正可体会古礼精神。

《礼运》对礼之发生与演变的历史考察，以丧、祭礼为中心，亦涵蕴微义。就制度而言，礼以丧、祭为重点；就起源而言，丧、祭礼渊源最古；就功能而言，丧、祭礼之政教意味最为突出。

> 夫礼之初，始诸饮食，其燔黍捭豚，汙尊而抔饮，蒉桴而土鼓，犹若可以致其敬于鬼神。
>
> 及其死也，升屋而号，告曰："皋某复！"然后饭腥而苴熟，故天望而地藏也。体魄则降，知气在上，故死者北首，生者南乡，皆从其初。
>
> 昔者先王未有宫室，冬则居营窟，夏则居橧巢；未有火化，食草木之实，鸟兽之肉，饮其血，茹其毛；未有麻丝，衣其羽皮。后圣有作，然后修火之利，范金合土，以为台榭、宫室、牖户，以炮以燔，以亨以炙，以为醴酪；治其麻丝以为布帛。以养生送死，以事鬼神上帝。皆从其朔。
>
> 故玄酒在室，醴醆在户，粢醍在堂，澄酒在下。陈其牺牲，备其鼎俎，列其琴瑟、管磬、钟鼓，修其祝嘏，以降上神与其先祖，以正君臣，以笃父子，以睦兄弟，以齐上下，夫妇有所。是谓承天

---

① 《论语·八佾》："夏礼，吾能言之，杞不足征也；殷礼，吾能言之，宋不足征也。文献不足故也，足则吾能征之矣。"此明夏、殷之礼有可言者，而慨其文献不足以征。《中庸》："吾说夏礼，杞不足征也。吾学殷礼，有宋存焉。吾学周礼，今用之，吾从周。"此则明夏殷之礼不行于世，而自解其从周之意。

② 郑玄：《礼记注》卷九。《礼记正义》以为自"夫礼之初"以下至"礼之大成"一节，皆孔子于《夏时》《坤乾》二书所见之事。此论过于拘泥，盖本郑玄义，以为礼起于中古，上古淳朴无为，礼义不兴。此老氏之说，不合《礼运》原意。

之祐。

　　作其祝号，玄酒以祭，荐其血毛，腥其俎，孰其殽，与其越席，疏布以幂，衣其澣帛；醴醆以献，荐其燔炙。君与夫人交献，以嘉魂魄，是谓合莫。然后退而合亨，体其犬豕牛羊，实其簠簋、笾豆、铏羹，祝以孝告，嘏以慈告，是谓大祥。此礼之大成也。

礼起源于初民致敬鬼神的祭祀活动，祭祀仪轨之主体内容，为饮食献祭。致敬鬼神以表达信仰，属于心灵和精神生活维度，以其养生之具为本，则同时涵摄物质生活内容，二者在祭礼中融为一体。鬼神为天道，饮食为人道，天道与人道在祭礼中交汇。礼在祭祀仪轨中沟通天人，同时维系物质生活之现实需要与精神信仰之终极诉求。若与下文相连而观，更可见出祭礼与丧礼暗合人类"养生送死"的生活全体内容。

《礼运》特别突出礼之"从初"义。所谓"从初"，即在后世礼制中仍然沿袭一些远古时代礼仪初兴时的做法，如《礼记正义》所说："今世'饭腥苴孰'与'死者北首生者南乡'之等，非是今时始为此事，皆取法于上古、中古而来。"① 自其外在表象而言，是仪轨形式意义上的。若自其内在精神而言，则是心性义理意义上的。之所以要沿袭远古做法，并非以复古为尚，而意在借此体认礼之本来精神。祭礼以饮食致敬鬼神，乃基于忠厚诚挚的"报本"之情；丧礼天望地藏，乃基于哀痛凄怆的"反始"之意。此皆出于天道之自然，而本于人心之不容已，为礼之精义所在，古今一如。礼所以必"从初"者，蒋君实言之最切："生养之道，本于饮食。圣人以报本反始之义教天下，欲其事死如事生，此酌献馈食之事所以交于鬼神而不以为烦也。降及后世，人之所以从事乎此者，一切以文物为先，而不以诚敬为本，生或怠于养，死或忽于报，圣人言礼所以必欲反之其于初。"② 礼之从初、从朔，皆体现儒家所极力阐明的尚质、贵本精神。由此可知，尽管有先圣、后圣的制度变更，生活方式日趋文明，礼的精神在其"从初"的仪轨形式中仍保持一贯。"玄酒在室，醴醆在户，粢醍在堂，澄酒在下"的次序

---

① 孔颖达：《礼记正义》卷二十一。
② 卫湜：《礼记集说》卷五十四引。

充分体现礼尚质反本的旨趣。此"初"所展示者，正是养生送死之意与致敬鬼神之心。以此反本复初之意保持天人之内在一贯，礼才能实现其根本目的与功能。

礼虽尚质贵本，但绝非纯然以反古复初为目的，若然，礼将不能因应人类文明之发展，体证人文精神之丰富内涵。从"礼之初"的质略诚朴到"礼之大成"的仪文备具，其演变与人类文明生活之演进同步进行。从先王未有宫室、火化，茹毛饮血之朴陋，到后圣修火之利，范金合土，为台榭宫室、醴酪布帛，礼之增美，正见养人之道的升进。因此，与"从初"仪轨中所体现的诚敬之心同样重要的，是仪制美备中展现的养人之意。礼应该同时具备文、质两端，实现文质中和之道，方合乎儒家人文理想。《礼运》认为，祭礼仪式正是如此。"玄酒在室，醴醆在户，粢醍在堂，澄酒在下。"玄酒在室为尊，此从初贵本之意，而同时陈列醴醆、粢醍、澄酒。若礼唯以从初为事，则三者皆可废，此处必陈列者，亦非为观美，盖如此而后养人之道始备，此正以致养之道致敬鬼神之意。

所谓"礼之大成"，乃合天人、通古今而各得其宜之谓。合天人者，礼从初尚质，所以见致敬鬼神之诚悫，而器物备列亦所以致敬。蒋君实云："血毛、俎腥、殽孰、越席、疏布之事，犹有贵乎古先也，乃曰'合莫'，谓其本是精诚以求神于冥漠之间也。合亨、体荐、笾豆、簠簋、铏羹、词说之详，是后世之所备也，乃曰'大祥'，谓其举是备礼而极其祥善之义也。"① "合莫"以通神明，"大祥"以尽人事，通神明者人之诚，致大祥者神之佑。此礼之合天人。通古今者，马睎孟曰："'腥其俎'者，言近于古也；'孰其殽'者，因之于今也。'与其越席，疏布以幂，衣其澣帛'，言近于古也；'醴醆以献，荐其燔炙'，亦因之于古也。礼备古今，而又夫妇亲之，所以致其敬。"② 存古意，以朴略见其至诚；备今物，以美盛达其真意。此礼之通古今。必文质兼备，方为礼之大成。

---

① 卫湜：《礼记集说》卷五十四引。
② 同上。

四 礼之政治功能："治政安君""无为而治"

追溯礼的历史演进历程后，谈话再度回到现实。那是一个六君子所竭力维持的小康局面正在倾覆的时代，最突出的表现便是非礼行为无处不在：

> 孔子曰："於呼哀哉！我观周道，幽、厉伤之，吾舍鲁何适矣！鲁之郊、禘，非礼也，周公其衰矣！杞之郊也，禹也；宋之郊也，契也。是天子之事守也。故天子祭天地，诸侯祭社稷。祝、嘏莫敢易其常古，是谓大假。祝、嘏辞说藏于宗祝、巫史，非礼也，是谓幽国。醆、斝及尸君，非礼也，是谓僭君。冕弁、兵革藏于私家，非礼也，是谓胁君。大夫具官，祭器不假，声乐皆具，非礼也，是谓乱国。故仕于公曰臣，仕于家曰仆。三年之丧与新有昏者期不使。以衰裳入朝，与家仆杂居齐齿，非礼也，是谓君与臣同国。故天子有田以处其子孙，诸侯有国以处其子孙，大夫有采以处其子孙，是谓制度。故天子适诸侯，必舍其祖庙，而不以礼籍入，是谓天子坏法乱纪。诸侯非问疾吊丧而入诸臣之家，是谓君臣为谑。

此节所言"非礼"，皆着眼于政治行为。如本书第一章所言，礼在春秋时期，已被明确理解为政治秩序的基本准则，也是人君主要的施政原则。如周代祭祀礼制，"天子祭天地，诸侯祭社稷"，天子、诸侯的祭祀对象不同，祭礼不再是纯然的宗教礼仪，同时又是政治等级秩序的体现，对祭祀仪制的破坏即对国家政治秩序的颠覆。同样，"大夫具官，祭器不假，声乐皆具"的行为破坏了周代礼制确立的诸侯、大夫之间的等级秩序法则，因而成为有重大象征意义的政治事件。

传统儒家礼乐政教思想对政治、社会等级秩序的关切和对各种僭越行为的严厉谴责，似乎与现代人的平等主义信仰背道而驰，故而在今日饱受诟病。但若超出现代性的观念偏执，不难理解儒家之强烈反对非礼和僭越行为，实本于制度意识的凸显，意在维护人类社会政治生活之基础秩序的尊严。制度与秩序构成人文生活的根本条件。反对非礼、僭越即是反对制度之毁弃和秩序之颠覆。对任何制度而言，其核心秩序及基础原则的破坏都是无法容忍的。当然，问题的关键在于此制度、秩序是否具有合理性。传统儒家所主张的等级秩序之合理性乃基于人之德性、才能的自然和现实的差异性，这与人格平等、机会平等并不构成矛盾。[①] 对于儒家礼学中的等级秩序问题，只有在这个意义上理解方不至于河汉其言。

《礼运》对政治秩序的关注尤集中于君臣之分问题，称：

> 是故礼者，君之大柄也，所以别嫌明微，傧鬼神，考制度，别仁义，所以治政安君也。故政不正则君位危，君位危则大臣倍，小臣窃。刑肃而俗敝，则法无常而礼无列。礼无列则士不事也，刑肃而俗敝则民弗归也，是谓疵国。

这里将礼称为"君之大柄"，治国之根本手段，可以实现"治政安君"的目的。这一切基于礼的四大功能。其一为"别嫌明微"。礼通过明确个人在礼制秩序中的位置和相应行为法则而分别嫌疑，明辨微细，防止秩序的破坏，从根本上确保制度之稳定。[②] 其二为"傧鬼神"。礼本身承担着宗教功能，傧鬼神所以致人诚敬之意，同时也有祈求福佑和神道设教的意图。其三为"考制度"。"制度"一语，在《礼运》中多次出现。比如上引"天子有田以处其子孙"一段即被称为"制度"，后文又言"降于五祀之谓制度"，可知《礼运》所言"制度"，指社会生活中各类具体节度规制，是礼之精神的细节化体现。其四为"别仁义"。孙希旦云："仁主于慈爱，义主于断制，以礼别而用之，而刑赏、黜陟当矣。"违背上述礼治原则，将使政治与人类生活陷入彻底的无序状态：君臣关系的破坏使大臣行为失范，国家刑罚苛暴，风俗颓弊，百姓因而丧失行为规范和安定生活。对儒家而言，国家治理与礼制秩序之建立、维护实为同一问题。

---

① 儒家经典重视"絜矩之道"，提倡不同身份之间行为的对等性和相互性，本身即包含转向人格平等的因素，"人皆可以为尧舜"等观念则直接表达了人性论意义上的平等观念。至于机会平等，正是儒家教化主张的根本内容，从"有教无类"到"学而优则仕"，机会平等亦可在教育的普及中现地实现。

② 《曲礼》称："礼者，所以定亲疏，决嫌疑，别同异，明是非"，正同此意。

> 故政者，君之所以藏身也。是故夫政必本于天，殽以降命。命降于社之谓殽地，降于祖庙之谓仁义，降于山川之谓兴作，降于五祀之谓制度：此圣人所以藏身之固也。

天、地、宗庙、山川、五祀，乃古代祭礼五大要目。降命，即颁布国家政令教命于下民之意，主要通过祭典之象征仪式来进行，包括殽天、殽地、仁义、兴作、制度五类形态。据《礼记正义》，"殽天"谓"人君法效天气以降下政教之命，效星辰运转于北极，为婚媾姻亚，效天之阴阳寒暑，为刑狱赏罚"。"殽地"谓"地有五土，生物不同，人君法地，亦养物不一"。"仁义"，谓法宗庙祭祀中父亲仁、祖尊义之制①而施仁义于民。"兴作"谓"山川有草木鸟兽可作器物，人君法山川以兴作其物"。"制度"谓"中霤、门、户、灶、行等五祀大小形制各有法度，后王所以取为制度等级"。② 以上五类政令的具体内容可参见《王制》《月令》，《礼运》重点探讨的乃是这些制度形态的兴起之法。国家政令通过祭典发布，并且是效法所祭之神圣事物而制，这便使政令拥有了神圣品格。政令通过礼的形式颁布施行，正是礼治国家的首要制度特征。

对于这样一种礼治图景之特征，《礼运》如是说：

> 圣人参于天地，并于鬼神，以治政也。处其所存，礼之序也；玩其所乐，民之治也。

参天地、并鬼神的治政措施显然具有强烈的神道设教意味，对此本书将在第八章分析丧、祭礼之政教内涵时集中论述。《礼运》此节意在阐明，圣王立政的主旨，是要通过国家典制之颁行，推动一种天道与人情互相通达顺应的最佳生活方式之实现。在古人的思想世界中，制度创

---

① 郑玄注："谓教令由祖而下者。《大传》曰：自祢率而上至于祖，远者轻，仁也；自祖率而下至于祢，高者重，义也。"
② 孔颖达：《礼记正义》卷二十一。

建的根本要义首先在于协调人间生活与天地鬼神所代表的自然秩序和神圣事物之关系，而礼制特别是祭典在历史演变中已具备了这一精神，所以礼治成为最理想的政治方案选择。更重要的是，礼治不但是一种通合天人的政治形态，其现实推行更展现一种尊重天道与人情的"无为"精神，引文后半段即此意的绝佳表述。"处其所存，礼之序也"①，谓处礼之所存，为序礼之本，能如是，则礼得其序。礼之所存，即各类制度、仪式、器用，这些都本原于天道、人情之自然。让礼所体现的各类自然秩序各行其是，使这些自然秩序中的物类各安其所，礼才能真正得到整合而展现其秩序意义。"玩其所乐，民之治也"，谓玩民之所乐，为治民之本，能如是，则民得其治。执政者不应奋其私智，从其私欲，以自己的理解和愿望为本治理国家，而应从容细致地考察民众的思想情感和生活欲求，如此方能成就真正的善治。

《礼运》下面一段文字可谓对君主在礼制秩序中之地位与作用的绝好说明：

> 故天生时而地生财，人其父生而师教之，四者君以正用之，故君者立于无过之地也。故君者，所明也，非明人者也；君者，所养也，非养人者也；君者，所事也，非事人者也。故君明人则有过，养人则不足，事人则失位。故百姓则君以自治也，养君以自安也，事君以自显也。故礼达而分定，人皆爱其死而患其生。

古人相信，君在国家中的作用极其重要，必须保证其政治身位不受威胁，才能维持政治秩序的正常运转。君的政治身位是什么？《白虎通》云："君之为言群也"，《韩诗外传》亦云："君者，群也。"君的存在意义在于合聚人群，群体乃以君主为核心而凝成。《说文》云："君，尊也。"乃基于君主合群功能而肯定其在政治秩序中的地位，群体生活因其对领导者的共同推戴而得以维系。《礼运》正是在视君主为

---

① 郑注："存，察也。治，所以乐其事居也。"然此说实不切。孔疏谓"处其所存"指天有运移寒暑，地有五土生殖等，皆人所观察。如此则上下文体例不一。因"玩其所乐"之乐，谓民之乐，则"处其所存"之存，亦当谓礼之存。

群体生活的凝聚点和天人之道的协调者之意义上肯定君主的地位与作用的。

《礼运》称君主凝聚群体的方式是"天生时而地生财，人其父生而师教之，四者君以正用之"。人类生活自然地拥有其发生条件和内在秩序本源，君主因顺此自然形态，"以正用之"，是为政的根本方式，唯其如此，君主才能"立于无过之地"。蒋君实云："人主之职业，自有天、地、人、物而理已与之俱矣。曰'裁成其道'，曰'辅相其宜'，曰'左右其民'，非有俟乎深求力索以有为于天下也。是故谓之'无为'，谓之'民无能名'，又谓之'无有作好'。盖因其自然之理，立自然之政。"① 此说深得《礼运》本意。

因此，在中国古典政治思想中，君主施政以"无为"为本。《礼运》提出"君者，所明也，非明人者也；君者，所养也，非养人者也；君者，所事也，非事人者也"，绝非为了强调君主特权，而是由于"君明人则有过，养人则不足，事人则失位"。在《礼运》的政治结构规划中，君主应该是一个不动的中心，如《论语》所言："譬如北辰，居其所而众星共之。""无为而治"作为中国古典政治思想的核心主题，绝非道家专利，儒家亦以"无为"为其政治理想。《礼运》认为，君主协调好天、地、父、师四者，奠定人类群体生存之正当秩序之后，便可以"立于无过之地"，成为群体生活不动的核心。在基本礼制秩序建立后，国家政治便可以进入"无为"形态。

无为政治内在地包含两大原则：君主之"无为"和百姓之"自为"。如《礼运》所言，"百姓则君以自治也，养君以自安也，事君以自显也。"君以群体生活之核心的身份出现，其作用在于使百姓获得在群体内部自我规范（自治）和自我成就（自显）的可能。这样一种无为政治的前提是礼治秩序的建立，礼使群体中的人皆有定分，能够明确自己在国家政治中的身位。所谓"则君""养君""事君"都并非最终目的，使百姓各自得到性命之安立才是王道政治的根本宗旨。

---

① 卫湜《礼记集说》卷五十四引。

五　礼治的人道论基础："七情"与"十义"

所有政治理论都以对人性的某种观察和理解为基础，人性问题也因此成为各类政治哲学共同关注的重要话题。春秋时代的礼坏乐崩引发了中国思想界的"哲学突破"，在旧有价值秩序和生活信念被质疑之后，奠定新秩序的努力必须以对天道与人性的考察为前提而展开，这构成此后中国哲学生长的起点。《礼运》并未对人性做笼统的善、恶或清净淳朴无善恶之类价值评断，而着力对人之心理、行为和生活方式、价值追求进行全面的考量，呈显深刻的生活洞察力和理论创造力。

> 故圣人耐以天下为一家，中国为一人者，非意之也，必知其情，辟于其义，明于其利，达于其患，然后能为之。何谓人情？喜、怒、哀、惧、爱、恶、欲，七者弗学而能。何谓人义？父慈、子孝、兄良、弟弟、夫义、妇听、长惠、幼顺、君仁、臣忠，十者谓之人义。讲信修睦，谓之人利。争夺相杀，谓之人患。故圣人之所以治人七情，修十义，讲信修睦，尚辞让，去争夺，舍礼何以治之？饮食男女，人之大欲存焉；死亡贫苦，人之大恶存焉。故欲、恶者，心之大端也。人藏其心，不可测度也。美恶皆在其心，不见其色也，欲一以穷之，舍礼何以哉？

"以天下为一家，以中国为一人"，可谓最富中国文化色彩的理想生活形态，而且，我们不难发现其与"大同"的一致性。首先值得注意的是其中超越狭隘国家意识的"天下"观念，以家庭亲情伦理为样本建构全人类的共同体生活形态，本身就与当前民族国家世界体系中的国家利益至上思想和民族主义偏执心态形成对照。其次是这一生活理想并不采用一种孤绝的个人主义视角来审视社会和国家，而是将个体、社会与国家理解为一个生命整体（"以中国为一人"），每个人都是这一生命整体不可或缺的一部分，血脉相连，情意相通，彼此同气连枝，互相依赖。从这个意义上讲，天下一家又以中国一人为本，是中国一人观念之拓展，因为家庭成员之间同样是血脉相连，情意相通的。

上述观念和理想追求难免被今人视为一厢情愿的臆想，认为这些完全没有实现的可能性。《礼运》也预料到了这一批评意见，特意指出，上述生活理想并非只能出现于观念世界的空想，而是有着真实的人性基础，因而有实现的可能性。更当注意者，是《礼运》并没有像一些人批评的那样，选取一种理想主义的人性观以回避各类现实问题，而是从人类最基本的生活事实出发，将之分为情、义、利、患四个维度，以此为本对"人之道"进行了系统的考察。

首先是"人情"。如前所述，"人情"之"情"，亦应做"情实"解，即人在生活中所呈现的各种最自然、最基本的生活事实。而这些自然事实，最直接地表现于人的喜、怒、哀、惧、爱、恶、欲七类情感形态，故云"弗学而能"。较之《中庸》的喜、怒、哀、乐四情说，"七情"说对人类情感现象的观察和分析更为细致。《礼运》尤其重视欲、恶二情，称它们是"心之大端"，特别予以推阐。其中，"欲"之重心（"大欲"）在"饮食男女"这样人类最基本的自然生命欲求，而"恶"之要点（"大恶"）则是"死亡贫苦"之类民众普遍畏恐排拒的事物。《礼运》对人之心理活动和行为方式的观察和理解也十分冷静和现实："人藏其心，不可测度也。美恶皆在其心，不见其色也。"正是这样一种紧贴"人情"之实际形态的考察，使人得以理解作为制度形式的礼对社会秩序建构的奠基意义。

其次是"人义"。如果说"人情"是人之"本然"，"人义"便是人之"应然"。但在儒家看来，此"本然"与"应然"绝非对立，人类生存之"本然"中自然地包含和呈现着价值的"应然"。"人情"与"人义"并非互相对立，互相排斥，而是根本上相互证成的。父慈、子孝、兄良、弟弟、夫义、妇听、长惠、幼顺、君仁、臣忠，恰是人之所喜爱、所欲求者；反之，则为人所怒、所哀、所恶。这是因为，作为"应然"的"义"，本身就是以事物之自然为依据的。义者，宜也。此宜并非人为造作而自外部强加于事物之上的制度法则或价值目标，而是事物自然呈现的内在秩序与特质。就人伦生活而言，如父慈一义，乃因为人父者本有慈爱之情感与行动，而后此慈爱之情感与行动被认定为父所当行之"义"。其他九义，可以此类推。

"人情"和"人义"是"人之道"即人类现实生存方式的两个基础性、结构性要素。"人利"与"人患"则是相对而显的"人之道"在现实生活中的两种展开形式，其发生乃根源于人情与人义的不同关联方式。如前所述，人情之本然与人义之应然因具有同源性而在本始意义上是自然相互协调的，此即《中庸》所言喜、怒、哀、乐之发而中节，人类生活由此而呈现"讲信修睦"的和谐亲睦状态。不难发现，"人利"即《礼运》篇首所言"大同"之美善情景。但人情之发并非必然中节，特别是欲、恶之心，在现实生活中极易因偏私执着而陷入过、不及之失，从而与人义相冲突而导致"争夺相杀"的恶果，此即"人患"，正是篇首所言"大道既隐"的险恶局面。由此可见，"人利"和"人患"乃是人类历史中两种本质的可能性，此道之所以有行、隐的原因。但人面对道之运转，并非处于宿命式的无能为力状态，《礼运》指出，人可以通过推行礼以修治人情、人义，以讲信修睦而兴起人利，以尚辞让、去争夺而消除人患，由此推动道之运转，将人类社会重新带入"天下一家""中国一人"的大同盛景。

《礼运》接下来又有一段讨论人之本质的文字：

> 故人者，其天地之德，阴阳之交，鬼神之会，五行之秀气也。故天秉阳，垂日星，地秉阴，窍于山川，播五行于四时，和而后月生也，是以三五而盈，三五而阙。五行之动，迭相竭也；五行四时十二月，还相为本也；五声六律十二管，还相为宫也；五味六和十二食，还相为质也；五色六章十二衣，还相为质也。故人者，天地之心也，五行之端也，食味别声被色而生者也。
>
> 故圣人作则，必以天地为本，以阴阳为端，以四时为柄，以日星为纪，月以为量，鬼神以为徒，五行以为质，礼义以为器，人情以为田，四灵以为畜。以天地为本，故物可举也；以阴阳为端，故情可睹也，以四时为柄，故事可劝也；以日星为纪，故事可列也。月以为量，故功有艺也；鬼神以为徒，故事有守也；五行以为质，故事可复也；礼义以为器，故事行有考也；人情以为田，故人以为奥也；四灵以为畜，故饮食有由也。何谓四灵？麟凤龟龙，谓之四灵。故龙以为畜，故鱼鲔不淰；凤以为畜，故鸟不獝；麟以为畜，故兽不狨；龟以为畜，故人情不失。

以上内容和《礼运》篇末类似文字，近人任铭善等以为与《礼运》思想不协，王锷则猜测这些谈论阴阳五行的文字为战国晚期礼家增入。① 此类论断都是在认定《礼运》所记全然是子游与孔子之谈话内容这一理解前提下得出的，但更合适的作法也许是将《礼运》看作战国儒者的历史追述，肯定其中既有从孔子那里延续而来的思想主线、观念要素甚至表述形式，同时也加入了许多后世才兴盛起来的思维模式和语言特征。而且，此章并非与上下文毫无关系。其关于人之本质的论断紧承上文而来，仍围绕"人之道"这一主题而展开。不同之处在于，此前论述重实际、切人事，此章则富于形上学和宇宙论色彩。《礼运》正是通过此章将天道与人道协调起来，以回答承天道而治人情之理论依据的问题。经由上述讨论，以达天道而顺人情为原则的礼之创制方式和价值意义更得以凸显。礼既非单纯事鬼神的"祭法"和鬼神所颁布的"律法"，亦非纯出人情的社会伦理，而是本于天道而又顺乎人情的总体性生活样式和制度法则。

《礼运》接下来的内容又与前文以礼治政的主题相应。

> 故先王患礼之不达于下也，故祭帝于郊，所以定天位也；祀社于国，所以列地利也；祖庙，所以本仁也；山川，所以傧鬼神也；五祀，所以本事也。故宗祝在庙，三公在朝，三老在学。王前巫而后史，卜、筮、瞽、侑皆在左右，王中心无为也，以守至正。故礼行于郊而百神受职焉，礼行于社而百货可极焉，礼行于祖庙而孝慈服焉，礼行于五祀而正法则焉。故自郊社、祖庙、山川、五祀，义之修而礼之藏也。

从思想脉络上看，此节大体承前文"政者，君之所以藏身也"一段而来，由单纯理论认知转向对礼教实践及其效应的描述。这样一种文义的断续，可能的确是由章句淆乱所致，此处不复深究细论。《礼运》主要阐述礼对人生、社会和国家的伟大效能和意义，此数事乃一体相通，不可分割。所以《礼运》从未试图将之分成几个独立的主题，而

---

① 参见王锷《礼记成书考》，中华书局2007年版，第244—245页。

是合并为一个主题反复申说。首先承接前文讨论而概言礼对人生的意义，之后自然引向国家政治主题。

> 故礼义者，人之大端也，所以讲信修睦而固人肌肤之会、筋骸之束也，所以养生送死、事鬼神之大端也，所以达天道、顺人情之大窦也。故唯圣人为知礼之不可以已也，故坏国、丧家、亡人，必先去其礼。

礼义首先关切的是人。礼本于天道，但必须落实于人之生存中才具有现实性。《礼运》强调礼义之社会人际效能："讲信修睦"。甚至讨论礼对人之身体健康的意义："固人肌肤之会、筋骸之束"。凡此皆着眼于礼之现实而直接的意义和作用。"养生送死""事鬼神"则指出礼对人生总体的意义，重新回到天人关系层面，强调其达天道顺人情的终极意义。对《礼运》而言，政治问题是天人问题的自然延伸，国与家的问题最终归结为人之问题的解决，礼作为国、家、人之存亡所系，其重要性不言而喻。

接下来，《礼运》又以农事为喻，将礼义纳入儒家价值系统整体中予以考察：

> 故圣王修义之柄，礼之序以治人情。故人情者，圣王之田也，修礼以耕之，讲学以耨之，本仁以聚之，播乐以安之。故礼也者，义之实也，协诸义而协，则礼虽先王未有，可以义起也。义者，艺之分，仁之节也。协于艺，讲于仁，得之者强。仁者，义之本也，顺之体也，得之者尊。
>
> 故治国不以礼，犹无耜而耕也；为礼不本于义，犹耕而弗种也；为义而不讲之以学，犹种而弗耨也；讲之以学而不合之以仁，犹耨而弗获也；合之以仁而不安之以乐，犹获而弗食也；安之以乐而不达于顺，犹食而弗肥也。四体既正，肤革充盈，人之肥也；父子笃，兄弟睦，夫妇和，家之肥也。大臣法，小臣廉，官职相序，君臣相正，国之肥也。天子以德为车，以乐为御，诸侯以礼相与，大夫以法相序，士以信相考，百姓以睦相守，天下之肥也。是谓大

顺，大顺者，所以养生送死事鬼神之常也。

农事之譬将礼治理解为一个生活化过程，在这一过程中，礼、义、学、仁、乐诸因素共同作用而引向"大顺"的政治理想。礼治的实际内容便是治人之情，故人情被比喻为农事之田。《礼记正义》解说"修礼以耕之"云："农夫之田，用耒耜以耕之，和其刚柔。圣人以礼耕人之情，正其上下。"以为礼的作用主要在维护等级秩序，如此理解实偏颇狭隘。就《礼运》整体思路而言，礼之治人情，盖指讲信修睦，承天道、顺人情，协调身心，建立良好社会秩序，礼在此过程中主要承担协调规范的作用。义被比喻为种子——是非价值观念和善的行为原则的种子，这种子只有在礼治所创造的良好社会环境和身心协调状态中才能扎根。欲使之蓬勃生长，又须讲学之助。讲学对礼治国家有重大意义，礼治不是靠强力，而是靠讲学这样的教化行动来推动，故学礼成为礼制的重要构成环节。

《礼运》之农事比喻中，仁处于聚合即收获的环节。《礼运》特别突出礼、义、仁三者的关系，其对礼、义关系的界定是："礼也者，义之实也。"这一表达有点令人费解。方慤曰："礼虽作乎外，而义则资之以成体；义虽由乎内，而礼则用之以制宜。唯其资之以成体，故此以礼为义之实。"① 陈澔云："实者，定制也。礼者，义之定制；义者，礼之权度。"② 简言之，礼乃是义之落实于具体制度仪式者，故而只要合乎义，则礼可以义起，故而下文言"为礼不本于义，犹耕而弗种也"。礼本于义，义也因礼而获得稳定的制度化形式。《礼运》释"义"云："义者，艺之分，仁之节也。协于艺，讲于仁，得之者强。""艺"字在《礼运》中多次出现，郑玄以"才"即材性、才能解之。万物材性各有分别，是谓艺；有分则有宜，是谓义。前文"协于分艺"即"协于艺"之意，恰与下文"协于义而协，则礼可以义起"相呼应。"仁之节"犹《中庸》所谓"亲亲之杀"，谓亲恩惠爱之节度。"讲"者，商度、调和之意。讲于仁，谓行义当本仁恩之意而斟酌权衡。义主裁制决断，需有

---

① 卫湜：《礼记集说》卷五十八引。
② 陈澔：《云庄礼记集说》卷四。

刚毅果决之气，故云："得之者强。"仁则为"义之本也，顺之体也，得之者尊"。以农事之喻论仁，乃从教化国家之政教次第而言，故先言义而后言仁。自本体论角度而言，则仁为义之本，顺之体。

六 礼治国家的终极理想："顺之至"与"顺之实"

《礼运》篇末为人们描绘了一个"顺之至"的理想图景：

> 故事大积焉而不苑，并行而不缪，细行而不失，深而通，茂而有间，连而不相及也，动而不相害也，此顺之至也。明于顺，然后能守危也。故礼之不同也，不丰也，不杀也，所以持情而合危也。
>
> 故圣王所以顺，山者不使居川，不使渚者居中原，而弗敝也。用水、火、金、木、饮食必时。合男女、颁爵位，必当年、德。用民必顺。故无水旱昆虫之灾，民无凶饥妖孽之疾。故天不爱其道，地不爱其宝，人不爱其情。故天降膏露，地出醴泉，山出器车，河出马图，凤凰、麒麟，皆在郊椒，龟、龙在宫沼，其余鸟兽之卵胎，皆可俯而窥也。则是无故。先王能修礼以达义，体信以达顺，故此顺之实也。

"顺"字容易使人联想到顺从、顺服等字眼，礼治秩序中固然包含此类观念，如前面提到的长惠幼顺即是，但若仅以此理解和推论儒家政教精神，则大谬不然。《礼运》中"顺"字之义，也是代表礼乐政教理想的语词，须予以细致考察。

《说文》曰："顺，理也。"段玉裁云："理者，治玉也。玉得其治之方谓之理。理之而后天理见焉，条理形焉。"这一字源论说对理解"顺"字至为关键。"凡训诂字，曰'从顺也'，曰'顺也'，曰'驯顺也'，此六书之转注。曰'训，顺也'，此六书之假借。凡顺、慎互用者，字之讹。"[①] 顺作为治理之义，正与《礼运》的政治主题相合。治理的原则是因事物之理而治之，对政治而言，顺意谓依循国家制度、社会秩序和人情伦理法则而行动。唯其如此，政治方能达至最佳形态。

[①] 段玉裁：《说文解字注》，上海古籍出版社1988年版，第418—419页。

《礼运》先以农事为喻，又顺承其意，以饮食为喻。耕获意在以饮食养人，人得饮食则"肥"，生命得到营养而丰满强壮。所谓大顺，乃指身、家、国、天下都得到治理而"肥"的状态。

"顺之至"所描述的治世景象和《礼运》篇首记述的"大同"景象，一首一尾，遥相辉映，这显然是作者精心安排的结果，意在表明，通过礼治国家的政教努力，进入隐退状态的大道将会在人的推动下重新"行"和"显"。与篇首对"大同"的描述相区别，《礼运》对"至顺"的描述更强调礼在"至顺"之实现中的作用和关键地位。历代诸家对此节诠解不一，以陈澔之说最为明畅："谓以此大顺之道治天下，则虽事之大者积叠在前，亦不至于胶滞；虽事之不同者一时并行，亦不至舛谬也。虽小事所行，亦不以其微细而有失也；虽深窅而可通，虽茂密而有间，谓有中间也。两物结连而相及，则有彼此之争；两事一时而俱动，则有利害之争。不相及，不相害，则无所争矣。"① 所谓"至顺"，即是包括政治在内的人的所有活动，都能顺循万事万物内在的自然之理。因其理，合其宜，应其分，则人必能行事得当而无过差，使万物皆能和谐共生于天地之间。如此，则虽危而能安，故云："明于顺，然后能守危也。"此持情合危之要道，正是礼。礼乃是根据事物本具之自然理则、分宜而创立的制度仪轨，因此礼之核心特质之一，就是强调"不同"，即体现差异性以彰明秩序。然而此"不同"并非人为定立，亦非随意而设，其根本原则是"不丰""不杀"，不可过，亦不可不及，因而礼之不同实即"中道"。此中道，同时也就是切合物理事宜的"正理"。这才是礼治的主旨所在。对礼之"不丰""不杀"的中道精神之阐释，恰是本章下节要讨论的《礼器》篇的核心主题。

在全文最后一段中，《礼运》通过历言圣王以"顺"道治民的各种措施及其通天人、理万物的成效，向人们展示了一副诗意的礼治社会理想图景。礼治的根本精神是顺应人情物理。所谓"山者不使居川，不使渚者居中原"，如此乃能使万民各得其所。此"顺"道，正是礼治无为精神的体现。在人文生活领域，则突出各类制度秩序与自然秩序的连续性和一致性，故云："用水、火、金、木，饮食必时。合男女、颁爵位，

---

① 陈澔：《云庄礼记集说》卷四。

必当年、德。"当整个社会都经过礼制秩序的整顿而进入"大顺"之境，则不但社会关系得以根本协调，天地万物也都因为人顺应天道、物理的治理行动而进入广大和谐的境地。不但各类灾祸得以完全消弭，而且天、地、人三才都能各尽其道，达到其最佳状态，此即"天不爱其道，地不爱其宝，人不爱其情"。《礼运》对"大顺"之世祥瑞并至的理想化描画，并非仅是天人感应观念的体现，更充分显露作者对天人协和的信心。"鸟兽之卵胎，皆可俯而窥"，是人与世间万物和谐共生理想的极致表现形态。此"大顺"之象与开篇所描绘的"大同"之景彼此呼应，精神一贯，而更富浪漫色彩。

通过本节的全面分析，足见《礼运》并非杂凑而成，而是通篇脉络连贯的精意之作。其论题虽复杂多变，理论主线却始终如一，即对儒家礼治思想之根本要义与终极理想进行全面阐述。《礼运》立足于大同、小康之变，在一个深广的历史视野中提出道之行、隐与礼之运转的问题，作为全篇礼治探讨的理论起点和始终如一的关注焦点。由文中论述可知，儒家礼乐政教思想之核心原理，乃是本诸天人之际的宏阔视野，以承天道而治人情为原则，创设制度格局，奠立社会秩序的基础；在具体的社会治理问题上，则主张礼制秩序中君主的无为而治，力图以教化为本协调社会生活，最终推动"大顺"理想的实现。《礼运》最富特色之处，首先是通过对天道和心性问题的系统考察为礼乐政教提供形上理论支撑，其次是全面阐明礼治的根本特征是政治层面的无为和社会层面的教化之结合，其三是贯彻始终的对儒家社会理想即"大同"和"大顺"的期许，与此同时，其对人情、人义、人利、人患的分析又极富现实精神。这一切，使《礼运》成为儒家礼乐政教文献中立意最高远，格局最恢弘的作品之一。

第三节 《礼器》：忠信之本与义理之文

郑玄《三礼目录》解《礼器》篇名由来云："以其记礼使人成器之义也。"《礼记正义》推阐其说曰："既得成器，则于事无不足，故云

'是故大备'也。身既成器，又能备足，则是盛德也。"① 陈澔《云庄礼记集说》以为，"器有二义，一是学礼者成德器之美，一是行礼者明用器之制"。② 将篇中所言行礼之制亦理解为"礼器"之内涵。然而，以能"使人成器"释"礼器"，终嫌牵强。孙希旦云："愚谓此以'礼器'名篇，亦以其在简端耳，非有他义也。诸家多从'礼器'二字立说，似非本旨。"③ 显然更为通达得体。

《礼运》与《礼器》间可能存在文字的承接关系。孙希旦以为，"《礼运》言礼之行于天下，而极其效于大顺，由体而达之于用也"，《礼器》则"言礼之备于一身，而原其本于忠信，由外而约之于内也"。故"二篇之义，相为表里"。但《礼器》与《礼运》也存在显著的思想差异。如孙希旦所言，《礼器》"以忠信、义理言礼，而归重于忠信；以内心、外心言礼之文，而归重于内心。盖孔子礼乐从先进，礼奢宁俭之意"。④

一 "有本有文"：《礼器》论礼之结构要素

《礼器》一文的主旨，是探讨"先王立礼之方"。文章开篇极言礼可以释回增美，使人具备盛德，并以此为本安民事神，则意在于讨论礼之创制方案前，揭明立礼之宗旨，以为全篇之思想主脑。

> 礼器是故大备，大备，盛德也。礼释回，增美质，措则正，施则行。其在人也，如竹箭之有筠也，如松柏之有心也，二者居天下之大端矣。故贯四时而不改柯易叶。故君子有礼，则外谐而内无怨，故物无不怀仁，鬼神飨德。

引文首句礼器大备为盛德一语，义稍含混，历代学者之诠解纷然淆乱，此处不复一一引述、辨析。如前所述，郑玄以"礼使人成器"说

---

① 孔颖达：《礼记正义》卷二十三。
② 陈澔：《云庄礼记集说》卷五。
③ 孙希旦：《礼记集解》，中华书局1989年版，第624页。
④ 孙希旦：《礼记集解》，中华书局1989年版，第624页。

"礼器"之义，实曲折难通。就《礼器》全篇而言，文中亦多言礼仪用器之制，故解"礼器"仍当用其本义。盖礼器大备为盛德云云，即文中"礼之以多为贵者，以其外心者也。德发扬，诩万物，大理物博"一语之意。但夸侈斗糜并非"大备"真义，《礼器》所极力阐明者，乃在于用器之"称"。故后文又云："礼也者，犹体也。体不备，君子谓之不成人。设之不当，犹不备也。"只有依下文所言时、顺、体、宜、称五大原则而行礼用器，方为大备，方为君子盛德之表征。

礼之所以能养成德性，乃因其可以"释回""增美"，即"消释人回邪之心而增益其材质之美"[1]。礼的"释回"功能首先来自其社会性的行为仪规特质，就此而言，礼对人构成一种外在的制约和规范，代表一种超越自然个体之狭隘性的公共价值立场。通过礼义的约束，人得以克服其内在个性弱点，开拓更广阔的精神生命空间。但礼绝非一种纯然外铄性的人为制度体系。单纯地通过外在制度规范进行约束，也绝不可能有"释回"的效果。礼之所以能"释回"，是因为其本质上是一种源于性情而又对之加以品节的引导性和参与性的仪式系统，人可以在参与仪式的过程中真切体会其所涵蕴的情感内容和思想观念，对之产生自觉的价值认同，从而自然消释其回邪之心。由"增美质"一语即可看出，"美质"绝非外在赋予，而是人性情中自然具备此材质之美，礼所能做的，只是增益人之美质而已。因此，"释回"和"增美"并非二事，人能释回，其美质不受回邪之心的侵害，自能日渐增益。

"礼释回，增美质"是从内在心性修养上言礼之功能，"措则正，施则行"是从外在德行践履上言礼之效验。《礼记正义》云："措，置也，言置礼在身，则身正也。施，用也，若以礼用事，事皆行也。"[2]《礼器》以竹箭之有筠与松柏之有心比喻礼在人德性修养中的根本意义，指出竹箭、松柏之所以能"贯四时而不改柯易叶"，乃因为其"居天下之大端"，即"比于众物，最得生气之本"[3]。人若以礼自修，则亦能有坚定贞固之德。以此德性为本，自然能有最合理的行为方式，并对

---

[1] 陈澔：《云庄礼记集说》卷五。
[2] 孔颖达：《礼记正义》卷二十三。
[3] 同上。

外部世界产生积极的影响。就人类社会而言，礼能使人"外谐而内无怨"。孔颖达以为指"于外疏远之处，与人谐和；于内亲近之处，无相怨恨。以其有礼接人，故内外协服也。"① 则"外""内"者，近于门外、门内即家族内外之意，此盖就行礼之外在效果而言。但《礼器》此处也可能是从君子之行为方式言。外谐而内无怨，如《论语》"在邦无怨，在家无怨"之意，谓君子有礼，则于外能与乡党谐和亲睦，于内能与家人恩爱无怨。而且，礼之功能不止于协调人类社会生活，亦能协调人与天下万物乃至鬼神的关系，使"物无不怀仁，鬼神飨德"，达到和外内、通物我、一天人的理想生命境界。

儒家一贯主张，德性修养乃是一"合外内之道"。《礼器》认为，作为君子修德之要道的礼同样也由内、外两大结构要素组成，即作为"礼之本"的"忠信"和作为"礼之文"的"义理"。

> 先王之立礼也，有本有文。忠信，礼之本也；义理，礼之文也。无本不立，无文不行。

此节可谓《礼器》全篇之纲领。对礼之两重结构划分，盖渊源于孔子所开启的文质之辨。将礼划分为"本"与"文"两个方面，已显示其理论偏重所在。如前所述，对礼之本的追问乃儒家礼乐释义理论的根本推进动力。《礼运》以承天道而治人情言礼，将礼之本归诸天人之际，乃基于一总体性视野。与之相比，《礼器》以忠信为礼之本，将目光投向人之德行践履，因而更贴合由孔子发端而在孟子那里充分显扬的内在化立场。以忠信为礼之本，乃儒家礼义之学根本区别于各类现代社会学、人类学仪式理论之处。礼之德性论和修养论意义，皆来自"忠信"这一内在价值本原。失去忠信之本，礼便成了空洞无意义的外在虚饰，终必衰落而遭毁弃。

与忠信之本相对而显的礼之另一结构要素，是"礼之文"即《礼器》所谓"义理"。此处的"义理"，并非"义理之学"意义上的"义理"，而是事物自然之"义"与伦类之"理"的合称。义者，宜也。世

---

① 孔颖达：《礼记正义》卷二十三。

间万物,性分各有不同,形成自然的伦类之别,展现各自不同的"道"与"理",必循此道、理而行,方能合乎物性事宜。因此,所谓义理,即事物所自然呈现的差异与条理。人之行为,若能顺物理,合事宜,并形成一种节文化形式,便成为礼。《礼器》特别指出,若没有此义理之文,则礼也将无法现实地存在并为人所践行。因此,单纯的内在忠信之情或单纯的外在义理之文都无法建构起那整体性的可为人所体证践履之礼,礼从其存在的现实性而言,必须是忠信之本与义理之文的融合,这一点对理解儒家礼学精神至关重要。

二 "义理之文":《礼器》论礼之形式特性

礼的忠信之本与义理之文并非彼此独立,而是现实地结合在一起的。《礼器》的绝大部分篇章,都是力图通过对现实礼仪践行中各类制度细节和行为动机的分析,阐明此义理之文的基本法则与特质,及其与忠信之本的内在关联。就此而言,《礼器》的确是在讨论礼之器用问题,但其意图不在于记录"制度",而在于"通论"礼义,即器而见道。《礼器》云:

> 礼也者,合于天时,设于地财,顺于鬼神,合于人心,理万物者也。是故天时有生也,地理有宜也,人官有能也,物曲有利也,故天不生,地不养,君子不以为礼,鬼神弗飨也。……故必举其定国之数以为礼之大经,礼之大伦,以地广狭,礼之厚薄,与年之上下,是故年虽大杀,众不匡惧,则上之制礼也节矣。

《礼器》在此首先提出了一个总括性的礼文创制原则,即"合于天时,设于地财,顺于鬼神,合于人心,理万物。"这一原则中实际上内含着一个由天、地、鬼神、人、物共同构成的整体世界图景,因而礼在儒家,并非仅仅是解决人类社会问题的手段,更是协理天地万物的根本方式。礼之文的创制首先要"合于天时",即遵循四时节候变化所展现的自然秩序和生物之宜(天时有生也);其次要"设于地财",即适应具体的地理环境条件及物产特征(地理有宜也);第三要"顺鬼神",即本诚愨之心而表达对鬼神的敬意;第四要"合于人心",即切合人之性情心理与现实需要。如此,自然能和理万物而尽天下之利(物曲有利也)。从国家层面上说,就要"举其定国之数",即根据国家地域广狭、历年收成状况等因素制定礼仪特别是各类器用制度的标准。

《礼器》接下来详细阐述礼之创制、推行所依循的五大原则:

> 礼,时为大,顺次之,体次之,宜次之,称次之。
>
> 尧授舜,舜授禹,汤放桀,武王伐纣,时也。《诗》云:"匪革其犹,聿追来孝。"天地之祭,宗庙之事,父子之道,君臣之义,伦也。社稷山川之事,鬼神之祭,体也。丧祭之用,宾客之交,义也。羔豚而祭,百官皆足;太牢而祭,不必有余,此之谓称也。诸侯以龟为宝,以圭为瑞;家不宝龟,不藏圭,不台门,言有称也。

一曰"时"。时乃中国哲学重要观念之一,其内涵复杂微妙,此处无法详为解析。《礼器》所谓"时",除了上文所言"天时"即自然节序外,又有时势、时机之义。尧舜禅让,汤武征伐,时势不同,故行迹有异,其所以皆合乎礼义者,乃因其行动切合"时"的要求。因时势之变化采取合理的应对方式,构成礼的第一原则,可知礼当因时而变,不应也不可能泥古。二曰"顺"。顺意谓顺应天人自然秩序原理。人顺天道之常,则有天地之祭、宗庙之事;顺人事之理,则有父子之亲,君臣之义。顺也意味着恭顺,心怀敬畏,自卑而尊人,礼主敬之义于此体现。三曰"体"。《礼器》以"社稷山川之事,鬼神之祭"释"体",颇令人费解。[①] 陈祥道云:"社稷、山川、地祇之祀,人鬼、天神之祭,三者之体固异。盖天神则以阳为体,地祇则以阴为体,人鬼则魂以阳为体,魄以阴为体也。"[②] 严陵方氏云:"社稷、山川、鬼神,自有形以至于无形,莫不各有所辨,故谓之体。"[③] 二家盖以"体"为万物差异分别,各有体段之意。如社稷、山川、鬼神之祭,对象不同,祭祀之礼亦

[①] 郑注认为"体"乃指"天地人之别体也",应是由上文天地之祭、宗庙之事引申而来。《正义》申郑说云:"神是天之别体,社稷山川是地之别体,鬼是人之别体。"因其为别体,故次于"顺"。但这一解说是否恰切,令人生疑。

[②] 卫湜:《礼记集说》卷五十九引。

[③] 同上。

当因此体而殊异。"体"相较于"顺"所凸显的伦类之理更细节化，故作为次一级考虑因素。四曰"宜"。所谓"宜"，并非"义者，宜也"意义上的"宜"，而是在礼之施行中面对各种复杂的具体情形做出权变处置，以恰切应对各类状况，使行为与情境相应。这在礼之践行中最为常见，也可以说是"义"之原则在具体情景中的落实。五曰"称"。即行礼时具体的礼仪规制特别是所用人员、器物的数量、规格等等，应与行礼者的身份、地位、财产状况相匹配。

"称"虽是最次一级的原则，但也是最切实，最能体现礼之精神的原则。故《礼器》反而用最多篇幅对之仔细剖析，详述礼"有以多为贵者""有以少为贵者""有以大为贵者""有以小为贵者""有以高为贵者""有以下为贵者""有以文为贵者""有以素为贵者"诸端。这些近乎琐细的礼制辨析表面看来似乎是为了强调尊卑等级秩序所带来的身份差异，但《礼器》最后的总结性诠释却展示了一个截然不同的诠释方案和理解可能。

> 孔子曰："礼不可不省也。礼不同，不丰也，不杀也。"此之谓也。盖言称也。
> 礼之以多为贵者，以其外心者也：德发扬诩万物，大理物博如此，则得不以多为贵乎？故君子乐其发也。礼之以少为贵者，以其内心者也，德产之致也精微，观天下之物无可以称其德者，如此，则得不以少为贵乎？是故君子慎其独也。古之圣人，内之为尊，外之为乐，少之为贵，多之为美。是故先王之制礼也，不可多也，不可寡也，唯其称也。

《礼器》指出，礼器之多寡、大小、尊卑、文素之不同，皆所以体现"称"。然而何以会有这一系列制度不同？仅仅是为了彰显尊卑等级之差？若果真如此，为何不一切以宏大、富丽、奢华为尚，而又时时推崇简约、谦卑、朴素？

唯有从德性论角度方能理解上述看似自相矛盾的观点。《礼器》指出，各类器物名数之制的差异，皆人心之作用，不同的礼制体现不同的制作用心，是君子之德的体现。大小、多少、高下、文素之分，归根结底乃是"内心"与"外心"之别。所谓"外心",即用心于外,关注器物的丰富、完备和美观。所以如此,乃因君子之德必及于外物,且具有博大周遍的特性,所谓"德发扬诩万物,大理物博",器物的美备是君子德性精神之广大的自然体现,正如盛唐的繁华乃是彼时中国人生命活力沛然不可御的自然表现。与之相对,"内心"者,用心于内,专注于内在世界的省察与存养,此乃德性养成的根本方式。唯其有"内心"之诚笃坚定精密,方有"外心"之广大宏远周遍。"内心"的原则,缘于君子"德产之致也精微",贵在对内在德性的反省式体察。① 如何是德之精微?与"外心"之广被不同,"内心"之精微尤见君子之德的特性。《礼器》精微之说与《中庸》末章对德之讨论相映成趣。德之至极在于人之精神生命,不可形诸声色,无声无臭,似乎难以捉摸,反身而察,却又至真至纯,故以"精微"形容。此德既无形,而又至诚,无物可称——既不足称其精微,又不足以称其至诚,故以少为贵。以慎独至诚之意为礼之根本要领,此正《礼器》与《中庸》彼此呼应之处。

对于《礼器》所言"外心""内心"之关系,孙希旦《礼记集解》的论析颇为精到:

> 盖"发扬"者,德之用,天地之大生广生,圣人之位天育物,人之所得而见者也;"精微"者,德之体,天地之於穆不已,圣人之至诚无息,人所不得而见者也。"乐其发"者,由内而推之于外,自忠信之本而求尽夫义理之文也;"慎其独"者,由外而约之于内,自义理之文而归极于忠信之本也。②

《礼器》的总结性言辞更充分展现儒家哲学体用一如、内外兼备的义理品格。心之内、外,器物之多、少,都是为了显明德性。"外心"

---

① 此语古人有歧解,《正义》引卢植说云:"天地之德所生至精至微也",又申说以为"言天地之德,生于万物,深密唯精唯微,无所遗忘者也。"此以天地生物之德释"德产"之意,似太拘泥。孙希旦《集解》云:"德产,犹德性也。效,极也。天地与圣人德性之极致,精深微眇,而物无可以称之,故君子之于礼,必致慎于幽独,发于在内之至诚,而不专事乎外之备物,凡以求象夫德之精微而已。"以德产为德性,而以内心之诚应精微,似更通达。

② 孙希旦:《礼记集解》,中华书局1989年版,第645页。

当以"内心"为本原,"内心"则因"外心"而得发显。"内之为尊",谓"内心"之所以略于物,是为了感受德性之内在尊严。陈澔《集说》云:"尊,如《中庸》尊德性之尊,恭敬奉持之意也。尊其在内之诚敬,故少物亦足以为贵。"①"外之为乐",谓德及于物,物我感通相应,德泽周备普遍,人因此获得由衷的喜悦。此"乐"与德性内在生发之乐有所不同,后者乃本于内在的德性自足感和生命成就感而生的心灵之和平安详,"外心"之乐则是与人、物相交会、相感应所引发的由心灵到身体感官的全方位的喜乐。物之多、少,与心之内、外相应。与"内之为尊"相对,"外之为乐"以一种审美眼光看待礼制之丰富与文饰。"内心""外心"可以视为对篇首"有本有文"说的一种诠释方案。

三 忠信之本与义理之文的联结

时、顺、体、宜、称五大原则虽有先后轻重之别,其内在精神实属一贯,都是作为"礼之文"的"义理"之呈显方式。而此义理之文,则是为了表现人内在的忠信之本。故《礼器》在对上述原则进行详细说明后,如此总结其精神:

> 礼也者,犹体也。体不备,君子谓之不成人。设之不当,犹不备也。礼有大有小,有显有微。大者不可损,小者不可益,显者不可掩,微者不可大也。故经礼三百,曲礼三千,其致一也,未有入室而不由户者。

礼制繁富,所谓"经礼三百,曲礼三千",乃极言其条例节目之详、仪文之细。道、墨诸家曾因此批评儒者之道"累世不能究其学,当年不能尽其礼"。但此类批评显然出于学派偏见。事实上,儒家一开始就着重强调那看似繁琐复杂的礼制背后的一贯之道,并极力引导人们去对之进行探索和体认。《礼器》所言:"其致一也。"郑注云:"致之言至也。一,谓诚也。"②可谓简当精确,同时也揭示了《礼器》与《中

---

① 陈澔:《云庄礼记集说》卷五。
② 孔颖达:《礼记正义》卷二十三。

庸》的思想关联。《礼器》的引申性论说再次证明了这一点：

> 君子之于礼也，有所竭情尽慎，致其敬而诚若，有美而文而诚若。

"竭情尽慎"以"致其敬"，乃承上章言"内心"之意而来，而归本于诚。"有美而文"则承前章外心之说而来，亦归本于诚。内心、外心并非二事，皆为性命之诚的体现。从篇首的忠信为本，到此处对诚的强调，都突出了儒家礼义诠释对心性本体的关注。礼之文，唯有于内在道德情感的真实无妄中方可奠立根基。

《礼器》又条举许多礼的不同施行原则：

> 君子之于礼也，有直而行也，有曲而杀也，有经而等也，有顺而讨也，有撕而播也，有推而进也，有放而文也，有放而不致也，有顺而摭也。

从行文语态上看，这些原则乃是动态的，强调其在当下践履中现实地发挥作用，因而具有变通调整之灵活性。但上述文辞稍嫌晦涩难解，郑注多举例说明，不解说义理。虽能使读者获得一切实的理解，但也有牵拘于度数之末，而无法彰显其内在精神之弊。① 清汪绂《礼记章句》之解说，最为简明通畅，可资参考：

> 直情而行，情之至者，不事文饰也；委曲而杀其情，分之所在，以义断之也；常经而等之，恩义之至者，如君父丧皆三年是也；顺其序而讨去之，亲亲之杀，尊尊之等也。撕此而播之彼，若妇之降私亲而隆夫家，义之分也；推下而进之，若杞、宋天子之事守，周公之追王上祀，仁之至也；放而致其文，以昭德也；放而不致其文，以明分也。摭，拾也。惟其可用，则拾取而用之，无所嫌疑者也。此又贵多、贵少中间之节目，皆义理之权衡，而人所不可

---

① 郑注及孔疏可参见《礼记正义》卷二十三，文繁不具引。

不省者。人能一本于诚，而又于此察之焉，则庶几可以无不称之失矣。①

《礼器》又重点对礼之"文"的来源和表现方式进行探讨。"文"作为外饰，似乎始终与人性情之自然形成张力。如本书第二章所言，道、墨、法诸子都曾以"质"为由对"文"进行批评，矛头直指礼乐。但在儒家看来，诸子弃文从质之说，乃是将质与文人为割裂而进行对立的结果。从孔子开始，就在充分肯定"质"的根本性和优先性的同时，强调质与文之间的连续性，认为文同样出于自然，本身就是质的呈显形态，因而本来就与质存在着协调性。就人类生活而言，文又可以展现人的创造力，对人的自然之质进行美化和提升，文本身恰是人的存在方式，其意义尤为重大。《礼器》对礼之"文"的特性与意义，也有深刻的理解，故云：

> 君子曰："礼之近人情者，非其至者也。"郊血，大飨腥，三献爓，一献孰。是故君子之于礼也，非作而致其情也。此有由始也。是故七介以相见也，不然则已悫；三辞三让而至，不然则已蹙。……礼也者，反本修古，不忘其初者也。故凶事不诏，朝事以乐。……是故先王之制礼也，必有主也，故可述而多学也。

儒家礼乐释义理论的一大基础论点，是认为礼出于人之性情。《礼器》之说初看似与此原理相悖，而仔细研读之后，我们会发现，此说恰是为了凸显"礼之文"的存在意义。《礼器》首先指出，生活中那些合乎人之常情的礼仪，反而并非最重大、最能体现礼之精神者。人情，就其存在与作用方式而言，总是当下化的，因而与人的自然生命欲求内在一致。如饮食之礼，若依人之常情，当然以熟肉、醇酒为佳，但在古代祭礼中，却反其道而行之，以生肉（腥）、白水（玄酒）为贵。《礼器》指出，这种看似违离人情的做法，实体现不同于日常生活习惯的深远意

---

① 汪绂：《礼记章句》卷五。

图，此即，"反本修古，不忘其初。"郊祭时先进献生肉，代表不忘茹毛饮血时代人以最粗陋的食物敬拜上天时的纯挚虔诚。国君相见之礼之所以要有七介、三辞三让之类看似烦琐的仪文，乃是为了避免显得太过随意而不足以传达彼此间的敬意。如汪绂所言："凡事莫不有由始，故交必有因而前，事必以渐而至。有因而后著其敬，有渐而后得其和。两君相见，必先以介，不然则太愿悫而流于亵矣；必行以揖让，不然则太迫蹙而近于嗟矣。礼本人情，而行之必以节文，出之必以退孙。浅观焉，若近于迂。而深省焉，则有以见其为事理之当然，有不如是而不可者。是若远于情者，正所以善其情。"① 不同于"直情而径行"的随意作法，那些看似"不近人情"的礼所承载的，往往是更深沉、更厚重的情感。这种反本修古和致其诚敬的做法，对于当下的"人情"而言，本身便是一种"文"的形式，也因此，它们成为需要"述"与"学"的对象。

《礼器》以鲁、齐、晋三国祭祀之礼为例，诠释其礼文中"慎"的意味，及"礼有摈诏，乐有相步"中"温之至也"的特征。不同于"直情而径行"，这些规制所体现的是更悠远、更温厚沉着的情。这样的情之表现，对于当下的"直情"便成为一种"文"。这是礼之文的重要来源之一，也使礼获得丰富意蕴，扩展人的情感和精神世界，使之更广阔深沉博大厚重，如《礼器》所言："是故先王之制礼也，必有主也，故可述而多学也。"

"反本修古"的动机，在礼之文的创制中影响毕竟有限。如《礼器》所说，礼之文的根本存在形式是"义理"，即万事万物自然呈现的性之所宜与节文条理。因此，对于把握礼之文而言，"观物"便显得尤为重要。

> 君子曰："无节于内者，观物弗之察矣。欲察物而不由礼，弗得之矣。故作事不以礼，弗之敬矣。出言不以礼，弗之信矣。故曰：礼也者，物之致也。"
> 是故先王之制礼也，因其财物而致其义焉尔，故作大事必顺天

---

① 汪绂：《礼记章句》卷五。

时。为朝夕必放于日月，为高必因丘陵，为下必因川泽。是故天时雨泽，君子达亹亹焉。

礼在华夏礼乐文化语境中，是以"理万物"为最终归趣的。物在古汉语中，也往往被解释为"事"。这可能会引发一种将"物"完全人事化理解的倾向。但在中国哲学语境中，事与物不应分割，更不应对立起来进行理解。物在与人相关联时向人真实地呈现自身，物之为物，必于事中显现和验证。事则是人与物打交道的过程，事之为事，因物而得以可能。进而言之，物即是事，事即是物。物以事件的方式存在，而事以物的方式展开。"致万物"首先要有对物之"体"与"理"的观察与理解。万物各有体性，各具条理，由此而使天地万物整体自然显现出一种丰富而美好的形式，此即自然之"文"。然而欲理解其"义理"，又须以内在德性修养为本。如《礼器》所言："无节于内者，观物弗之察矣。"所谓"节"，有学者认为是对内心好恶之类情感、嗜欲的节，如周谞云："嗜欲多者天机浅，故无节于内，观物弗之察矣。"① 汪绂云："无节于内，谓心之流荡虚伪而不忠信也。心流荡而无节，则观物必不肯察其事之所当然。"② 另一些注家则将之理解为对物之节度的认知。如郑康成云："节，验也。"《正义》云："言若欲外观察万物，必先内有识验之明。若心内无明，则外不能分辨也。"③ 方慤亦云："节者，即物自然而为之制者也，用是以观物，则万物之情可见矣。凡所以能度彼者，以吾有度故也。"④ 此两说并非截然对立，而实可统一。人必先去其情欲之累，中有所主，而后能以物各付物之心，因物自身之理而体察之。《礼器》因此指出，察物必以礼为进路，因为一方面，礼节制情欲，收束精神，使人心思凝定庄重，另一方面，礼也体现对物之理的重视和尊重。因此礼成为君子出言行事的准则，也是事与物得到恰切认知和处理的至极原则。

---

① 卫湜：《礼记集说》卷六十一引。
② 汪绂：《礼记章句》卷五。
③ 孔颖达：《礼记正义》卷二十四。
④ 卫湜：《礼记集说》卷六十一引。

《礼器》特别指出，礼所体现的是物与义的统一，先王制礼的过程，正是一个因物之体而赋义的过程。由礼而使万物皆得治理，从而建立天、地、人、鬼神与万物之间的良好关系模式。礼因此是文与质的统一，是天与人之协调。

> 是故先王尚有德，尊有道，任有能，举贤而置之，聚众而誓之。是故因天事天，因地事地。因名山升中于天，而凤凰降，龟龙假；飨帝于郊而风雨节，寒暑时。是故圣人南面而立而天下大治。
>
> 天道至教，圣人至德。庙堂之上，罍尊在阼，牺尊在西；庙堂之下，县鼓在西，应鼓在东。君在阼，夫人在房。大明生于东，月生于西，此阴阳之分，夫妇之位也。君西酌牺象，夫人东酌罍尊。礼交动乎上，乐交应乎下，和之至也。

以礼理万物，体现为以礼治国的政治作为。礼治之要，在于礼仪中内含一系列制度理则，其核心即因物之理而顺治之，施之人事，则首先是因人之德性、才能而任用之，所谓"尚有德，举有道，任有能，举贤而置之，聚众而誓之"。人间政治行动也对天、人秩序有着重要意义。古人相信，政治清明、国家安泰、民生幸福不但是人事之善，作为天道的一部分，人事之善也会推动天地万物之生生繁荣与合理有序，从而引发天道的正面反应，即祥瑞之降临和节候之调和，如此方堪称达到了理想的"天下大治"。这一切只有植根于教化形态的礼乐政治方能实现。礼治行动必突出德教主题，故《礼器》称天道为教化之至。教者，垂象可法之意。天地运转，日月星辰、风雨明晦、四时寒暑，无不示人以可法之象及可循之理，且为人所敬畏，故称至教。圣人体道，制礼作乐，其所存所行，亦无非道之实现，故为至德。礼乐彼此应和，使物各尽其体用，相互协调，此即"和之至"，亦即儒家礼乐政治的终极追求。

《礼器》由此达成对礼乐政教的综合性理解与评价：

> 礼也者，反其所自生；乐也者，乐其所自成。是故先王之制礼也以节事，修乐以道志，故观其礼乐而治乱可知也。

在礼乐中，德性与政治实现了统一，二者互相促动，并相互显发。《礼器》指出，礼的本质是"反其所自生"，即前文所言"反本修古，不忘其初"，以报本反始之意为主。乐之特性是"乐其所自成"，彰显其功德之盛。礼之精神内涵是收敛、恭敬、节制，乐则是发散、愉悦、轻松。以礼之庄敬戒慎处事，则因事而动，不致有过失；以乐宣导志意情绪，则内心平和无郁滞之气。礼以制外，乐以制内，内外皆得顺理，故由礼乐可见政治与德性之治乱善恶。

《礼器》在全面论述了文质相通相合之意及礼乐所达到的德性与政治理想之后，再度回到其开篇所强调的忠信为本的主题，认为礼乃是诸内在德性的表现形式，特别以祭礼为本描述诸德性之显现方式，并总结称：

> 祀帝于郊，敬之至也；宗庙之祭，仁之至也；丧礼，忠之至也；备服器，仁之至也；宾客之用币，义之至也。故君子欲观仁义之道，礼其本也。

本节列举仁、义、忠、敬诸德，认为它们在祭礼中得到了极致表现。这固然可以解释为，上述德性在祭礼中全体呈现，祭以诸德性为本，是诸德性的表现形式；亦可以说上述德性通过祭礼才达到全部实现，故而欲达到对此类德行的深度理解，亦当以礼为根本入路。礼之本与文不可分割。

《礼器》在《别录》中并未被归入通论部，但就其内容而言，实属礼乐政教综论性质，显然将之置于通论部讨论更为合适。《礼器》之主旨，是讨论"立礼之方"，即礼仪创制的原则和方案问题。《礼器》认为，礼就其整体存在结构而言，包含了"忠信"之本和"义理"之文两方面，因而其全篇的根本思想线索，就是讨论"义理"之文所依循的各类原则及这些原则与忠信之本的内在关联。对"忠信""诚""敬"这些内在心性本原的强调是儒家礼学的根本要义。而《礼器》更富特色之处，是对"义理"之文的多方阐释。总体而言，要"合于天时，设于地财，顺于鬼神，合于人心，理万物"；具体而言，则包括了时、顺、体、宜、称五大原则。本质上讲，这些都是礼之"中道"精神的表现形式。由此亦可见《礼记》诸篇义理主旨之内在贯通性。

总体而言，《礼运》和《礼器》虽然文体形式存在一定差异，思想主题也各有侧重，但其理论主旨和思想风格的确拥有诸多相近、相通之处。无怪乎许多古代学者认为二者构成彼此连属的一个整体。《礼运》与《礼器》文脉相连之处，在于《礼器》重点讨论的"礼之文"的核心原则与精神特质，都与《礼运》篇末对"顺"的理解和关注彼此呼应，二者的理论内涵完全一致。所不同者，《礼运》侧重在天人关系的形上视域和大道行隐的历史进程中理解礼的发生、运转，由此阐明礼得以成为政教之本的终极依据，考察礼治的总体设计、运行方案，富于全局性眼光和理想化色彩。《礼器》也暗含了上述天人之际与古今之变的宏大视野，但更多注重对礼之结构特性的分析，着力论述礼如何在人的践履中，现实地体现了忠信之本与义理之文的结合。这使《礼器》中最具特色的对义理之文的分析带有更多微观化色彩，其对礼之"顺"即礼所体现的中道和正理的阐释更为细致，在儒家礼乐释义文献中独具一格。

第四章

《礼记》通论部礼乐政教思想疏义（中）

　　《哀公问》《仲尼燕居》《孔子闲居》和《儒行》四篇皆以孔子与鲁哀公或门弟子间问答的形式写成，显出较强的问题意识。如《哀公问》对人道问题及由此引生的为政、尊礼、敬妻子、敬身等问题的不断追问，《仲尼燕居》对如何"以礼周流无不遍"即礼的普适性问题的多方研讨，皆通过反复提问的方式推动主题的深化，在儒家理论文献中自成一体。整体而言，上述文章都带有较强的战国时代思想特色，理论更趋细密，对天道和心性问题皆极为关注。如《哀公问》以爱与敬言礼，以"不已"言天道，《仲尼燕居》明礼所以制中，更将礼乐之本归诸事物内在之理与节，《孔子闲居》五至、三无之说，已具儒家心性哲学体用一源之旨。

　　有学者可能会对此四篇文献的"真伪"问题提出疑问，譬如《哀公问》所述鲁哀公与孔子的问答，《仲尼燕居》所记孔子与子贡、言偃、子张三人的谈话，是否在历史上真实地发生过？我们所看到的究竟是某个在场者的忠实记录，还是后人根据传闻之辞而作的引申发挥？又甚或全然是战国乃至秦汉时代儒家后学的假托之作？对这些问题的考证固然在文献学和思想史研究中有其价值，但正如本书绪论所言，在文献乏征的情况下，实难有定论。王船山云："凡《哀公问》《仲尼燕居》《孔子闲居》诸篇，文词复缛，与《论语》《易翼》为夫子之言者迥异，故论者疑为伪作。然《大戴记》亦载《哀公问》一篇，又其他篇夫子与哀公问答不一，体制皆与此篇相类，要其中正深切，非后儒之所能作。但当时坐论之际，以口说答问，门弟子递传而后笔之于书，则其演饰引伸而流为文辞之不典者有之矣，固不可以词而过疑之也。"① 船山此说，堪称平情之论。更重要的是，因为我们所关注的是上述文献中展露的早期儒家礼乐政教思想之大义宏旨，而非个体或学派间的细节理论差异，故而此类考察对本文的研究并无决定性影响。

第一节 《哀公问》：爱人与成身

《哀公问》所记问对发生于孔子和鲁哀公之间，孙希旦以为"哀公所问有二：前问礼，后问政。二者非一时之言也，记者合而记之。"② 两部分内容是否一时之言，不易判明，其内在思想关联则十分清楚，皆意在阐明礼对人生、社会的重要意义，尤其关注礼之政治效能。

一 民生以礼为大

《哀公问》第一部分内含两个问题。其一问君子何以尊礼，由此展开对礼之作用和意义的思考，以见礼之于民生为大。其二问今之君子何以不能行礼，以此抨击时君之贪惰傲慢，明行礼当以俭素为本。

> 哀公问于孔子曰："大礼何如？君子之言礼，何其尊也！"孔子曰："丘也小人，不足以知礼。"君曰："否，吾子言之也。"孔子曰："丘闻之，民之所由生，礼为大。非礼无以节事天地之神也，非礼无以辨君臣、上下、长幼之位也，非礼无以别男女、父子、兄弟之亲，昏姻、疏数之交也。君子以此之为尊敬然。然后以其所能教百姓，不废其会节。有成事，然后治其雕镂、文章、黼黻以嗣。其顺之，然后言其丧算，备其鼎俎，设其豕腊，修其宗庙，岁时以敬祭祀，以序宗族，即安其居，节丑其衣服，卑其宫室，车不雕几，器不刻镂，食不贰味，以与民同利。昔之君子之行礼者如此。"公曰："今之君子胡莫之行也？"孔子曰："今之君子，好实无厌，

---

① 王夫之：《礼记章句》，《船山全书》第四册，岳麓书社1991年版，第1179页。
② 孙希旦：《礼记集解》，中华书局1989年版，第1258页。

淫德不倦，息荒敖慢，固民是尽，午其众以伐有道，求得当欲，不以其所。昔之用民者由前，今之用民者由后。今之君子莫为礼也。"

哀公身为国君，本应深体明察礼乐之政教意义，但他竟对孔子崇礼之言提出疑问，这说明礼的精神已不为时人所了解。孔子指出，礼之重要性源于其在"民之所由生"即人类生存根基之安立问题上所展现的伟大效能。古人心目中构成人类现实生命之本原的事物有三，即"天地之神""君臣、上下、长幼之位"和"男女、父子、兄弟之亲"。天地之神乃世间万类生生之本，人之终极关切在"节事天地之神"中得以表达，信仰生活由此得以确立。"君臣、上下、长幼之位"指政治制度和社会伦理秩序，此类秩序的奠立使人类的群体生活方式得以维系。"男女、父子、兄弟之亲"和"昏姻、疏数之交"则是人之类存在得以维系的根本方式。礼是人与上述三类事物建立合理关系，明确其秩序原理的根本方式。由此可见，儒家对礼的关注和尊崇，实出于对"民生"即人类现实生存的关切。礼之所以重要，在于其乃人之生存的根本方式和前提条件。下文言为政爱人为大，亦与此相呼应。

《哀公问》继而描述"古之君子"行礼的原则，主要是顺应百姓生活而因势利导和崇尚节俭。"以其所能教百姓"，孔颖达以为指"人君既知所生由礼，故尊而学之，学之既能，乃持此以教百姓也。"① 这一解释重在突出人君学礼的意义。陈澔《礼记集说》云："礼本天秩，圣人因人情而为之节文，非强之以甚高难行之事也。"② 与下文"不废其会节"相应，谓君子教民以礼，但持大体，不强人所难，使其不废天道人事之大节而已，似更贴切。其次是在上述礼之大节得以建立（"有成事"）及为百姓所依循（"其顺之"）后，对礼器、仪文进行细节的修饰和规划。推行礼治的同时，"昔之君子"自身生活奉养则十分菲薄，遵循"与民同利"的原则。这显然意在反衬下文"今之君子"的奢侈傲惰，也潜在回应了墨家礼制侈费的指责。

第二问旨在抨击时君，指出当时的执政者皆贪利好货之徒、沉湎享

---

① 孔颖达：《礼记正义》卷五十。
② 陈澔：《云庄礼记集说》卷九。

乐之辈，其政策特征是荒忽懈怠、傲慢懒惰，对百姓盘剥无度，竭民财力，不顺民意，侵伐善类，为满足私欲而不择手段。这样的人是不可能"为礼"的，因为他们的欲求和行动皆与礼之精神背道而驰。这再度强调了礼之精神在于恭谨俭约，任何奢靡夸饰之行皆与礼义相悖。通过"昔之君子"和"今之君子"的对比，孔子为当时礼之衰落提供了另外一个理解视角，即贵族阶层的腐化，使其不复能承当礼乐政教之精神。

二 爱与敬为政之本

《哀公问》第二部分的讨论由"人道"问题发端，与第一部分"民之所由生"问题彼此关联照应。

> 孔子侍坐于哀公，哀公曰："敢问人道谁为大？"孔子愀然作色而对曰："君之及此言也，百姓之德也，固臣敢无辞而对，人道政为大。"公曰："敢问何谓为政？"孔子对曰："政者，正也。君为正，则百姓从政矣。君之所为，百姓之所从也。君所不为，百姓何从？"公曰："敢问为政如之何？"孔子对曰："夫妇别，父子亲，君臣严。三者正，则庶物从之矣。"

人道，指人类的独特生存方式及其中所内涵的基本法则。《哀公问》由人道问题切入，显示其具有浓厚的形上哲理兴趣。"人道政为大"，与《中庸》"人道敏政"一语相发明，皆体现儒家对政治在人类生活中之根本意义及重大影响的关切。《哀公问》紧接着阐明儒家在政治问题上的基本观点："政者，正也。"此儒家政治思想第一要义。政治不应是利益争夺和权力游戏，而应是以"正"为价值归宿的社会治理行动。"正"包括制度、秩序的正义和政策、行为的正当。建立和维护此正义与正当是执政者的首要职责，其落实方式则是执政者对"正"的身体力行："君为正，则百姓从政矣。"执政者行为合乎"正"道，民众自然会受到感召，遵循国家政令。当然，此政令也必须是体现"正"道的，否则不足以称"政"。

上述思路的现实可行性如今遭到普遍怀疑，成为儒家传统政治思想面对的最大理论挑战。而且，现代人还可能追问："正"的内涵与标准是什么？同样的问题也被哀公提了出来，他得到的答案十分明确："夫妇别，父子亲，君臣严"。此说未必真出于孔子之口，但确为儒家传统政治思想对"正"的根本理解方案，后世不少注家甚至直接将之解释为汉以后确立的"三纲"。将之比附于"三纲"固然不妥，但这也引导我们思考下述问题，何以恰是这三种人伦关系受到特别的关注？需要提请注意的是，儒家的政治构想从来都是超越今人习常所谓政治领域的。人们固然可以将"夫妇别，父子亲，君臣严"理解为一种泛政治化理论模式，但更恰切的理解方案是将之视为一种使政治消解于社会伦理生活中的努力。

夫妇、父子、君臣关系构成人类生活秩序建构的三种核心方式：夫妇关系是人类族群延续，因而也是一切社会存在的前提，父子关系是人类代际传承的根本形式，君臣关系是人类群体生活的组织法则。① 不难发现《哀公问》所言与三纲说的根本差异。其一，《哀公问》中首称夫妇，父子次之，而君臣最后。三纲说则颠而倒之，以君臣为先，夫妇为末。盖三纲说实基于国家本位意识，与秦汉之后中央集权政治结构相适应；《哀公问》凸显社会伦理视角，才更接近先秦儒家以家族为本的社会治理方案。其二，三纲说将君臣、父子、夫妇的关系模式表述为"君为臣纲，父为子纲，夫为妻纲"，君与臣、父与子、夫与妻之间主要依循一种管制与服从的权力化关系原则。近代以来人们对"三纲"内含的"君权、父权、夫权"观念的批评并非无稽。《哀公问》则更多体现先秦儒家所阐扬的对等性人伦关系原则，认为夫妻、父子、君臣等关系形态中，双方的行为是互为前提和双向互动的。与三纲说"甲为乙纲"这样的抽象权力结构语式不同，《哀公问》关注具体的伦理价值意义上的夫妇之别、父子之亲和君臣之严。关于"夫妇之别"，我们将在下文及本书第七章进行详细研讨。父子之亲重在阐明父子血亲关系形式之情感本质，君臣之严则突出君臣关系因其政治意味而内含的严肃性与严格性特征。社会秩序建构和情感交流互动两大原则的融合是《哀公问》

---

① 这一说法可能会引起现代人的观念不适，但如果我们将君臣关系理解为群体的管理决策中自然发生的领导者与群体成员之间的关系，则一切都更为顺畅。这在古文献中亦有体现，"君者，群也。"

理解夫妇、父子、君臣三种人伦关系内涵的基本方式。

"人道政为大"说与第一部分"民生礼为大"说并无抵牾，因为对儒家而言，为政治国的根本要道正是礼治。礼将爱与敬两大原则结合起来，是制度秩序与情感原则的统一。在《哀公问》看来，礼正是"夫妇别、父子亲、君臣严"三大原则在行动中落实的方式。

  公曰："寡人虽无似也，愿闻所以行三言之道，可得闻乎？"
  孔子对曰："古之为政，爱人为大。所以治爱人，礼为大。所以治礼，敬为大。敬之至矣，大昏为大。大昏至矣！大昏既至，冕而亲迎，亲之也。亲之也者，亲之也。是故君子兴敬为亲，舍敬，是遗亲也。弗爱不亲，弗敬不正。爱与敬，其政之本与？"
  公曰："寡人愿有言然，冕而亲迎，不以重乎？"
  孔子愀然作色而对曰："合二姓之好，以继先圣之后，以为天地宗庙社稷之主，君何谓已重乎？"
  公曰："寡人固。不固，焉得闻此言也？寡人欲问，不得其辞，请少进。"
  孔子曰："天地不合，万物不生。大昏，万世之嗣也，君何谓已重焉？"
  孔子遂言曰："内以治宗庙之礼，足以配天地之神明；出以治直言之礼，足以立上下之敬。物耻足以振之，国耻足以兴之。为政先礼，礼其政之本与？"

"人道政为大"强调制度秩序建构及其合理性与正当性对人类生活的重要意义，作为其核心内容的夫妇别、父子亲、君臣严三大法则最终都被统摄入"爱人"原则，"爱人"成为衡量政治行动之是非善恶的崇高标准，"正"的价值本原。"爱人"既是情感心理，又是道德法则。儒家认为，道德法则正是在情感心理中存在和显现。作为政治行动的内在道德情感动机，"爱人"之意必落实于现实的制度形式和行为规范，其最佳方式便是礼，因为礼乃是制度形式与情感内容的统一。就其情感内容而言，礼既根本于仁即爱人之情，又在其实行中主要呈现为"敬"即恭敬之心的发用。礼是爱与敬的统一，唯有通过敬才能真正体现和持守爱。

《哀公问》最引人注目同时也最体现儒家思想特色之处，是对婚礼之象征意蕴、情感特质乃至政治影响的阐释，其基本观点与《昏义》《郊特牲》等篇内容相互呼应，共同构成儒家独特的婚姻哲学，本书第七章将对之进行更为详细的讨论。以大昏为"敬之至"，初读不免令人略感诧异，因为人们一般情况下更倾向以祭礼为"敬"之极致。此处称"大昏至矣"，当然不是否定"祭极敬"说。根据儒家礼学，一切礼仪之情感和精神本质都在于敬。祭礼与婚礼之所以与众不同，乃因祭礼关注生命之终极而婚礼关注生命之本始，且两者都最大程度地体现了爱与敬两种情感之极致形态和彼此交融共生之特性。

　　大昏之敬主要体现于亲迎礼中。冕而亲迎的仪式体现对婚礼的郑重其事，既是对自己家族和先祖的敬，又是对女方及其家族的敬。正是通过这种敬，才足以展现对女方的亲爱之意。因此，在儒家看来，亲迎仪式是婚礼最重要因而绝不可轻忽甚或舍弃的环节。敬是为了展示和成全爱，若舍弃敬意，则爱亦不能长久。婚礼让人深切领会爱与敬之情对夫妇这种最基本、最亲密的人伦关系之建立的根本意义。"弗爱不亲，弗敬不正"，意为，正是出于对女方的爱重之意，故男方行亲迎之礼，若无此爱则不行亲迎，夫妇彼此不能互相亲爱；不行亲迎同样显示对女方缺乏尊敬之情，若无此敬则夫妇间难以建立合理而稳固的婚姻关系。爱与敬是夫妇关系和婚姻生活不可或缺的两大情感要素。因此，儒家对亲迎之礼的重视绝非如墨家所言出于"私妻子"之意，而是出于对妻子的亲爱、敬重之情。

　　《哀公问》指出，亲迎礼同时又有着超越个体情感的深广象征意蕴。其一曰"合二姓之好"。婚姻不但是男女个体的结合，同时也是两个家族的联合，是族际伦理纽带建立的基础，对社会和谐有积极的意义。其二曰"继先圣之后"，婚姻使族群生命得以延续，是其他人伦关系产生的前提。在婚姻中，妻子并非是丈夫的附属品，亦非继嗣的工具，而是"天地宗庙社稷之主"。妻者，齐也，妻子是与丈夫地位齐同的家族的主人。这一身份特征在祭祀天地、宗庙社稷的仪式中皆有体现，也是古代礼制中女性地位尚得到尊重的明证。"天地不合，万物不生"一语，更赋予婚礼以独特的形上学意义。这一点也经常被后世儒者所强调和发挥，如司马迁《史记·外戚世家》曰："《易》基乾坤，《诗》始《关雎》，《书》

美'鳌降',《春秋》讥不亲迎。夫妇之际,人道之大伦也。礼之用,唯婚姻为乾乾。夫妇调而四时和。阴阳之变、万物之统也,可不慎与?"汉代大儒匡衡则称:"妃匹之际,生民之始,万福之原。婚姻之礼正,然后品物遂而天命合。"① 儒家将婚礼理解为王者政教之本,并对之作形上意味的解说,在政治思想史上亦可谓绝无仅有,值得关注和深思。

婚礼与政治的本质性关联首先在于,良好夫妇关系之建构原理与至善政治之建构原理彼此相通。因为教化政治的基础亦是爱,教民爱则人与人彼此情意相通,和谐亲睦;教化政治同样倡导敬,教民敬则人与人相互尊重,秩序分明。社会生活在爱与敬两大原则的协调下得以和谐、稳固,此即儒家所理解的"政治"。其次还在于,婚礼成夫妇、明人伦的仪式内蕴使其成为王者教化之首务。君主的婚礼(大昏)尤其含有直接的政教意义。自内言之,则家族之宗庙祭祀因婚礼迎来新的女主人而得以仪程周备,由此可以配神明而使生命之本得以安顿。自外言之,则朝廷之上可以"治直言之礼"②,以稳固社会政治秩序。在儒家看来,婚礼对政治的意义乃是形上与形下、内与外全方位的,小而及于物,大而及于国,都可以推动其良好秩序形态的生成。由对婚礼的政教意义之分析,《哀公问》进而申言:"为政先礼,礼其政之本与!"肯定整个礼仪典制系统在国家政治秩序建构和社会治理行动中的根源性地位。

三 敬妻子、敬身与成亲、成身

《哀公问》通过亲迎礼揭示婚礼之爱与敬主题及其政治意义后,更提出国家政治还应该建基于婚姻家庭生活中的"敬妻子"。

> 孔子遂言曰:"昔三代明王之政,必敬其妻子也有道。妻也者,亲之主也,敢不敬与?子也者,亲之后也,敢不敬与?君子无不敬也,敬身为大。身也者,亲之枝也,敢不敬与?不能敬其身,是伤其亲;伤其亲,是伤其本;伤其本,枝从而亡。三者百姓之象也。

---

① 《汉书·匡衡传》。
② 郑注:"直,犹正。正言,谓出政教也。政教有夫妇之礼焉。《昏义》曰:'天子听外治,后听内职。教顺成俗,外内和顺,国家理治,此之谓盛德。'"

身以及身，子以及子，妃以及妃。君行此三者，则忾乎天下矣，大王之道也。如此，则国家顺矣。"

三代明王之政，是儒家理想政治之典范，敬妻子则为此政治典范的重要原则。《哀公问》所致力阐明的，便是其中蕴含的基本原理。对儒家而言，王道政治实践的要义是内圣外王，外王之道又以推己及人，协调社会伦理关系为本。人类所有人伦关系形式皆本原于婚姻关系。人在现实生活中最切己的四大人伦关系要素是亲（父母）、身（自我）、妻（配偶）和子（儿女）。婚姻生活最直接地与身、妻、子相关，而潜在地与亲相关。因此，如何协调婚姻生活，便成为王道政治的根本议题。

《哀公问》首先提出既是王政之本，又是理想家庭生活之本的"敬妻子"原则。对于绝大多数现代国人仅凭道听途说而建立的刻板印象而言，儒家竟然主张"敬妻子"，这一事实几乎是令人无法理解和接受的。这里要指出，该主张不但是一个思想史事实，而且儒家还为此遭到墨家的极口诋訾：

> 取妻亲迎，祗禘为仆。秉辔授绥，如仰严亲。昏礼威仪，如承祭祀。颠覆上下，悖逆父母。下则妻子，妻子上侵。……为欲厚所至私，轻所至重，岂非大奸也哉？（《墨子·非儒下》）

墨家指责儒家"敬妻子"的思想和行动意味着"下则妻子，妻子上侵"。妻子、儿女在家庭中的地位上升，破坏了原有的尊卑等级秩序，"颠覆上下，悖逆父母"，导致父母的权威受到损害。在墨家看来，儒家此说完全是为了"厚所至私"，即出于对妻子、儿女的私爱，而"轻所至重"，使父母丧失了家庭中的至尊地位，甚至因此称儒家敬妻子是"大奸"的行为。这一思想史事件，让那些想当然地指斥儒学为传统家庭尊卑等级秩序思想基石的人情何以堪。

《哀公问》关于"敬妻子"的论述，很可能含有对墨家上述攻击进行回应的意图。针对墨家将敬妻子理解为悖逆父母这一看法，《哀公问》指出，敬妻、敬子与敬亲并不矛盾，而恰恰也是体现对父母之敬的方式。

因为妻乃是"亲之主"①，作为家庭新的女主人，要与自己一起奉养双亲，主持宗庙祭祀，理当受到尊重。子之受到尊重，乃因其是"亲之后"，父母血脉的延续，家族的未来继承人。儒家并不采取非此即彼的对立化思维方式来理解生活，而是本诸人伦生活内在本具的通性特质和一体性关联，致力于协调各种关系和原则。

由敬妻、敬子之义，《哀公问》进而提出"敬身"说，认为虽然"君子无不敬"，但"敬身为大"，更展现了儒家思想对"身"即"自我"的理解，特别是对作为自我之肉身化存在方式的个体生命与身体的珍视和认同。

《哀公问》同样从孝道原则出发，阐述敬身的理由。在中国传统生命观念中，自我的身体生命，便是父母（以及全部先祖）身体生命的延续。亲譬如树木之本，"身"便是此本所生之枝叶，彼此实为一体，故而敬亲内在地要求敬身。对自我身体之不爱护、不尊重，即是对父母先祖之不孝、不敬，是戕害自我生命之本。一旦根本受到伤害，则作为枝叶的自身也无法幸免，必随之而亡。因此，敬身乃本于敬亲之意，而敬亲又以爱身为归宿。《哀公问》的这一思想可以称为儒家独特的身体哲学。但这一论证方式在今人眼中未免怪异：为何不直截了当地宣布自我身体性的独特乃至优先意义，而迂回曲折地通过敬亲之孝道来予以肯定？一个流行的批评意见认为儒家这种思想取消了个体的独立意义，使人从属于家族，从属于父母，人在此敬身意识中实际上并无自我意识的觉醒。这类批评貌似深刻，实则亦不过是现代主义偏见的一种表现形式。每个人固然都是相对独立而独特的个体，但此个体存在及其自我意识唯有在其所处身于中的整个世界之基础上才得以可能。离开世界的整体性，个体将一无所是，也无法存在。个体之个性亦是在与世界之中的人、物、事件之关联与互动中形成。没有人类社会，个人将与猿猴无甚区别，其"人性""人格"且不能备具，遑论个性？只有充分意识到并承认和尊重人与世界的内在关系，理解人生中的各类社会伦理关系作为自我人格的基础并真切践行，人才具备现实而完整的人格，才真实地拥有自己的个性。

---

① 孔颖达疏云："言妻所以供粢盛、祭祀，与亲为主，故云亲之主也。"（《礼记正义》卷五十）王船山云："主，谓生养没祭，为内主也。"（《礼记章句》卷二十七）

在《哀公问》中，身与亲的关系也绝不是某种抽象的形式意义上的社会伦理关系，而是生存论意义上的当下一体。亲作为身之本合下便在此身之中，本与枝一体贯通，难分彼此，而不可视为抽象的、可分割的两类事物。亲不外于我之身而在，我亦不离绝亲之本而在。这不是否定了我，或将我淹没于亲中，而是当下体证我与亲的生命一体性，体认我之与亲血脉相连的生命和人格整体。否认这种一体性实际上等于否定了真实的自我，这种孤绝于世界的自我注定是一个虚无。亲的生命既然作为本当下内在于我之身，也可以说，我与亲的伦理关系在我的现实生命中才变得真实，因而"敬身"即尊重和爱护自我的人格与身体生命即是尊重和保护亲的生命。敬身并不意味着自我的丧失，而恰是自我自觉其身的方式，不是以敬亲之伦理要求取代了自我，而是在亲与我的一体性觉悟中将自我作为一个真实的整体进行自觉。儒家的自我意识，不同于那种将个体从其与世界的真实内在联结中剥离出来的个人主义观念。个人主义表面看来无限地抬高了个人，事实上却抽空了其存在真实性而使之空洞无物，反而会导向对自我和他人的无敬、无爱。这正是现代人精神世界中时常发生的生命之虚无感的观念意识根源。

《哀公问》将敬身与敬妻子并称，意在表明恰是在最切近，看似最狭小因而带有强烈的"私"之意味的生活关系中，包含着最本原、最广阔、最悠远的生命整体内涵。通过敬身，人与自身得以协调，敬妻、子使人得以协调最切身的生命关系，其中内涵着孝亲之道。这样，作为社会基础单位的家庭（家族）得以亲睦稳固。在儒家看来，若所有家庭都能如此，则全社会都将进入和平、亲睦、稳固的形态，这便是王道政治、教化国家的理想形态，故《哀公问》称："三者，百姓之主也。"百姓的基本生活事实，正是身、妻、子及三者的当下一体性。理想的政治行动便是推己及人的仁政与教化："身以及身，子以及子，妃以及妃。"以忠恕之道对待百姓，同时以身示范，敬身、敬妻、敬子，百姓如风动草偃，起而效法，最终推动整个社会生活理想形态的出现。

教化政治的基本前提便是执政者的德行修养，《哀公问》由此转而讨论德行问题，并指出，君子之德的重心在于"不过乎物"：

> 公曰："敢问何谓敬身？"孔子对曰："君子过言则民作辞，过动

则民作则。君子言不过辞，动不过则，百姓不命而敬恭，如是则能敬其身，能敬其身，则能成其亲矣。"

公曰："敢问何谓成亲？"孔子对曰："君子也者，人之成名也。百姓归之名，谓之君子之子，是使其亲为君子也，是为成其亲之名也已。"

孔子遂言曰："古之为政，爱人为大，不能爱人，不能有其身。不能有其身，不能安土。不能安土，不能乐天。不能乐天，不能成其身。"

公曰："敢问何谓成身？"孔子对曰："不过乎物。"

公曰："敢问君子何贵乎天道也？"孔子对曰："贵其不已。如日月东西相从而不已也。是天道也。不闭其久，是天道也。无为而物成，是天道也。已成而明，是天道也。"

公曰："寡人蠢愚冥顽，子志之心也。"

孔子蹵然辟席而对曰："仁人不过乎物，孝子不过乎物，是故仁人之事亲也如事天，事天如事亲，是故孝子成身。"

"敬身"在生活中，特别是在政治活动中如何体现？孔子指出，关键在于言行谨慎节制，"君子过言则民作辞，过动则民作则。"谨言慎行正是敬身的表现，既是对自己人格的尊重，也是对自己身体的爱护。"敬身"自然能达到"成亲"的效果。所谓"成亲"，即"成其亲之名"，使父母获得令闻美誉，受人尊敬爱戴。就人子而言，欲成亲之名，最好的方式莫过于通过"敬身"即修德力行，成就自身的君子之名。这样百姓也会因此称赞其父母，认为其所以能成为君子，乃是得到了同样为君子的父母之良好教育的结果。此即"成亲"。接下来，孔子又从为政在于爱人的角度入手讨论"成身"。成身与敬身实为一事，敬身是行动，成身是成果。敬身本之对自我及我之身体的自觉的自敬、自爱，是内省式的。此内省所引发的行动（言不过辞，动不过则）则是积极的、外向的。"爱人"既指一种情感心理，亦指一种现实的行为方式。而无论是从情感还是行为的意义上讲，"爱人"都是外向性的，即指向他人的，但却内在包含了对自我的积极效应。"不能爱人，不能有其身"，可以理解为只有通过"爱人"的行动，才能引发他人的积极回应，而使自我得到保全。① 但这显然是一种功利化的诠解方案。更深入人我关系之实质的理解方案是，爱人不是为了保全自我，而恰是自我得以真正成为自我的根本方式，也即是说，人唯有在爱人的情感和行动中才能获得真实的自我，将自我完整地实现出来。这一理解的前提是对人、我之一体性的觉知。如汪绂所言："盖人我一体，爱人即以自爱，而有不能爱人者，则是不能自爱其身者矣。"②

从"有其身"到"成身"之间，还有"安土""乐天"两个环节。安土者，谓体安其居；乐天者，谓心安其理。爱人则人爱之，讲信修睦，故能有其身，如此则人能有身体意义上的安定，此之谓安土。因环境之安定，使人精神平和愉悦，产生对自然秩序之理解与认同，此之谓乐天。成身，即成就自我，意谓人之德性人格的全面成就，只有达到乐天，方才是真正的成身。

当哀公再度问及"成身"时，孔子对之以"不过乎物"，并反复申说此意，值得关注。业师李景林先生曾指出，"《大学》所言'物'，并非实然意义上的知识对象，而是与人之存在相关的价值事实"，认为《大学》体现了一种"本末一体观，实即一心物统一观"。③ 这一判断对理解《哀公问》"不过乎物"之言有指导意义。一方面，循郑玄"物犹事也"的解释思路，可以肯定物乃与身相关联的"事"，此"事"因我之意向与实践活动而发生，而变得有意义。另一方面，我之身亦在"物"中存在和实现，无物则无我。人若无"言不过辞，动不过则"之行，及敬妻子、敬身的循礼之行，则此身无法真正安立。只有从以上两方面之统一的意义上，方能理解物我一体的全整意蕴。"不过乎物"，即以为人在物中方能体认和成就自身，因此真正的成身要求"不过乎物"。④ 即便将"物"的意义作更为泛化的理解，"成身"与"不过乎

---

① 孔颖达疏云："既不能泛爱于人，人则害之，故不能保有其身。"（《礼记正义》卷五十）即本此意。

② 汪绂：《礼记章句》卷九。

③ 参见李景林：《教养的本原》，北京师范大学出版社2009年版，第135页。

④ 《礼记正义》卷五十释"不过"云："过，谓过误。物，事也。言成身之道，不过误其事，但万事得中，不有过误，则诸行并善，是所以成身也。"此说本《中庸》立论，与《仲尼燕居》"礼所以制中"之说暗合。

物"的内在一致仍然有效。理学思路的《礼记》诠释向我们展示了这一可能。应镛曰:"物者,实然之理也。《易》曰'言有物',《大学》言'格物',盖性分之内,万物皆备。即物而观,其理尤实。仁人孝子不过乎物者,即其身之所履皆在义理之内而不过焉,犹《大学》所谓'止于仁''止于孝'也。违则过之,止则不过矣。夫物有定理,理有定体,虽圣人岂能加毫末于是哉?亦循循然而不过耳。"①

也许对哀公而言,"不过乎物"和"乐天"之间的关系一时难以捉摸,故而又提出"君子何贵乎天道"的问题。孔子的回答亦堪称儒家天道理解的集中表述。其核心是"不已",这与《中庸》所言"维天之命,於穆不已"相映成趣。不已者,天道生生,化育万物永无止息之意。具体而言,则包含四重意涵:一曰循环不已,如日月运行,昼夜寒暑,彼此相从,无有止息;二曰"不闭其久",生生之道无有闭塞止息之时,自然能恒久,如《中庸》言"至诚无息,不息则久";三曰"无为而物成",天道无私,不刻意有为,物各有自性,各依其道理而成就自身;四曰"已成而明",物既成就,文章焕然,万物昭明,则是天道生生运行之显于外者。在此过程中,天道之体用皆即物而在,故人之不过乎物,即是乐天知命,法天而动。这一种理解在仁人孝子之事天、事亲中表现。仁人自爱人成身言,孝子自敬身成亲言,仁人、孝子通而为一,都是实现了成身的德性人格形态。

《哀公问》篇幅不长,却内涵复杂繁密的观念要素,且形成了一个有机的思想系统。就其理论起点看,是本于对"民生""人道"的关注,而明确礼为其协调和安立的根本。就人道言,则夫妇、父子、君臣为人伦之大要。王政既以爱人为本,故所谓为政不过是协理三者使归于正而已。三者之道在婚礼中得以贯通。亲迎礼显示礼之精神实质是爱与敬的统一,此即王道政治之根本。婚姻生活中,身、亲、妻、子四种最切己的人伦要素彼此联结,通过敬妻、敬子、敬身及其中所涵蕴的敬亲之意,持守人伦生活之大本,即为王政之要义。对"敬身"的重视,使儒家独特的自我观念和身体哲学精神得以凸显。而"成身"理想的提出,则显示儒家哲学视野中的自我,并非某种现成性存在,而是在

---

① 卫湜:《礼记集说》卷一百一十八引。

"成亲""爱人"乃至"不过乎物"的"乐天"中展开和生成着的真实生命。这一识度,源于儒家对人我、物我、天人关系的一体性理解。《哀公问》由人道问题出发,而上达天道,并将天、人、礼、政之道最终落实于当下切己的"敬身"与"成身",具体而微地展现了儒家礼乐政教思想的整体景观,其理论成就不容忽略,文中的精蕴微旨更值得深思细味。

第二节 《仲尼燕居》:制中与周流

《仲尼燕居》虽为汉以后历代学者所熟习,但很少得到特别关注。马一浮先生则对《仲尼燕居》推崇备至,称其"直抉根源""苟得其义,则尽未来际不可易也",可为"学礼之嚆矢"① 足见该篇对礼乐之义的探索自有卓识。

篇题称仲尼,称燕居,着力营造一种轻松随意的谈话氛围,以暗示礼虽以主敬为本,但绝非刻板拘谨,人于持守礼义的同时,仍可保有轻松愉悦的心态和生活方式。子张、子贡、子游三人作为谈话的推动者,其角色安排绝非随意。② 谈话围绕"以礼周流无不遍"即礼的普适性问题展开。子贡之问引出礼之普适性理据问题,子游之问则凸显礼"领恶而全好"的价值底蕴。基于此,《仲尼燕居》指出礼是"即事之治",因而为治国之本。篇末子张问政部分更重点阐明儒家以礼乐教化为解决政治问题之根本途径的自然理则依据。

---

① 《马一浮全集》第一册(上),浙江古籍出版社2013年版,第248页。
② 马一浮先生云:"问者三人,子张、子贡、言游。据《论语》,子游为武城宰,子至武城,闻弦歌之声,是子游之娴于礼乐可知。谓子贡曰:'女器也。'曰:'何器也?'曰:'瑚琏也。'是以宗庙之器许子贡。《大戴礼·卫将军文子》篇,子贡对卫将军文子曰:'业功不伐,贵位不善,不侮可侮,不佚可佚,不敖无告,是颛孙氏之行也。'……是子张、子游之行皆中于礼可知也。故语三子者以礼,以其皆当机。"见《马一浮全集》第一册(上),浙江古籍出版社2013年版,第249页。

一 制中体仁：礼之普适性及其根据

《仲尼燕居》篇首即开宗明义，称其主旨在于使人"以礼周流无不遍"，后文"凡众之动得其宜""即事之制""君子无物不在礼"诸说，皆是此主旨的不同理论表达形式。我们可以将"周流无不遍"理解为礼之普适性问题。礼缘何具有此普适性？礼之普适性所包含的价值原则是什么？其现实体现和展开方式是什么？《仲尼燕居》对礼乐的讨论，正围绕上述问题展开。

> 仲尼燕居，子张、子贡、言游侍，纵言至于礼。子曰："居，女三人者，吾语女礼，使女以礼周流无不徧也。"

周流无不遍，义有两重。其表层的含义是让礼作为一种行为准则能够周遍而顺畅地运用于各种环境，深层的含义，则如文中所言，乃认为只有礼才是保证所有社会领域顺利运作的秩序准则。"周流"还意味着，礼不应该是僵固、偏执和抽象的形式规范，而应是灵活的，通达人情物理的生活方式。

礼之普适性问题的推进主要通过子贡与孔子间的问答进行。子贡在孔门以机敏辩慧著称，故立刻对"周流无不遍"这一富于智德意味的说法表示兴味：①

> 子贡越席而对曰："敢问何如？"子曰："敬而不中礼谓之野，恭而不中礼谓之给，勇而不中礼谓之逆。"子曰："给夺慈仁。"子

---

① 后世不少注家认为，"给夺慈仁"一语包含了对子贡"越席而对"的批评，如郑玄注云："子贡辨近于给。"孔颖达以为"子贡问礼不让，夫子因感而喻之。"（《礼记正义》卷五十）方愨云："'辟席而对'，则与'辞让而对'同义；'越席而对'，则与'率尔而对'同义。三人侍坐之序，子张为首，子贡为次，言游为末。子张未对而子贡对焉，此所以为越席也。……此所以特言之于子贡。"（卫湜《礼记集说》卷一百十九引）然此类说解未免流于刻深。汪绂云："令色足恭，致饰于外，务以悦人，有似于慈仁，而乱慈仁之实。是三者之弊，唯给为甚，而人不知察也，故特为申言之。"（《礼记章句》卷九）此说更为平正通达。

曰："师，尔过，而商也不及。子产犹众人之母也，能食之，不能教也。"子贡越席而对曰："敢问将何以为此中者也？"子曰："礼乎礼！夫礼所以制中也。"

子贡的提问是实践指向的，关心如何"以礼周流无不遍"。孔子指出各类德行都必须"中礼"，即合乎礼之标准，否则都将变形、变质。不能中礼，美德将沦为恶德。这一回答表面看来有些答非所问，其实正是为了凸显礼本身作为一个普适性准则的意义，以此引导子贡关注礼之内在精神。不能将礼仅仅理解为外在的、社会性的制度、仪式、行为规范，而应探求使礼成为各类德行之标尺的"礼之义"。如果说，中礼意味着合乎某种外在的制度、仪轨之规范性要求的话，此要求之合理性才是问题的关键，也是礼之所以能成就美德的根据。马一浮先生指出，这一段文字的主旨是"将欲显中，先简其失。"① 通过对比子张与子夏之差异，指出此不中礼之失大体可分为"过"与"不及"两类。子产的问题亦是不中，"能食之而不能教"，谓子产为政于慈惠有所过，而于教化有所不及。三人皆大贤，然亦不免于过、不及之失，于此犹可见礼对于德行的重要指导和规范意义。对过、不及之失的讨论将礼与儒家的中庸和中道思想联系起来。子贡天资高明，其提问也顺势转向对"中"的探讨，孔子却并未由此展开形上理论思辨，而是再度回归礼的立场，称"礼所以制中"，礼是人在现实生活中达到和实现中道的根本方式，是中道的制度化形态。"制中"意味着建立一套基于中道的制度、仪规，作为人在现实中践行中道的依据。

中道是儒家礼乐释义理论核心要义之一。礼之"制中"义，实为儒家对礼之本原及特性的基础性理解，贯穿于整个《礼记》乃至所有儒家礼乐论说文献中。对礼之"制中"义的抉发与阐释，也显明了礼的价值内蕴：礼绝不只是一些古传的风俗习惯或人为的制度仪式，而是体现了天人协调的中道理想。那么，为何《仲尼燕居》不径直讨论中

---

① 《马一浮全集》第一册（上），浙江古籍出版社2013年版，第248页。

道，而要经过礼这一中间环节？须知礼作为一种外在的制度、仪轨，容易流于形式化和走向僵固，礼也因此在历史上遭受反复不断的批评和质疑。相比之下，中道精神本就是灵活的、情境化的，显然不会陷入这一困境。《仲尼燕居》主张以礼"制中"，岂非舍精而取粗？但正如《中庸》所说，中庸乃"民鲜久矣"的至德，企图凭靠普通的经验理智而全面准确地把握和践行中道，对大多数人而言实属奢望。真正现实可行的办法，是以中道为依据制定一套行为准则体系，人只需依此而行，即可大体不背离中道，此体系即为礼。礼以中道为本，中道则通过礼获得其现实的规范形式，礼因而在现实中成为中道之标尺。如李师景林先生所言："礼以制中，在人道、人行之原则的意义上，礼与中，并无实质上的不同。从规范原则的角度称作'礼'，从方法原则的角度则称作'中'。"①

任何从实践角度对德行开展的思考几乎都会触及中道问题，因此人类历史上诸多伟大思想体系都将中道视为德性生活之根本原理，如亚里士多德和佛教，都形成了各自的中道学说，并将之作为其伦理学或修持理论的中心原则。对儒家而言，中道并不仅仅是在实践的意义上作为德性的标准，更是德性价值的本原，是本体意义上的至德。这一点在《中庸》里得到全面阐发。②

接下来，孔子与子游的问答使礼之"制中"义的价值内涵进一步突出，并与仁相连接。

> 子贡退，言游进曰："敢问礼也者，领恶而全好者与？"子曰："然。""然则何如也？"子曰："郊社之礼，所以仁鬼神也；尝禘之礼，所以仁昭穆也；馈奠之礼，所以仁死丧也；射乡之礼，所以仁

---

① 李景林：《教养的本原》，北京师范大学出版社 2009 年版，第 150 页。
② 中道只是一个道德实践的方法问题，还是在此之上自然内涵一个形上的本原？如果只是一个形下意义上的实践方法论，则其普适性依据同样悬而未决。关于中道之形上学内涵，《仲尼燕居》并未展开论述，在《中庸》那里才得到根本的解决。《中庸》因此是儒家礼乐释义理论的关键组成部分。

乡党也；食飨之礼，所以仁宾客也。"

郑玄云："领，犹治也。好，善也。"礼之大用在消除恶而成全善，马一浮先生云："夫礼本是性德之发于用者，性无有不善，即用无有不中，故曰'君子时中'。其有过、不及者，气质之偏为之也。'领恶而全好'者，乃以修德变化气质，而全其性德之真，即是自易其恶，自至其中也。'无不遍'是以性言，'制中'则以修言，从性起修，从修显性，故子游因'制中'一语而有'领恶全好'之问，是悟性修不二之旨也。"①

"郊社之礼"以下，言礼"领恶而全好"之具体作用方式，所举不过五种礼仪，而触类旁通，可知各类礼制都体现此精神。《仲尼燕居》又以"仁"言礼，与《论语》相呼应，最耐寻味。郑玄云："仁，犹存也。凡存此者，所以全善道也。"孔颖达释之曰："仁，谓仁恩相存念也。"② 礼所体现的至善之中道亦即仁德之作用方式，礼、中、仁在此通而为一。礼是行仁的根本方式，仁在对礼的积极践行中现实地展开和生成。

礼既可以周流无不遍地作用于人类生活各方面，又能以"制中"之道领恶而全好，体现人类生活价值理想，故《仲尼燕居》宣称，礼乃治国理政的根本要道：

> 子曰："明乎郊社之礼、尝禘之义，治国其如指诸掌而已乎！是故以之居处有礼，故长幼辨也；以之闺门之内有礼，故三族和也；以之朝廷有礼，故官爵序也；以之田猎有礼，故戎事闲也；以之军旅有礼，故武功成也。是故宫室得其度，量鼎得其象，味得其时，乐得其节，车得其式，鬼神得其飨，丧纪得其哀，辩说得其党，官得其体，政事得其施。加于身而错于前，凡众之动得其宜。"

---

① 《马一浮全集》第一册（上），浙江古籍出版社2013年版，第257页。
② 孔颖达《礼记正义》卷五十。

明乎郊禘之礼则治国如指掌之说，亦见于《论语》《中庸》等文献，① 儒家对此三致意焉，正以极言礼治效验。郊社之礼、尝禘之义乃华夏传统宗教信仰生活的重要方式，一以"仁鬼神"（事上帝），一以"仁昭穆"（祀乎其先）。两者又都涵有明确的政教意图，郑玄以为"郊社、尝禘，尊卑之事，有治国之象焉"。然郑玄以尊卑之序解郊社尝禘礼义，不合《仲尼燕居》本旨。前文明言二礼之义皆在于"仁"，盖能本仁孝之意事鬼神上帝，则畏天爱人，施政之际，自能有临深履薄之心、敬事而信之行。汪绂云："盖惟仁人为能飨帝，孝子为能飨亲。故能明乎其义者，则天下一家，民胞物与，而于治国乎何有，是乃所谓仁也。"② 更为剀切中肯。

儒家政教理想，以仁的实现为目的，故礼治成为政治的最佳选择。仁不但体现于上述重大礼仪，更体现于生活的全部领域，居处则长幼辨，闺门则三族和，朝廷则官爵序，军旅则武功成，各类社会秩序与行动皆由此而达到理想状态。礼因其制中体仁，故能使人之各类行动皆得其宜，亦与开篇"周流而无不遍"之意相呼应。《仲尼燕居》又从反面论述失礼则诸事皆败，以强调礼治之切要：

> 子曰："礼者何也？即事之治也。君子有其事必有其治。治国而无礼，譬犹瞽之无相与，伥伥乎何之？譬如终夜有求于幽室之中，非烛何见？若无礼，则手足无所错，耳目无所加，进退揖让无所制。是故以之居处，长幼失其别，闺门三族失其和，朝廷官爵失其序，田猎戎事失其策，军旅武功失其制，宫室失其度，量鼎失其象，味失其时，乐失其节，车失其式，鬼神失其飨，丧纪失其哀，辩说失其党，官失其体，政事失其施。加于身而错于前，凡众之动失其宜。如此，则无以祖洽于众也。"

---

① 《论语·八佾》："或问禘之说，子曰：'不知也。知其说者之于天下也，其如示诸斯乎！'指其掌。"《中庸》："郊社之礼，所以事上帝也；宗庙之礼，所以祀乎其先也。明乎郊社之礼、禘尝之义，治国其如示诸掌乎！"

② 汪绂：《礼记章句》卷九。

《礼记》各篇中对礼有诸多诠解，不同的诠解显示出对礼之不同意义维度的关注。将礼解说为"即事之治"，属于一种政治化解说，其内涵即下文所言"君子有其事，必有其治"，暗合礼之周遍义，如孔颖达言："即事之治，言万物之治皆由礼。"① 马一浮先生云："即事之治，正显理遍于事。事得其理谓之治，事失其理谓之乱。治即礼也……'有其事必有其治'，言事物皆有当然之则，即所谓礼也。事外无礼，故曰'即事之治'。全理即事，全事即理，理事交融，斯名为治。"② "即事之治"还意味着，礼虽有制度规范义，但内在地包含了具体化的、灵动的应变之能。礼在儒家，并非抽象的形式法则，所谓中，所谓仁，所谓宜，都是在当下的特殊事件和情境中具体地、灵活地呈现的。礼之节目详备，正是因应事物的不同特质和需求，为人提供处理各类事物的切实方案和参考。《仲尼燕居》将不能以礼治国比喻为盲人失去引路者，暗室寻物而没有烛火照明，将完全陷入茫然无措的状态。这一说法初看未免夸大其词，细味之却含至理。每个人之所以在日常生活的绝大多数情境中都感受不到行动的困扰，正是因为自幼年起，便由自己所处身其中的文明社会不断地施加教化和训练，逐渐习得了使其与他人共在之社会生活能够顺利进行而必须遵循的各类基本规范和法则。这些对每个人而言已成为日用而不知的制度、仪式及心理，在生活的大多数场合能让人们自然地应对各类问题，如果没有这类礼俗，则一些似乎微不足道的问题都将变得艰难而令人困惑。因此，没有礼，最终将导致整个社会和所有人"凡众之动失其宜"，群体生活彻底陷入废坏无序。如果说政治的根本任务即在于建立和维护良好的社会秩序，则礼对政治的重要性不言而喻。

二 "礼乐相示"：礼乐之政教功能的实现

对儒家而言，礼是体证和昭显仁的根本方式，礼的政治功能是由其

---

① 孔颖达：《礼记正义》卷五十。
② 《马一浮全集》第一册（上），浙江古籍出版社2013年版，第258页。

教化功能实现的。教化并非单纯言辞说教所可奏功，甚至有时说教恰恰引起相反效果。真正有效的方法是通过躬行实践而展示一种生活样式之美和价值理想之可欲性，使德性人格显示其自然的感召力。《仲尼燕居》言"礼乐相示"，正为发明此意：

> 子曰："慎听之，女三人者，吾语女：礼犹有九焉，大飨有四焉。苟知此矣，虽在畎亩之中，事之，圣人已。两君相见，揖让而入门，入门而县兴；揖让而升堂，升堂而乐阕。下管《象武》，《夏籥》序兴，陈其荐俎，序其礼乐，备其百官，如此而后君子知仁焉。行中规，还中矩，和鸾中《采齐》，客出以《雍》，彻以《振羽》，是故君子无物不在礼矣。入门而金作，示情也；升歌《清庙》，示德也；下而管《象》，示事也。是故古之君子不必亲相与言也，以礼乐相示而已。"

"即事之治"意在泛说礼之普适性，"礼犹有九"则通过对大飨礼的仪式内涵及象征意义的解说，展示礼实现其教化功能并以此影响政治的具体方式，在儒家礼乐释义理论中具有重要意义。马一浮先生云："此特举飨礼为言，亦以显遍。……明礼必待其人而后行。苟得其本，虽无其位，不害为圣人。反之，则不知其义而徒有其文者，未足以为礼也。遍有二义：一理遍，二事遍。事虽阙而理则具者，畎亩犹明堂也，此显理遍。大飨有四，其事有九者，乃显事遍也。……学者当深体知仁示德，无物不在礼是显遍义无疑。而曰'不必亲相与言，以礼乐相示而已'亦不是专主飨礼而言，以飨礼推之可也。"①

"礼犹有九焉"一语，历代注家解说不一，多以为"大飨有四"即

---

① 《马一浮全集》第一册（上），浙江古籍出版社2013年版，第263—264页。

其中一部分,① 马一浮先生则疑此间或有脱文。②《仲尼燕居》极力表彰这些重大礼仪之细节仪程中蕴含的政教意义,以为即便身处畎亩,远离庙堂,只要从事于此,亦可成就圣人之德。然而,穷居埲亩之间,如何从事于此等朝廷大礼?足见此处言大飨之礼,意在呈现一礼乐政教之典范,并非必须参与其中方能实现。大飨有四,虽指其仪节而言,内中所展示的政教精神则超出了大飨之礼本身:"如此而后君子知仁焉"。文中"知此",当如汪绂所言,谓"知其精义之所存";"事之",谓"循其精义而身体力行之"。③ 礼之精义,仁而已矣。但仁非虚言可表,唯

---

① 如郑玄注云:"四者,谓金再作,升歌《清庙》,下管象也。"孔颖达《礼记正义》云:"九事之中,两君相见,大飨有四。四者,谓宾初入门而县兴,揖让而升堂,主人献宾,宾饮讫而乐阙,是一也。宾酢主人,金奏作,主人饮毕而乐阙,是二也。至工人升歌《清庙》,是三也。歌毕,堂下管象武,是四也。……'行中'至'《振羽》'者,是大飨四礼之外,加有此五事,总为九也。但以前四事义广意深,故特明于上,此之五事,折旋揖让,其理浅露,故别于下。'行中规'者,谓曲行,配前为第五。'还中矩'者,谓方行也,通为六也。'和鸾中《采齐》'者,《采齐》,乐章名,言和鸾之声中《采齐》之曲,谓出门迎宾之时,通前为七也。客出以《雍》者,《雍》,《诗》乐章名也,言客出之时,歌《雍》以送之,通前为八也。'彻以《振羽》'者,《振羽》即《振鹭》诗,亦乐章名也。言礼毕彻器之时,歌《振鹭》也。通为九也。"《正义》记卢植说,以为"揖让而入门,一也;入门而县兴,二也;揖让而升堂,三也;升堂而乐阙,四也;下管象武,五也;夏籥序兴,六也;陈其荐俎,七也;序其礼乐,八也;备其百官,九也。"又记王肃说,其后五事与郑同,而以"揖让而入门,入门而县兴;揖让而升堂"为一,以"升堂而乐阙"为二,以"下管象武,夏籥序兴"为三,"陈其荐俎,序其礼乐,备其百官"为四。

② 马一浮先生云:"今按,陈其荐俎,序其礼乐,备其百官,行中规,还中矩,皆通言之,不可数为一事。必欲序次为九者,宜以揖让而入门为一,县兴为二,升堂乐阙为三,升歌《清庙》为四,下管《象武》、夏籥序兴为五、六,'中《采齐》'为七,'以《雍》'为八,'以《振羽》'为九。然诸儒俱为'大飨有四焉'一句所碍。审如是,则云'大飨有九事焉'可矣,何以上言九,下又言四?况四事即在九事之中,何为特出言之?次第似不宜尔。故疑'犹有九焉'非指大飨之事,上有阙文,与'大飨有四焉'句法同。"又马先生以为"大飨有四"乃指"祭五帝名大飨,一也","宗庙祫祭亦名大飨,二也","天子飨诸侯亦名大飨,三也","诸侯相朝,主君飨宾亦名大飨,四也。"至于"礼犹有九","疑或指祭天之事,如言'明乎郊社之义、尝禘之礼,治国其如示诸掌'之例。按《礼记正义》引皇侃云:'天有六天,岁有九祭。冬至圜丘,一也。夏正郊天,二也。五时迎气,五也。通前为七也。九月大飨,八也。雩与郊禖为祈祭,崔氏以雩为常祭,九也。'如言'祭天有九,大飨有四',而下文别就诸侯相飨一义言之,则于文为顺。今但可阙疑,不敢辄为肊说。"见《马一浮全集》第一册(上),浙江古籍出版社2013年版,第262—264页。

③ 汪绂:《礼记章句》卷九。

有在行礼之中实现。《仲尼燕居》指出，大飨礼的每一细节，皆向人展示特定的意图，即"示情""示德"与"示事"。方愨云："示情者，欲宾主以情相接也；示德者，欲宾主以德相让也；示事者，欲宾主以事相成也。"① "示"也构成儒家礼乐政教实施的根本方式。教化本于人情，故示情以唤启、畅发和调适人情；教化以立德为主，故示德以彰显道德价值之崇高，人格之崇高与完善；教化以"事得其治"为目的，故示事以展现万物之宜，处置得宜，则能成就事功。以礼乐相示，可谓儒家的"不言之教"。

三 礼理乐节：礼乐之相成互补

大飨礼仪式过程中，宾主揖让盘旋登降进退之际，皆须歌《诗》、奏乐，以此为示情、示德、示事之方，最能体现礼、乐一体，相须而成之义。《仲尼燕居》以此为本，阐发礼、乐之存在特质及二者相辅相成，不可偏废之理。"以礼乐相示"一语，标志着讨论方式由统言礼转向礼、乐对举，意在凸显乐在整个礼乐政教体系中的重要意义，探讨乐的中和特质及其对礼的调节功能。

> 子曰："礼也者，理也；乐也者，节也。君子无礼不动，无节不作。不能诗，于礼缪；不能乐，于礼素。薄于德，于礼虚。"
> 子曰："制度在礼，文为在礼，行之其在人乎！"
> 子贡越席而对曰："敢问夔其穷与？"子曰："古之人与！古之人也，达于礼而不达于乐，谓之素；达于乐而不达于礼，谓之偏。夫夔达于乐而不达于礼，是以传于此名也。古之人也。"

本节重新以"子曰"领起，暗示谈话主题由具体的礼文细节转而探究礼乐之本质特征。"礼也者，理也"，与前文"即事之治"相应，"理"本有"治"义，治事必因其理。理者，事物之理。物皆有理，处之有宜，行合于理，即是"制中"之礼。理无不在，故礼无不遍。是以君子无礼不动。以理释礼，意在强调礼非外在虚文，而为循事物之理

---

① 卫湜：《礼记集说》卷一百一十九引。

而行的至道，故绝不可轻忽废坏。以理释礼，亦足见礼不必皆有定式，顺理而为，即为中礼。如此，则礼可以义起，方能真正"周流而无不遍"。"乐也者，节也"一语，自上下文语境而言，或意谓乐乃礼仪规程中人行动之节，即上文所谓"入门县兴""升堂乐阕""客出以《雍》""徹以《振羽》"之类。古代礼仪多要求人之动作仪态合乎乐节，① 故此处言"君子无节不作"。若进而推究其哲理内蕴，则以节释乐，乃阐明节为乐之本。乐必因节奏文理而成，故《乐记》言："声成文，谓之音。比音而乐之，谓之乐。"又言："乐者，通伦理者也。"若无节度规制，则不足以成文理，不足以形成音声之和而持养情志之和乐。以节释乐，实为明达乐理之言。

在华夏礼乐传统中，礼、乐一体，行礼必有乐。即乐而论，则诗、乐、舞为一。诗、礼关系为儒家礼学最富哲理内蕴的论题之一。《仲尼燕居》以为"不能诗，于礼缪"，堪称至论。诗吟咏情性，如《论语》所言，诗可以兴、观、群、怨，以表达情意并使之相感相通。礼以人情为本，以治人情为务，若不通达人情，则必悖谬矫逆，不为人所接受。故《礼记正义》云："'不能诗，于礼缪'者，以诗能通达情意，得则行礼审正。若不能习诗，则情意隔绝，于礼错谬。"② 因此，本节文字亦可视为对礼教偏失及其解决方案的思考：礼可能因其制度形式之固化而陷于烦苛不近人情，不近人情则人不肯从，诗能以性情之率真矫治礼之烦苛；礼也可能因其过于强调容貌举止之庄重严肃而流于寡淡枯涩，寡淡枯涩则人不能安，乐能以声气之欢悦文饰礼之素淡。进而言之，无诗、乐之礼本身即非完备之礼，不能体现礼之真义。言"于礼缪""于礼素"，可知礼本不当有缪、素之失，此缪此素皆非礼之正，乃为不能诗、不能乐之过。明此，则诗、乐可视为礼之一部。同理，礼亦可视为诗、乐之一部。儒家六艺彼此相通为一，绝无分隔，于此可见。马一浮先生尝言六艺相通相摄之理，最为精妙，正足印证上文义理：

---

① 如礼射"天子以《驺虞》为节，诸侯以《貍首》为节，卿大夫以《采蘋》为节，士以《采蘩》为节"（《射义》）。

② 孔颖达：《礼记正义》卷五十。

> 六艺之教莫先于《诗》，莫急于礼。诗者，志也。礼者，履也。在心为志，发言为诗；在心为德，行之为礼。……言而履之，礼也。行其所言，然后其言信而非妄。行而乐之，乐也。乐其所志，然后其行和而中节。……故即诗即礼，即礼即乐。华严家有帝网珠之喻，谓交光相罗，重重无尽，一一珠中遍含百千珠相，交参互入，不杂不坏。六艺之道亦复如是。故言《诗》则摄礼，言礼则摄乐，乐亦《诗》摄，《书》亦礼摄，《易》与《春秋》亦互相摄，如此总别不二，方名为通。①

礼、乐、诗乃交涵互摄关系，本篇重点突出礼涵摄诗、乐之义及诗、乐对礼之重要作用。下文言"薄于德，于礼虚"，虽与前两句文气一贯，句式一律，而实非同一层级之义理。盖自其体性之本而言，则诗、礼、乐皆德之发显于外者；自其养成之道而言，则诗、礼、乐又是涵养德性之方。此节本礼而言，故文气一贯而下。但德之于礼，则为本原，若无内在充实的德性，则礼将虚有其表。如《礼器》所言："忠信之人，可以学礼。苟无忠信之人，则礼不虚道。"孔子总结称："制度在礼，文为在礼，行之其在人乎！"言人若不能于诗、乐中涵养体认性情之本、中和之乐，以丰沛之德性践行此礼，则礼将徒具空文。

马一浮先生以为上文可分为两节，"先法后人"。文中对礼乐之理论阐发首先意在"申明中义"，即礼乐之所以为制中之道，乃因为其合乎万物之理与节。其次是"礼乐互说"，具体而言，"节是理之节，理是节之理。理本中，所以为中者，以其有节也。君子无理不动，动即是中；无节不作，作必应节。是无往而非礼乐，中而兼遍也。"②

礼之周遍义即体现于其制中义和即事之治义中，然而单纯的制度"徒法不能以自行"，只有在人的躬行实践中，制度文为才是真正鲜活的，才能真正"周流无不遍"。礼的普适性，必须在生活中通过人之躬行践履而现实地展现。前文"礼乐相示""无礼不动，无节不作"已经富含行动意味，此处明确点出"行之在人"，突出人之行动对礼乐政教

---

① 《马一浮全集》第一册（上），浙江古籍出版社2013年版，第248页。
② 《马一浮全集》第一册（上），浙江古籍出版社2013年版，第264页。

的根本意义。另一方面，对人的强调乃紧承上文而来，意味着只有能够以诗、乐之教和深醇德性克服礼之体制化僵固倾向的人，才能保证礼之践行灵活而不滞执，真正使礼之普适性得以实现。礼不可无诗、乐之陶冶，同样，诗、乐也不可无礼之夹持。惟其如此，礼乐才能中正而无偏，周流无不遍。子贡的疑问构成一个小小插曲，因为准之上述原则，传说中舜帝时代的乐正夔将因其唯能明乐而不能明礼之故陷于困境。孔子指出夔的传说乃本于古人对礼乐相成原理之重视而产生。明礼而不知乐，则为素；知乐而不明礼，则为偏。偏，谓易于流失而不能持守中正。重言"古之人"，以见只要有所偏失，则古人便谓其有所不能，故人于礼、乐二者不可有所偏。此正古人之不可及处，故孔子深为叹美。

四　言行、治乱：礼乐普适性之体现

　　子张问政，子曰："师乎！前，吾语女乎！君子明于礼乐，举而错之而已。"子张复问，子曰："师，尔以为必铺几筵，升降酌献酬酢，然后谓之礼乎？尔以为必行缀兆，兴羽籥，作钟鼓，然后谓之乐乎？言而履之，礼也；行而乐之，乐也。君子力此二者，以南面而立，夫是以天下大平也。诸侯朝，万物服体，而百官莫敢不承事矣。
　　礼之所兴，众之所治也；礼之所废，众之所乱也。目巧之室，则有奥阼，席则有上下，事则有左右，行则有随，立则有序，古之义也。室而无奥阼，则乱于堂室也；席而无上下，则乱于席上也；车而无左右，则乱于车也；行而无随，则乱于涂也；立而无序，则乱于位也。昔圣帝、明王、诸侯辨贵贱、长幼、远近、男女、外内，莫敢相逾越，皆由此途出也。"
　　三子者既得闻此言也于夫子，昭然若发矇矣。

《仲尼燕居》由对礼之周遍义的讨论发端，而后逐渐深入礼乐政教各个方面。礼乐的治国效应，前文已有明言，此处子张再度问政，或许是他以为政道广大，未必仅有礼乐一端。孔子的回答则十分明确：礼乐才是政教之本，"君子明于礼乐，举而错之而已"。唯礼乐能使政治事物变得如此简单从容。子张之疑虑或许缘于他将礼乐主要视为单纯的仪式化行为。各类传记史料皆显示子张本人十分热衷此类威仪,礼乐对他而言更多属于庄严华美的修饰和表演,因而他对礼乐之政教精神缺乏真切理解。问政即表达子张对此前礼乐治国,如示诸掌一语的疑惑。《仲尼燕居》力图通过子张与孔子的问答,阐明在此声容仪节之后真正使礼乐所以为礼乐的义理法则。孔子指出,诸如"铺几筵,升降酌献酬酢""行缀兆,兴羽籥,作钟鼓"等仪式行为只是礼的表层形态,礼乐之本原不在于此,精神主旨亦不在此。但与上章以理释礼,以节释乐,重在突出事物内在自然之理则、节度不同,此章于言行之动态过程中解说礼乐。理、节分别为礼乐之原,此本原必在人之言行中现实地呈显,礼乐才当下发生并展示其特性与效能。"言而履之,礼也",礼不惟存在于各类重大场合,更存在于日常的修身践言之中,礼即是忠信笃行之德行实践。如此,则无行而非礼,礼之义贯彻于一切生活事件与行动。"行而乐之,乐也"承"言而履之,礼也"一语而来。礼是言出必践,由言至行,乐则在此"行"中发生。行礼得中,应物之理,合事之宜,则与物无忤,和顺积中,故能有欣喜欢悦之情。由此自然感发之真乐,而有中正平和之音乐。如此,则礼乐无处不在。以此周流无不遍之礼乐协调人的言行,则众人之行为皆有以和节中理,故不待政令而天下化,此儒家礼乐政教之本旨。

《仲尼燕居》最后一节再度回到礼之普适性主题上来。礼兴则众治,礼废则众乱,礼之兴废为群体治乱之由。对儒家而言,政治问题可以归结为对民众生活之合理化安排。此合理化安排当以礼为本,而礼之所以能为治理之本,正缘于作为其普适性依据的"制中"原则。所谓制中,并非人为设立一个"中"的标准而加于事物之上,而是因顺事物本身自然具备的内在理则而行。如马一浮先生所言:"理无不得之谓中。制者,以义裁之也。"[1]《仲尼燕居》以多重譬喻对此详为阐明。如"目巧之室,则有奥阼。"郑玄注云:"目巧,谓但用巧目善意作室,不由法度,犹有奥阼宾主之处也。"[2] 建筑有其自然理则,一个筑居者即

---

[1] 《马一浮全集》第一册(上),浙江古籍出版社2013年版,第256页。
[2] 孔颖达:《礼记正义》卷五十。

便不预先设计房屋结构，全然凭借当下的观察和构思，也自然会设计出奥和阼，因为它们是房屋作为居住场所必不可少的部分。同样，"席则有上下，车则有左右"，万事万物无不呈现和依循其自然之理。制中之要旨，即本诸事物自然理则而立制，礼因此才能成为社会治理的根本要道。《仲尼燕居》由此实现了对礼之普适性和礼乐政教之合理性的哲学论证。

《仲尼燕居》始于一种个体化视角，以自我身、行之周流通达为出发点。"制中"原则的提出，则已经展示其全面的社会伦理视野甚至宇宙本体论意识。"领恶而全好"显扬其价值内蕴，礼的"治身"效能由此得以凸显，并自然引向"治国"主题。治身与治国本无二理，两者相贯通的原则正是"仁"。如马一浮先生所言，仁为性，礼为修。① 《仲尼燕居》的哲学精义在于性、修不二。礼的普适性来自其价值本原的真实性，价值本原之真实性又在礼的普适性中得以彰显和确认。唯其"制中体仁"，故能"周流无不遍"。在"周流"和"制中"之互摄中，政与教最终贯通为一。

第三节 《孔子闲居》：达礼乐之原

对礼乐本原的探求是儒家礼乐释义理论的原始发生动力和基本思想课题。《孔子闲居》将"达礼乐之原"作为其理论起点和思想重心，在《礼记》通论部中格外引人注目。本篇最富特色之处，在于其引《诗》为喻的讨论方式，故马一浮先生将之视为理解儒家《诗》学精神的关键文本，"六艺之文，其传授较然。特详者宜莫如子夏。而《孔子闲居》一篇，尤《诗》之大义所在。"② 由此可见其重大理论价值。与《仲尼燕居》侧重于明礼乐之用而凸显其政治、社会维度的普适性相对，《孔子闲居》着意于探礼乐之本而通达其心性、天道层次的隐微性，更富形上义蕴。

---

① 《马一浮全集》第一册（上），浙江古籍出版社2013年版，第267页。
② 《马一浮全集》第一册（上），浙江古籍出版社2013年版，第225页。

一 民之父母与礼乐之原

《孔子闲居》由子夏对《诗经·大雅·泂酌》"民之父母"一语的探问发端。

> 孔子闲居,子夏侍。子夏曰:"敢问《诗》云:'岂弟君子,民之父母',何如斯可谓民之父母矣?"孔子曰:"夫民之父母乎?必达于礼乐之原,以致五至而行三无,以横于天下。四方有败,必先知之,此之谓民之父母。"

子夏之问关注的是执政者之德性与治国方式。"君子"乃在位者之称,"岂弟"为乐易之义。唯德性内充,方有和乐安详气象。此有德君子,方能为民之父母。故马一浮先生称此节主旨在于"总显君德",又云:

> 子夏何以独举此为问?观《论语》礼后之对及答樊迟"不仁者远"之言,知子夏善悟,最能领会圣人言下深旨。如此诗文义岂待更问?所以发斯问者,乃欲深探王政之本,虽已有见处,犹欲夫子广陈德相,推究其极,以资深证,故假"民之父母"以发问。孔子知其机胜,故以了义告之,此真内圣外王之学也。①

"民之父母"是传统中国理想的执政者形象,言君之于民,如父母之于子女,当发政施仁,对民众予以无微不至的关怀和保护。政治的本质并非对民众进行"统治"或"管理",执政者应当如父母对子女般,以养育和教化作为其基本职责与行动宗旨。"民之父母"为政必以礼乐,唯如此方能真正体现以教化为本的王道政治精神。此儒家传统政论与现代政治观念之迥异处。

孔子称民之父母"必达于礼乐之原,以致五至而行三无",则进一步指出绝不能仅仅将礼乐视为一种外在制度及其运作形态。"五至"言

---

① 《马一浮全集》第一册(上),浙江古籍出版社2013年版,第226页。

"致"而"三无"言"行",皆着眼于人之躬行实践。为民父母者通过致五至、行三无的方式,将礼乐之精神"横于天下",施及万民,此即因体发用的内圣外王之道。为民父母,自然以爱怜哀恤、长养庇护百姓为本,故能"四方有败,必先知之"。如马一浮先生所言:"仁者心无私系,以百姓心为心。天下之饥溺,己之饥溺也;生民之疾苦,己之疾苦也。……如保赤子,唯恐伤之,则灾害祸乱何自而作乎?……绝纤芥之恶于未兆,消潜隐之患于无形。既曰'知之',则不待其著见矣。如物坏而始饰之,水至而始堙之,不唯后时为不智,亦由无感而不仁也。"① 因其德性深厚,能与人、物彼此感通,故能预知祸败并进行防范,这也是为民父母之用心的体现。为民父母之关键在德性,《孔子闲居》探讨的重心,正是君子之德。

二 五至:由体达用,即用显体

在接下来的谈话中,子夏并未就"礼乐之原"进行追问。考虑到此问题的重要性,这里不可能是作者有意忽略。合理的解释是,《孔子闲居》并不试图对礼乐之原进行一种对象性的概念解说。这让我们联想到《论语》中孔子对林放"礼之本"问题的回答方式。孔子并未明言何为礼之本,而是举礼之宁俭、丧之宁戚以引导人去反省和寻索、体证。所以如此,一方面在于礼之本所指涉者精微隐奥,难以质言,另一方面在于只有通过此切身反省的方式,对本原的理解才是真实而亲切的,而非仅为某种抽象的观念形式。《孔子闲居》称,"达礼乐之原"的表现是"致五至而行三无",五至、三无之名本身即暗含强烈的终极性和隐微性意味,我们正可以通过五至、三无而达到对礼乐之原的反省和体证。

> 子夏曰:"民之父母,既得而闻命矣,敢问何谓五至?"孔子曰:"志之所至,诗亦至焉;诗之所至,礼亦至焉;礼之所至,乐亦至焉;乐之所至,哀亦至焉。哀乐相生。是故正明目而视之,不可得而见也;倾耳而听之,不可得而闻也。志气塞乎天地,此之谓

---

① 《马一浮全集》第一册(上),浙江古籍出版社2013年版,第227页。

五至。"

郑玄释"五至"云:"凡言至者,至于民也。志,谓恩意也。言君恩意至于民,则其诗亦至也。诗,谓好恶之情也。自此以下,皆谓民之父母者善推其所有以与民共之。"这一政治化诠释模式属于汉儒一贯的解经思路,固然有其合理性和思想史意义,但若从《孔子闲居》谈话语境出发,似可将理解的范围扩大,将五至理解为执政者乃至所有人之性情活动的自然极致状态。马一浮先生云:"至有三义:一来义,二达义,三极义。湛寂之中,自然而感,如火始然,如泉涌出,莫之能御,此来义也。如水浸润,竟体皆濡,如光照耀,幽暗毕烛,更无不到处,此达义也。如登山到最高顶,如涉水彻最深底,过此更无去处,此极义也。"① 必如此言"五至"之内涵,方为全备。

五至发端于志。志者,心之所之。志是心开始发动作用而尚未著现于外时的状态,是人一切现实行动的内在根源和动力,故为五至之首。作为心之发动,志体现"一内在决定方向的主宰作用"②,并现实地落实于情,因此古文献中情、志二字往往通用。《诗大序》云:"诗者,志之所之也。在心为志,发言为诗。情动于中而形于言。"即为明证。

人之情志由内向外首先发而为言语、嗟叹、咏歌,此即诗。在儒家,诗绝非仅属一种语言艺术形式,其吟咏情性,实为人之生命本真的全体呈现。《论语》以"思无邪"概括诗三百之精神特质,正是此意。诗因志而发,志因诗而显,并在诗中得到极致化的表现,此即"志之所至,诗亦至焉"一语的思想内蕴。

人之情志向外发显过程中,自然拥有和呈现一定的秩序和条理,儒家认为此即礼之本原,并指出,礼亦为情的表现形式。但礼与诗亦有不同。诗于情志,无所矫拂,一任天然,其纯挚真诚固然可贵可喜,却也易失之流荡沉溺。相比于诗,礼必落实于社会性的制度和仪轨体系,故在顺承情志的同时,亦能对之加以节制、规范和引导、修饰。从这个意义上讲,礼乃承诗而起,诗本于情志而畅达之,礼则本于情志而节文

---

① 《马一浮全集》第一册(上),浙江古籍出版社2013年版,第230页。
② 李景林:《教养的本原》

之。必待诗将人之情志充分显发无遗之后，才会产生对此自然状态的反思和节文化要求，此礼在义理结构上后于诗之缘由。

我们可以从乐生于礼、礼乐一体和礼乐相成三个角度理解"礼之所至，乐亦至焉"。乐生于礼是就德行实践而言，唯有经过"礼之所至"的阶段，"乐"才能真实地发生，此义《仲尼燕居》"言而履之，礼也；行而乐之，乐也"一语可资参证。礼之要义，在修身践言，在此行修言道的过程中，内心自然有真实之喜悦（乐）发生，此喜悦之情通过音乐而得以充分表现。礼乐一体是就存在形式而言，礼与乐相互结合，共同构成社会性的仪式行为体系，彼此相依而行。礼乐相成是就精神实质而言。儒家认为乐作为一种艺术形式，亦本原于人之情志。从这个意义上讲，诗、乐本为一体。礼作为社会性的制度、仪式和行为规范，可能陷于僵固或流于虚饰。乐之中和，无论从美感形式上还是从精神实质上，都肯定秩序和节文对此理想之和谐的前提意义，因而根本上涵融了礼之精神。同时，乐又在此基础上重新彰显情的原则，故得以克服礼之流弊，从而根本上形成对诗与礼的会通与超越。我们可以将乐理解为诗所主之情与礼所主之文的完美结合，此如《论语》所言"文质彬彬，然后君子"。因此，乐必待"礼之至"而后起，故《论语》言："兴于诗，立于礼，成于乐。"乐成为德性人格养成的终极形式，同时又是儒家精神境界的最高象征。

《孔子闲居》中的"乐"字同时包含作为艺术形式的"乐"（音乐）和作为情感形态的"乐"（和乐欢悦）两重内涵，最能体现儒家哲学之精察微妙处。上述引文中第一个"乐"字与"礼"对言，取其音乐义；第二个"乐"字与"哀"对言，取其情感义。两大义项通过儒家"乐者，乐也"的训释而彼此自然衔接和转换。作为"乐"（音乐）之本的"乐"（和乐欢悦）绝然不同于感性意义上的欲求满足之快感，而是与德性成就相伴而生的平静安详之和乐，其中蕴含的思想意义我们将在第九章详为论析。

"五至"说于"乐之至"后复言"哀之至"，《孔子闲居》给出的理由是"哀乐相生"，历代注家对此多本诸阴阳相生，彼此转化之理予以解说。如刘彝称："乐极则哀生，生穷而死至，古今之常道也。"① 方愨云："乐之所极存乎忧。哀者，忧也。然阴阳之理，相为倚伏，周而后始。哀既生于乐矣，则乐亦生于哀。"② 然此类形上思辨解说大体虚浮空泛，实本道家物极必反之论，体现一种超然的"冷眼"，与此处文意相去甚远。《孔子闲居》言哀生于乐，乃从"为民父母"的德性政治视角立论，谓此哀实本于对民众的哀矜忧恤之意。游桂曰："乐至而哀不至，则不仁矣。"③ 汪绂云："乐民之乐，则必忧民之忧。所恶勿施，不啻如父母之哀矜其子焉，恻怛之至也。"④ 是为得之。马一浮先生云："和顺积中，发为恺弟，动为恻怛。智大者悲深，愈恺弟则愈恻怛。就其恺弟名乐，就其恻怛名哀。"⑤ 最为通达透辟。真正的有德者必然能有真乐，此乐来自对身心、物我、天人之一体相通相合的体认，是德性内充、人格完善的表征。同时，真正的有德者必对天下苍生有发自内心的悲悯。此乐、此哀看似矛盾，实为一体。只有通过哀，德性之全体方得到至极展现。因此，《孔子闲居》言哀，绝非"乐极生悲"之哀，而是哀矜怜悯之哀，唯其内心之仁深厚广大，方能有此哀。由此亦足见中国文化特别是儒家思想并非仅以乐感与逍遥为极致的精神生活追求，更饱含生命之悲情。

对"五至"内涵进行解释后，《孔子闲居》又申说五至情状云："正明目而视之，不可得而见也；侧耳而听之，不可得而闻也。"又曰："志气塞乎天地。"不可得见闻，明其体之至微。然五至所以能彼此唤启、导达且推致于极，皆源于此不可得见闻之本原，故人不可执泥于五至之外在物化形式，必省察体会此至微之体，方能真正"致五至"。志气塞乎天地，明五至之本虽隐微，却绝非虚无，而是至诚至真至实的存在，故能显诸志气而有塞乎天地之大用。马一浮先生的诠解最能发明此文旨趣：

---

① 卫湜《礼记集说》卷一百二十引。
② 同上。
③ 同上。
④ 汪绂：《礼记章句》卷九，续修四库全书影清刻本。
⑤ 《马一浮全集》第一册（上），浙江古籍出版社2013年版，第230页。

礼乐之原即性命也。推此性命之德，致乎其极，即五至也，亦即六艺之道也。……圣人尽力道出，要人直下承当，当体辨认，唯在密证，不在言诠。色取声求，如何可得？若执滞名言，拘牵度数，转求转远。故明示此为闻见之所不及，以深绝其外驰。复申言"志气塞乎天地"，以剀指其在迩。此真言教之极则也。①

由言"志"直接过渡到言"志气"，足见在《孔子闲居》中，志与气二者一体无间。马一浮先生指出，《孔子闲居》暗含一重要理论原则，即气、志合一。"气志合一者，乃谓此专直之心既全是天理，则吾身之气即浩然之气，全气是理，全人即天，故曰合一也。"②志必落实于气，其定向、主宰、裁制作用才成为实存性力量而作用于生活世界，才有接下来的四至。五至皆以气志合一为其特性，全体皆志，全体皆气，志之主宰、引领与气之感应、推动密不可分。先秦儒家论气，主要从修养论视角出发，以气来彰显人的身体性实存特质，并特别强调气与志的密切关联。业师李景林先生云："气、志的关系，简单来说，包括两个方面的内容。一方面，志是核心，是主宰，是气的统帅，决定着气之趋归的方向；另一方面，意志所以有力量，能发动人的行为，亦因它与气本为一体而不可分。更明确一点说，'志'本身的决定方向，不仅仅是一种分辨是非、善恶的标志作用，它同时就是一种制裁的力量，就在于它内在地透显于并包含实存性于自身。"③唯志气合一、身心合一，人才能复归其性命之诚，实现天人合一。

综言之，"五至"皆为"情"的不同表现形态，此类情皆具有深刻的德性价值内蕴。《孔子闲居》并未明言五至之本，然根据儒家哲学惯常的义理结构，情为心之发用形态，而心则出于性，我们可以循此思路，将五至之本理解为"性德心体"。五至即此性德心体由内而外，由微至著之发用过程中的五个阶段。《孔子闲居》之所以不明言性德心体者，盖为防止人执着名相，故唯通过"五至""三无""五起"诸说反复提点、烘衬，使人切己反省而悟入，实则全篇内容皆为对此性德心体

---

① 《马一浮全集》第一册（上），浙江古籍出版社2013年版，第232页。
② 《马一浮全集》第一册（上），浙江古籍出版社2013年版，第239页。
③ 李景林：《教养的本原》，北京师范大学出版社2009年版，第256页。

之多方阐释。

三　"三无"：以无彰有

"三无"并非与"五至"并列的新原则，而是对上文"五至不可得而见闻"一说的引申，意在防止人们舍本逐末，执泥外在形式。

> 子夏曰："五至既得而闻之矣，敢问何谓三无？"孔子曰："无声之乐，无体之礼，无服之丧，此之谓三无。"子夏曰："三无既得略而闻之矣，敢问何诗近之？"孔子曰："'夙夜其命宥密'，无声之乐也；'威仪棣棣，不可选也'，无体之礼也；'凡民有丧，匍匐救之'，无服之丧也。"

世人对礼、乐、哀的理解，往往更注重其外在物化形式，即乐之声音、礼之体貌与哀之丧服。《孔子闲居》点出"无声之乐""无体之礼""无服之丧"，正是意图引领人超越外在形式，回溯诗、礼、乐之本原。乐本于内心之和乐悦怿，礼所以行吾敬，哀则为中心惨痛恻怛之情的流露。唯于无声、无体、无服之际，明见礼乐之原，方不致沉溺于物化形式，才能保持此乐、礼、哀之真原不被凿丧。

子夏请孔子以诗为喻，一则因诗教通乎六艺，六艺相摄，足堪互证，二则因诗长于博喻，最能唤启人之精神心智，使人得以悟入义理之精微。孔子所举诗句，也最堪玩味。

"夙夜基命宥密"一语，出自《诗·周颂·昊天有成命》。其诗曰："昊天有成命，二后受之。成王不敢康，夙夜基命宥密。"郑玄笺云："有成命者，言周自后稷之生，而已有王命也。文王、武王受其业，施行道德，成此王功，不敢自安逸，早夜始信顺天命，不敢懈倦，行宽仁安静之政以定天下。宽仁，所以止苛刻也；安静，所以息暴乱也。"[1] 按马瑞辰《毛诗传笺通释》，"二后"指文王、武王，[2] 则"成王"指周成王无疑，而郑笺以为"成王"指文、武，误。"夙夜基命宥密"一

---

[1] 孔颖达：《毛诗正义》卷十九。
[2] 参见马瑞辰《毛诗传笺通释》卷二十八，《续修〈四库全书〉》影印清马氏学古堂本。

句，乃推想成王之志。古来解此诗者，以朱子之说最为通达，《诗集传》云："言天祚周以天下，既有定命，而文、武受之矣。成王继之，又能不敢康宁，而其夙夜积德以承藉天命者，又宏深而静密，是能继续光明文、武之业而尽其心，故今能安静天下，而保其所受之命也。"①《国语·晋语》亦引此诗，且云"是道成王之德也"。可知"夙夜基命宥密"乃就其德其志而言，而非指其政事而言。因此，不必如郑玄等人所解释的那样，谓如此为政则民得安乐，以民之安乐为无声之乐，太过曲折。《经解》云："广博易良，乐教也。"乐以和静为极至，如《乐记》所言："乐行而伦清，耳目聪明，血气和平，移风易俗，天下皆宁。"又云："宽而静，柔而正者，宜歌颂；……正直而静，廉而谦者，宜歌《风》。"由此可见，"静"乃古人最为推崇的精神状态，唯静故能密，唯宽故能静。宽而静，正是人内心平和安详而至乐的形态，此即"无声之乐"。"威仪逮逮，不可选也"，语出《诗·邶风·柏舟》篇，孔子引之，意在说明人态度威严端庄，而又能从容安和，则不必有器物之设施、盘旋揖让之节文，亦能展现礼之精神，此即"无体之礼"。"凡民有丧，匍匐救之"，本《诗·邶风·谷风》之语，此处引用，以见执政者应"视民如伤，与民同患，常善救人，故无弃人。颠连之痛，侔于切肤；恻怆之怀，被于行路"。②丧服不过表现哀情之形式而已，哀痛恻怛之情，不必见于丧服，此哀情即"无服之丧"。如马一浮先生所言：

> 钟鼓以为乐，升降以为礼，衰绖以为服者，礼乐之文也；"三无"者，礼乐之情也。……此皆直探心术之微，以示德相之大……若专以形名器数说礼乐者，则事相有所限，未足以尽此心之量也。③

在对"三无"的理解上，古代注家颇有将其与道家之"无"混为

---

① 朱熹：《诗集传》，《朱子全书》第一册，上海古籍出版社2020年版，第725页。
② 《马一浮全集》第一册（上），浙江古籍出版社2013年版，第233页。
③ 同上。

一谈之举。如陈祥道言："《庄子》曰：'钟鼓之音，羽旄之容，乐之末也。礼法度数，形名之详，治之末也。哭泣衰绖，隆杀之服，丧之末也。'古之人未尝不以无为本，以有为末焉。"① 此类解说，强作玄远之谈，反背离"三无"本旨。陆佃云："孔子言无，异乎老子之所谓'无'也。"②《孔子闲居》之"三无"说，意在引导人超越物化形式，证显作为一切外在物化形式之本原的性德心体。此性德心体无形无象，亦不必借助形象，故称为"无"。然其真实无伪，恳挚诚笃，却又充塞两间，而非玄虚不可捉摸。此不必形诸声音笑貌，而自有其至诚至真之体。如马一浮先生所言："'无'非虚无，乃是实相。"③ 以五至、三无论礼乐，论政教，足见儒家绝非仅为一种"老练的道德教诲"，热衷于外在的政治、伦理事物而不达心性之精微，而实能本末一贯、即用见体，以一种更真切、更微妙的方式揭示礼乐政教与天道性命之内在关联。那种"素隐行怪"，以离弃人之生活现实的方式去谈玄论虚的做法，在儒家看来，恰是远离道真的。

四 "五起"：由体起用

通过"三无"，人们已经可以悟入心性本原之精深微妙处，不再偏执于礼乐之外在制度和物化形式。然若因此而流于虚无之见，空言道德性命，不知孔门彻内彻外、彻上彻下的一贯之旨，则以"无"喻本反会将人引入歧途。如此则既破一障，复生一障，故《孔子闲居》又以"五起"明其"有"。

> 子夏曰："言则大矣，美矣，盛矣！言尽于此乎？"孔子曰："何为其然也？君子之服之也，犹有五起焉。"子夏曰："何如？"孔子曰："无声之乐，气志不违；无体之礼，威仪迟迟；无服之丧，内恕孔悲。无声之乐，气志既得；无体之礼，威仪翼翼；无服之

---

① 卫湜《礼记集说》卷一百二十引。
② 同上。
③ 《马一浮全集》第一册（上），浙江古籍出版社2013年版，第232页。道家之"无"，自有其理论价值，但不可与"三无"之"无"混同。

丧，施及四国。无声之乐，气志既得；无体之礼，上下合同；无服之丧，以畜万邦。无声之乐，日闻四方；无体之礼，日就月将；无服之丧，纯德孔明。无声之乐，气志既起；无体之礼，施及四海；无服之丧，施于孙子。"

起者，发也。马一浮先生云："起之为言，从体起用也。本体既显，则大用繁兴，真照无边，应缘不碍。"① 在"三无"揭示作为礼乐之本的性德心体之内在性后，"五起"复描述其由内至外发显施行的过程，以显明若达礼乐之原，则自能渊然沛然，行之不倦，而有施及四海、垂裕后昆的广大效应。"五起"由内而外，由微至著，由浅至深，由近及远，有次第节目，足见此性德心体绝非释老所言虚无寂灭之体，而是自然见诸礼乐政教之作用施为，从而根本上避免了对此性德心体进行虚无化、玄学化解释的可能，充分展现了儒家之道合外内、一天人、贯体用的义理宗旨。今就"无声之乐""无体之礼""无服之丧"各自之"五起"中所显示的递进关系及思想脉络略事分析。

先言"无声之乐"。古人论乐，多重其对性情之发扬与调节，故皆突出无声之乐在气志中的表现。"气志不违"者，谓性情之感发，由"基命宥密"之静深和平而来，而无不和乖戾之处。"气志既得"者，气志既与心性不违，则是以心使气，志从于心，是气、志皆得其本而无失，故云"既得"。"气志既从"者，前儒或解为民众追随之意，如孔颖达以为"三无既得，民所从也"。方慤言："得之于身则人从之，故继之'气志既从'。"② 马晞孟则以为，"从者，得心之所念而无所拂也。由'不违'至于'既从'，则实成于己，未见其名闻于人"③。两说皆可通。"日闻四方"者，则是已见效验于外。气志发而在外，由微而显，故称"气志既起"。

次言"无体之礼"。"威仪迟迟"，谓其从容舒缓，与"威仪棣棣"所展示的安详平和相承接。"威仪翼翼"则突出恭敬严肃之意，又对前

---

① 《马一浮全集》第一册（上），浙江古籍出版社2013年版，第232页。
② 卫湜《礼记集说》卷一百二十引。
③ 同上。

面的平和舒缓构成必要调节，使人之仪容礼文趋向中和，故能收上下和同之效，由此可望"日就月将"，渐趋于成就，最终"施及四海"。

复次言"无服之丧"。由最初的悲悯之情，"内恕孔悲"，自然发显而"施及四国"，进而由近及远，则有"以畜万邦"之大。最后又回到对自身德性的肯认，以见君子所以有此广大悲悯情怀，实本于其内在德性之"纯德孔明"，故不但可及于空间意义上的辽远，更能泽被子孙，及于时间意义上的久远。

通过"五起"，《孔子闲居》的气志合一观得以推进。五起表现的，是性德心体通过情志之发而影响世界的过程，这一过程的阶段性特征与气的实存性推动密不可分。人感动世界，其本在心志，而感动的实际方式和过程，则通过气进行。马一浮先生云："学者须知威仪者，气志之应也；悲恕者，气志之施也。动于四体者无不从，斯达于天下者无不顺，凡所以加民及远者，皆气志之为也。……志不专直则伪也，气不刚大则馁也。私则气小，妄则志邪，不胜其私妄则气与志违。气志不一而欲证本体之纯全，发自心之大用，必不可得也。故已明性德之相，更知力用之所由生在于气志合一，则于持志养气之道亦可以思过半矣。历五起而后极乎兴，此《诗》教之实义也。"① 又云："五至始言志至，是专以体言；五起合言气志，是兼以用言。体用一源，显微无间。气志合一，即天人不二也。"② "五至"言"志气塞天地"，见志之发用，必因气而得以落实，但重在明"志"，气之意义，未能充分彰显。"五起"言"气志"，始充分突出气在性德心体之显发过程中，从实存层面给予的充实、感发、推行作用。

"五起"之要旨，在于从"无"入有，因体起用，以阐明作为礼乐之原的性德心体之深纯及其发用之广大。"三无"极言性德心体之隐微，"五起"承之而极言其作用之广大，此体此用即儒家内圣外王之道，正是本篇"民之父母"论题所涵义理的展开。欲实现此内圣外王，必须以志气合一之修养扩充为本。儒家哲学体用一源，显微无间的主旨，至此可谓显发无遗。

---

① 《马一浮全集》第一册（上），浙江古籍出版社2013年版，第237页。
② 同上书，第239页。

五 "三无私": 天人合德

通过对"三无""五起"的阐述,"民之父母"观念中包含的外王事业及其内圣本原已得彰明,但其对德性的呈显方式仍是由内而外、由近及远之"平面"式的,主要体现于人伦生活和社会政治领域。儒家于此之外,更有"立体"式的"上达"追求,此即天人合一、参赞化育的人格理想和生命境界之实现。《孔子闲居》最后言"三王之德参于天地",即见此意。

> 子夏曰:"三王之德参于天地,敢问何如斯可谓参于天地矣?"孔子曰:"奉三无私以劳天下。"子夏曰:"敢问何谓三无私?"孔子曰:"天无私覆,地无私载,日月无私照。奉斯三者以劳天下,此之谓三无私。其在《诗》曰:'帝命不违,至于汤齐。汤降不迟,圣敬日齐。昭假迟迟,上帝是祇。帝命式于九围。'是汤之德也。"

"三王之德"问题与篇首"民之父母"问题遥相呼应,"参于天地"说则与"志气塞乎天地"说暗合。马一浮先生云:"前问'民之父母'是举因,今问'参于天地'是叹果。已明德相之大,极于三无;德用之大,极于五起。具此德者,三王其人也。"[①] 三王所以能德参天地,在于其能"奉三无私以劳天下","三无私"实为天人之道的结合点。圣王无私之德,与天道之无私相合,乃其与天地参之根本所在。"天无私覆,地无私载,日月无私照",皆展现天道公平坦荡的特质。圣人本此无私之意,奉行不倦,勤劳天下,与天道化育无私之德相通相合,乃其所以能与天地参之根本所在。

《孔子闲居》以《诗·商颂·长发》所言商汤之德阐述古代圣王以无私之德参天地的方式。"帝命不违,至于汤齐",言汤对"帝"之虔敬无违。其所以能不违帝命,则因其全不以私己为主,而将自身全然向上天敞开,承受天命,从而使己之德与天合。唯其如此,其所行乃得如

---

① 《马一浮全集》第一册(上),浙江古籍出版社2013年版,第241页。

天地之无私。"汤降不迟，圣敬日齐。昭假迟迟，上帝是祗"四句专叙汤之德，而以敬天为本。汤之降生既恰当天地之运，本人又能谨身修德，以承帝命，其圣敬之德，日日升进。其德行昭明显著至极，施政则从容宽和，中心唯时时以敬顺天命为务。汤因为其对天命的无限敬畏，展现为一种无我无私的"圣敬"，恰是这似乎让人在天帝面前显得卑微的敬，使人与天相通相合，实现了"与天地参"的伟大。这与一些人所想象的中国圣贤人格完全基于德性自足之体认，因而缺乏敬畏之意的精神图像全然不同。

《商颂》对天人之际的叙写含有较强的宗教神秘色彩，或许《孔子闲居》注意到了这个问题，故下文转而论述天地自然秩序及其化育流程所呈显的"教"，即对万物生生的感发、形塑作用和对人之德性生活的示范、启示效应。

  天有四时，春秋冬夏，风雨霜露，无非教也。地载神气，神气风霆，风霆流形，庶物露生，无非教也。清明在躬，气志如神，耆欲将至，有开必先，天降时雨，山川出云。其在《诗》曰："嵩高维岳，峻极于天。维岳降神，生甫及申。维申及甫，为周之翰。四国于蕃，四方于宣。"此文武之德也。

  三代之王也，必先其令闻。《诗》云："明明天子，令闻不已。"三代之德也。"弛其文德，协此四国。"大王之德也。

  子夏蹶然而起，负墙而立，曰："弟子敢不承乎！"

教化乃儒家哲学之基本关切。《礼记》中将教化与天人性命之道相贯通而加以理解，赋予教化以形上意蕴的篇章，一为《中庸》，一为《孔子闲居》。教化本属人文世界之事，《孔子闲居》以之描述天地之道，并非观念之误置，而恰展现天人一体的儒家文化哲学精神。天地化生万物，其风雨霜露、神气风霆，本身即构成一种教化。万物生生而各率其性，各遂其生，各有其理，各成其道，即是教化之实现。天地万物有自然之文①，此"文"必待人而后其理得显；天地有自然之教，此"教"必待人而后其道得彰。马一浮先生云："此别显无言之教，正明天地之无私。王者奉承此德，同于天地，乃臻化理。自其生成长养言之，则谓之化；自其法象则效言之，则谓之教。"②君子法象天地之化，因民物自然之性，顺其自然之理而长养之、润泽之、感动之、鼓舞之，此为民父母者为政之大要，而实以教化为其本原和中心。

"清明在躬"数语，刻画圣人天人合德之精神气象及其与天地万物相感应之理。马一浮先生云："此更明圣人之无私，所以与天地参也。清者，不杂，以气言；明者，不昧，以理言。气志既一，则不杂不昧，所存者神，所过者化，故曰'如神'。如者，不异之谓也。圣人所同于人者形体，所异于人者神明。常人气杂而志昧，圣人则气清而志明，故一瞬而一通。通则神，瞬则碍。神者周圆而无滞，碍者蔽塞而无感也。"③圣人有清明之德，其心性纯净光明，故气志发显之际，民人万物响应如神。所谓"嗜欲将至，有开必先，天降时雨，山川出云"者，汪绂言之切矣："圣人奉若天地至教，而不参以一毫人欲之私，则志气之在躬者，清明之至，与天地合。是以知几其神，而凡嗜欲之所向，天若必有以默启其朕兆以为之先。如天降时雨，则山川必先为之出云也。然非圣人之无私，又孰能有以察其几乎？奉三无私以劳天下，后天奉时也；嗜欲将至，有开必先，则先天弗违矣。此所以参天地也。"④由此可见志能动气，气志合一则自能与人、物感通相应。对于此感通之理，《孔子闲居》反复引诗予以证成。其一为《大雅·崧高》篇之首章，朱子云："言岳山高大，而降其神灵和气以生甫侯、申伯，实能为周之桢干屏蔽，而宣其德泽于天下也。"马一浮先生以为意在证明"虎啸而风

---

① 刘勰《文心雕龙·原道》云："文之为德也大矣，与天地并生者何哉！夫玄黄色杂，方圆体分。日月叠璧，以垂丽天之象；山川焕绮，以铺理地之形。此盖道之文也。仰观吐曜，俯察含章，高卑定位，故两仪既生矣，惟人参之，性灵所钟，是谓三才，为五行之秀，实天地之心。心生而言立，言立而文明，自然之道也。旁及万物，动植皆文。龙凤以藻绘呈瑞，虎豹以炳蔚凝姿。云霞雕色，有逾画工之妙；草木贲华，无待锦匠之奇。夫岂外饰？盖自然耳。"可谓知道之言。
② 《马一浮全集》第一册（上），浙江古籍出版社2013年版，第243页。
③ 《马一浮全集》第一册（上），浙江古籍出版社2013年版，第244页。
④ 汪绂：《礼记章句》卷九。

生,龙兴而云起。物理感应,自然之符。故圣主必得贤臣,犹大山必生良木。主德昭明,则众才自附也。"① 其二出《大雅·江汉》末章,总言三王之德。游桂云:"修之于杳冥之中,若寂然而无声,及其发达而播闻,则令闻不已。此言其修之于至隐而发之于至显。三代圣人皆有此学,皆有此德,故曰三代之德也。"②《崧高》篇言山岳感文武之德,为之降生贤臣良佐,此就德之感物而言。《江汉》篇言修德于内,自然令闻著现,故有文德施于四海之效,此就德之感于人而言。由此可见古人所谓感应之理,其根本在于己之能感,与人、物之可感。欲感动人、物,必由气、志,而必本于其内在清明之德,私欲净尽则胸中自能清明。唯无私,方能与天地万物感应通合而有参天地之大德。唯修德使在己者能感,则人、物自有应。一切教化,皆以此感应之理为本。

《孔子闲居》由对"民之父母"的探询和对"礼乐之原"的探索而进入儒家义理之精微层次,文中对作为礼乐之原的性德心体之体用一源、显微无间的特性,由志气合一之修养而达成的内圣外王之德业成就,及因清明无私而与天地万物相感应的"参于天地"之生命境界,皆能洞彻。在《礼记》中,其对儒家哲学精神之内涵的开拓与揭示,实不逊于《中庸》。但《孔子闲居》主要采用引《诗》为喻的方式进行理论的展开和论证,对一些重要观念多引而不发,颇富"机锋"意味,初学难以遽晓,不如《中庸》体大思精,明快细密,这或许是其未能产生更大影响的原因。

第四节 《儒行》:礼乐人格的辩护

《儒行》通过鲁哀公与孔子问答的形式,阐述儒者应具之操行。通篇采用论说文体,此类文体之兴起,与战国时期百家争鸣,论辩之风大盛有关。其文风铺张扬厉、声气夺人,并非以双方辩论的形式展开,却带有极强的论战性。全篇语言整饬,喜用对仗句与排比句以强化其思想

---

① 《马一浮全集》第一册(上),浙江古籍出版社2013年版,第245页。
② 卫湜《礼记集说》卷一百二十引。

冲击力，这种文风可能要到战国中后期才真正成熟，故文中所言不大可能是孔子与哀公对话的真实记录。从全篇的语言与修辞风格看，更可能如古代许多注家所推断的那样，出于战国儒家学者之手。

一 儒者、儒服与儒行

《儒行》的讨论由儒服开始。"儒"字可能有古老的起源，并非源于孔门学术，此后亦不止用于指称儒家学派。《论语》中，孔子也似乎从未以"儒"自称。① 但可以肯定的是，到战国时代，"儒"已经被视为一个以孔子为宗师的学派，这一称谓也得到了包括孟子在内的儒家学者之认同。② 儒家在诸子学术中兴起最早，影响广泛，也因此在百家争鸣的过程中最引人注目，自然成为其他诸子建立理论系统，争夺思想空间的首选攻击目标，受到的各类批评也最为猛烈。儒服问题就曾经是一个引起激烈争辩的话题。

先秦儒者是否有一种与众不同的服饰？这一问题今天已很难确切考证。根据各类史料和诸子传说来看，可能确实有不少儒者时常穿戴比较特殊的冠服。③ 儒家对华夏礼乐传统体悟最深，服饰是礼乐文化的重要方面，故而儒者对冠服制度所传达出的文化精神也最为重视，此由《礼记·深衣》篇之论述可见一斑：

> 古者深衣，盖有制度，以应规、矩、绳、权、衡。短无见肤，长无被土。续衽钩边，要缝半下。袼之高下，可以运肘。袂之长短，反诎之及肘。带下毋厌髀，上毋厌胁，当无骨者。制十

---

① 自古即有学者将孔子独立于儒家学派之外，或认为孔子乃百家之祖。

② 在孟子和墨家学者夷之的著名争辩中，夷之称："儒者之道，古之人若保赤子"。（《公孙丑下》）孟子则言："逃墨必归于杨，逃杨必归于儒。归，斯受之而已矣。"（《尽心下》）可见当时儒已成为孔子后学的专名。

③ 《汉书·郦食其传》："沛公不喜儒，诸客冠儒冠来者，沛公辄解其冠，溺其中。"又《叔孙通传》："通儒服，汉王憎之。乃变其服，服短衣，楚制，汉王喜。"然此处所谓儒冠、儒服，究属作为学派的孔门儒家所特有服饰，抑或所谓学者衣着，则难以确论。但可以看出，当时所谓"儒服"一般以长大为特征，可能带有传统贵族礼服的特色，与刘邦所出身的平民阶层日常所服短衣形制有别。刘邦憎恶儒服，也许正是新兴平民阶层对传统贵族之不满情绪的表现。

有二幅，以应十有二月。袂圜以应规，曲袷如矩以应方，负绳及踝以应直，下齐如权衡以应平。故规者，行举手以为容。负绳抱方者，以直其正、方其义也，故《易》曰："坤六二之动，直以方也。"下齐如权衡者，以安志而平心也。五法已施，故圣人服之。故规矩取其无私，绳取其直，权衡取其平，故先王贵之。故可以为文，可以为武，可以为摈相，可以治军旅，完且弗费，善衣之次也。

文中认为深衣充分体现了规、矩、绳、权、衡五法，象征无私、正直、公平等道德理想，故而被称为"善衣"，此"善"不但是实用意义上的"善"，更是价值意义上的"善"。深衣制度因此成为后世儒者以极大热情努力考证以求复原的古代服制。由此可见，人类的服饰从来都绝非仅承担蔽体保暖的实用功能，其设计在大多数情况中完全不是出于实用目的的考虑，而是意在表达某种独特的精神追求、文化认同和审美趣味。① 服饰甚至因其最突出的符号和象征意蕴而具有强烈的社会政治功能。准此而言，则先秦儒者有特殊的冠服也不足为奇。

儒服的基本形制，《墨子·公孟》以为是"戴章甫，绦忽"。《庄子·田子方》则描述为"冠圜冠，履句屦，缓佩玦"。两家都是以一种批评的眼光看待儒服的，如《墨子》宣称"君子行不在服"。《庄子》则曰："周闻之，儒者冠圜冠者，知天时；履句屦者，知地形；缓佩玦者，事至而断。君子有其道，未必为其服也。为其服者，未必知其道也。"这些批评意见看似无懈可击，实则都体现对儒服的曲解，并在曲解中偷换论题。须知儒家从来不认为服饰即君子之行本身，而两家则极力暗示儒者将服与行混为一谈。墨家似乎从来没有关注过服的象征意义问题，这符合其刻板的实用主义思想方式。庄子倒是很清楚"儒服"的象征性内涵，但否认儒服和人之间存在现实互动关系。对此类批评，《荀子·哀公》篇中进行了回应。

---

① 屈原在《涉江》中自称："余幼好此奇服兮，年既老而不衰。带长铗之陆离兮，冠切云之崔嵬。"正是以此"奇服"彰显其不凡的精神气象和生命追求。

鲁哀公问孔子曰:"吾欲论吾国之士,与之治国,敢问何如取之邪?"孔子对曰:"生今之世,志古之道;居今之俗,服古之服,舍此而为非者,不亦鲜乎!"

哀公曰:"然则夫章甫、絢屦、绅而缙笏者,此贤乎?"

孔子对曰:"不必然。夫端衣玄裳,絻而乘路者,志不在于食荤;斩衰菅屦,杖而啜粥者,志不在于酒肉。生今之世,志古之道;居今之俗,服古之服,舍此而为非者,虽有,不亦鲜乎!"

据《荀子》,则诸子所言"儒服",并非儒者所造以显示自身与众不同的"奇装异服",而是"古之服",是上古服饰之遗制。在儒者则认为此乃先王之法服,属于礼乐古制。儒者从不以为此服饰乃儒家所专有,这或许可以回答何以在儒家文献中,几乎从来没有"儒服"一说。儒者之所以重视服,正是发现了服装对人之精神世界和行为方式能产生积极的影响,因此希望通过服饰彰显自身的价值理念,并以之作为自我约束、自我警醒以砥砺操行的根本方式。《表记》称:"君子服其服,则文以君子之容;有其容,则文以君子之辞;遂其辞,则实以君子之德。君子耻服其服而无其容,耻有其容而无其辞,耻有其辞而无其德,耻有其德而无其行。是故君子衰绖则有哀色,端冕则有敬色,甲胄则有不可辱之色。"《玉藻》云:"古之君子必佩玉。右徵角,左宫羽,趋以《采齐》,行以《肆夏》,周还中规,折还中矩,进则揖之,退则扬之,然后玉锵鸣也。故君子在车则闻鸾和之声,行则鸣佩玉,是以非辟之心无自入也。"儒家认为服饰拥有一种心理暗示功能,可以对人之行为和心态产生潜移默化的影响。① 服装不但体现一个人的品位和追求,同时也积极地推动人修身以符合服所体现的德行与价值理想。

由此可知,在先秦儒家内部,本不存在"儒服"问题。墨家、道家将"儒服"问题郑重推出,其目的是为了塑造一个漫画化的致力于外在虚饰的矫揉造作的儒家形象,将儒服的问题进行夸大,以此暗示儒

---

① 《荀子·哀公》云:"鲁哀公问于孔子曰:'绅委、章甫,有益于仁乎?'孔子蹴然曰:'君号然也?资衰苴杖者不听乐,非耳不能闻也,服使然也;黼衣黻裳者不茹荤,非口不能味也,服使然也。'"

家思想是空洞的，或儒者的实际行为与其所宣称的价值理想不符。《墨子·非儒》曾指责儒家"繁饰礼以淫人，久丧伪哀以谩亲，立命缓贫而高浩居，倍本弃事而安怠傲"。《庄子·盗跖》则借盗跖之口攻击孔子"作言造语，妄称文武……缝衣浅带，矫言伪行"。试图以此将儒家刻画成一批行事诡诈虚伪、懒惰傲慢、不思进取而又贪图富贵利禄的人。诸子的漫天指责在民众中产生了广泛影响，导致世俗对儒者充满恶劣印象。

当然，世人眼中的"儒"，未必即指作为学派的孔门儒家。在当时，可能存在一批从事"相礼"职业的原始意义上的"儒"，这一身份使他们更为贴近民众日常生活，其德行则未必尽如人意，故世人对此类"儒"，颇有歧视之意。孔门后学被称为"儒"，可能因为礼乐乃孔门教学之先务，弟子们娴习礼仪，时常担任各种礼仪场合的傧相，故世人往往将之与世俗之"儒"混同。由于儒家执守古礼，在礼坏乐崩的社会激变时代，其行为在众人眼中难免显得格外迂阔不合时宜。同时，孔门之教延续的是三代贵族文化教养传统，而战国社会正走向一个平民化时代，儒者也不免因其平民身份与贵族气派的不协调而被社会大众视为异类。《儒行》称那个时代"众人之命儒也妄，常以儒相诟病"，或许是对当时儒家处境的真实写照。特别是儒服，成为世人戏谑的对象。对此，儒家必然要多方予以回应和反击，前述《荀子》之言即是一例，意在阐述所服与所行的互动关系。《儒行》则代表另一个辩驳思路，强调诸子对儒家的攻击根本是无的放矢。《儒行》开篇即将"儒服"问题一笔荡开：

鲁哀公问于孔子曰："夫子之服，其儒服与？"
孔子对曰："丘少居鲁，衣逢掖之衣。长居宋，冠章甫之冠。丘闻之也，君子之学也博，其服也乡，丘不知儒服。"

"逢掖之衣""章甫之冠"被诸子和世人视为儒服的关键特征，但《儒行》称，这不过是入乡随俗而已，并无特殊的身份和价值象征意义。《儒行》完全放弃了为"儒服"辩护的努力，目的在于向世人宣布，诸子对儒服的关注根本是为了实现非毁儒家的目的而人为制造的假问题，意在将儒家涂抹为一个徒有其表、有服无行的伪诈形象。儒服根本不构成儒者的表征，只有儒行才是儒之为儒的根本条件。接下来，《儒行》用自豪而热情洋溢的口吻排比列举了十几种儒者之德行。

二 《儒行》疏义

《儒行》所举儒者行谊，孔颖达以为凡十七条，"其从上以来至下十五条，皆明贤人之儒。其第十六条明圣人之儒，包上十五条贤人儒也。其十七条之儒，是夫子自谓也。"① 今姑依此说，略为诠次。

"贤人儒"之行凡十五条。

其一曰：

> 儒有席上之珍以待聘，夙夜强学以待问，怀忠信以待举，力行以待取：其自立有如此者。

此条乃儒行条目之首。以"自立"为本，正是为了驳斥墨家关于儒者怠惰无行，乞养于权贵之说。"席上之珍以代聘"明儒者自爱，必不肯自污求进；"夙夜强学以待问"见儒者励志勤学，绝非偷惰无所事事；"怀忠信以待举"见儒者有忠信之德，虽足任用，亦必待举而行，而不希求干禄。"力行以待取"言儒者有力行之诚，有足取者，而犹不肯苟且求仕。此条意在说明身为儒者，其第一要务，即在于强学力行以成就自我德性才学，使自己足堪大任，此所谓"自立"。

其二曰：

> 儒有衣冠中，动作慎；其大让如慢，小让如伪；大则如威，小则如愧；其难进而易退也，粥粥若无能也：其容貌有如此者。

此条言儒者之容貌。容貌反映一个人的精神世界和教养品质，现实生活中，容貌本属人之德行的重要表现形式，因此也是儒者所重视的自修内容。《儒行》所举容貌包括衣冠、动作、辞让等几方面。正是在这

---

① 孔颖达：《礼记正义》卷五十九。

些问题上,儒者往往显示一系列极容易令世人误解的特征。"衣冠中,动作慎"意在避免标新立异、耸动观听,此《中庸》所揭示的日用伦常之道,却往往被众人视为平庸;取予授受之际,崇廉洁,尚辞让,则大让被误认为傲慢,小让被指为虚伪;临事而惧,则遇大事被理解为畏葸,处小事被视为怯懦;自重其道,故难进;不恋禄位,故易退,又时常被误解为无能的表现。但对儒者而言,其中自有一贯的原则。这一节也是对各种世俗攻击的回应。

其三曰:

> 儒有居处齐难,其坐起恭敬;言必先信,行必中正;道涂不争险易之利,冬夏不争阴阳之和;爱其死以有待也,养其身以有为也:其备豫有如此者。

此条言儒者之备豫。备豫者,警惕祸患,豫为防备之意。备豫的方式是行为谨饬恭敬,言语行为以诚信中正为归,谦退避让不与人争利。世俗往往因此误以为儒者怯懦,《儒行》指出,备豫的目的是为了实现更高远的理想,即"有待""有为",不为无益之争。

其四曰:

> 儒有不宝金玉,而忠信以为宝;不祈土地,立义以为土地;不祈多积,多文以为富。难得而易禄也,易禄而难畜也。非时不见,不亦难得乎?非义不合,不亦难畜乎?先劳而后禄,不亦易禄乎?其近人有如此者。

此条论儒者之"近人",意在说明儒者绝非墨家所形容那般"浩居自顺",而是平易近人,易于相处。此处所谓"近人",特别指向执政者。墨家将儒者描述为傲慢不可接近,正是希望影响执政者对儒家的态度。《儒行》指出,儒者并非傲慢,而是有着自己的价值原则和德行操守,因此"不宝金玉""不祈土地""不祈多积",表现在出处之际,便显得"难得""难蓄",然而因为儒者重道义而轻利禄,故同时又"易禄"。此正儒者之近人处。

其五曰：

  儒有委之以货财，淹之以乐好，见利不亏其义；劫之以众，沮之以兵，见死不更其守。鸷虫攫搏不程勇者，引重鼎不程其力；往者不悔，来者不豫；过言不再，流言不极；不断其威，不习其谋：其特立有如此者。

"特立"言儒者有拔俗特出之节操行谊。"见利不亏其义""见死不更其守"，明其不为外物所夺，富贵不能淫，威武不能屈，其根源在于儒者坚定的价值立场，一切以道义为准的行事原则。义之所在，奋勇而行，不程其勇、力，正是孟子所言"自反而缩，虽千万人，吾往矣"的豪情。世人但见儒者有备豫之行，即妄作畏怯偷懦之讥，不知儒者自以勇为三达德之一。然儒者之勇，并非匹夫血气之勇，而是以义理为本，其勇较之血气之勇，更为坚定。

其六曰：

  儒有可亲而不可劫也，可近而不可迫也，可杀而不可辱也；其居处不淫，其饮食不溽，其过失可微辨而不可面数也：其刚毅有如此者。

此条极言儒者之刚毅，与上条言"特立"之意相承，唯最后言"其过失可微辩而不可面数"颇有过当之处。故吕大临辩之云："此一句疑尚气好胜之言，于义理有所未合也。所贵于儒者，以见义必为，闻过而改者也，何谓'可微辩而不可以面数'？待人可矣，自待则不可也。子路闻过则喜，孔子幸人之知过，成汤改过不吝。推是心也，苟有过失，虽怨詈且将受之，况面数乎？"①

其七曰：

  儒有忠信以为甲胄，礼义以为干橹，戴仁而行，抱义而处，虽

---

① 卫湜：《礼记集说》卷一百四十七引。

有暴政，不更其所：其自立有如此者。

此条亦以"自立"为目，但与第一条意义有别。孔颖达辨之云："第一儒言自立者，谓强学力行而自修立也。此经自立者，谓独怀仁义忠信也。"① 吕与叔则称："首章言自立，论其所学所行足以待天下之用而不穷；此章言自立，论其所信所守足以更天下之变而不易。二者皆自立也，有本末先后之差焉。"② 此条与前面两条意思连贯，皆强调儒者之勇德。

以上数条，言儒者之勇。

其八曰：

儒有一亩之宫，环堵之室，筚门圭窬，蓬户瓮牖，易衣而出，并日而食；上答之不敢以疑，上不答不敢以谄：其仕有如此者。

此条言儒者出仕之义。儒者之仕，为行道利民，而非贪图利禄，故而即便穷困拮据，也绝不可能以谄媚的方式枉道求利。

其九曰：

儒有今人与居，古人与稽，今世行之，后世以为楷；适弗逢世，上弗援，下弗推；谗谄之民，有比党而危之者，身可危也，而志不可夺也；虽危起居，竟信其志，犹将不忘百姓之病也：其忧思有如此者。

此条论儒者之"忧思"。忧思的主题是存道义，立德性。存道义，故古人与稽；立德性，故后世以为楷。儒者的理想（"志"）使他们无法采取一种淑世主义态度，故其言行不免时时显示与"今人""今世"的不协调，他们亦因此为当世之人所侧目。但这并不表示儒者对现实缺乏关切，相反，对"百姓之病"即民生疾苦的关怀正构成其道义德行

---

① 孔颖达：《礼记正义》卷五十九。
② 卫湜《礼记集说》卷一百四十七引。

的基本内核。

其十曰：

> 儒有博学而不穷，笃行而不倦，幽居而不淫，上通而不困。礼之以和为贵，忠信之美，优游之法，慕贤而容众，毁方而瓦合：其宽裕有如此者。

此条言儒者之"宽裕"，宽裕者，宽容大度之义。儒者有特立独行、高卓勇毅而超世拔俗之德行，故能有上述博学而不穷等节操，但这也容易造成儒者不近人情，缺乏亲和力的印象。但《儒行》指出，儒者之行，以礼为本，而礼以和为贵，故待人以忠信，呈显优游宽容之气。刚柔相济，方是儒者德行之全体。

其十一曰：

> 儒有内称不辟亲，外举不辟怨；程功积事，推贤而进达之，不望其报；君得其志，苟利国家，不求富贵：其举贤援能有如此者。

此言儒者之"举贤援能"。举贤援能显示儒者的胸怀，对他人才能的肯定和欣赏，突出儒者所具有的公而忘私之德。

其十二曰：

> 儒有闻善以相告也，见善以相示也；爵位相先也，患难相死也；久相待也，远相致也：其任举有如此者。

此条论儒者之"任举"，主要阐述儒者的交友之道。朋友有信，故要在相观而善，患难相死，此朋友之任；爵位相先，远而相致，此朋友之举。

其十三曰：

> 儒有澡身而浴德，陈言而伏；静而正之，上弗知也；粗而翘之，又不急为也；不临深而为高，不加少而为多；世治不轻，世乱

不沮；同弗与，异弗非也：其特立独行有如此者。

此条言儒者之特立独行，与第五条言"特立"似有重复。古人曾予以多方辨析，如孔颖达认为："前云特立，但明一身勇武，不论行之所为。此经所云，非但身所特立，又独有此行为独行，故更言特立也。"应氏以为与前章之特立相比，"特立独行"意味着"非但处而特立于一身，亦出而独行于一世"。

其十四曰：

> 儒有上不臣天子，下不事诸侯；慎静而尚宽，强毅以与人，博学以知服；近文章，砥厉廉隅；虽分国如锱铢，不臣不仕：其规为有如此者。

此条明儒者之"规为"，即行事遵循严格的原则法度之义。不臣天子，不事诸侯，不枉道从君，所以高尚其事。虽严肃刚毅而能宽容温和，虽博学而不自矜大，有文章之美而又有廉隅之严，见其行为能合乎中道。不为荣利所动，严守道义，此皆儒者之矩矱。

其十五曰：

> 儒有合志同方，营道同术，并立则乐，相下不厌；久不相见，闻流言不信；其行本方立义，同而进，不同而退：其交友有如此者。

此条论儒者交友之道，意在阐明儒者交友，以志同道合为本，以彼此信任为要。

以上十五条被孔颖达称为贤人儒之行。

其十六曰：

> 温良者，仁之本也；敬慎者，仁之地也；宽裕者，仁之作也；孙接者，仁之能也；礼节者，仁之貌也；言谈者，仁之文也；歌乐者，仁之和也；分散者，仁之施也。儒者兼而有之，犹且不敢言仁

也。其尊让有如此者。

此条自称意在阐述儒者有"尊让"之行，但事实上讨论的中心主题是仁。仁是儒家德行论的核心主题，也是诸德之首。此条句式与前述诸条稍有不同，句前未使用"儒有"某某德行的表述方式，因为其所阐述的不是一般意义上的儒行具体条目，而是意在将儒者之德行归结于仁。仁贯彻于所有的儒者德行之中，这里举出的温良、敬慎、宽裕、孙接、礼节、言谈、歌乐、分散诸德包含了从内在精神修养到外在社会生活的各方面，《儒行》强调这些都是仁之实现方式和途径。就此而言，本条在全篇中具有总结性意义。《儒行》称"儒者兼而有之"，故孔颖达以为此条不与上述十五条，而应是对圣人儒的刻画。

其十七曰：

> 儒有不陨获于贫贱，不充诎于富贵，不溷君王，不累长上，不闵有司，故曰儒。

此条从句式上看，为儒者之行的最后一条，同样并未依循前面各条通例，虽然句前使用了"儒有"字样，但句末则不再言"其某德有如此者"，这说明本句的意图也不在阐述某种具体的儒者德行，而是对儒的形象进行一个综合式的概括说明。而关注的焦点则在于儒者的自立守道，故皆以"不"这样的否定性词语表达，以示儒者绝非诸子和世俗恶意描述的形态。孔颖达以为此乃夫子自道，则未必然。

三 《儒行》综论

《儒行》在《礼记》中，是一篇风格较为独特的文章，尤其表现在其文风之铺张扬厉和叙述语调背后强烈的论辩意图上。可以说，《儒行》的写作在很大程度上是出于儒家的自我辩护目的。恰如文中最后点明的那样，讨论儒行，乃是因为"今众人之命儒也妄，常以儒相诟病"。如前所述，诸子和世俗对儒家的攻击主要是认为儒者偷惰苟安、傲慢无实，而这些，正是《儒行》着力辩驳的重点。因此《儒行》并不是对儒者德行道义的全面性理论概括和分析。后人因为不了解《儒行》的论战性意旨,故而对其表示过种种批评和不满。如陈澔《礼记集说》引李氏云:"《儒行》非孔子之言也,战国豪士所以高世之节耳。其条十有五,然旨意重复,要其归,不过三数途而已。一篇之内,虽时与圣人合,而称说多过。"① 吕大临则在一定程度上看到了其论争意味。故云:"儒者之行,一出于义理,皆吾性分之所当为,非以自多求胜于天下也。此篇之说,有矜大胜人之气,少雍容深厚之风,似与不知者力争于一旦。窃意末世儒者将以自尊其教,有道者不为也。"②

理解了《儒行》的论辩主题,则可以对其内容作更为中肯的评价。我们将很容易发现,《儒行》所列德行条目,以阐述儒者之立身清正、刚强勇毅为重点。在世俗和诸子的偏见中,儒者的行为和形象总是受到种种扭曲:甘于清贫则被指为懒惰无能,守道不仕则被视为傲慢自大,温和逊退则被斥为柔弱怯懦,庄重礼貌又被称为虚伪无实。《儒行》为此着力强调儒者之立身行事有根本的道义原则,因此展现不为世俗所理解的独立人格和行为方式。篇中首言儒者之"自立",之后又言其"特立",第七条复言"自立",第十一条极言"特立独行",皆是为了塑造儒者独立于世,坚定清正,不为流俗所溷的伟岸形象。第八条之"仕",第十四条之"规为",亦同此意。与强调儒者自立之清相应的,是突出儒者行事之勇。《儒行》第五条言"特立",本身即是勇德的体现,第六条直言"刚毅",辞气更为激切。"立"与"勇"两大主题在《儒行》中完全融为一体,成为全篇的思想主干和最具神采的部分。

对《儒行》而言,儒者之温和宽容、谦恭礼让与前述自立、刚勇之德并不矛盾。因为儒者以清正之节自立,以勇毅之德自行,待人接物则以忠恕之道为本,故又呈现宽裕温柔的一面,两者之间恰恰是互相协调的。这也是儒家人格理想的重要原则,即努力实现文质、刚柔等表面冲突的德行之相济互补,只有这样才是儒家所理想的完满人格,这也是儒家所倡导的中庸之道的一种根本实现方式。达到这一理想形态,也就实现了作为最高德行理想的"仁"。

---

① 陈澔:《云庄礼记集说》卷十引。
② 卫湜:《礼记集说》卷一百四十七引。

第五章

《礼记》通论部礼乐政教思想疏义（下）

如本书第三章概述《礼记》通论部文献时所言，《坊记》《中庸》《表记》《缁衣》可能是子思学派的作品。尤其是《中庸》一篇，包举天人，格局恢弘，旨趣高远，思理深密精纯而又平正通达，儒家礼乐政教的义理纲维于其中全面开显，其理论成就在中国哲学史群籍中亦罕有伦匹。但鉴于《坊记》《表记》《缁衣》三篇的文章结构和思想主题略显松散，许多内容与儒家礼乐释义理论并无紧密关联，故本章不复对之逐句繁文碎解，而是集中讨论与礼乐教化主题密切相关的几个重要观点，主要是《坊记》的"礼以坊德"说，《表记》《缁衣》的仁义观和文质论。至于《中庸》，宋明以来相关注疏和研究文献堪称汗牛充栋，历代学者研文析理，几于茧丝牛毛，靡不辨析。故本章亦不拟对之进行细密的疏释工作，而重在举其宏纲，以抉发贯穿于中的礼乐政教微旨。

第一节 《坊记》《表记》《缁衣》：仁义文质之道

一 《坊记》："君子礼以坊德"

《坊记》之主题在以礼义为民之坊，使其德行无过差之患，如堤防之防止水患。礼之规范义与节制义，在《坊记》中得到系统的阐述。《经解》中也有相似提法："夫礼禁乱之所由生，犹坊止水之所自来也。"这一观念来自对民众在现实生活中表现的心性、德行之不稳定性的深刻观察，因此确信必须通过制度化的方式予之适当规范。

《坊记》着重从贫富贵贱之差、父子君臣之道、男女夫妇之别等角度论述以礼为坊之义，其首章开宗明义揭示宗旨：

> 子言之："君子之道，辟则坊与？坊民之所不足者也。大为之坊，民犹逾之。故君子礼以坊德，刑以坊淫，命以坊欲。"

本章在《坊记》全篇中具有纲领性意义，指出君子之道的基本功能在于"坊民之所不足"。郑玄以为"民所不足谓仁义"，固无不妥，但稍嫌拘隘。汪绂谓"不足，犹言过失"，更为妥帖。民有所不足，有过失背德之心思、行为，故须以礼禁制之，具体而言，即"礼义坊德，刑以坊淫，命以坊欲"。君子之道所设立的"坊"分三类，其间有内在的次序关联。首先是礼以坊德，属于第一道大坊，也是最基础、最核心的坊，其特点是"禁于未发之前"，预先设定对人之情志行为的制约与指引，使民众不致有失德之行，并通过礼之教养，使人成德。故"礼以坊德"有二义：一为以礼坊民之失德，一为因礼之坊而养成德性。所谓"坊"本身包含了积极的意味，与纯然消极禁止意义上的"坊"有所不同。"刑以坊淫"则是在人有逾礼义之坊的行为后采取的惩治措施。淫者，陷溺之谓，陷溺于各类放僻邪侈、非义贼道之举而不能自拔。此时礼已不足以制之，故以刑为之坊，以惩创戒惧之。淫虽表现为外在的非礼无法之行，其根源则在于人之欲求不知界限、无所餍足。人之欲望深藏于心，不见于外，非礼、刑可制。"命"正是试图超越外在的制度层面而进入观念层面。但命较之礼、刑，似更为根本，却也最难推行落实，缺乏可控性。① 至于刑以坊淫，在儒家看来，乃是不得已之举，并非根本之道。因而《坊记》虽将礼、刑、命并列为三道大坊，但实以对礼之讨论为主。

《坊记》首先关注的是礼对人情之节制作用：

---

① 对于"命"，郑玄的解释为"教令"，即《论语》所谓"道之以政"的"政"。但政何以能"坊欲"？而且与"刑以坊淫"一语内容近似重复。故宋儒多将此处"命"作"死生有命"之"命"解。如应镛以为："人之欲无穷，非防闲所可尽，圣人于是有命之说焉。命出于天，各有分限，以是防之，则觊觎者塞，羡慕者止，而欲不得肆矣。"（《礼记集说》卷）宋儒说于义较长，今从之。

子云："小人贫斯约，富斯骄。约斯盗，骄斯乱。礼者，因人之情而为之节文，以为民坊者也。故圣人之制富贵也，使民富不足以骄，贫不至于约，贵不慊于上，故乱益亡。"

"因人之情而为之节文"中的"情"乃"情实"而非"情感"之意。《坊记》考察人之情实，首先从贫富之类对人之生活有突出影响的物质环境入手。"小人"本社会地位而言，普通人往往为环境所左右，呈现"贫斯约，富斯骄"的行为特征。《坊记》对人情之观察，是相当冷静而现实的，也证明儒家并非如一些学者所指责的那样，对人性持有某种盲目的、浪漫主义的乐观看法。① 《坊记》因为对人情之深切体察而表现出对礼义制度化形式的高度热情，但主张"因人之情而为之节文"，而非拂逆矫治人情，使之听命于某种纯然人为的外部规制。"节文"正体现其与"人情"之自然契合：使之有节制、限度而不至流于放任恣肆，谓之节；使之美化和谐而不至于粗鄙野蛮，谓之文。节文乃所以成就人之情性而非扼杀人之情性，如叶梦得所言：

先王所以坊民者大矣。夫道散而难名，民聚而无所定，方当教化未明之初，天下之人无有君臣上下尊卑长幼之节，圣人制礼以先民，立坊以示之，凡所以使民安行于坊范之中，得以遂其所欲，然后饮食男女、养生遂死之具皆得安其所当然。由是言之，君子之为礼，非以禁其欲而行之，乃是为之坊以遂其欲也。譬如人之一身，自顶至踵，皆有以自卫，寒则有寒之坊，暑则有暑之坊。方其见所尊、对所敬，在外而有其坊；方其燕居亵服，在内而有其坊。使此身无坊，岂能一日安养？②

叶氏解释礼为民坊之义，直承荀子"礼者养也"之说而来，亦足

---

① 儒家对人性之理解，除了孟子的性善论系统，还有荀子的性恶论视角，以及汉儒的性善情恶说等。尽管宋明儒家对荀卿多有微词，但荀子思想一直保持其潜在影响力，特别是在礼学中，其观念痕迹更为明显。

② 卫湜《礼记集说》卷一百二十一引。

见礼之防闲禁制义中内在地包含了养护成全之义。不明此理，势必会造成对礼之精神的理解偏失。

《坊记》对人情的观察首先集中于面对富贵、贫贱等不同境遇时民众所表现的"人情之欲"，这恰是最贴近民众现实生活之日常形态的。如《礼运》所言："死亡贫苦，人之大恶存焉。"《论语》也称："富与贵，是人之所欲也"，"贫与贱，是人之所恶也"。承认这是普通民众的正常心理。因此，儒家并非不承认更非排斥人之自然心理欲求和倾向，而是指出此类欲求若不加规范和引导，则会对社会生活秩序造成破坏性影响，故而肯定礼义之坊是节制人情，维系社会秩序的根本方式。《坊记》特别指出，圣人制礼的原则在于中道，"使民富不足以骄，贫不至于约"。儒家对贫富差别的处理方式体现其一贯的中道立场。总体上看，儒家的经济思想，如许多学者指出的，属于"社会主义"式的，即主张国家对社会资源财富实行适度的管理、调控和再分配，以克服外在偶然因素导致的不公和可能引发的阶层对立与社会动荡。但儒家也不主张人为性地完全消除贫富之别，这一点正体现对自然秩序的承认。儒家一贯的态度是承认自然，而后予之以人文精神的提升与转化。当然，在自然秩序和自然状态问题上，可能引发争议。也许有人会提出，人类社会本就是群体组织形态，并无所谓自然状态。或者认为自然状态是低级的、不合理的——严格上讲是不理想的。的确，人类社会是在人的自觉塑造行动中不断演变着的，这一点也为儒家所特别重视。儒家极言"文"与"教"在人类生存中的根本意义，正是努力要以人文和教化理想重塑人类社会。但儒家也坚持此人文教化理想并非与人之性情及自然秩序相违逆、对抗的反自然形态，而是与自然相协调并有以调校自然状态之不足，同时展示人之创造与审美精神的人文生活形态。如果出于某种纯然人为的理想性原则改造社会，将社会强行纳入一种与自然相悖的轨道，势必会造成严重后果。①

与贫富同列的是贵贱。在古代社会，贵贱之别较之贫富之殊更为

---

① 如孟子批评许行"并耕"主张时所指出的那样："夫物之不齐，物之情也，或相倍蓰，或相什佰，或相千万。子比而同之，是乱天下也。巨屦小屦同贾，人岂为之哉？从许子之道，相率而为伪者也，恶能治国家？"

严格，也是传统礼制所重点突出的内容。《坊记》云："夫礼者，所以章疑别微，以为民坊者也。"所谓"章疑别微"，主要是从明贵贱之别，防止僭越的意义上言，核心是君臣之分，最终落实于敬让之风的形成，即"民有所让"。贵贱之别是古代社会的重要特征之一。这一社会结构形式在近代之后逐渐被颠覆而消亡，平等取而代之成为现代性思想的核心主题之一。因此，等级制度在现代政治观念语境中被认为是错误的甚至是邪恶的，处于后启蒙状态中的现代人很难理解古人对等级秩序的认同与重视。但一定程度上讲，差序格局恰是古典政教精神的核心要义之一。不过，我们在考察古典思想时，需首先分别历史实存的等级制度与思想家理想的等级秩序，前者对等级的划分主要依据血统（财富在古代甚至都是很次级的因素），后者则主要基于人之智慧、才能与德行之层级。儒家对于历史上的血统贵族及其特权同样持严厉的批评态度。认为由德能优异的贤人君子管理的国家社会才是更理想的，这一思路自有其理论的合理性，并且构成古代思想家解决政治问题的主体方案。对古人而言，基于"选贤与能"的等级划分才是最合乎正义法则的制度形式。事实上，即便在现代民主政治格局中，也同样保留了传统政治思想"贤者在位，能者在职"的基本诉求。在实际的行政管理和制度运作中，某种意义上的等级秩序更不可避免。因此，平等诉求与等级秩序的观念冲突仍然在现代语境中以某种方式持续，从政治哲学的意义上讲，这一问题远未终结。古人将等级秩序仪式化，使之成为礼制的主导要素之一，这是近代以来传统礼制秩序饱受诟病的原因之一。但如果从上述古代政治思想的等级秩序构想出发，将礼制对贵贱之等的分别视为其理想化等级秩序的一部分，则亦不必对其内涵抱持太多成见和敌意。

二 《表记》《缁衣》：仁义之德与文质之辨

本章开头引王船山说，以为《表记》乃续《坊记》而作，而《缁衣》与《表记》本为一篇。其思想主旨，则如船山所言，《表记》"以敬为本，以仁义为纲，修身以立民极之道尽矣。"① 《缁衣》所述，则

---

① 王夫之：《礼记章句》，《船山全书》第四册，岳麓书社1991年版，第1359页。

"以好恶言行为大旨。盖好恶者，仁之端；言行者，义之实。君子之居仁繇义，以正己而物正者，于此焉慎之，则不待刑赏而民自从矣。"①《缁衣》的主体内容，实为《表记》仁义主题的延续。因此本节将以《表记》为主讨论其仁义观，对《缁衣》相关内容不再一一引述、分析，并将阐释重点集中于《表记》的文质论，以考察其在儒家礼乐释义理论发展历史中的地位与意义。

"表记"这一题目在《礼记》中也颇为特别。郑玄《三礼目录》认为此名缘于文中主要"记君子之德见于仪表"。若就前九章而言，郑说尚勉强可通，考之全篇，则扞格难通。吕大临认为："《礼记》名篇亦多取篇中字为目，如《檀弓》、《玉藻》、《缁衣》之类。此篇论仁为多，而篇中有云：'仁者天下之表'，恐取此义以名篇。"任铭善《礼记目录后案》亦云："此篇文曰：'子言之：仁者，天下之表也；义者，天下之制也；报者，天下之利也。'名曰'表记'者，盖一篇之精义在此，故取以为名耳。"②虽属推测之辞，于义更长，似较可取。

《表记》篇中称"子言之"，凡有八处，皇侃以为"皆是发端起义，事之头首，记者详之，故称'子言之'。若于'子言之'下，更广开其事，或曲说其礼，则直称'子曰'。"③准此，则《表记》全篇大致可分为八章。孙希旦曾对各章主题如此概括：

> 自首章至第九章为第一支，言君子持身庄敬、恭信之道，而言敬之义为详。自第十章至第十六章为第二支，兼明仁、义、报三者之道。自第十七章至第二十三章为第三支，专明仁之道。自第二十四章至第二十七章为第四支，专明义之道。自第二十八章至第三十三章为第五支，以虞、夏、殷、周之治，明"凯弟君子"之义。自第三十四章至第四十五章为第六支，明事君之道。自第四十六章至第五十章为第七支，明言行之要。自第五十一章至第五十五章为

---

① 王夫之：《礼记章句》，《船山全书》第四册，岳麓书社1991年版，第1359页。
② 任铭善：《礼记目录后案》，齐鲁书社1982年版，第71页。
③ 孔颖达：《礼记正义》卷五十四引。

第八支，明卜筮之重。①

《表记》最突出的一个特点是，文中较少见到对显性的制度、仪式意义上的礼乐的直接引述与诠解，这与《礼记》大部分篇章写作风格存在不小差异，也成为一些学者怀疑其与礼乐主题无关的一大理由。但仔细梳理其内在思想结构，则会发现礼义关切同样是《表记》的主旨，只是作者将之引向一种内在化的心性论思考路向，这恰是子思学派在礼乐问题上的重要思想特征。《表记》中与礼乐政教传统有着明显联系的是其"敬"思想和虞夏商周政教文质演替说。

《表记》第一部分的主题是"敬"。"敬"与礼的关系最为密切，礼以敬为本，是内心诚敬之意的形式化。这一思想虽渊源于对祭礼的理解，但很早便普泛化为对礼之精神的一般性把握。因此，《表记》的第一章也是对礼义的集中论述，特别着重于敬所表现出的精神态度之庄重严肃，而并未完全将之心性哲学化。正因此，此敬与仪表意义上的形貌、言语之礼之间形成直接的内外表里关系，突出了外在的礼之仪容必本诸内在庄敬之义的主旨。关于敬，本书将在论祭礼部分进行更细致的分析，此处不再详论。

《表记》第二、三、四章重在阐明仁、义、报三者之道。仁、义二者在儒家思想中的地位自不待言，此处引人注目的是"报"的提出及其被置于和仁、义同等的地位。对仁、义、报，《表记》如此理解：

> 子言之："仁者，天下之表也。义者，天下之制也。报者，天下之利也。"

仁、义、报三者构成《表记》政教措施的三个核心。其中，仁是作为一种德行理想和价值标尺而被提出的，义担负着现实的制度规范功能，而"报"，则指涉一种社会性的调控机制和效果法则。

"仁为天下之表"一语对仁之定位耐人寻味。所谓"表"，非外在

---

① 孙希旦：《礼记集解》，中华书局1989年版，第1297页。

形貌之谓，而是标准、目标之意。仁为天下树立起一个德行与生命理想之标准，使整个社会得到明确的价值引领。义为天下之制。物各有分宜、节度，顺之而裁断，即是义。因此，义乃对现实事物的合理规制，是各类社会秩序规则之本。至于"报"，自郑玄以来，即以《曲礼》"礼尚往来"为据，直接将之解释为"礼"，后世注家多从郑说。但郑说曲折难通，实不可从。事实上，《表记》对"报"之义本有明确论说：

> 子曰："以德报德，则民有所劝；以怨报怨，则民有所惩。《诗》曰：'无言不雠，无德不报。'太甲曰：'民非后，无能胥以宁；后非民，无以辟四方。'"
> 子曰："以德报怨，则宽身之仁也。以怨报德，则刑戮之民也。"

"报"的根本原则是"以德报德"和"以怨报怨"。过去不少学者对"以怨报怨"一语深感困惑，因为这一带有鲜明报复色彩的行为原则与孔子所主张的"以直报怨"亦大相径庭。须知，《表记》之"报"实际上代表了群体性的社会公正原则。如社会通过司法机构对犯罪行为的惩罚，即可理解为社会性的"以怨报怨"，这恰是"义"道贯彻于社会生活时的基本要求。与此合义之报相比，"以德报怨"和"以怨报德"皆属于个体性的极端化的行为模式，并不合乎社会正当性的"义"之要求，因而都遭到《表记》的批评。

《表记》又将仁、义之别概括为"亲"与"尊"之殊。

> 仁者，右也；道者，左也。仁者，人也；道者，义也。厚于仁者薄于义，亲而不尊；厚于义者薄于仁，尊而不亲。

对于《表记》此处的仁义论说，历代注家言人人殊，此处不烦一一列举。《表记》以左、右方位关系喻指仁、义关系，其意图或如郑康成所说："左也，右也，言相须而成也。"此外《表记》将"道"等同于"义"，而列于"仁"之下，也往往令习惯于将"道"理解为形上本原的后世学者深感困惑，但只需将《表记》之意与《中庸》对"道"的解说相参证，问题便迎刃而解。《中庸》首章言："天命之谓性，率性之谓道"。"道"在先秦儒家特别是子思一系的理论系统中，并非意指形上本原，而是"性"（即人、物的现实生命之体）自然生成和呈露的生命形式、路径与法则。道即显现为事物之宜，故与"义"内涵相同。与道相比，仁是本于并直接与此性体为一的，故"仁"在《表记》哲学中，具有对"道"即"义"的理论和价值优先性。

"仁"作为价值理想虽然绝非"爱人"二字所能涵盖，但仁首先表现为对人之生命成长的关切与体认，其中自然内涵宽容慈惠、恻怛爱人等情感内容。因而仁天然地倾向于"亲"，即温柔慈和。"义"强调以制度名分为严格界限，突出人对此制度名分界限的敬畏，故天然地倾向于"尊"。由此自然引生出仁、义之分的另一个层面，即由于人之性情偏主而导致的亲、尊之分。在《表记》中，有作为价值理想的至德之仁，有与义相对而言的德目之仁。前者可包涵义，后者则代表与义之"尊"相对的"亲"。这一观念在《表记》对"仁之难"的感慨中清晰可辨：

> 君子之所谓仁者，其难乎！《诗》云："凯弟君子，民之父母"。凯以强教之，弟以说安之，乐而毋荒，有礼而亲，威庄而安，孝慈而敬，使民有父之尊，有母之亲，如此而后可以为民父母矣，非至德其孰能如此乎！
>
> 今父之亲子也，亲贤而下无能。母之亲子也，贤则亲之，无能则怜之。母亲而不尊，父尊而不亲。水之于民也，亲而不尊，火尊而不亲。土之于民也，亲而不尊，天尊而不亲。命之于民也，亲而不尊，鬼尊而不亲。

理想的德行是尊、亲兼备，予两者以恰切的平衡，使之相互协调。但世人之行，往往因气禀刚、柔之殊而有尊、亲之差。《表记》以父、母亲子之道喻之，最为亲切。由此广及天地万物，莫不有尊、亲之别。

《表记》由仁义尊亲之道引申出一种文化哲学和历史哲学，此即著名的虞、夏、商、周文质演替说：

> 子曰:"夏道尊命,事鬼敬神而远之,近人而忠焉,先禄而后威,先赏而后罚,亲而不尊;其民之敝:蠢而愚,乔而野,朴而不文。殷人尊神,率民以事神,先鬼而后礼,先罚而后赏,尊而不亲;其民之敝:荡而不静,胜而无耻。周人尊礼尚施,事鬼敬神而远之,近人而忠焉,其赏罚用爵列,亲而不尊;其民之敝:利而巧,文而不惭,贼而蔽。"
>
> 子曰:"夏道未渎辞,不求备,不大望于民,民未厌其亲;殷人未渎礼,而求备于民;周人强民,未渎神,而赏爵刑罚穷矣。"
>
> 子曰:"虞夏之道,寡怨于民;殷周之道,不胜其敝。"
>
> 子曰:"虞夏之质,殷周之文,至矣。虞夏之文不胜其质;殷周之质不胜其文。"

《表记》认为历史的不同阶段亦如人之性情一般,因为时代风尚之差异而呈现文化精神的偏向性。上述引文首先列举夏、商、周三代所尊尚之不同,其文化差异即由此引申而来,主要包括对鬼神的态度和与之相应的对民众之态度,赏罚之先后与其中所体现的尊、亲精神之不同,以及在这种文化氛围中民众可能出现的性情与行为偏失。关于夏道尊命,传统经学解说大多以郑玄注为本,认为命即是人君"四时政令,所以教民劝事也"。孔颖达更以为"人君教令随四时以教于人,欲人生存,是亲也。附近于民,使民勤事,是不尊"。[①] 但这一类解说未免将夏代政治文化过于理性化和世俗化,恐怕与真实的历史相去甚远。当然,《表记》也可能正是在表述一种不同于今人理解习惯的历史哲学,夏、商、周三代间乃是不同文化类型的演替,而不是今人所关注的进步、发展之类,它们文化精神之差异更多基于一种偏胜形态与补救意图。但将"命"解为政令,与《表记》"命之于民也,亲而不尊"的论断颇觉凿枘。陈来先生曾根据其夏、商、周三代由巫觋文化经祭祀文化

---

① 孔颖达:《礼记正义》卷五十四。

向礼乐文化递进的观念,将夏之尊命解释为"尊占卜之命,巫觋之行",[①] 较之传统说法更贴近《表记》思想。此处还存在另一种解释可能,即以命为命运、命数之命,"夏道尊命"可能意味着,夏代人认为现实世界一切事物,包括鬼、神,皆完全受制于一种不可改变、不可理解的神秘力量。无论鬼神还是人,其行动对事情的发展都影响甚微。这或许是先民最质朴的宇宙神秘感之体现,在此,鬼神的精神力量都未能彰显,而人与人之间则保持着原始的淳朴态度,更富有自然的亲和性。命具有"亲而不尊"的特点,因为命在此是一种缺乏内在精神自觉的、盲目的力量,人人都在其生命中内在地亲证命运的力量,但却不可能有敬畏之心。此时的民众精神尚处蒙昧状态,质朴无文。

"殷人尊神",此"神"乃合鬼神而言。鬼神地位的提升意味着精神力量的显现。鬼神和命数一样是神秘的,但鬼神之神秘不同于命数,鬼神是有着内在精神自觉的、灵性的因而是自由的力量,因此也是变化的,并且与人有着互动关系的力量。"尊神"意味着精神力量被人所觉知,人意识到了鬼神所体现的精神自由力量,由此人之内在精神被唤启和凝聚,呈现为对鬼神的敬畏之心。敬畏不是一些世俗肤浅理解所认为的那样,仅仅是匍匐于神秘力量之下,敬畏恰意味着人之精神自觉,并朝向更高的精神敞开自身。但对鬼神的敬畏,乃是一种对异己事物的敬畏,精神于此中得到凸显,但却是以一种异于人因而对人形成压力的方式呈现自身。人还未达到对人之力量的自觉,即人文精神的凸显。这时人往往生活于对鬼神的之存在与活动的强烈不安之中,将一切寄托在不可捉摸的鬼神上,故而人心"荡而不静"。人自身的生活确定性法则,即人的精神力量无法真正透显,人文的特别是道德的价值与精神未能得到充分的关注,此即《表记》所说的"胜而无耻"。

周人"尊礼",此处所谓"礼",乃用以指称一种人类社会的制度与文化生活样式,是人文精神的全然朗现,人为的制度与文化创造成为生活的主导原则,而这种创造又是本诸对人性的体察并合乎人之

---

① 陈来:《古代宗教与伦理》,生活·读书·新知三联书店1996年版,第280页。

生活实际的，因此具有"亲而不尊"的特性。《表记》也指出，文明生活的流弊在于民众精神倾向于逐利，并由此生发出各种机巧诡诈的手段，人致力于外部的虚文而逐渐丧失其内在的真诚，因此或行贼恶之事而无惭心，或溺于制度文法。吕大临云："礼，人文也。人文之著，则上下有等，亲疏有辨。及其末也，溺于文而不求其实，拘于末而不返其本，故其事则利而巧。近人故苟利，尚文故巧文，其俗则文而不惭，文胜质而不知义也。其民则贼而敝，不反其本故贼于其末，不求其实故敝于虚文也。"①

上引第二段对夏、商、周文化差异的分析方式有所改换，显然含有一种文化积累演进的意味。"夏道未渎辞"者，政令简质，绝少修饰，故云未渎辞。对百姓管束松散，正见出其时文明初开，文化浅演之状。"殷人未渎礼"者，其时礼乐仍未全备，制度疏略，但于民之约束已渐多。周代礼文繁盛，曲为之防，事为之制，故云"强民"。未渎神，则见出此时人文理性精神开始显著。由于制度细密，其弊端也开始显露。我们可以将《表记》对历史演进的观照，理解为一个由质向文展开的过程。《表记》正是本于此意，将虞夏之道与殷周之道进行对比，指出前者为质的极致，而后者为文的极致，将文化精神分为两大类型。总体来看，《表记》体现尚质而抑文的价值取向。与前文相对照，可以看出，质偏于亲，而文偏于尊。

《表记》最终回到文质中道的理想原则：

> 子言之："后世虽有作者，虞帝弗可及也已矣。君天下，生无私，死不厚其子。子民如父母，有憯怛之爱，有忠利之教。亲而尊，安而敬，威而爱，富而有礼，惠而能散。其君子尊仁畏义，耻费轻实，忠而不犯，义而顺，文而静，宽而有辨。《甫刑》曰：'德威惟威，德明惟明。'非虞帝其孰能如此乎！"

"君天下，生无私，死不厚其子"，是大舜之义。"子民如父母，有憯怛之爱，有忠利之教"，是大舜之仁。《表记》所举的仁、义两大原

---

① 卫湜：《礼记集说》卷一百三十九引。

则和尊、亲两种方式，在大多数人那里，甚至在整个历史上都难得有全备的表现，而在舜帝身上实现了统一，此舜帝之不可及处，也是其所以为德性人格之理想处。

《表记》文质论在思想史上具有承前启后的意义。《论语》最早提出文、质之辨，主要是从人格修养的角度理解文质关系。《表记》上承孔子之意，下开汉儒之绪，将文与质各自所体现的生命精神差异用以考察文化性格之不同与历史变迁的精神内蕴，使文质之辨成为儒家政治哲学与文化哲学的核心主题之一，形成了对人类文明历史发展之内在精神脉络的独特观照方式。文质问题在中国思想史上占据独特的地位。文明与自然、制度与性情的关系问题是儒家政治哲学的基本课题，这在西方政治哲学传统中并未得到足够的重视，或者说，在西方政治思想传统中，自然性情与社会秩序始终处于各行其是，互相疏离乃至相互对抗的状态。如前文所述，在中国历史进程中，也出现了文质冲突的问题和相应的反思，而作为中国古代思想文化主流的儒家对此问题有深刻的理解，并努力探求理想的解决之道，最终以崇文重质的微妙方式揭示出文质彬彬的中和之道。《表记》因此是理解儒家历史哲学与政治哲学的关键文本之一。

第二节 《中庸》：礼乐政教义理纲维的全面开显

《中庸》是《礼记》中最为重要的篇章之一，其义理博赡精奥，历代备受推重，自魏晋起即经常被人从《礼记》中抽出单行并进行注解。[①] 二程、朱子将之列为四书之一后，《中庸》成为宋明理学的核心经典之一，传续儒家道统的基本文献，为天下士子所尊信。四书学的形

---

① 《中庸》最初正如《礼记》其他篇章一样，为单篇独行之文，可能后来才被收入《子思子》书中，其作者自古即被认为正是子思本人。近世疑古风炽，方有各种异说出现，《中庸》甚至被指为秦汉之际的作品。然此类怀疑，多不过因文中片言只字与今人对春秋战国之历史想象不合，其论证多由不明余嘉锡先生所言古书通例所致，且多属依赖孤证，不足信据。二十世纪末战国竹简的大量出土，特别是《性自命出》《缁衣》等简文的面世，证明子思学派相关文献的出现不晚于战国中期。鉴于此，越来越多的学者重新肯定"子思作《中庸》"说。

成，也使对《中庸》的理解日渐走向纯粹心性化的道路，《中庸》被完全独立于《礼记》之外，一定程度上脱离了礼乐文化的思想语境。鉴于历代学者对《中庸》思想蕴奥研精阐微，成就斐然。本书不拟对《中庸》进行全面绎读，而着力于阐明其与儒家礼乐政教精神的内在关联。

由于昔贤关于《中庸》的注释研讨多偏重天道性命等形上话题，于其礼乐主题不甚措意，不免使全篇义理不能贯通，反而使一些学者产生《中庸》主题不一、拼合杂凑的猜想。鄙意以为凡此皆因未能准确理解中庸主题线索所致，故本节之重点是逐章[①]梳理《中庸》全篇思想脉络，显豁其义理架构，以展现其天道性命论说与礼乐政教思想的贯通性。

《中庸》第一章为全篇总纲，其下各章都与第一章有内在观念呼应，并总体沿第一章所揭示的思想脉络展开。"天命之谓性，率性之谓道，修道之谓教"直接切入天命、性、道等形上理论主题，言约义丰，语势峻拔，气象宏大，将儒家天人之道的义理纲维当下提振无遗蕴。由"天命"至"道"，乃自上而下的落实与展开过程。一切形上理论都源于对历史和现实的观察与关切，并指向对生活世界之理解与反省。"修道"之"教"，即以礼乐为中心的人文生活方式，[②] 是其形上思考的本源与归宿。承"修道"之义而言"道不可离"，明儒家之道乃本之于性、天而为人之日用常行，人之修身正所以承天命而循性体。"慎独"说直探存养功夫之精微，引向对"中和"的讨论。《中庸》以喜怒哀乐之未发、已发言中、和，此本修身之人道而言；以中、和为天下之大本、达道，则已通乎天道。人以其"致中和"之修道努力，实现天人合一、参赞化育的终极生命理想。这一切，构成一个由下而上、即用见体的"上达"过程。在这一由天而人，复由人而天的双向循环动态过程中，礼乐所维系的"教"与所体现的"中"构成天人相与的根本方式与原则，《中庸》全篇正围绕此

---

① 本书采用朱子《四书章句集注》对中庸的章节划分。
② 朱子《中庸章句》云："圣人因人物之所当行者而品节之，以为法于天下，则谓之教，若礼乐刑政之属是也。"

两大主题而展开。

第二章至第十二章从个体之修养践履角度深研"中庸"主题。儒家以中庸为至德，故数章之中反复极言中庸之难能。如此一来，一个问题便格外突出，人如何才能"择乎中庸"？若《中庸》如此之难，又将如何真正作用于人伦日用之现实？第十二章对理解中庸有关键意义，通过揭明君子之道"费而隐"之特性，指出道体广大，就其周遍普泛处言，则以匹夫匹妇之愚、不肖，亦能知之、能行之；就其深微精妙处言，则以圣人之贤、知，亦有所不能知，不能行。圣人不能知、行，见道之极致；夫妇能知、能行，则见道之平易。君子之道，见诸行事，即为中庸。前数章言中庸之难，合于道之隐微至极义，此下则转而言中庸为人伦生活之常道。

第十三章至第十九章在家庭、社会及政治生活中观照中庸作为人伦日用之常道的表现形式。其中第十三章阐述"道不远人"之理，具有总提意义。道出于性，故不离人之日用常行，中庸即在人之推己及人的忠恕之行中，人可于当下反身而得，此中庸之简易近人处。第十四章"素位而行"说正意在凸显中庸之道的平易。第十五章言齐家，指出中庸之道乃夫妇、父子、兄弟之类人伦生活中本然当行之理。第十六章论鬼神祭祀。祭礼为古代礼制重心所在，于内则竭情尽慎以致敬于鬼神，传统中国人的终极关切主要体现于祭礼中；于外则神道设教，为政教之大端。第十七章至第十九章论圣王之孝，承前齐家、祭祀两大主题，更向外开拓以及于治国平天下的事功成就。

第二十章篇幅最大，涵蕴最丰，亦为全篇承前启后之关捩。首先由"哀公问政"发端，集中讨论政治问题，主旨则归于修身。"为政在人，取人以身，修身以道，修道以仁"一语与首章"修道之谓教"遥相呼应，揭明为政与修身之关联，与《大学》思路相通，体现儒家政治哲学基本精神。其后承修身之义，引入对仁、义、礼的解说，又引申至事亲、知人、知天之事，进而阐明君臣、父子、夫妇、昆弟、朋友五达道和知、仁、勇三达德。"好学近乎知，力行近乎仁，知耻近乎勇"一语，揭明修身成德之要，而平易切实，与中庸为日用常行之义内在呼应。复由修身而推及于治国之道，指出"凡为天下国家有九经"，即修身、尊贤、亲亲、敬大臣、体群臣、子庶民、来百工、柔远人、怀诸侯。条举九经之目后,总结收束云:"凡为天下国家有九经,所以行之者一也。"逐步引向"诚"的主题,并与首章"慎独"说呼应。"诚者,天之道也。诚之者,人之道也"一语,统摄下文,又与首章三语相应。"诚者不勉而中,不思而得,从容中道"正是要回答如何"行乎中庸"的问题。由上述分析足见《中庸》各章节间前后呼应,其义理如血脉贯通,不可割裂。"诚之者,择善而固执之者也"一语,回答了人何以能实现与天道之"诚"相通为一,并由此驯至圣人之"中道"的问题,将目光再度聚集于"修道之谓教"的教养实践上来,并提出其具体方式是"博学之,审问之,慎思之,明辨之,笃行之"。

第二十一章指出在人的生命中既有出于天道自然的"自诚明,谓之性",又有本于人道自觉的"自明诚,谓之教"。二者乃一双向互动过程,最终推动天人互通合一的至诚境界在生命中实现。第二十二章言"至诚"所涵具的儒家终极生命理想。人以至诚而"尽其性",进而"尽人之性""尽物之性",由此则能"赞天地之化育",成为宇宙化育生生伟大历程之助力。人因此超越于万物之上,成为与天地并立而推动宇宙生生大化的一个新的创造性本原,此即《中庸》所言"与天地参"之义。人在宇宙中的地位由此确立,生命的价值与意义因此彰显。第二十三章论"致曲"之道。至诚尽性乃是生命达到至高境界方有的状态,人在其修养实践中则需要次一级的"致曲"工夫,即努力将生命某一方面推向极致,在这种努力中即内涵着向至诚转化之可能。前章属于"诚者,天之道也",本章则属于"择善而固执之"的"诚之"。第二十四章论至诚之道可以前知,正是诚能感物的体现。第二十五章在一定程度上可视为二十二章内涵的展开。所谓"诚者自成也",正是至诚尽性之意。"诚者非自成己而已也,所以成物也"则点明了"尽其性"和"尽人之性""尽物之性"的内在关联,并指出"成己""成物"分别体现"仁""知"两种"性之德",因此二者虽有内外之殊,但唯有"合外内之道"方是尽性之事。兼具仁、智之德方能"时措之宜",这又与第二章言"君子而时中"呼应。第二十六章言至诚之道即为天道之根本内涵,至诚无息则能高明、博厚,分别与天、地之覆物、载物之德相配。"天地之道,可一言而尽也,其为物不贰,则其生物不测",

直言天道之本质即是"诚"。末引《诗》，以"於穆不已"明天道，而以"纯亦不已"言文王之德，正是以"至诚无息"为天人合一的根本形态。

由第二十章后半至此，主要围绕"诚"的主题展开。"诚"是《中庸》哲理系统的中心。曾有学者认为"诚"的主题与《中庸》前半部分"中庸"主题不协调，因而猜想《中庸》乃由两篇文章合成。实则"中庸"主题与"诚"主题的关系已蕴含于首章"率性之谓道"一语中，二者绝非不相关联。业师李景林先生指出："诚这一概念的中心是讲成德成性的问题，而只有能成德成性，才能做到'中'或'时中'。这表现了《中庸》归本于德性修养来理解'中庸'含义的旨趣。"[①] 诚与礼乐政教之关联，在第十六章论鬼神祭祀时已然彰显。诚为中庸之本，则自然同时为礼之本，下文重点转向制礼作乐的政教理想，正本此意。

第二十七章言圣人之道，与天相匹，有发育万物之功，此其高明之处。然此道并非悬空不可捉摸，而是在"礼仪三百、威仪三千"中获得具体的现实生活化形式。"待其人而后行"，正谓"至德"之人，则"至道"当指三百三千之礼。礼是人伦日用之常道，是中庸之道的制度化、形式化落实。问题是，道一旦制度化、形式化，则易流于外在化，甚或僵固化而无法体现中庸之道随时制宜的"时中"精神，反而导致与天道相悖。故礼作为"率性"而显的"至道"，又必须靠与天道为一的"至德"者之践行，方能呈显其理想精神，并获得鲜活的生命力量而不至崩坏衰弊。

至此，礼乐文化精神在《中庸》里的意义昭著无遗。礼是道在人类社会生活中的根本存在方式，"修道之谓教"即于礼中得以落实。人"诚之"求尽性的过程，正是以礼之教养为主要方式，故本章言"君子尊德性而道问学，致广大而尽精微，极高明而道中庸，温故而知新，敦厚以崇礼"，最终落实于"崇礼"。"尊德性而道问学"者，君子行礼，以尊德性为宗旨，以道问学为途径。礼有三百、三千之数，不可不学。学之乃为践行德义，养成德性。"致广大而尽精微"者，既能博习礼

---

① 李景林：《教养的本原》，北京师范大学出版社2009年版，第158页。

文，体道之广大，又能知其精义，察道之精微，则可以使此道之精神无不朗现，充分实现礼之意义与价值。"极高明而道中庸"，既能推极此道而至尽性知天之高明境界，又动容周旋中礼，在日用常行中当下展现道。"温故而知新"者，此道广大精微，而不离日用，人能从其所习以为常的"故"中获取"新"知，是体道有得的表现。"敦厚以崇礼"者，明乎此道，有极高明而道中庸之境界，方能以诚笃之心践行礼义，如此自能"居上不骄，为下不倍"而为明哲君子。

第二十八章关注现实中礼乐制度之创制施行，特言"非天子，不议礼，不制度，不考文"，正是出于对礼乐在国家政治中根本地位的深刻理解，认为必须兼具圣人之德与天子之位才是制礼作乐的合适条件。第二十九章承此意，进而讨论制礼作乐之法。《中庸》的政治关切，以"王天下"之"作礼乐"为重点。指出应"本诸身，征诸庶民，考诸三王而不缪，建诸天地而不悖，质诸鬼神而无疑，百世以俟圣人而不惑"。最终归本于君子自身之修德。第三十章颂孔子之德，承上章对君子修德之要求而来，指出孔子所代表的理想德性境界乃是天人合一，有此德而后方能作礼乐。第三十一章从"聪明睿智""宽裕温柔""发强刚毅""齐庄中正""文理密察"五个角度分析至圣之德，认为如此则天下之人敬之信之，乃至"凡有血气者，莫不尊亲"，可谓以德"配天"之极境。第三十二章复论至诚之道，言圣人之德与天为一，有参赞化育之功，呼应第二十二章的主题，展示儒家至为高远的生命理想。朱子云："前章言至圣之德，此章言至诚之道。然至诚之道，非至圣不能知；至圣之德，非至诚不能为：则亦非二物矣。此篇言圣人天道之极致，至此而无以加矣。"①

第三十三章总结全篇并将其主题深化。起首论君子之道"闇然而日章"，"淡而不厌，简而文，温而理。知远之近，知风之自，知微之显"。朱子以为"前章言圣人之德，极其盛矣，此复自下学立心之始言之，而下文又推之以至其极也"。② 其下数节，则引《诗经》讨论慎独以修身之事，以为君子诚之于己，自然有感动影响于外而能化民。篇末

---

① 朱熹：《四书章句集注》，中华书局1983年版，第39页。
② 同上。

最后一节乃整个《中庸》精神之升华：

> 《诗》云："予怀明德，不大声以色。"子曰："声色之于化民，末也。"《诗》曰："德輶如毛"。毛犹有伦。"上天之载，无声无臭。"至矣！

《中庸》由天命性道论题开端，奠立人文教化的终极依据，而后以个体之修身为本，以礼乐政教为核心原则，逐步在现实生活层面铺展至家庭、社会、政治诸领域，展示儒家的终极人生与政治理想。最后一章则从宏大的政治事功和高远的生命境界再度收束归向"戒慎恐惧"的慎独即"诚之"的修道工夫主题，以此在最终意义上透显"君子之道"的内在根基，即《中庸》开篇所言天命之性，"喜怒哀乐之未发"的"天下之大本"。此大本为德性之根，不必借助外在之声、色而自在。《中庸》在此有意识采用思想推进式论说方法，由明德之"不大声以色"而言声色之于化民为末，以此提示人反求其本。为了扭转对德性的外在化理解，特意采用隐微化的表述方式，故言德之轻如毛羽。但即便以毛为喻，亦未免著象，不足以表达无形无象的内在，故又推进一层，以"无声无臭"喻之，这与《孔子闲居》"致五至而行三无"说本于同样的思想意图。这一论说方式与前文极力铺陈的光焰万丈的道德、事功形成强烈反差，从而将人之注意力引向中庸之道的最深层次——所有外在辉煌之下、之后那深邃而不事张扬的内在本源，此内在本源为德性之大本，上与天通。唯有深体此义，固本培元，方能上达天道，而有治国平天下乃至参赞化育、以德配天的伟大德业成就。

综上，《中庸》正是先秦儒家"礼之本"探问不断深化的结果。这一探索主要沿《论语》所指示的"性与天道"进路拓展，将礼学思考引向形上维度。如谢上蔡所言："圣人之学无本末，无内外，从洒扫、应对、进退以至精义入神，只是一贯。"礼乐政教本属彻上彻下之道，绝非仅有形下之制度、器用，亦同时具备形上之本原、道体。《中庸》对天命、性、道的研讨，正出于"达礼乐之原"的意图，以安立礼乐政教之大本，阐明礼乐政教之要义为主旨。其理论核心在于一天人，合外内，贯通天命、性、道，而落实于教，由此引向对生活世界之全面考察，以中庸为修己治人、立德立功之根本原则，并归本于诚，以诚明之道统合天、人、性、教，追求实现至诚尽性、参赞化育的高远生命境界。人之在世生存根基由此奠立，人生之意义与价值由此彰显。儒家哲学对天道（宇宙—本体论）、人道（心性论、修养论与伦理、政治学说）及天人关系的基本理解在《中庸》得到典范式表达。

第三节 《礼记》通论部礼乐释义思想综论

至此，我们可以对《礼记》通论部文献进行一个综合性的总结与评价。尽管通论部各篇作者非一，产生时间不同，思想观念也存在差异，但这恰使其得以从多个角度和层面向我们展示礼乐文化精神最丰富的内蕴。通论部致力于阐释礼乐之本原、内容、特质、功能、价值与意义等根本性问题，形成了一系列关键论点和理论原则，既是儒家礼乐释义理论自身展开的必然要求，同时也有着回应诸子对礼乐之质疑与攻击的意图。

总体而言，通过对《礼记》通论部文献的考察，可以发现，儒家礼乐释义理论主要包含如下三大思想原则与精神主旨：

其一，原本天人。"礼之本"问题是儒家礼乐释义的理论起点，这使其礼乐政教思想一开始便奠立于哲学反思基础之上。《礼记》通论部诸篇皆本诸"天人之际"视域来理解礼乐的本原、特质、功能和价值，这正是《论语》"性与天道"议题的延伸，成为早期儒家哲理系统建构的重要组成部分。虽然各篇在天道和性情问题的细节上有微妙的理论差异，但同时也存在突出的理论贯通性。其中最引人注目的便是它们普遍持有一种天人一体观。由此共识出发，通论部各篇一致认为礼乐是天道自然秩序在人伦生活中的落实与展开，因此，礼乐不单是现实的社会性的事物，同时也具有超越的天道论的意义。

就天道论而言，《礼记》通论部诸篇又都展现一种生命哲学精神，将天道从根本上体认为一个万物化育生生的伟大历程。就《礼运》《礼器》而言，虽然其天道论说中似乎包含了更多古老的宗教意味，但其言天以时为本，言地以财为本，正是将"生物以时"的自然秩序和厚生之资作为理解天、地之道的根本出发点。承天道而治人情之说，更是天道与人道连续性观念的体现。《哀公问》和《孔子闲居》则直接以生生言天道，突出其"不闭其久""不已"之特质，此"不已"正是在"风霆流形，庶物露生"之化育生生历程中呈显。上述观念在《中庸》那里得到全面的整合与理论升华。《中庸》以"天命之谓性"直揭天人一贯之旨，以性情之中和为天下之大本达道，而言"致中和，天地位焉，万物育焉"，则通天人而一之，以中和位育为天道之全体大用。《中庸》更将此化育生生归结于天以其高明之德而具的覆物之功和地以博厚之德而具的载物之能的共同作用，并指出天地之所以能致中和而化育万物，乃因二者在显示"位"之外在差异性的同时，又具有"诚"的内在一致性。天地之生物不测，正因其"为物不贰"。《中庸》以"诚"为天之道。诚者，即事物当下真实地拥有其自性而贞定其生命。此真实的生命之存在不是一个现成性的存在，而是一"自成"的过程，通过"自成"而"尽性"，天地万物乃得以在生生不息的过程中现实地拥有和展开自身。而且，此"诚"乃是天与人之相通而能合的根本。作为"人之道"的"诚之"，即是"修道"之"教"的过程。人若能使其"修道"的努力达乎"纯亦不已"之境，则能与"於穆不已"的天道合一，实现成己成物、参赞化育的生命理想。《中庸》认为，此修道之教，正是通过礼乐而落实，践行礼乐即是人承天而率性的根本方式。《礼记》通论部各篇皆强调礼乐乃法天道而设，因而其礼乐之精神原则与天道自然秩序必须协调一致。如礼乐之尚质贵诚，正是通乎天道、人道之"诚"的体现；天道以中和化育万物，礼乐亦以中和为尚，以爱养民人为主旨，以参赞化育为极致。

　　《礼记》通论部诸篇的另一个重要共识，是肯定礼乐既是天道的落实方式，又是人之性情的表现形式，这正与上述天人一体观念相一致，代表儒家对礼乐之本原和本质之理解的整全方案。儒家礼乐释义的重要原则，是以情为礼本。而在心、性、情关系问题上，主导的看法是性由心显，心以情著。对人之情感的关注和肯定，是儒家哲学的重要特征之一。同时，《礼运》《坊记》等也包含了对人类现实情感之复杂性的全面理解。故而儒家礼乐政教思想的一个基本原则，即认为应对情感进行节制、疏导和文饰。节制所以抑制其私欲之纵恣而防其为恶，疏导所以因顺其天性之淳美而引其为善，文饰所以其雅化其天然之鄙野而臻之于美。

其二，协调文质。"文"与"质"及其关系的主题，原出自《论语》，而且正是为理解礼乐而提出。所谓质，即人之自然情性。礼乐本于性情，即本于自然之质。《礼运》等篇特别强调礼从初归本、反古复始、不忘其初、忠信为本、诚慤为贵，皆为突出质对礼的优先性，此儒家礼学核心命题之一。儒家礼乐释义理论中的尚质思想，意在克服礼乐在其历史性的制度建构和仪式实践中可能出现的形式化弊端，避免礼乐沦为外在虚饰。

礼乐以"质"即情为本，而以"文"为体。礼乐本身即以文的方式存在和显现。"文"在汉语思想中内涵至为丰富。就人类社会而言，一切制度和组织形式皆是文的体现。而对理解礼乐最为关键的人类社会中的仪式现象，以及与之相关的言语、行为乃至人的容貌、衣着、器物及其文饰等各方面的细节形式都属于文。文意味着创立节度、规制，根据事物本身的条理对生活进行系统整顿，以建构秩序，彰显价值。礼乐之文，广而言之，整个人类生活即是"文"化、"文"明的生活，此中国传统思想世界中的"人文"，此人文生活显然出于"人为"即人类的创制作为。但文又非对立于自然的人为，而是自然与人为的融合。人文乃依天地之序、万物之理而作，同时又不止于依循和模仿自然，而有人之创造，人因此创造而展现人之作为万物之灵的独特性。自然和人类社会皆因人文而得以丰富和美化。人文生活的展开和传承便是教化的缘起和基础内容。需要强调的是，就儒家而言，无论质、文，皆与人之德行相连，而以德性人格之养成为其关注重点。在文质关系方面，儒家特别强调文质之间并非矛盾，并提出文质中和之道为其理想，此即《论语》所言"文质彬彬"之意。

其三，崇尚中和。中和乃儒家哲学根本精神，其内涵在《中庸》中得以集中阐述。儒家对天道、人道的理解皆以中和为核心，中和因此也是通天人之道，天人两者之呼应与联系恰在于中和。就礼乐而言，礼制中，乐主和。礼乐出于天道，原本人情，也是以中和为其特质与宗旨。所谓中，即因物之理，称事之宜，而非人为设定。"制中"乃是礼之要义，礼的本质则是"即事之制"。礼能制中，正在于其能使人如其所是地处理事务，使之皆不失其性分的本然之质与应然之势。"中"要求人、事、物各得其所，这本身便内在包含了对天地间分位秩序的确认。礼以"中"为特质，使礼成为确定人伦秩序的准则。中和之道构成礼乐教化的终极追求，此中和追求展现于德性和政治两方面。礼乐以追求中和为宗旨，其终极的意义归趣正是欲实现参赞化育的生命理想。

上述三大理论主旨，构成《礼记》通论部礼义诠释乃至整个儒家礼乐政教理论建构的基本义理骨架。如本书绪论所言，儒家礼乐政教理论的主旨，在于以教养、教化为本将德性、政治与信仰等生活领域融而为一，展现一种整体性、浑融性的社会生活图景。这并非儒家想象中的理想国，而是华夏礼乐文化所呈现出来的基本生活样式。以上述三大理论主旨为本，我们也可以对《礼记》通论部所展示的儒家礼乐政教理论之政治维度，即一种教化政治之特性进行综合分析。

我们此前曾反复申明，本书所言"政教"，并非今人习惯的"政治教育"或"政教合一"之意，而是"基于教化的政治"之意。政治教育作为一个现代性事物，其实质是意识形态教育，是以国家为主体而推动的以特定政治信念的树立为目标的教育形态。政教合一则是人们对世界历史上广泛存在的一种政治形态的称呼，其根本特征是宗教掌握政治权力，借助国家的力量建构一种神权政治。曾有学者试图将传统中国描述为这样一种政教合一的政治形态，并将儒家界定为此政体形式中的"国家宗教"。但这一判断恐怕并非实情。对于儒家与宗教之关系问题，本书第八章将略事研讨，此不赘。本节的重点是阐明儒家教化政治之内涵与主旨，通过分析，不难发现其与人类历史上各类神权政治观念的根本差异。

儒家礼乐政教理论所构想的，是"基于教化的政治"。政治在此是以教化为本，又以教化为宗旨的。从这个意义上讲，政治是从属于教化的，是广义的人类教化的一部分。甚至可以说，儒家教化政治的最终目的是消解外在的刚性的制度形式，实现人类生活之谐调。

礼乐政教是儒家解决政治问题的核心方案。这一构想渊源于上古中国政治生活，本原于华夏文明独特的生存方式和终极视域，其理论特质是基于天人一体观而将人类社会特别是政治生活置于天道秩序之中，认为人间社会秩序是天道自然秩序在人类生活中的延伸和实现，因而效法天道成为政治生活的基本法则和价值依据。这是一种现代政治完全遗忘了的恢宏视野，向人们展示人类政治行动应有的终极意义指向和高远价值追求。① 政治不应被理解为狭隘的权力平衡、利益斗争，而应是对人类天命的自觉承担和对至善生活的不懈追求。在儒家看来，这种意义上的政治生活只有通过礼乐教化才能实现。

对儒家礼乐之治的理解可从制度与教养两个层面展开。制度关注人类群体化生存的组织形式及其调整，主要是社会公共生活的安排和政治机体的规划、设计与改造。儒家礼乐论在制度方向上的基本追求是秩序要求与和谐理想的融汇。教养则关注个体生命的自我确证与实现，包括社会认同、人格养成，其核心宗旨是德性人格与艺术化生命理想的贯通。在《礼记》通论部礼乐政教思想中，制度主题和教养主题并非相互分离的两个层次，而是相互融贯的。礼乐政教典制并非独立自为的存在，而是本诸中国文化精神之人性理解与生存体验的社会—政治生活规划，以维护和推进生命意义之实现为目的。教养生活亦赋予礼乐制度以蓬勃的生命活力和价值源泉。礼乐制度本原于教养生活而又以教养的全面实现为归宿。

儒家礼乐政教理论的制度规划与反思首先突出的是秩序与和谐两大主题。其政治秩序观念主要体现于礼制与礼教思想中，以敬、文、分、宜为其核心法则。礼制秩序的典型特征是重视和突出仪式行为在社会生活和政治活动中的意义，这使得礼制国家的社会治理方案不是强制性的，而是引导性的，这正是儒家历史上一贯性地反对任刑之治而倡导德礼之治的原因。儒家所倡导的礼制秩序不是将个体强行纳入其中的现成性的制度框架，而是在修习礼乐的行动中吸引凝聚人参与其中的生成性的生活样式。当礼制秩序在敬、文、分、宜四大原则的作用下臻于合理化，即呈现为和谐形态。

儒家礼乐政治的终极关怀并非仅限于政治制度与社会秩序的合理

---

① 与之相比，现代政治将人从自然秩序中刻意解构，根本无视人之行为对自然的影响以及相应的生态责任，政治完全成为人类中心主义的，这一状况直到晚近生态主义兴起才有所改观。同时，在中国传统政治思想中，政治生活对人之个体生活和精神也负有责任，如《大学》所称明德、新民，一种至善的生活图景只有这样才能建立。放弃对政治之价值理想的追求，势必瓦解人类价值系统和公共生活，导致虚无主义。

化，而且在此基础上揭示出中国文化对人类社会生活理想的独特理解和预期，这集中显示为"参赞化育"的有为精神和"各正性命"的无为精神之结合。参赞化育是儒家哲学所追求的生命理想，通过教养生活推动创造性文化生命的自我展开与提升而"立人极"，凸显人的独特存在位置和意义价值以实现"与天地参"，从而在当下重新奠立天地人一体的三才秩序格局。这主要通过"成己""成物"的"合外内之道"而实现，这种通过内在德性教养生活之自我文—化与现实政治社会生活中的功业创建而展开的生命形态，构成对天地间生生不息之化育流程的积极助力，也使人类的生存及其政治、社会活动获得终极的肯定与价值确证。参赞化育的生命追求构成儒家政治思想"进德居业"的有为气质，与此同时，儒家礼乐论中还蕴含一种冲和恬静的无为精神，二者并行不悖。"无为"在中国思想史上并非道家专利，而是各家共享的文化精神。儒家"有为"思想的核心在于"修道之谓教"的文化生命的创造性展开和成己成物的参赞化育，其"无为"精神则表现为面对世俗功利赢求时"素位而行"的顺遂与淡然，尤其是对政刑之道所体现的霸道式刚性政治结构和权术法则的否定与拒斥。儒家的王道政治正是在礼乐制度背景中显现出来的无为政治形态。当礼乐制度所代表的引导性、和谐化秩序法则主导政治生活时，作为权力—利益调整与运作形态的显性的政治治理活动被融解而消隐，个体生命之自性得以充分显发与实现，此即《易传》所谓"各正性命"。这正是孔子"吾与点也"之感喟的微意所在。

第六章

教学之道与礼乐政教：
《礼记》学礼诸篇疏义

本章将讨论《礼记》中与学礼有关的文献，主要是《学记》《经解》《大学》等。学校制度和学礼本身即构成古代礼乐政教的基础性内容。华夏礼乐文化的主旨是通过礼乐教化构筑一种以德性为本的理想政治和社会生活方案。教育，特别是学校教育，因此成为整个礼乐典制系统中至关重要的一环。《礼记》中《曲礼》《王制》对弟子事师之礼及国家学校制度的记载，《文王世子》对贵族子弟教育的叙述，《内则》对童子教养的记载，《学记》《大学》对教学之内容、方法和理想宗旨的论析，《经解》对六经之教的特征和古代礼乐政教精神的总结等，都构成礼乐释义不可或缺的环节。本章将围绕上述篇章，结合《周礼》等古代文献，对礼乐教化视野下的学礼及其意义略作分析。①

第一节 古代学校制度与礼乐教化

礼乐教化本是面向全体民众的，故凡礼乐所及，广布社会生活各个方面，无不有教养之意存于其间。但相比之下，学校教育作为社会提供给其成员的系统教养，对个体思想情感和人格精神的塑造最有力，也最为根本。《学记》称："古之王者建国君民，教学为先"，学校教育自始即得到古人最大程度的关注。

---

① 《大学》与《中庸》一样，因位列四书而备受关注，相关研究文献极丰富，因此本书不再专题讨论。

一　学校制度

历代载籍对于学校制度言之颇详。《孟子》称："设为庠、序、学、校以教之。庠者，养也。校者，教也。序者，射也。夏曰校，殷曰序，周曰庠，学则三代共之。皆所以明人伦也。"《明堂位》记鲁国兼用四代之礼，学校制度亦然："米廪，有虞氏之庠也；序，夏后氏之序也；瞽宗，殷学也；頖宫，周学也。"《学记》曰："古之教者，家有塾，党有庠，术有序，国有学。"《礼记·王制》开篇叙爵禄、巡守、朝聘诸制度后，即规划学校之制：

> 天子命之教，然后为学。小学在公宫南之左，大学在郊。天子曰辟雍，诸侯曰頖宫。天子将出征，类乎上帝，宜乎社，造乎祢，祃于所征之地。受命于祖，受成于学。出征，执有罪反，释奠于学，以讯馘告。

郑玄注云："辟，明也。雍，和也。所以明和天下。頖之言班也，所以班政教也。"孔疏："云'所以明和天下'者，谓于此学中习学道艺，欲使天下之人皆明达谐和，故云'明和天下'。……頖是分判之义，故为班。于此学中施化，使人观之，故云'所以班政教也'。"①

《王制》还记述了同时作为养老机构的历代学校名制：

> 有虞氏养国老于上庠，养庶老于下庠。夏后氏养国老于东序，养庶老于西序。殷人养国老于右学，养庶老于左学。周人养国老于东胶，养庶老于虞庠，虞庠在国之西郊。

《王制》所载学制之细节未必全然合乎三代历史实际，但也绝非想象臆说，更可能是战国至秦汉间儒家学者参考以周制为典型的三代礼制而予以条理化、理想化的形态。必以为其中所记皆属实录，固为胶葛之见；必以为纯属臆造无凭，亦属诬枉之谈。

---

① 孔颖达：《孔记正义》卷十二。

二 教学内容

儒家经典主张教育应以德性养成为目的，其内容重点则是礼乐之教，特别是乐教。《尚书》载，舜帝时代已经出现两种教育类型的划分，即由司徒契执掌的针对"百姓不亲，五品不逊"而开展的社会教化意义上"五教"，和由典乐夔执掌的针对胄子的人格养成意义上的乐教。后世儒家典籍大都将教育内容分为司徒所掌与乐官所掌两类，对于其中节目之详，《周礼》和《礼记·王制》皆有论说。

《周礼》以地官司徒主管教化。《地官·师氏》云：

> 师氏掌以媺诏王，以三德教国子：一曰至德，以为道本；二曰敏德，以为行本；三曰孝德，以知逆恶。教三行：一曰孝行，以亲父母；二曰友行，以尊贤良；三曰顺行，以事师长。居虎门之左司王朝，掌国中失之事以教国子弟，凡国之贵游子弟学焉。……保氏掌谏王恶，而养国子以道，乃教之六艺：一曰五礼，二曰六乐，三曰五射，四曰五驭，五曰六书，六曰九数。乃教之六仪：一曰祭祀之容，二曰宾客之容，三曰朝廷之容，四曰丧纪之容，五曰军旅之容，六曰车马之容。

司徒之外，则有大司乐专掌乐教。《春官·大司乐》云：

> 大司乐掌成均之法，以治建国之学政，而合国之子弟焉。凡有道者、有德者使教焉，死则以为乐祖，祭于瞽宗。以乐德教国子中、和、祇、庸、孝、友，以乐语教国子兴、道、讽、诵、言、语，以乐舞教国子舞《云门》《大卷》《大咸》《大磬》《大夏》《大濩》《大武》。

《王制》亦然，其言司徒之职云：

> 司徒修六礼以节民性，明七教以兴民德，齐八政以防淫，一道德以同俗，养耆老以致孝，恤孤独以逮不足，上贤以崇德，简不肖

以绌恶。

司徒的教化对象是所有民众，因而其教育方式更富社会普及性。"修六礼以节民性"，六礼指冠、昏、丧、祭、乡、相见六类基本日常生活礼仪，其目的在于节民性。性，依孔颖达疏，指"禀性自然，刚柔、轻重、迟速之属"。因为人之禀赋不齐，故有刚柔迟速之别，造成不同的行为偏失，"恐其失中，故以六礼而节其性也"。[①] "修六礼"意在借助日常生活的礼仪形式，为人提供一系列基本的规则，使其行为合乎中道。同时使人在礼仪实践中变化气质，性情亦渐归中和。"明七教以兴民德"，七教指"父子、兄弟、夫妇、君臣、长幼、朋友、宾客"七种人伦关系范型。六礼属礼仪形式，七教则是贯彻于礼仪教养中的人伦法则，人处身此人伦关系中，可兴起德行。六礼、七教都属礼俗生活形式，关注人之生命德性，是教化的主导方式。"齐八政以防淫"，则重视以制度化的政令形式防止人心之陷溺。八政，指饮食、衣服、事为、异别、度、量、数、制，都是关系民众生活日用的制度法则。饮食有时制，衣服有等色，"事为"指兴物用民之制，"异别"如男女别途之类。朝廷政令对这些细节也进行严格规范，意在防止百姓因生活优裕安逸而沉溺于奢靡享乐。"一道德以同俗"，谓通过教化使百姓逐步形成统一的价值认同和德行理想，养成良好的社会风尚。养老、恤孤之举，是国家发政施仁的首要任务，同时也具有突出的教化职能。尚贤、简不肖则是通过奖惩措施向民众明确传达国家的价值取向。

对于不服教化者，也有惩戒措施：

> 命乡简不帅教者以告，耆老皆朝于庠，元日，习射上功，习乡上齿。大司徒帅国之俊士与执事焉。不变，命国之右乡简不帅教者移之左，命国之左乡简不帅教者移之右，如初礼。不变，移之郊，如初礼。不变，移之遂，如初礼。不变，屏之远方，终身不齿。

与之相对的，是对德才优异者之选拔与教育制度：

---

① 孔颖达：《礼记正义》卷十三。

> 命乡论秀士，升之司徒，曰选士。司徒论选士之秀者而升之学，曰俊士。升于司徒者，不征于乡；升于学者，不征于司徒，曰造士。

与司徒所掌社会教化不同，乐正是《王制》所言学校教育的主官。司徒所掌庠序之教，是社会性的，以基本的礼仪规范和社会伦理为主要教育内容，一定程度上有似于今日所谓"公民教育"。乐正所执掌的在学校中进行的俊士和造士的教育则是精英式的，教育的内容和方法也更为细致，主要是"崇四术，立四教"。

> 乐正崇四术，立四教，顺先王诗、书、礼、乐以造士。春秋教以礼、乐，冬夏教以诗、书。王大子、王子、群后之大子、卿大夫元士之适子、国之俊选皆造焉。凡入学以齿。将出学，小胥、大胥、小乐正简不帅教者以告于大乐正，大乐正以告于王。王命三公、九卿、大夫、元士皆入学，不变，王亲视学。不变，王三日不举，屏之远方。西方曰棘，东方曰寄，终身不齿。大乐正论造士之秀者，以告于王，而升诸司马，曰进士。

"四术"，指《诗》《书》、礼、乐。诗言志，可以兴、观、群、怨，养成温柔敦厚之性情，重在培养仁德。[①]《书》为政事之纪，记录二帝三王典谟训诰，使人疏通知远，明晓为政大体。《诗》《书》之教，依托言语文字，于传递思想观念最为直接。礼乐之教，则形诸容貌动作，咏歌舞蹈，虽不直言其义，而潜移默化，入人最深。其中，礼兼体、履，内则主敬而足以立身成德，外则别序而足以和群理政。乐以表德，以中和之音养情性，通伦理，推动德性人格最终成就，成为儒家理想的

[①] 马一浮先生云："仁是心之全德，即此实理之显现于发动处者。……圣人始教，以《诗》为先。《诗》以感为体，令人感发兴起，……此心之所以能感者便是仁，故《诗》教主仁。"见《马一浮全集》，浙江古籍出版社 2013 年版，第 136 页。

文质彬彬之君子人格的精神表征，是儒家德性教育之最高层级，此乐官所以为古代学校之主要管理者和教学承担者之由。如孙希旦所言："四术之教，惟乐为尤深，其声容舞蹈、审音识微，非专其业者不能精，而亦非一人所能尽，故使乐官之长率其属以掌学政，而专司教乐之事焉，此先王设官之精义也。"①"四教"，指四术具体付诸教学实践的方式，即"春秋教以礼乐，冬夏教以诗书"。之所以要依时节不同进行安排，乃本于古人对上述教学内容之特性的理解。郑玄云："春、夏，阳也。诗、乐者声，声亦阳也。秋、冬，阴也。书、礼者事，事亦阴也。"此说受阴阳家说影响，为汉儒所乐道。相比之下，清儒方苞之解说更为平实："《诗》、《书》弦诵而已，礼、乐则执其器，习其容，有进反、趋走、袒踊、舞蹈之事，非盛暑、严寒所宜也。"②

三 教学宗旨

古典教育的目的在于涵养情性，修身成德，塑造理想人格，同时注重文化教养的提升，使学子通达政体，明晓治道。总体而言，古代学校教学皆围绕内圣外王之道展开。

《文王世子》曾如此描述礼乐作用于人的根本方式及礼乐之教所造就之理想人格的性情特征。

> 凡三王之教世子，必以礼乐。乐所以修内也，礼所以修外也。礼乐交错于中，发形于外，是故其成也怿，恭敬而温文。

上述说法与《乐记》相关论述交相辉映，对古代教育以礼乐为本的理由与动机进行了精炼而透辟的诠释。古典教育以人文教养和人格养成为宗旨，礼乐正因其在德性养成中无可比拟的效用而受到古人重视。若分别言之，则乐直接作用于人之内在情性，故言"修内"。礼更多显现为外在的制度、仪文，其直接作用对象也是人之言语、容貌、动作威

---

① 孙希旦：《礼记集解》，中华书局1989年版，第365页。
② 方苞：《礼记析疑》卷五，文渊阁四库全书本。

仪，故以"修外"称之。通过礼乐，人内在之情性、外在之言行都得到有意识的调整而趋于谐和，内在性情之美与外在言行之美相互应和。然礼、乐亦不可作内外截然划分。礼虽由外而作用于人，然旨在唤起和节制人情，因而最终要落实于内。乐本原于情性，然必待物之激发引动方能现实地产生。因此，礼、乐作用形式虽有不同，但恰因其内外之异而得以彼此互补，共同推动人格养成。礼乐教化作为人格养成的方式，是引导性的而非强制性的，重在潜移默化而非教训灌输；是审美的而非说教的，因而始终伴随着愉悦的情感和精神体验，重在体认人格成长带来的悦怿。这样养成的人格是平和安详而非或狂热或刻板的状态，其基本表征是"恭敬而温文"，既强调心态和行为的庄重，时刻体现敬畏恭谨之意，又始终保持必要的平易温柔、宽容仁爱及言行的优雅，体现中国文化传统的人格审美旨趣。

第二节 《学记》与古典教学方法

《大学》意在揭示学校教育之纲领宗旨，相比之下，《学记》则更注重对教学之法的探讨，其意义主要是在过程及操作意义上，因而极受现代教育学者的重视。同时，《学记》也是理解古代学礼与礼乐教化精神的重要文本。

但《学记》绝非全无主脑的实践操作意义上的教育论文，文章开篇即阐明其政教主旨云：

> 发虑宪，求善良，足以谀闻，不足以动众；就贤体远，足以动众，未足以化民。君子如欲化民成俗，其必由学乎！玉不琢，不成器；人不学，不知道。是故古之王者，建国君民，教学为先。《兑命》曰："念终始典于学。"其此之谓乎？

《学记》明确了学校教育的政治意图，这又是通过突出学校教育对理想政治实现的无可比拟的作用而展示的。《学记》指出，善政的归宿是化民成俗，即全民道德素质的提升和良好社会风气的养成。通常意义上的善政措施，如"发虑宪，求善良"，即思虑言行力求合乎法度，选拔贤才参与国家治理之类措施，虽然会产生正面影响，给执政者带来一定声誉，但不足以真正感动黎民百姓。因为这些措施主要发生于政令层面，作用于庙堂之上，并未触及社会下层百姓生活。如果更进一步，采取"就贤体远"的姿态，礼贤下士，对德能之士表达敬意，同时对百姓，即使身处僻远，也体恤关切，则能感动民众，使之积极响应，为国尽力。但这也不过能"动众"而已，不足以涵盖儒家王道政治理想。只有能"化民"，才是王道的真正实现。"化民"不是要"化而使之为我"，不是要实现一个外在的政治目标，比如国家的富强（"富强"在养民中即已涵盖），也并非欲对百姓进行思想或行为的控制。"化民"是推动民众的德性自觉和人格养成，并在此基础上建立一个更自然的"公序良俗"。"成俗"的意义尤其值得深思。成俗不同于守法，守法是基于外在的强制，其背后是社会权力构筑的监管体系，因而是对一些外在的规范之被动服从。成俗则是社会层面的内发式的秩序和规则的生成，不是基于强制，而是基于人之德性自觉和对彼此间相互关系与交往形式的认同。这一切必须通过学来促进其发生，所以学校教育本身即是理想政治的核心环节。此乃"教"在礼治国家的地位，亦为"学"在教化国家中的政治意义。

"人不学，不知道。"只有通过理解领悟"道"，人才有德性自觉发生的可能，对事物之理形成真实而准确的认知，进而推动合理秩序的形成，教学行动因此成为华夏礼乐文明形态中国家政治的首要任务。

明确宗旨之后，《学记》首先对学校教育中教学相长之道进行阐述，其要领在于知、德之相成与并进，此亦《大学》核心主题之一。《学记》和《大学》这样以"学"为本的思想文献都倾向于由知识进路以养成德性的哲思路向，这一思路中内涵许多问题，也面临一定的理论困境，这一点在宋明儒关于《大学》的争论中渐次得以明确。但若全然否定学以成德的知识化进路，也不无偏蔽之处。

《学记》接着讨论古代学校制度和为学次第问题：

> 古之学者，家有塾，党有庠，术有序，国有学。比年入学，中年考校，一年视离经辨志，三年视敬业乐群，五年视博习亲师，七年视论学取友，谓之小成；九年知类通达，谓之大成。夫然后足以化民成俗，近者悦服而远者怀之，此大学之道也。

由此足见古代学校制度之详密，对教学之各阶段亦有循序渐进的安排，这显然也是以人之为学历程中知识接受能力和德性成长之自然顺序为依据的。在每个阶段的考校中，都同时考察知识和德性两方面的发展成果。可见在古代学校教育中，知识之掌握和德性之养成受到同等重视，而最终归结于德性之养成，同时也再次暗示知识对德性的推动作用。"小成"与"大成"皆兼具知识与德性两个向度，故《学记》在本章结尾处再次引出化民成俗这一政治与德性主题。"近者悦服而远者怀之"是极为明显的政治语式，这被《学记》称为"大学之道"，与《大学》之德性政治主题内在呼应。

《学记》又指出教学过程中有七条"大伦"

> 大学始教，皮弁祭菜，示敬道也；宵雅肄三，官其始也；入学鼓箧，孙其业也；夏、楚二物，收其威也；未卜禘，不视学，游其志也；时观而弗语，存其心也；幼者听而弗问，学不躐等也。此七者，教之大伦也。

与前述为学次第重在以时间为线索展现学校育人之阶段性特点不同，"七伦"重在揭示实际教学活动中所依循的基本教学法则。包括：（1）示敬道：敬先圣先师，知所学道艺有其渊源。（2）官其始：以居官任职之道劝勉学者。（3）孙其业：使学者知学问之崇高而谦逊求知。（4）收其威：使学者收拾身心，保持严肃，不敢懈惰。（5）游其志：令其从容涵泳，循序渐进，不急于求成。（6）存其心：不一味灌输，而是设法唤起学者的进取心。（7）学不躐等：根据年龄和接受程度的区别而给予不同的教学内容。

在接下来的数章中，《学记》详细描述了一正一反两种教学方法的特征。合理的教学方式是"时教必有正业，退息必有居学"。正式的课程学业必须安排得适时合理，日常闲居也有轻松的学习内容与主业相对应。《学记》主张学应当是伴随着乐且能激发内心之乐的。乐之发生以"艺"之滋养为前提。"不兴其艺，不能乐学。故君子之于学也，藏焉、修焉、息焉、游焉。"艺在此盖泛指与所习之业相关的各种技艺。艺何以能带来乐？原因在于，其一，艺总是实践性的技能，所学之业在艺中获得实践的体认和生活化展开，因而不再是抽象的知识，而成为可感知、可操作的对象，并在实践活动中和学习者真实地融会，从而使之感受到知识被确切地掌握时的欣喜。《论语》"学而时习之，不亦说乎"一语，正见此意。其二，艺的实践也往往不含功利目的，带有游戏性质。《论语》曰："游于艺"。《学记》也用了"游"字，"游"是自由而从容的行动，故能引发内心之乐。儒家礼乐教化，本身即呈现为一种"艺"教，以富于审美意味的"乐"促进"学"，推动德性人格之建立。

最引人注目的是，《学记》最后同《大学》一样，将教学之要领归结为本末问题：

> 君子曰：大德不官，大道不器，大信不约，大时不齐。察于此四者，可以有志于本矣。三王之祭川也，皆先河而后海，或源也，或委也，此之谓务本。

对本末问题的再三致意，足见这一问题在当时至关重要，且至为迫切。这令人记起司马谈对儒家的批评："儒者以六艺为法。六艺经传以千万数，累世不能通其学，当年不能究其礼，故曰：博而寡要，劳而少功。"[①]《大学》和《学记》的本末之辨正是对这类批评的回应。儒家重学，但其学绝非无宗旨、无要领的烦琐学问。明于此，方足以言学，方是儒者之道。

[①] 《史记·太史公自序》。

第三节 《经解》与儒家六艺之教

上古学校教育内容，前文已有论叙。《礼记》通论部中尚有《经解》① 一篇，"记六艺政教得失"，马一浮先生称其"人法双彰，得失并举"，最为精当。② 六艺之中，《礼》《乐》专记礼乐之节文仪程、声容节奏；《诗》之咏歌，本于情性，此性情乃礼乐文化熏染陶冶而成；《书》所记二帝三王典谟诰命，礼乐政教精神实贯穿其间；《易》《春秋》亦本为礼制所包。③ 因此，六经之义理宗旨通而为一，可谓华夏上古礼乐文化精神之凝聚。④ 所以分而为六者，则因事类万殊，自有条理分别，六经之教化特质与实际作用方式、形态因此各自不同。《经解》⑤ 对此曾详为论析：

> 孔子曰："入其国，其教可知也。其为人也：温柔敦厚，《诗》教也；疏通知远，《书》教也；广博易良，《乐》教也；絜静精微，《易》教也；恭俭庄敬，《礼》教也；属辞比事，《春秋》教也。故

---

① 《经解》之作者及创作年代，今日已很难考证。信之者以为其论六经皆孔子所言，疑之者则以为汉儒所造，今亦不便强为轩轾。以为汉儒作者，如任铭善云："孔子之时实不能有六者之教。孔子教人学文，学文之事，曰读《书》，诵《诗》，学礼。……至《周易》《春秋》，孔子不以为教。……故此篇所云六艺之政教，非孔子之言，而后人托之者也。"又云："自'天子与天地参'以下，论天子之德、治民之器、礼教之效，则又各自为文，记者合而成篇。"参见氏著《礼记目录后案》，齐鲁书社1982年版，第60—61页。
② 《马一浮全集》第一册（上），浙江古籍出版社2013年版，第8页。
③ 《左传》昭公二年，韩宣子聘于鲁，"观书于太史氏，见《易》象与鲁《春秋》，曰：'周礼尽在鲁矣'"。盖《易》为太卜所掌，卜筮本为朝廷礼制重要内容。《春秋》为国史，史官记事记言，亦周代礼制之要目。
④ 六经之名，起于何时，今人矻矻致辩，迄无定论。此处亦难详为考述。马一浮先生以为《诗》《书》《礼》《乐》四教"本周之旧制，孔子特加删订。《易》藏太卜，《春秋》本鲁史，孔子晚年始加赞述，于是合为六经，亦谓之六艺"。见《马一浮全集》第一册（上），浙江古籍出版社2013年版，第130页。此处谨本马先生之意以说。
⑤ 皇侃云："解者，分析之名。此篇分析六经体、教不同，故云'经解'。六经其教虽异，总以礼为本，故记者录入于礼。"

《诗》之失愚，《书》之失诬，《乐》之失奢，《易》之失贼，《礼》之失烦，《春秋》之失乱。其为人也：温柔敦厚而不愚，则深于《诗》者也；疏通知远而不诬，则深于《书》者也；广博易良而不奢，则深于《乐》者也；絜静精微而不贼，则深于《易》者也；恭俭庄敬而不烦，则深于《礼》者也；属辞比事而不乱，则深于《春秋》者也。"

《经解》所言，属于对六经之政教功能的理论论析，本不必有见于历史政治现实。更恰切的理解方案是将之视为基于经典传习的六种文教范型。教化政治以养成民众良善性情、兴起淳美风俗为宗旨，因而通过考察民风即可了解国家政教的成败得失与好尚偏重。《诗》教使人"温柔敦厚"。诗言志，本以吟咏情性，孔子以"思无邪"概括其精神。盖以其情感真纯质朴，故言敦厚；乐而不淫，哀而不伤，故言温柔。叶梦得以为"《诗》之规刺嘉美，要使人归于善而已，仁之事也"。① 亦通。《书》教使人"疏通知远"，《礼记正义》云："《书》录帝王言诰，举其大纲。事非繁密，是疏通；上知帝皇之世，是知远也。"② 盖明于政事之大体、得失之关键，则有大略远见，非仅能知故实而已。乐教使人"广博易良"，因乐主和，其音韵协调，使人心意舒散，情志宽和，故乐教陶养下的民众襟怀宽广博大，性情和易良善。《易》教使人"絜静精微"者，孔疏以为"易之于人，正则获吉，邪则获凶，不为淫滥，是絜静；穷理尽性，言入秋毫，是精微"。③ 絜静者，以喻其机密；精微者，盖谓其深邃。"絜静精微"，谓易教影响下的人思虑深邃，好测度天机物理。礼教使人"恭俭庄敬"者，礼主敬，以恭敬为心，则视听言动皆能庄重严肃，谦卑克制。《春秋》之教在于"属辞比事"，郑玄以为即指诸侯会同时"相接之辞，罪辨之事"。叶梦得则以为："《春秋》言约而意隐。其教也，使人美不过实，贬不损善，故属辞比事。"④

---

① 卫湜：《礼记集说》卷一百一十七引。
② 孔颖达：《礼记正义》卷五十。
③ 同上。
④ 卫湜：《礼记集说》卷一百一十七引。

属辞比事盖谓人明于《春秋》，则可以排比言论、行事，引譬连类，而善于辨析论断是非善恶。

《经解》同时也指出，六艺之教亦难免存在流弊缺失。《诗》之失愚者，马睎孟云："蔽于温柔敦厚而不知通之以权，所以为愚。"①《诗》教如果流于一偏不加节制，百姓虽性情纯挚，而不明义理，不达权变，则失之愚直。《书》之失诬者，马睎孟云："蔽于疏通知远而不知疑而阙之，所以为诬。"《书》教使人通达政事有大略远见，但不善学者，则不免忽于近小，妄下雌黄。《乐》之失奢者，乐教使人性情宽和，而若不加节制约束，则易流于侈靡。《易》之失贼者，汪绂云："《易》道阴阳，然或探赜索隐而过之，则贼矣。"②《易》教使人思想深邃，亦可能流于穿凿，反倚仗智巧，贼害义理。《礼》之失烦者，不明礼义，徒事节文度数之末，可能陷于烦琐。《春秋》之失乱者，孙希旦云："蔽于属辞比事而妄为褒贬，故至于乱。"③

马一浮先生云："学者须知六艺本无流失，学焉而得其性之所近，俱可适道。其有流失者，习也。心习才有所偏重，便一向往熟习一边去，而于所不习者便有所遗。高者为贤、知之过，下者为愚、不肖之不及，遂成流失。"④知六经本无流失，则知上述流失乃偏蔽之过。若深体而真知之，自可免于流失。所谓"深"，非但谓能通其文意，更谓能明其义理。又非但能明其义理，更能反求诸己，知其皆本诸性德心体，如马一浮先生所言："六艺实统摄于一心，即是一心之全体大用也。"

讨论过六经之教化意义之后，《经解》转向对"天子之德"的讨论：

> 天子者，与天地参，故德配天地，兼利万物，与日月并明，明照四海而不遗微小。其在朝廷则道仁圣礼义之序，燕处则听雅颂之音，行步则有环佩之声，升车则有鸾和之音，居处有礼，进退有

---

① 卫湜：《礼记集说》卷一百一十七引。
② 汪绂：《礼记章句》卷八。
③ 孙希旦：《礼记集解》，中华书局1989年版，第1255页。
④ 《马一浮全集》第一册（上），浙江古籍出版社2013年版，第10页。

度,百官得其宜,万世得其序。《诗云》:"淑人君子,其仪不忒。其仪不忒,正是四国。"此之谓也。

发号出令而民悦谓之和,上下相亲谓之仁,民不求其所欲而得之谓之信,除去天地之害谓之义。义与信、和与仁,霸王之器也。有治民之意而无其器,则不成。

若欲将此章与"六经之教"章相联系,则汪绂之说最为通达:"上文言教之成于下,此乃言教之本于身;上文言六经者教之具,此乃言德者教之本也"。① 《经解》向我们展示了一个理想的君主形象。他首先是在天地人三才图景中"立人极",以德配天,兼利万物,故而"与天地参"。与天地参意味着,人不但是被天地覆育的万物之一,更成为与天地一样推动万物之生生、兼利万物的本原性存在。这是从生养万物之"仁"上讲。人同时又有"与天地并明"的"知"。依儒家古义,仁、知双彰,则圣德齐备,《经解》中的"天子"因而具有了儒家理想的"圣王"特征。圣王之德在其日常威仪中自然呈现,德性、礼乐和政治于此进入和谐形态,共同构筑一种美学秩序,审美精神亦是儒家礼乐政教精神的关键特性之一。

《经解》最后一章重点讨论礼对国家政治的意义:

礼之于正国也,犹衡之于轻重也,绳墨之于曲直也,规矩之于方圆也。故衡诚县,不可欺以轻重;绳墨诚陈,不可欺以曲直;规矩诚设,不可欺以方圆:君子审礼,不可欺以奸诈。是故隆礼由礼,谓之有方之士;不隆礼不由礼,谓之无方之民。敬让之道也。故以奉宗庙则敬,以入朝廷则贵贱有位,以处室家则父子亲、兄弟和,以处乡里则长幼有序。孔子曰:"安上治民莫善于礼",此之谓也。

在儒家,礼不是一种政治手段,而是根本的价值准则。《经解》正

---

① 汪绂:《礼记章句》卷八。

是用衡、绳墨、规矩等事物来比喻礼作为价值尺度的特征。① 这些价值尺度对政治生活起规范作用，且因其合理性而得到民众的共同认可。唯其如此，礼才足以"正国"。

> 故朝觐之礼，所以明君臣之义也；聘问之礼，所以使诸侯相尊敬也；丧祭之礼，所以明臣子之恩也；乡饮酒之礼，所以明长幼之序也；婚姻之礼，所以明男女之别也。夫礼禁乱之所由生，犹坊止水之所自来也。故以旧坊为无所用而坏之者，必有水败；以旧礼为无所用而去之者，必有乱患。故婚姻之礼废，则夫妇之道苦而淫辟之罪多矣；乡饮酒之礼废，则长幼之序失而争斗之狱繁矣；丧祭之礼废，则臣子之恩薄而倍死忘生者众矣；聘觐之礼废则君臣之位失，诸侯之行恶，而倍畔侵陵之败起矣。故礼之教化也微，其止邪也于未形，使人日迁善远罪而不自知也，是以先王隆之也。《易》曰："君子慎始。差之毫厘，谬以千里。"此之谓也。

礼的政治功能只有通过教化才能实现。礼制秩序是在人的交流互动中生成的，其价值传递方式也是展示性的"明"：通过对理想价值秩序的展示，引导人趋向美善的生活形态。礼因此成为从根源上杜绝祸乱发生的堤防。不过这个堤防的作用并非"禁之于已发之后"，而是"止之于未发之前"。如果毁坏礼义之堤防，则秩序之破坏和社会动荡将不可避免。《经解》举出朝觐之礼、聘问之礼、丧祭之礼、乡饮酒之礼、婚姻之礼五类对政治社会秩序有重要意义的礼项进行分析，通过揭示上述礼项之意图和价值内涵，证明礼对良好社会政治秩序的奠基作用。朝觐之礼处君臣关系，以义为其价值准则；聘问之礼协调诸侯关系，以和敬为其价值内涵。同理，丧祭礼中臣子之恩，乡饮酒中长幼之序，婚礼中男女之别，都赋予特定的社会关系和秩序以价值内涵，使人之生活趋于合理和有意义。正因为礼的政治效应乃通过教化实现，故礼治与其他政治形态具有显著差异。首先，礼治以教化为根本方式，体现出对人的

---

① 《荀子·王霸》："国无礼不正。礼之所以正国也，譬之犹衡之于轻重也，犹绳墨之于曲直也，犹规矩之于方圆也。正错之而人莫之能诬也。"

信任与温情，同时也是对人的肯定：人有能力提升自我，能够以一种被尊重的方式去建构合理的、美好的生活方式。其次，礼之教化的特性是"微"，微者，隐而不显，潜移默化之谓。礼并不将某种秩序或价值强加给人，而是在人之参与过程中，在对群体之认同和人伦关系的实践性肯定中引发和培养其对秩序和价值的理解与接受。这一过程也是实践性的，富于美学意味的，故而呈现"微"的特征，表现为"其止邪也于未形，使人日迁善远罪而不自知"。恰是这"微"拥有最深刻而强大的力量，能够建立持久而稳定的政治秩序。

学校制度是中国古代国家政教体系的关键组成部分之一，是礼治国家的结构要素，也是传统教化的主要展开方式之一。学校教育的目的，自其普及性和大众性角度言，重在"化民成俗"，同时又有选贤养士的精英式内容。礼乐是古代学校教育的核心内容，这与古典教育和理情性、修身成德的教育宗旨相协调。礼乐作为教学内容，主要通过行为模式的塑造、仪式参与性演练、艺术的熏陶等方式，以生活化和富于审美精神的方式潜移默化地培育理想人格，并以此德性养成为立政之前提。就《礼记》相关文献而言，《大学》所述，乃礼乐政教思想视野中的学校教育宗旨，重在阐发学问、德性与政治之间的内在联系。《学记》更突出学校教育在礼治国家中的地位与意义，并重点阐述教学过程的特性与方法。《大学》与《学记》皆强调"知本"和"务本"对教学之道的意义，以突出儒家言礼之有义，论学之有宗。这一点，在《经解》篇中有精彩体现。六经总体而言，乃华夏上古礼乐政教传统精神之凝聚。《经解》精辟概括六经之教各自特点与优长，又对其各自流失有深刻认识。在讨论过六经之教后，《经解》进而关注具体的礼仪教化——主要是冠、昏、丧、祭、乡、射、朝、聘八礼——之特质与功用，这正是古典时代学校教育所教之礼的具体内容。教化正是在具体的礼仪实践中展开的，对此类礼仪之释义也构成儒家礼乐释义理论的重要组成部分。在接下来的两章中，我们的讨论将围绕《礼记》礼仪释义文献展开。

第七章

礼乐人生与成德之教：
《礼记》吉事诸篇疏义

《礼记》礼仪释义主要围绕冠、昏、丧、祭、乡、射、朝、聘八礼展开。① 其中，冠、昏、丧、祭②之礼行于家族内部，着眼于个体生命历程中的重大节点，可以将之称为狭义上的生命礼仪或家族礼仪。射、乡礼行于州里、乡党，超出了家族范围，扩展到更广阔的地域性社会群体，构成社会礼仪的基本形式。朝、聘之礼行于朝堂之上，属于政治礼仪。对此八礼之特点和意义，《礼记·昏义》如此概括：

> 夫礼，始于冠，本于昏，重于丧、祭，尊于朝、聘，和于射、乡。此礼之大体也。

以上述礼制为线索探讨古代礼乐教化的制度建构、人生规划和价值追求，对理解礼乐文化精神有着重大启示意义。《礼记》中恰好保留了专门解说《仪礼》有关仪节的《冠义》《昏义》《乡饮酒义》《射义》《燕义》《聘义》等六篇文献，郑玄《三礼目录》称此六篇于《别录》皆属"吉事"部。谓之"吉事"者，盖言诸篇所论及的仪制皆属吉祥

---

① 邹昌林试图将八礼理解为以人的一生为核心，以人的各种关系为半径而形成的结构。这种理解突出了礼仪的生活化特质和一种主体视角。冠昏丧祭固然可以理解为人生礼仪，但同时也是家族性的，祭礼则尤为复杂，不可简单归结为人生—家族礼仪。而且，上述礼仪中本来就不乏国家政教意味。至于乡射朝聘，则更多出于社会和政治视角而非个体生命视角。因此，不能将八礼简单概括为人生礼仪，而应从中华礼乐文明的特质出发，将之视为一种浑融性的礼仪系统之要略，涵摄了个体生命、家族伦理、社会政治等各领域。

② 此处祭礼主要指祭祖之礼。实际上祭礼所包甚广，如祭天之郊，祭地之社，当然并非行之家族之内。但儒家礼仪释义，以祭祖之礼为中心。详见第八章第二节论古代祀典部分。

第七章　礼乐人生与成德之教：《礼记》吉事诸篇疏义　207

嘉美之事。① 吕大临云："冠、昏、乡、射、燕、聘，天下之达礼也。《仪礼》所载谓之'礼'者，礼之经也；《礼记》所载谓之'义'者，训其经之义也。"② 上述篇章与论述丧祭礼的《祭义》《丧服四制》等篇章共同构成一个完整的"礼义"论文系统。鉴于丧祭礼在古典礼制中的特殊地位及其对传统中国生活方式和思想世界的重大影响，本书将另辟一章对二者进行考察。本章重点探讨《礼记》"吉事"诸篇对冠、昏、射、乡、朝、聘诸礼的释义。③

第一节　《冠义》：成人之道与"礼之始"

冠礼是传统社会男子成人的标志。成人意味着一个人身体的成熟，更意味着社会施加于其身上的教化行动取得了基本的成效。古人一生无不在礼中，出生之后，即有始生接子之礼。十岁入学，更集中修习礼乐以为参与社会之准备。对于童子教养之礼，《礼记》之《曲礼》《少仪》《文王世子》等篇亦多有涉及，此不赘引。古人倡导于洒扫应对进退之仪节中，对童子进行潜移默化的影响，通过周密详备而又循序渐进的礼乐教养，至行冠礼之时，一个人方能基本具备社会所期待他拥有的各种能力和素质，做好成为其中一员的准备。

一　冠礼溯源

何星亮在分析我国一些少数民族的入社仪式后得出结论称，此类图腾入社仪式便是冠礼的原始形式。④ 杨宽分析冠礼起源时，也强调其与

---

① 《曲礼》："吉事先近日。"郑注："吉事，祭祀、冠、取之属也。"依《周礼》，祭祀于五礼属吉礼，而上述冠昏等礼属嘉礼。然笼统言之，皆为吉事。
② 《蓝田吕氏遗著辑校》，中华书局1993年版，第382页。
③ 《礼记》八礼系统之朝礼包括春朝、夏宗、秋觐、冬遇四类礼仪，《仪礼》中只有《觐礼》一篇，由于《礼记》中没有"朝义"类文字，故而本书只能将之暂付阙如。士相见礼在《仪礼》中有记载，但《礼记》中同样没有释义文献，因此本书也不拟论列。燕礼虽不在"八礼"之中，但《仪礼》有燕礼，《礼记》有燕义，故本书也将之列入考察范围之中。
④ 参见何星亮《中国图腾文化》，中国社会科学出版社1992年版，第194页。

入社仪式的关联：

> "成年礼"也叫"入社式"，是氏族公社中男女青年进入成年阶段必经的仪式。按照当时习惯，男女青年随着成熟期的到来，需要在连续几年内，受到一定程序的训练和考验，使具有必要的知识、技能和坚强的毅力，具备充当氏族正式成员的条件。可以说是一种原始的教育制度，也是学校的起源。如果训练后被认为合格，成年后，便可参与"成丁礼"，成为正式成员，得到成员应有的氏族权利，……还必须履行成员应尽的义务，如参加主要的劳动生产和保卫本部落的战斗等。①

所谓入社仪式，便是原始部族社会成年礼。对此仪式之特征与意义，国内外人类学者有大量研讨。但原始部族成年礼活动的重点往往是检验人的身体发育是否成熟，是否拥有较强的生存能力，关注最直接的种族生存、延续目标，因而这类成人礼中往往包含大量粗蛮的戕割肉体仪式。英国古典学家哈里森称成年礼为"二度降生"仪式：第一次降生，使一个人投身人间；第二次降生，则让他进入社会。第一次降生，他属于他的母亲和女性亲眷；第二次降生则让他长大成人，成为男儿和成人中的一员，为他即将在部落中担当的两个主要角色做好准备，一个是武士，一个是父亲。成年礼的各种各样的仪式活动都指向同一个宗旨，即弃旧从新，告别过去，再度降生，开始一种全新的生命历程。②

由此看来，冠礼确实与初民时代之成年礼有密切关联。冠礼（女子则有笄礼）之施行对象正是步入成年阶段的男（女）青年，目的在于通过特定的加冠（或及笄）仪式宣布一个人已经成年，从此可以享有成年人的待遇，参加相应的社会礼仪活动。冠礼在家庭全体成员和乡中贤士的参与、见证中进行，并在家庙里行醴醮等仪式，从而带有庄严的宗教色彩，以强化仪式的神圣性。加冠者将受到一系列的道德训诫，培

---

① 杨宽：《西周史》，上海人民出版社2003年版，第770页。
② 简·艾伦·哈里森：《古代艺术与仪式》，生活·读书·新知三联书店2008年版，第66—68页。

养成人的责任意识和价值观念。

但必须强调的是，冠礼乃是成熟的华夏礼乐文明系统的重要环节，是成人礼经过自觉的仪式改革和精神提升后形成的全新生活仪轨和文化形式，绝非古初成人礼的单纯延续。以加冠于首的象征性仪式取代原始的生存试炼和肉体毁伤仪式，显示冠礼经过了有意识的"文"化，"文"意谓着精神力量的觉醒和人类对自身生命及其活动的修饰、美化和提升。这构成古典礼乐区别于远古仪式的重要特征。之所以选择以加冠作为成人之象征性礼仪，则缘于古人认为衣服有重要的象征表意功能。衣服有五彩文绣，象征人修饰以自治。人之首像天，乃身体中地位最尊者，因此冠乃服中最尊者，加冠意味着一个人完成了他成为家族真正成员的准备性工作。其次，冠礼中虽然保留了筮日、筮宾等宗教色彩的仪式，但除去敬天、敬祖的信仰意味外，更多是为了强调冠礼仪式之庄重严肃，显示其于人生、家族的重大意义。冠礼仪式的重心如三加、命字等仪式，关注的重心已完全转向对冠者德性成长的期待，从成人礼中单纯的族群生存目标转向个人德性成就和更宽广的人生目标的展现。因此，尽管冠礼源出远古遗俗，但无论其形式还是内涵都发生了巨大的转变，已演化为华夏礼乐文明体系中一种独特的礼文形式，这一点我们通过对冠礼之仪式和意义的分析将获得更深切的体会。

二 责成人之礼——《冠义》与儒家冠礼释义

冠礼是传统社会男子步入成年的标志，虽自远古部族时代成人礼演化而来，但此时已然脱胎换骨，成为华夏礼乐文明的重要组成部分，在中国传统文化生活和精神世界中发挥重要影响。儒家学者对其影响之内容、方式及根本意义，有微显阐幽的发挥。特别是《礼记》中《冠义》一篇，① 更结合冠礼仪式对其精义进行系统解说，与《礼记》中同类文献一起，构成儒家专门解释仪节礼文之象征意蕴和内在精神的系列礼仪释义作品。通过这一系列释义努力，肯定了古传礼仪对人生、社会和政治的重大意义与价值，形成了儒家独特的礼仪释义原则和礼学思维模式。

---

① 《冠义》成篇年代，诸家说法不一，沈文倬以为作于战国中期，孙希旦、杨天宇以为乃汉代经师作品，王锷《礼记成书考》则认为成书于战国中晚期。

（一）冠礼与"成人"之义

儒家的冠礼释义，主要围绕对"成人之道"的理解而展开，前文已述，冠礼与古初成人礼无论在仪式还是精神文化内涵上都呈现极大差异。远古成年礼更重视体格的成熟，对洪荒时代的人而言，较强的生存能力确乎是族类繁衍壮大之所系，这也是成年礼产生的因由。三代礼乐文明中的冠礼之意图，则已完全不在于此，而是要用一种庄严的形式向一个青年人宣布其幼童阶段的结束和成年生活的开始，使其明确并以积极的态度承担未来的社会责任。

冠礼仪式着意于凸显"成人"之义。"成人"绝不仅仅意味着年龄达到某个阶段，身体发育成熟，而是指人之德性成长起来并获得稳定性。在儒家传统中，"成人"首先意味着成为人，即人之所以为人的特性在其生命中的充分实现和彰显，一个人因之而具备了人之所以为人的基本条件。因此，古人所谓"成人"绝非生物学意义上的，而是社会——伦理价值意义上的。《左传》云："人之能自曲直以赴礼者，谓之成人。"从这个意义上讲，一个人出生并不意味着他即已是一个真正意义上的人，只有修习礼义，践行人之所以为人的各种伦理职分，树立德性人格，才是其真正成为一个人的标志。对童子而言，在未完成其学习过程之前，心性一般而言仍处于未成熟状态，故而还不具备"成人"资格，也无法以一种成就了的、完成了的人的标准来要求他们。此乃古人属意的成人与童子的区别所在。冠礼前的童子阶段，都是学习礼乐，追求"成为一个人"的过程，而行冠礼即意味着社会开始将之作为一个成就了的人来接受，行冠礼意味着家族和社会开始接受一个年轻人为其合格的成员，并对之有所期待，这无疑将成为一个人生命中至关重要的时刻。

成人不但意味着，人成其为人而有别于禽兽，更意味着将人之为人的理想充分实现。"成人"意谓成德之人或曰完成了的、全面成就的人，这一词语本身即体现儒家对人之理想人格和生命成就的理解方式。对"成人"之内涵，儒家经典文献有多方解说，如《论语·宪问》载：

> 子路问成人，子曰："若臧武仲之知，公绰之不欲，卞庄子之勇，冉求之艺，文之以礼乐，亦可以为成人矣。"曰："今之成人者何必然？

见利思义，见危受命，久要不忘平生之言，亦可以为成人矣。"

知、不欲、勇、艺皆就人之才性而言，乃所谓生质之美。礼乐对此生质之美进行修饰，使之合度中节，既足以尽其美，又得以制其过，内外交养，使人才全德备。"文质彬彬，然后君子"，则人生达致中和之境。《荀子·劝学》云："德操然后能定，能定然后能应，能定能应，夫是之谓成人。天见其明，地见其光，君子贵其全也。"能定能应，表示成德之人体兼动静，持守正道而又能曲尽物情，故其人格之光辉充满天地，这恰是圣人才有的气象。

上述成人之两重义涵并非彼此全不相干，而实同出一源且归宗于一，都基于儒家对人之存在本质的理解。作为全德的"成人"义恰基于人之所以为人的"成人"义之上。全德只是将人之内在质性充分实现而已，并非一种别样的生命形态而与"成人"有质的不同，故而儒家有"人皆可以为尧舜""涂之人可以为禹"之说。二者都指向人之自我完成、自我完善，生命的自我肯认。"成人"虽以外在的礼乐为标志，但不会仅停留于一种社会化人生形态，而必将德性成就和生命转化作为其更高远人生追求的起点。

(二) 成人之道：《冠义》的冠礼释义

《冠义》对冠礼的理解正是基于儒家成人观念之上，故开宗明义云："凡人之所以为人者，礼义也。"是否知礼义是人之所以为人的根本判断标准，将人同天地间其他生物区别开来的标志之一。这当然是一个典型的社会—伦理标准，而它恰恰揭示了人之类存在的根本特征，即人是依循一定的社会法则和价值原则而生活的。析言之，此处所谓"礼义"包含了礼与义两方面。礼是人规范自我行为的社会伦理政治法则，义则是人生努力追求实现的价值目标和意义确证。礼、义二者是相互规定的：礼在得到社会成员普遍认同和遵行的前提下，构成判断行为是否合乎道义的标准，同时，礼又以"义"为其价值内蕴，其仪式过程皆充满对"义"的象征。《冠义》称：

> 礼义之始，在于正容体、齐颜色、顺辞令。容体正，颜色齐，辞令顺，而后礼义备。以正君臣、亲父子、和长幼。君臣正，父子

亲，长幼和，而后礼义立。故冠而后服备，服备而后容体正、颜色齐、辞令顺。故曰：冠者，礼之始也。是故古者圣王重冠。

礼义对人的基本要求，首先体现于仪态、表情、言辞之端庄、严肃、和顺，这要求人注意生活之微文小节，使礼义真正融贯于日用常行，从自我最切身处入手培养礼义。"正容体"要求行走坐卧，体态端庄，"齐颜色"要求神情严肃庄重，"顺辞令"要求言语恭敬、辞气和顺。日常生活中人的内心状态自然在其言谈举止中有所流露：容止的儳辟惰慢正是其内心轻浮傲慢的表现，若人重视自己的仪表谈吐并自我约束，便可以收敛精神、端正心思，自觉遵循礼义之要求。因此，外在的生活细仪对礼义在人生命中的落实有着重要的意义。故而《冠义》认为只有做到了容体正、颜色齐、辞令顺方可称礼义备具，即礼义真正在生活中得到全面的落实。这一切，都是对一个成人的基本要求，如吕大临所言："容体者，动乎四体之容者也；颜色者，生色见乎面目者也；辞令者，发乎语言而有章者也。三者修身之要，必学而后成，必成人而后备。童子未成人者也，于斯三者不可以不学。……至于二十，则三者备矣，然后可以冠而责成人之事。"[①] 进一步讲，三者虽貌似仅及一身，实则传达出一个人的精神修养和与人交接时的态度。故而《冠义》以为有此三者，即可以"正君臣、亲父子、和长幼"。体貌端重、辞令和顺，体现出对他人的充分尊重，使各种基本的人伦关系都以一种完美的方式建构起来，如君臣之正，父子之亲，长幼之和，礼义的基本原则即在其中确立。就冠礼仪式而言，乃是通过人之穿戴着装凸显对仪表容体的注重。服饰绝不仅仅出于人御寒保暖的需要和审美追求，更传达出各种精神旨趣和人生理想。在古典社会，服饰有着更为突出的政治、伦理乃至宗教象征意味。加冠意味着一个人"服备"，服既为礼义之象征，服备便意味着一个人有能力有责任备具礼义，并将因此作为一个合格的成员被社会所接受。

---

① 卫湜：《礼记集说》卷一百五十四。

三 冠礼仪式象征内涵释蕴

冠礼是一个人参与社会生活并受到他人礼遇的开始，正因为加冠在一个人生命历程中如此重要，故而受到古人格外重视，将之视为人生礼仪的起点。《冠义》云：

> 古者冠礼筮日筮宾，所以敬冠事，敬冠事所以重礼，重礼所以为国本也。故冠于阼，以著代也；醮于客位，三加弥尊，加有成也；已冠而字之，成人之道也。见于母，母拜之；见于兄弟，兄弟拜之，成人而与为礼也。玄冠、玄端奠挚于君，遂以挚见于乡大夫、乡先生，以成人见也。

冠礼仪式的繁复体现整个宗族对加冠一事的郑重其事。筮日、筮宾之举，表面看来是古老信仰的延续，实则全出于谨慎严肃之意。古人重冠礼，源于其对冠礼所标志的礼义生活之开端的重视。礼义又是国家的根本，维系着国家的政治制度和社会伦理生活。冠礼作为成人礼，在阼阶之上举行，阼阶是主人迎宾时所立所行之处，"冠于阼"象征家族中一个新人成长起来，并将代替自己的父亲成为家庭的主人。

冠者凡三加冠。始加缁布冠，《仪礼》士冠礼之《记》云："始冠，缁布之冠也。太古冠布，齐则缁之。"体现出华夏礼乐"反古复初"的意义取向，注重对仪式古初发生之动机的回溯和重新唤起，目的在于培养与仪式初起时同样朴素而真诚的敬畏和庄重之心。缁布冠所配为普通朝服。再加皮弁冠，所配衣物则是与君视朝之服，形制已然尊尚许多。三加用爵弁冠，其相应服饰更是与君共祭之服，属于最尊贵的礼服。此所谓"三加弥尊，加有成也"，是对冠者德行成就的期待与肯定。此重德之意在三加祝辞中有充分体现：始加祝辞曰："令月吉日，始加元服。弃尔幼志，顺尔成德。寿考惟祺，介尔景福。"重点在于告诫冠者今已成人，便应与其童年之幼稚心态和行为方式告别，以成人的标准要求自己，注重培养德性，这才是人生最大的福祉。再加祝辞曰："吉月令辰，乃申尔服。敬尔威仪，淑慎尔德。眉寿万年，永受胡福。"要求冠者注重成年人礼仪的学习，保持庄重的仪表，同样更重要的是德性涵养的提升。三加祝辞曰:"以岁之正,以月之令,咸加尔服。兄弟具在,以成厥德。黄耇无疆,受天之庆。"显示对冠者更积极的社会行动的期待。"兄弟具在"象征家庭和睦,成为冠者社会影响力的开端。

冠礼中,与加冠同样重要的是命字仪式。字与名不同,名是初生之后所取,字则为行冠礼时所取,名、字相应,字更偏重于表达对人之德性期许。命字标志一个人的生命进入新的阶段,需要新的名字作为其标志,表示一个人从此应得到成年人所拥有的来自社会的尊重。这种尊重在冠者见母、见兄弟的仪式中表现得尤为突出:

> 冠者奠觯于荐东,降筵;北面坐取脯;降自西阶,适东壁,北面见于母。母拜受,子拜送,母又拜。
>
> 冠者见于兄弟,兄弟再拜,冠者答拜。见赞者,西面拜,亦如之。入见姑、姊,如见母。

三加之后,冠者即以成人身份见母亲、兄弟、赞冠者和姑、姊妹。这些家庭成员都会向冠者行拜礼,表达对其成人身份的尊重和礼遇。《冠义》指出,这是"成人而与为礼也"。《冠义》对上述种种仪式的诠释,重点皆在突出成人之义。对于成人而言,最重要的是他既作为成人而得到家庭、社会的尊重,同时也将践行成人应尽的职分。

四 见乡先生:《国语》,一个例证

冠礼之后,冠者以挚见君及乡先生显示整个社会对其成人地位的认可。其间,冠者还将受到所见长者的训诫,其内容同样是对冠者成人身份带来的社会责任和德性要求。《国语·晋语六》有一鲜活例证:

> 赵文子冠,见栾武子,武子曰:"美哉!昔吾逮事庄主,华则荣矣,实之不知,请务实乎!"
>
> 见中行宣子,宣子曰:"美哉!惜也,吾老矣!"
>
> 见范文子,文子曰:"而今可以戒矣,夫贤者宠至而益戒,不足者为宠骄。故兴王赏谏臣,逸王罚之。吾闻古之王者,政德既成,又听于民,于是乎使工诵谏于朝,在列者献诗使勿兜,风听胪

言于市，辨妖祥于谣，考百事于朝，问谤誉于路，有邪而正之，尽戒之术也。先王疾是骄也。"

见郤驹伯，驹伯曰："美哉！然而壮不若老者多矣。"

见韩献子，献子曰："戒之，此谓成人。成人在始与善。始与善，善进善，不善蔑由至矣；始与不善，不善进不善，善亦蔑由至矣。如草木之产也，各以其物。人之有冠，犹宫室之有墙屋也，粪除而已，又何加焉？"

见智武子，武子曰："吾子勉之，成、宣之后而老为大夫，非耻乎？成子之文，宣子之忠，其可忘乎？夫成子导前志以佐先君，导法而卒以政，可不谓文乎？夫宣子尽谏于襄、灵，以谏取恶，不惮死进，可不谓忠乎？吾子勉之，有宣子之忠，而纳之以成子之文，事君必济。"

见苦成叔子，叔子曰："抑年少而执官者众，吾安容子。"

见温季子，季子曰："谁之不如，可以求之。"

见张老而语之，张老曰："善矣，从栾伯之言，可以滋；范叔之教，可以大；韩子之戒，可以成。物备矣，志在子。若夫三郤，亡人之言也，何称述焉？智子之道善矣，是先主覆露子也。"

士冠礼要求冠者见兄弟、赞者、姑姊妹之后，"乃易服，服玄冠、玄端、爵韠，奠挚见于君。遂以挚见于乡大夫、乡先生"。接受他们的训诲。赵文子既冠之后，拜见了九位晋国大臣。栾武子告诫赵武不可仅满足于仪表的光鲜，而应追求内在德性和功业之实，故张老称其言可使人滋养德性。范文子称"而今可以戒矣"。在此之前，童子之教侧重于日常生活行为仪轨的教导。冠礼之后，成人之德成为新生命历程的重点。范文子从纳谏听讽角度警示赵文子当保持戒慎恐惧、谨防骄泰纵逸，主要关注士大夫政治德性，为建立事功之本，故张老称从其言可以大。韩献子的诫语围绕"成人"之标准展开，指出成人是德性生命成长的新开始，所谓"始与善"，因而必须谨慎择取，始终坚持善道，小心修治身心，不浮慕荣华，而后可以真正实现成人的要求，故张老称韩子之戒可以成。智武子则历举赵文子先辈的勋业而鼓励他继承父祖之德，故张老称其言善，是以"先祖覆露子"。从上述诸人的诫语看，冠礼努力在冠者心目中树立起这样一种观念，即自己已经开始一种全新的生命历程，肩负着光大家族的使命，须时刻戒慎恐惧，进善去不善，以合乎成人之德性要求。

儒家的冠礼释义从社会政治观念、德性修养论和形上学——性体论诸角度阐释了冠礼中包含的多重意蕴。通过这种释义，实现对各类社会礼俗仪式的意义点化和精神提升，使礼仪生活中的人获得对生命的深切体证。儒家的思想观念发生于礼乐文化，又落实于礼仪生活，这使得儒家的哲学观念不是一种纯观念形态的思辨知识系统，而是生活化的行动中的思想和富于生存关切的生命智慧。通过礼仪行动和礼仪诠释，儒家实现了生活与哲学的良性互动，这也是中国传统思想最富神韵的特性之一。

第二节 《昏义》：夫妇之义与"礼之本"

婚礼在古今中外几乎所有人类文明形态中之普遍存在，证明婚姻对人类社会具有根本的结构性意义。婚姻现象之出现与存在绝非源于人之生物本能或情感需求，而本质上是一种社会事物，是人类的基础性文明生活形式。婚姻是家庭、家族存续的前提，并由此构成社会秩序的根基。

放眼人类历史长河，也许再难找到第二个思想传统像儒家一样对婚礼和婚姻表达出无与伦比的关切与重视。而且，不同于大多数理论形态，儒家对婚姻关系即"夫妇之义"的理解绝非仅仅着眼于其伦理与社会意义，而是极力突出其对王道政教的奠基意义，更进而以一种哲学化的方式论说其对整个人类生存与社会秩序的本原性地位，将夫妇之道理解为天道自然秩序的根本呈现形式。因此，婚礼毫无悬念地被儒家宣布为"礼之本"。

一 儒家婚恋思想

近代以来，儒家的婚姻观念，特别是其对"夫妇之义"的理解被各种批评和责难所淹没。即使冯友兰先生，在论及儒家婚姻思想时，也认为：

> 儒者对于婚姻之意见，完全注意于其生物学的功用。……儒者以为婚姻之功用，在于使人有后。结婚生子，造"新吾"以代"故吾"，以使人得生物学的不死。由此观点，则吾人之预备结婚生子，实与吾人之预备棺材，同一可悲，盖吾人若非有死，则无需乎此等事也。本来男女会合，其真正目的，即在于生殖。至于由此而发生之爱情与快感，乃系一种附带的心理情况。自生物学的眼光观之，实无关紧要，故儒家亦不重视之。儒者论夫妇关系时，但言夫妇有别，从未言夫妇有爱也。①

对儒家婚恋思想的一般批评意见，大体认为儒家过于强调婚姻的伦理、社会内涵，有强烈的家族本位和宗法观念以及男尊女卑意识之类，此类指责大多笼统颟顸，我们将于下文详为辨析。冯先生乃直接以"生物学眼光"理解儒家婚姻观，或许意在表明儒家于此本不措意，而唯重自我之修身立德，婚姻不过为孝道计。但如此一来，反而遮蔽了儒家重夫妇之道、男女之情的本来思想特性，更容易加深世人对儒家的误解。

儒家固然肯定婚姻"继后世"的意义，但此肯定本身就是在社会伦理秩序的观念结构中展现的。"不孝有三，无后为大"，孟子此言所包含的对"继世"之关注只有在家族伦理而非生物本能的意义上方能理解。如前所述，婚姻是人类文明历史中特有的社会事物，其本质功能就是社会的和伦理的。因此，儒家对婚姻之伦理与社会意义的关注可谓恰如其分。而且，儒家强调"继后世"必须以"敬慎重正"的婚姻方式进行，足见对儒家而言，社会伦理秩序才是更为重要的。如孟子所言："逾东家墙而搂其处子，则得妻，不搂则不得妻，则将搂

---

① 冯友兰：《中国哲学史》（上册），华东师范大学出版社2000年版，第263—264页。

之乎?"① 如果儒家仅仅将婚姻作生物学的理解,关注于所谓"生殖",则大可不必对婚姻与婚礼如此看重,因为人类不通过婚姻的形式也能完成这一生物行为,试想儒家可能接受这样的"有后"方式吗?

儒家的确关注婚姻的社会伦理和政教意义,但若因此认为儒家只是将婚礼和婚姻视为一种"义务"或"责任",认为儒家完全不理解或漠视男女之情、夫妻之爱,甚至有意抑制之,则纯属诬枉之辞。儒家对各种人伦情感,都抱持热情的肯定态度,并展现出亲切的体认,对男女情爱也有充分的理解。② 这一点在儒家典籍中不乏例证,但今人对之往往视而不见。即以"四书"为例,《大学》云:"所谓诚其意者,毋自欺也,如恶恶臭,如好好色,此之谓自谦。"儒家认为"好好色"乃是最自然、最本真而不能作伪的情感心理,因而被作为"诚意"的典范例证("如"在此处不能被纯然视为喻词,更应被理解为举例之词),儒家对之并无任何否定和贬抑之意。当然,"好好色"难免被理解为"生物性"的,但这显然是对人类情感心理之复杂细腻缺乏领会的粗糙解说,全然不符合儒家本义。如孟子所言:"人少则慕父母,知好色则慕少艾,有妻子则慕妻子。"③ 这里的"慕少艾""慕妻子"所传达出的思慕与眷恋之情又岂能用"生物性"来解释?同样,孟子在回答齐宣王"寡人有疾,寡人好色"的托词时言道:"昔太王好色,爱厥妃。《诗》云:'古公亶父,来朝走马,率西水浒,至于岐下。爰及姜女,聿来胥宇。'当是时也,内无怨女,外无旷夫。"④ 这种难舍难分之情难道也仅仅是生物性的而不是心灵的和精神的?如果仅仅是生物性的,又如何能推己及人而使天下"内无怨女,外无旷夫"?《中庸》云:"君子

---

① 《孟子·告子下》。
② 古代汉语很少用"爱"字描述男女之情,传统中国人也很少将"爱"挂在嘴边,这并非因为中国人羞于表达"爱"。中国人固然倾向于一种含蓄委婉的情感表达方式,更重要的是,古代汉语中有更丰富的语词表达人类生活中各种复杂而深厚的情感,而不是如今日般枯涩缩水到唯有一个"爱"字,从而使得这个"爱"字也变得笼统、空洞。
③ 《孟子·万章上》。
④ 《孟子·梁惠王下》。

之道，譬如行远，必自迩；譬如登高，必自卑。《诗》曰：'妻子好合，如鼓瑟琴。兄弟既翕，和乐且湛。宜尔室家，乐尔妻帑。'"夫妇之恩情缱绻、室家之和谐亲睦，恰是儒家君子之道的根本。儒家何尝"从未言夫妇有爱"？

儒家非但肯定婚姻之美、夫妻之爱，而且对之有更为真切深刻的理解与表达。因为爱情，甚至广而言之，人类所有情感，本身就是无法用所谓逻辑理性的方式进行思考和讨论的。一切关于爱情的学术式理论研讨都无法通达其本性并予之以恰切表达，而且势必将爱情解释为各种生物性、社会性因素作用的结果，或成为枯燥乏味的心理学、社会学说辞，或成为"性欲升华"之类怪诞见解。对爱情的理解与表达只能借助诗与艺术的形式，儒家避免以理论性文字讨论男女之情，正是缘于这一识度。儒家以《诗经》为基础经典、人文教养之初阶，其对诗的重视程度和解说方式恰彰显其对包括夫妻之爱在内的各种人伦情感的关注与理解。《诗大序》云：

> 《关雎》，后妃之德也，《风》之始也，所以风天下而正夫妇也，故用之乡人焉，用之邦国焉。……诗者，志之所之也，在心为志，发言为诗。情动于中而形于言，言之不足，故嗟叹之；嗟叹之不足，故永歌之；永歌之不足，不知手之舞之，足之蹈之也。……故正得失，动天地，感鬼神，莫近于诗。先王以是经夫妇，成孝敬，厚人伦，美教化，移风俗。……是以《关雎》乐得淑女以配君子，忧在进贤，不淫其色，哀窈窕，思贤才，而无伤善之心焉，是《关雎》之义也。

正是出于对《关雎》之情感内容与艺术形式的深切领会，孔子赞美其"乐而不淫，哀而不伤"。对于整个《诗经》的精神品质，孔子也曾有最为简洁精当的概括：

> 诗三百，一言以蔽之，曰：思无邪。

男女之情、夫妇之爱构成《国风》的核心题材之一，在孔子看来，这都是最为真纯诚挚的无邪情思。《诗经》始于《关雎》，绝非偶然或率意而为，恰展现孔子对男女情爱与婚姻生活之意义的至高肯认。事实上，全部《周南》《召南》之中心意图即在于此：

> 子谓伯鱼曰："女为《周南》《召南》矣乎？人而不为《周南》《召南》，其犹正墙面而立也与？"

男女相悦之意、室家之乐、相思之苦，便是《周南》《召南》乃至全部《国风》歌咏的基本主题。孔子教伯鱼"为《周南》《召南》"，"为"可以理解为"学习""研读"，这意味着，诗歌才是理解爱情与婚姻的根本方式，理解爱情与婚姻对一个人而言，又是其全部生活之起点。

可能有人会说，儒家对夫妇之道的关注与重视乃基于一种伦理与政治意图，如《诗大序》称《周南》《召南》的价值在于其构成"正始之道，王化之基"，儒家意在通过诗教"厚人伦、美教化"。问题是，爱情与婚姻难道是与人伦、教化对立的存在吗？这显然是现代人刻意将之对立的结果。儒家的王道教化并非抽象的政治事物，更非以所谓"君主专制"为目的。王道的意义不正是如孟子所言，使天下"内无怨女，外无旷夫"？离开人伦生活之美与天下人各得其所的理想，王道将不复存在。为什么我们要偏执于自身对儒家本意的扭曲理解，而不肯倾听儒家的自我解说？

正是由于儒家的守护，人们至今仍能感动于《诗经》中那些纯美篇什，千百年咏歌不绝。我们看到在婚礼中如花般绽放其青春生命之美的新娘："桃之夭夭，灼灼其华。之子于归，宜其室家。"（《周南·桃夭》）感受到新郎即将迎娶新娘时那无以言表的喜悦："仓庚于飞，熠燿其羽。之子于归，皇驳其马。亲结其缡，九十其仪。"（《豳风·东山》）体会到与恋慕之人成婚时的欢欣之情："绸缪束薪，三星在天。今夕何夕，见此良人。子兮子兮，如此良人何！"（《唐风·绸缪》）更令人为之动容的是对婚姻生活之欢乐的描述，夫妻之深情相恋如同琴瑟和鸣：

> 关关雎鸠，在河之洲。窈窕淑女，君子好逑。参差荇菜，左右流之。窈窕淑女，寤寐求之。求之不得，寤寐思服。优哉游哉，辗转反侧。参差荇菜，左右采之。窈窕淑女，琴瑟友之。参差荇菜，左右芼之。窈窕淑女，钟鼓乐之。（《周南·关雎》）
>
> 女曰鸡鸣，士曰昧旦。子兴视夜，明星有烂。将翱将翔，弋凫与雁。弋言加之，与子宜之。宜言饮酒，与子偕老。琴瑟在御，莫不静好。（《郑风·女曰鸡鸣》）

这些难道不是儒家所由衷赞美的至性真情？又何尝基于"生物学眼光"？中国文学传统中对婚姻之美、夫妇之爱的深情描绘与咏叹，皆源自华夏民族对生活的热爱，这些情感也为儒家所珍视，汉以后此类文学体裁的基调更是直接与儒家传统相表里。将儒家刻画成冷漠固执、不近人情的空洞虚伪的道德说教者，是近代西化知识分子争夺政治话语权力过程中恶意毁誉的结果。当然，历史上儒家因为官方化和成为主流话语，的确在不少儒者那里呈现出不同层面、不同程度的僵化、固执之处，引发来自儒家内部[①]和外界的各类情绪反弹，但这绝不意味着儒家根本如此和普遍如此。近代以来各种对儒家文化与思想形象之人为扭曲的结果，使人们遗忘了《诗经》本属儒家传统的核心内容，或者对儒家诗学进行有意识的片面解读，[②]使本来"重情"的儒家之道变得"无情"，从而需要所谓"补情"。

论及婚礼，不可避免会涉及古代中国许多婚姻制度和习俗，诸如同

[①] 如清儒戴震等人攻击程朱理学"以理杀人"。其说虽固非空穴来风，但也实属过甚其辞。一种社会风气的形成绝非某一理论学说所能推致，宋明理学乃是宋以后数百年间知识人共同创造的思想事业，其学问规模虽然不无偏蔽之处，潮流形成后，亦不免因天下趋附而良莠混杂，但其根本精神实深宏高卓、活泼通达。有宋以降中国历史文化中的各种时运际会，乃是诸多历史因素复杂互动的结果，断非百余年来流行的各类轻浮己见所能解释。

[②] 比如中国文学批评史研究中长期流行的将"言志"与"缘情"加以人为割裂和对立的做法。

姓不婚、男女有别、父母之命、七出之条、贞洁观念等，凡此种种不为现代人所理解和接受者，往往都被今人笼而统之地归咎于儒家传统。但事实上，这些大多属于历史的、社会性的和大众性的习俗与观念，从发生时间上看皆是前儒家的，并非儒家的"发明创造"，亦非儒家的学说要义。[①] 不可将中国传统社会与历史上许多社会现象与心理都笼统而随意地一概指为"儒家文化"。

二 立夫妇之义——《昏义》与儒家婚礼释义

儒家对婚礼之仪式与意义的论说，集中体现于《礼记·昏义》篇，除此之外，《郊特牲》《经解》《哀公问》等篇中也多有涉及。《哀公问》借君主之大昏礼，阐述婚礼对政治、教化的重大影响，本书第四章已有讨论，此处将主要围绕《昏义》等篇章进一步考察儒家婚礼释义的思想内容与理论特性。

（一）合二姓之好：婚礼的社会意义

婚姻从来不是两性个体间的私人事件，而根本上是社会性的，在传统社会，更意味着两个家族的联合。儒家极为重视婚姻的社会本质，因而《昏义》首先关注婚礼的伦理和社会功能，特别是其对家族存续的根本意义：

> 昏礼者，将合二姓之好，上以事宗庙，而下以继后世也，故君子重之。是以昏礼纳采、问名、纳吉、纳徵、请期，皆主人筵几于庙而拜迎于门外，入，揖让而升，听命于庙，所以敬慎重正昏礼也。

《昏义》论婚礼，首言其"合二姓之好"的作用，两个本无血缘关系的家族以婚姻的方式结成亲密友好的关系，对于早期社会而言有着重

[①] 如果联想到西方社会历史上同样不乏相同性质的习俗与规制，就必须考虑这些是人类历史文化进程中的自然阶段，在特定的时期和环境中自有其发生理由和存在价值，而不可对之作简单的是非论断。

大意义。《昏义》此说，正是承袭先民古传观念而来。古代礼典中"同姓不婚"之制，实本于此。① 这些都并非儒家的发明，而是上古社会的基本文化生态。儒家并非简单地附和这一社会事实，而是通过其释义，赋予其更深远的伦理与精神意蕴。如《郊特牲》云："取于异姓，所以附远厚别也。""附远厚别"意味着对异己者主动的亲近和接纳，致力于培育一种充满善意的社会伦理关系形式。这一解读方式一反现代人从实际生存利益出发而进行的各类猜想，将之理解为一种礼义价值追求。现代人热衷于讥评古人历史观念的混沌，却浑然忘记了这本是将人之心性导向仁爱与高贵的途径。

婚礼的另一大意义，是"上以事宗庙，而下以继后世"。本节前文已经辨明此绝非出于"生物学眼光"，而是基于家族伦理视角，但其思想内涵绝不仅仅是家族伦理的。儒家承认婚姻的一大重要目的在于延续子嗣，这一观念乃本于对族群生命之延续的关切，是传统社会特别是宗法时代的普遍心理，并非儒家创造。现代思想则往往将之刻意还原为一种生物性动机，而且抨击传统观念轻视个体生命之个性与自由，将之消解于家族目的之中。的确，因为各种历史的和文化的原因，在传统社会，个体与其家族有更紧密的联系。《昏义》指出，婚姻之六礼，五项行于婚前，而举行地点都在家族宗庙，足见婚礼并非仅为男女双方之

---

① 同姓不婚之制源于早期社会的外婚制度。关于外婚制的起源，学者们有很多猜测，较常见者为摩尔根等人之说，认为是原始人察觉到亲属结婚会发生不良后果而禁止内婚。又有弗洛伊德精神分析理论，认为外婚制出于对人类本能的乱伦冲动的禁忌。这些说法的共同特点是从某种生物学或心理学角度解释外婚制的起源，认为人类社会的乱伦禁忌乃是推动外婚制产生的原因。邹昌林在考察古代婚姻制度和昭穆制度之关系后指出，早期社会同氏族内部的禁婚制度，是产生两合群婚组织的根源，同时也是后世严格的男女之防的源头。这类严格的男女之防，除个别条目外，主要是针对本族本家的，目的是防止同血缘的乱伦。而对于非同族之男女，先秦时代防范并不太严。邹氏的解释仍然依循传统看法，认为这些意在避免近亲结婚和家族内部的混乱冲突。参见氏著《中国礼文化》，社会科学文献出版社 2000 年版，第 109—112 页。但现代人类学家普遍认为，弗洛伊德的本能说实属臆测之词。至于遗传退化理论，虽因为古人有过"男女同姓，其生不蕃"的说法而被国内学者广泛接受。但若纯从生物学角度考虑，则现代生物学已证明，近亲婚姻和繁衍后代导致生物性退化的观点虽广为人所接受，但实为偏颇之见。总体而言，在对外婚制和乱伦禁忌之关系的理解上，学界普遍存在着倒果为因的错误。当代文化人类学的研究结论是，乱伦禁忌的目的在于保证外婚制的顺利实行，参见 L. A. 怀特《文化的科学》，山东人民出版社 1988 年版，第 309 页。

事，而是两个家族之事。在中国观念传统中，个人的生命与其祖先的生命、子孙的生命本是一体，行礼于庙，既是以继嗣之事请命于先祖，也是对婚姻关系极其郑重谨慎的表现。婚礼象征着代际传承，祖先永得后人祭祀，其血统得到继承，通过这种方式使家族及其中每个人的生命得以实现此世的永恒。现代人或许对此观念很不以为然，但这永远是婚姻关系的实际效应。人本然地置身于一个由祖宗到后代的血缘传递过程之中，意识到并对这一生命之"传—统"充满敬意和责任，并不一定导致对个体心性的扭曲，而也可能实现对人之生命意识的一种提升。人由此意识到自己所拥有的并不仅仅是这一或因世道之艰难而过于沉重，或因生存之无方向而过于轻飘的肉身，而是承载着无数先辈之祝福与希望的宝贵生命。人若能真切感受并积极认同这一生命传统，自会生发"事宗庙""继后世"的对祖先的孝爱之情。儒家的婚姻思想与孝道精神有深切关联。孝道的根源在于人之"报本"意识，由此意识出发，儒家更从天道层面对婚姻与婚礼的意义进行解说。

在儒家经典文献中，婚姻与婚礼一直被认为不但具有社会伦理意义，更从根本上具有天道形上学意义或曰宇宙论意义。《郊特牲》云："天地合而后万物兴焉。夫昏礼，万世之始也。"《哀公问》则从相反方向表达了同样观点："天地不合，万物不生。大昏，万世之嗣也。"出于家族血脉延续动机的"继嗣"观念被赋予了天地之道的终极意义，这在人类思想史上亦属绝无仅有。应该如何理解这一思想现象？仍然将之完全作生物学的解释吗？儒家从不否男女婚配中本有的生物性内容，故《系辞》云："天地纲缊，万物化醇；男女构精，万物化生。"儒家从未对性进行贬低和污化，但也绝非仅仅从生物学的意义上理解性。对儒家而言，人类的两性行为固然根本于生物性的生命欲求，但并无卑下可耻之处，而恰是天地生生之道的根本作用方式。中国哲学精神之核心在于生命关切，儒家的天道论可以被恰切地称为一种生命哲学，中国所独有的这一生命哲学形态之基本特征是将宇宙生命的现实发生机制理解为天地相合的过程，其中显然包含了两性关系的隐喻。这一特征在《周易》哲学中体现的尤为明确。《系辞》云："天地之大德曰生。"《周易》卦象系统正是以乾、坤两卦为本，以拟象天地之创生万物，而乾坤的基本功能与作用方式都是指向生命之创化的。故《乾·彖传》云：

"大哉乾元，万物资始，乃统天。"《坤·象传》云："至哉坤元，万物资生，乃顺承天。"《系辞》云："乾道成男，坤道成女。"又云："夫乾，其静也专，其动也直，是以大生焉；夫坤，其静也翕，其动也闢，是以广生焉。"《咸卦》卦辞云："咸，亨，利贞，取女吉。"其象传云："天地感而万物化生。"《归妹·象传》云："归妹，天地之大义也。天地不交而万物不兴。归妹，人之终始也。"上述文字直接将人间夫妇之道与天地交泰之义相比照，指出两者的内在一致性。两性通过婚姻形式的结合是天地之道在人类社会生活中的实现形式，因而婚姻实为人类，乃至天地万物之生生不息的生存论根基。

近代以来，颇有一些学者将这一思想传统归结为"生殖崇拜"，显属出于鄙薄儒家和中国文化精神的动机，以彼时舶来的时髦词语，对之作刻意的"原始化"和"野蛮化"解读。然而问题并不止步于此。在现代西学观念中浸淫已久的学者难免因为传统天道显示为宇宙自然秩序，便将之解释为某种盲目的外在决定性力量。人之行为，无论是自然的还是社会性的，若与此自然秩序呈显一致性，则被视为屈从于异己的、非人的奴役性力量。于是婚姻和性往往被理解为自然界种群繁衍之生物本能的实现，个体在这一过程中不过是家族和种群延续之工具，自然生命延续中的一个链条，丧失了其独立人格和个性的物化存在。那么，婚姻和性是否只是意味着低劣的动物性欲望对人的统治和奴役？仔细考察此种论说，不难发现，其根本特征是站在近代西方观念论立场上，将自然与人，与人之精神割裂与对立。自然被根本上判定为物化的，因而是引人堕落的力量，而精神则被理解为一种超绝于自然之上的绝对的观念性存在。在这种观点看来，除非自然能体现精神或被精神所主宰，否则自然便是与精神相对立因而毁灭精神的。因为自然内在地对具体的生命个体有所限制，于是自然被此观念视为是压迫性的和奴役性的，而"精神"则因此被宣称是绝对的自由。然而这一脱离了自然、离弃了现实生命与生活本原的精神势必只能显示为空洞虚幻的观念形式，这一不承认任何秩序的自由最终只能是对全部生活与世界的否定和抗拒。

在中国传统思想中，人的全部生命首先和根本上是自然的，自然与精神绝非二事，根本不存在二者的分离与对立。这种分离性思维的确更利于凸显精神的创造性和自由高卓，但也会使"精神"失落其本根，助长人类的自大，演变成为对绝对个体自我的崇拜，甚至根本上否弃自然。但对儒家而言，所谓活力、灵性、自由、创造并非抽象的观念形式，而是现实的生命过程，生命的意义与价值就在其成长与展开的自然过程中现实地发生并得到理解与实现。因此，儒家并不试图预设某种外在于天道自然秩序和生命过程的抽象价值，这样的预设必然是偏执和空幻的。

这种对婚姻和性的自然特性之肯定并不一定导致人被欲望所奴役，而且正如人们所见，儒家在历史上从未产生过此种理论或现实后果，近代以后反而经常被指责为过度严厉和不近人情的道德中心主义。这种指责当然并非实情，但儒家显然以自己的方式实现了自然与社会伦理秩序和精神生活的协调。如《昏义》所言，传统婚礼的各个环节中都贯彻着"敬慎重正"的精神，这正是意图时刻提醒人，婚姻并非社会化的生物欲求实现方式。"敬慎重正"也并非简单的社会理由所能解释，而意在使人在婚礼的仪式实践中自然扩展其生命精神之广度，由自我之欲求而至家族之延续，而至二姓之好合，进而至于全社会、全宇宙，体认人之行动所承载的责任与意义，而非陷溺于个体之欲望。这一过程绝不可理解为个体生物性欲望的放大或自然盲目性的具体展现，更不可将家族和社会对婚姻的重视理解为纯自然力的作用形态。我与家族本为一体，我在当下的"万世之嗣"和"万世之始"中承担整个家族之命运，乃至承当天地之道，而自有其尊严与价值。我在此中，亦有生命精神之根本觉悟与升进。只是这种觉悟与提升的方式与西方哲学与宗教的方式不同。西方宗教与哲学将精神超绝化的结果，是将精神完全观念化并与全部现实世界相分离、对立，从而将整个自然、社会都视为因其流变不息而不具有"永恒性"和"确定性"的本质虚假的、使人迷惑与堕落的"现象"，故而试图"超越"之而寻求一绝对永恒之真实，由此陷入观念与存在的永恒争战之中。精神在这一过程中只能用个体化的方式被理解与经验，个体以此与整个自然与社会相对抗，而个体之有限与脆弱使得其势必依赖一"超越"的精神以为敬拜与信靠的对象。通过否定现世而超入永恒精神便成为其基本思想姿态。

儒家则不然。对儒家而言，人是在与自然、社会的共在中获得其现实性的，人之生命存在、自我意识和精神自觉都是在天与人、人与人之互动中发生，并以对天道、人道之理解为其根本内容。精神的自由与创造性展开，人对意义与价值的理解与体会，即在此过程中，在人的自觉中当下生成。此所谓"人能弘道，非道弘人"。

"敬慎重正"和"亲之""敬之"中体现的是对婚姻与性之生物性和社会性内容及特征的涵融和转化。将婚礼提升而为一种情感与精神体验，通过这种方式转化与升华其中的生物性欲望，使之变成对美好生活的涵咏体味，使夫妻情好弥笃。这一方面有利于伦理关系和社会秩序的稳定，另一方面也内涵一种精神生活意蕴。婚姻生活的价值与意义就在"妻子好合，如鼓瑟琴"的和美甜蜜之中，就在"执子之手，与子偕老"的挚爱深情之中。

（二）成男女之别

但儒家同样对自然欲望之强大与破坏性有深刻的理解，故而特别强调婚礼"明男女之别"的意义：

> 敬慎重正而后亲之。礼之大体，所以成男女之别而立夫妇之义也。男女有别而后夫妇有义，夫妇有义而后父子有亲，父子有亲而后君臣有正。故曰：昏礼者，礼之本也。夫礼，始于冠，本于昏，重于丧祭，尊于朝聘，和于乡射，此礼之大体也。
>
> 男女非有行媒，不相知名；非受币，不交不亲。故日月以告君，齐戒以告鬼神，为酒食以召乡党僚友，以厚其别也。

人人皆言儒家重男女之防、夫妇之别，却几乎没有人去认真思考儒家于此叮咛反复的缘由。浅尝辄止者则曰此出于对社会伦理秩序的关注而已，深刻网罗者则曰此所以压迫女性、伸张夫权云云。现代人更觉得无法理解，婚礼确立的夫妻关系乃是世间最私密亲昵的关系，如何婚礼之主旨反而成了"厚男女之别"？因而情感上无法接受。于是儒家婚姻思想被看作不近人情甚至扭曲性情的古怪念头和迂腐说教。前文已述，传统社会严男女之防的观念源于早期社会的乱伦禁忌，不管其初衷究竟如何，此类制度和观念成为后世一切伦理关系之得以成立的最初本原。《易》云：

> 有天地然后有万物，有万物然后有男女，有男女然后有夫妇，有夫妇然后有父子，有父子然后有君臣，有君臣然后有上下，有上下然后礼义有所错。夫妇之道，不可以不久也。

《序卦》此说，由咸、恒两卦而来。咸者，感也。夫妇之道，原于男女相感，然若单纯本情欲而动，则人间一切伦类秩序都将无从谈起。故一切伦理社会关系的建立，都有赖于夫妇关系的确立与恒久。欲其恒久，则必有赖于男女之别。婚姻制度的根本意义就在于终结原始自然状态下的杂乱性关系，建立稳固、恒久的配偶关系，此乃人类进入文明形态的关键步骤。因此，儒家甚至将婚姻制度的确立视为人区别于动物的关键所在。《曲礼》云：

> 鹦鹉能言，不离飞鸟；猩猩能言，不离禽兽。今人而无礼，虽能言，不亦禽兽之心乎！夫惟禽兽无礼，故父子聚麀。

《郊特牲》云：

> 执挚以相见，敬章别也。男女有别然后父子亲，父子亲然后义生，义生然后礼作，礼作然后万物安。无别无义，禽兽之道也。

所谓男女之别，并非意在突出和彰显两性之间的自然性别差异，亦非主张在男女两性之间建立无差别的隔离制度，前者多此一举，后者毫无道理。男女有别之制度精神，在于维持夫妻关系之确定与稳固，夫妻关系获得社会性的认可、尊重和保护。此处"男女有别"绝不可改写为"夫妇有别"。如《昏义》所言"男女有别然后夫妇有义"，夫妇关系，可以用"义"来概括，人类的两性关系必然是社会性的，而不能仅是生物性的，绝不能采取本能和随意的方式，而必须是确定的和稳固的，以彰明其伦理价值内蕴。男女有别绝不是为了"别"夫妇，而是"别"夫妇关系之外的男女，即不允许出现配偶之外的性关系，以此保证婚姻关系之恒久。性关系之明确是一切伦理关系明确之前提，所以古人才会坚定地声称:"婚礼者,礼之本也。"儒家强调男女有别,正体现对人类社会生活本质的深刻理解。

(三)"成妇顺"

婚礼仪式和《礼记》婚礼释义中,对于"妇礼"有集中讨论。婚礼在一定意义上更关注新妇即女性一方,因为古代基本的社会分工正是性别分工,所谓"男主外,女主内",而这当然是在婚姻关系的基础上建立起来的。由于女性主要负责家庭事务,也以家庭为其主要活动场域,故而古代社会的性别观念,其对女性的理解与期待即在婚礼中体现。我们可以《昏义》为本对之略事考察。

婚礼第二天清晨,新妇见舅姑,成妇礼,表示其得到家庭的完全接纳。《昏义》解释其仪式之象征意味云:

夙兴,妇沐浴以俟见。质明,赞见妇于舅姑。执笲、枣、栗、段修以见。赞醴妇,妇祭脯醢,祭醴,成妇礼也。舅姑入室,妇以特豚馈,明妇顺也。厥明,舅姑共飨妇以一献之礼,奠酬,舅姑先降自西阶,妇降自阼阶,以著代也。成妇礼,明妇顺,又申之以著代,所以重责妇顺焉也。妇顺者,顺于舅姑,和于室人,而后当于夫,以成丝麻布帛之事,以审守委积盖藏。是故妇顺备而后内和理,内和理而后家可长久也,故圣王重之。

《昏义》从"成妇礼""明妇顺""著代"三个方面阐释妇见舅姑礼的意义,而归结其重点于"妇顺"。"妇顺"一语,容易令人联想到服从、顺从,婚礼中也确实不乏对新妇以"顺"为本的教诫。如《孟子·滕文公下》云:"女子之嫁也,母命之,往送之门,戒之曰:'往之女家,必敬必戒,无违夫子,以顺为正。'"其所言命辞与《仪礼》所记有所不同,亦不相违谬。这其中固然有男尊女卑的意味,但"妇顺"的重点却不在此。如《昏义》所言,"妇顺"包括"顺于舅姑,和于室人,而后当于夫,以成丝麻布帛之事,以审守委积盖藏",即承担一个家庭女主人所应负责的所有事务并具备相应的德性。因此,"妇顺"中更多的是和顺、顺理之义,而顺从之义主要对舅姑而言。对于丈夫,《昏义》突出的是新妇之"当于夫",即足以与丈夫相匹配而承担起家庭的重担，突出的是"妻"所体现的"齐"即与丈夫齐等，一体同尊卑之意。"妇顺"关切的重点并非女性之婉顺服从，而是其所职司的"内"事即家庭事务之"和理"：和顺亲睦，处理得当。因此，女德或曰妇德在此受到特别关注，因为这是家庭、家族得以绵延兴旺之根本。

为成就妇顺，古代对待嫁女子有系统的教养方案：

> 古者妇人先嫁三月，祖庙未毁，教于公宫；祖庙既毁，教于宗室。教以妇德、妇言、妇容、妇功。教成，祭之，牲用鱼，芼之以蘋藻，所以成妇顺也。

在内外分工的意义上，女性承担着与男子同等的社会和政治责任，其教养和劳作具有同样重要而根本的意义。《昏义》云：

> 古者天子后立六宫、三夫人、九嫔、二十七世妇、八十一御妻，以听天下之内治，以明章妇顺，故天下内和而家理。天子立六官、三公、九卿、二十七大夫、八十一元士，以听天下之外治，以明章天下之男教，故外和而国治。故曰：天子听男教，后听女顺；天子理阳道，后治阴德；天子听外治，后听内职。教顺成俗，外内和顺，国家治理，此之谓盛德。是故男教不修，阳事不得，适见于天，日为之食；妇顺不修，阴事不得，适见于天，月为之食。是故日食则天子素服而修六官之职，荡天下之阳事；月食则后素服而修六宫之职，荡天下之阴事。故天子之与后，犹日之与月、阴之与阳，相须而后成者也。天子修男教，父道也；后修女顺，母道也。故曰：天子之与后，犹父之与母也。故为天王服斩衰，服父之义也；为后服齐衰，服母之义也。

这里将普通意义上的家庭分工延伸到国家政治领域。不同于后世不分青红皂白地强调"后宫不得干政"，《昏义》将国政与家政完全打通。在儒家，不存在一个专门而特殊的政治领域，外、内、国、家共同构成全部人类生活，也是政治的全部领域。儒家政治思想以教化为本原和宗旨，天子后和天子分别主持内外、家国之事物，其主要方式正是明章"妇顺"和"男教"，即以教化为根本方式，以成就德性为目的。二者只是分工不同，其本质则是齐等的，这由其下设属官之名目、数量之相同和描述句式之相同可见。《昏义》更将之作宇宙本体论的推演，认为天子后与天子分别代表阴与阳，如此则男女之间的分工使自然秩序在人类生活中获得恰切实现。如果此种分工下的男女未能各尽其职，特别是若其德行有失，"男教不修"或"妇顺不修"，则会导致自然秩序中的阴阳失和。

值得注意的是此处出现的"男教"一语，显然是对应于"妇顺"而提出，其内涵也彼此相当，旨在实现"外和而国治"，恰与"妇顺"之"内和而家理"构成内外分工和对等格局。这里显然是将女性与男性齐等对待，且认为二者彼此依赖，其关系实质乃"犹日之与月，阴之与阳，相须而后成"。强调两性在政教和社会事务中的同等重要性。

这一结论或许在许多人眼中显得十分怪异，人们已经习惯于认定古代中国和儒家是根本上主张男尊女卑，歧视女性，维护男权的。我们并不否认性别歧视和男权思想在传统社会的普遍存在，古代儒家学者在历史中也深受此类观念影响。但在婚礼释义中，儒家实秉持一种即便不是今日意义上的男女平等，也可以称为男女齐等、对等的观念，承认女性是家庭事务的主要承担者，并肯定女性通过"内治"而对家族和人类的贡献，认为这与男性的"外治"在王者政教系统中乃至宇宙自然秩序中具有同样基础而伟大的地位。

今天，随着人类社会生活形态的深刻变化和两性平等的全面建立，婚姻关系的许多特征也必然发生重大变化。"男主外，女主内"的传统社会分工和相关生活界限逐渐消失，婚姻自由和女性自主观念深入人心，传统家庭关系模式被颠覆。这一切无可避免，且具有其根本的合理性。但同时我们也注意到，现代社会中的婚姻、家庭关系变得日益脆弱，易于破裂，而其解体对个体情感和心灵所形成的深刻伤害却未减分毫。其原因归根究底，乃是极端个人主义影响下的现代男女的自我中心意识，与夫妻这种全方位的共同生活形式的内在冲突。欲解决此难题，儒家对婚姻的理解就仍值得被重温。一些现代知识人认定儒家对婚姻家庭的理解只能建立在权威主义、家族本位和男尊女卑观念基础之上，认为儒家绝不可能面对和应答现代社会婚恋问题,甚至认为儒家必然要求回归某种古旧的生活形态,此类看法只是这些人的偏执心态作祟而已。至于个别"先锋思想"对人类社会婚姻制度的否定,使得现代人关于爱情和婚姻的思想光谱变得更加复杂而光怪陆离。不婚作为一种个体选择无可厚非,也不妨碍其生命成就和人格完善。但从社会存在即人类生活的整体而言,婚姻制度亦不可能像某些人企盼的那样废坏消亡。儒家以爱与敬为婚姻之本的观念,和将情感原则与秩序原则及社会责任彼此协调的思想,仍对人类婚姻生活的维系与调整有根本的启示意义。

第三节 《乡饮酒义》:尊贤养老以成政教

一 乡饮酒礼之起源与意义

乡饮酒礼乃古代乡人以时会聚饮酒之礼。《仪礼》有《乡饮酒礼》篇,详述其仪程,孔颖达以为其中所记乃诸侯之乡大夫三年饮贤能之礼,并认为乡饮酒礼共有四种:"一则三年宾贤能,二则乡大夫饮国中贤者,三则州长习射饮酒也,四则党正腊祭饮酒。总而言之,皆谓之乡饮酒。"① 杨宽曾考证乡饮酒礼之起源,以为"鄉"字金文字形像两人对食,本意指共食的氏族聚落,乡饮酒礼正是起源于早期社会的共食之礼。②

西美尔曾经以"饮食社会学"为题讨论过共同进餐所具有的巨大社会化力量。"共同进餐具有生理学上的原始性,在社会交往层面上具有无可置疑的普遍性,因此它也就具有超个人的重要性。正是基于上述特性,它在某些较早的时代里得到了一种巨大的社会价值。"③ 乡饮酒礼正是古代社会交往的基本礼仪之一,《乐记》称:"射、乡、食、飨,所以正交接也。"乡饮酒礼因此承担着重大的社会教化功能。业师李景

---

① 孔颖达:《礼记正义》卷六十一。
② 杨宽:《西周史》,上海人民出版社2003年版,第767页。
③ [德]西美尔:《时尚的哲学》,费勇、吴䉵译,文化艺术出版社2001年版,第30页。

林先生指出:"乡饮酒礼的意义要在于序长幼,别贵贱,以一种普及性的道德实践活动,成就孝弟、尊贤、敬长养老的道德风尚,达到德治教化的目的。"①

二 尊让絜敬以相接——《乡饮酒义》

《礼记》第四十五篇曰《乡饮酒义》,专为诠释乡饮酒礼之仪式内涵及象征意蕴而作。本书将主要借助《乡饮酒义》一文,对乡饮酒礼之意义进行考察。

(一) 尊让絜敬以免人祸

> 乡饮酒之义:主人拜迎宾于庠门之外。入,三揖而后至阶,三让而后升,所以致尊让也;盥洗、扬觯,所以致絜也;拜至、拜洗、拜受、拜送、拜既,所以致敬也。尊让、絜、敬也者,君子之所以相接也。君子尊让则不争,絜、敬则不慢;不慢不争,则远于斗辨矣;不斗辨,则无暴乱之祸矣。斯君子之所以免于人祸也,故圣人制之以道。

乡饮酒礼诸仪节所传达的基本精神是宾主间的尊让絜敬之意。尊者,以人为上而己下之。让者,以人为先而己后之。"尊"与"让"所遵循的都是对方优先的原则。絜,洁净也,包括人自身的洁净和器物的洁净。洁净是礼仪过程的基本要求之一,显示出行礼者郑重其事的态度,涤清尘垢污秽,以由内而外的纯净心态和仪表行动,表达对他人最高的敬意。"敬"虽然体现在宾主互拜的行动中,但更突出的是其发自内心的尊重崇敬之意。尊让、絜、敬构成儒家理想的社会交往原则,也是儒家对今人所谓"陌生人"问题的基本回答方式。

一些现代学者乐于将传统中国社会描述为一个"熟人社会",认为儒家社会伦理是基于所谓"乡土社会"的熟人伦理,因此认为儒家无力面对现代社会中更为突出的与"陌生人"打交道的问题。但儒家精神之核心是否为他们所认定的基于乡土社会的熟人伦理,本身就极为可

---

① 李景林等:《仪礼译注》,吉林文史出版社1995年版,第59页。

疑。在传统社会，是否信任只存在于"熟人"之间，而人们对"陌生人"则永远充满疑虑与敌意？这种观点恐怕完全忽视甚至否定了人际社会互动的意义与可能，但社会的存在本身就是建立在稳定而频繁的人际互动之上的。

乡饮酒礼以乡为单位举行，这是不是意味着其中只包含"熟人社会"的内部互动？问题在于，我们如何定位"熟人"与"陌生人"，能否在"熟人"和"陌生人"之间划出一个明确而严格的界限？事实上，"熟人"和"陌生人"不是抽象的对立概念，而是现实社会生活过程中变化着的人际关系的一种相对可能性，其界限是相对模糊的。也就是说，除了一个人与之共同生活的近亲近邻，其他人都在一定程度上只是与之相对熟悉或相对陌生。我们没有绝对明确的标尺区分"熟人"和"陌生人"，也就没有绝对明确的原则来对"熟人"和"陌生人"区别对待。或许有人会举出礼制的等差原则以表质疑。但正如我们之前讨论过的，在伦理生活中，等差原则较之抽象的平等原则要更具有现实的合理性和可操作性。同时，等差原则之分别远近亲疏也主要是在家族内部，因为家族内部的血缘关系是明确的，而在超出家族范围的更广大社会空间内，远近亲疏的等差原则反而很难确立。因此，在乡这样的超家族社会领域，宗法式的等差原则是隐而不彰的。这就需要凸显另一些公共性社会行为法则，即尊让、絜、敬。

与家族血缘关系形式不同，乡饮酒礼基于人与人之间纯粹的社会关系，此处"社会"一语是在区别于"家族"和"政治"的意义上使用的。在家族内部，由于其成员间的血亲关系，彼此出于一种一体性意识，如古人所说父子一体、夫妇一体、兄弟一体，而特重亲亲之恩。在朝廷庙堂之上，则更强调爵禄高下所体现的尊卑等级政治秩序。乡则不同，乡饮酒礼中最突出的是长幼之别，除此之外，贯彻始终的便是宾主相敬之道。宾主关系强调两者间根本的平等性，而这显然是乡人关系的根本形式。在乡饮酒礼中，一个人所面对的是与自己完全对等的独立个体。没有血缘之类特殊关系的平等个体之间如何"相接"，对社会秩序的建构有直接影响。如果处理不当，最有可能产生人与人之间的"争"与"慢"。争，是平等意识的极端形式，各自独立的个体分别要求对物质和社会资源的优先占有，当优先占有无法实现时，便要求绝对的平均,这些欲求都导向社会冲突。慢,是平等意识的变态形式,以傲慢不敬的方式强调个体的独立身份和平等地位。因此乡人交接,必须考虑如何从根源上消除因争、慢而引起的"斗、辨"。方慤云:"斗者,力相攻之谓。辨者,言相敌之谓。不斗则无暴之祸,不辨则无乱之祸。"[①]《乡饮酒义》指出,尊让则可以免于彼此相争,絜敬则不致相互怠慢。尊让絜敬之道以敬让为主,先人后己,故而可以远于斗辨,免于人祸。斗、辨是人际不和之极致,争、慢则是不和的根源。消除争慢之意是创造和谐人际关系的前提。乡饮酒礼之仪节使乡人得以持尊让絜敬之意相交接,以求达到"和乡里"的目的。

(二) 学术道以得身

《乡饮酒义》对乡饮酒礼中宾主关系及其行为原则进行了全面分析,下段论述堪称礼仪实践中的宾主关系通论:

> 乡人、士、君子尊于房户之间,宾主共之也。尊有玄酒,贵其质也。羞出自东房,主人共之也。洗当东荣,主人之所以自絜而以事宾也。宾、主,象天地也;介、僎,象阴、阳也;三宾,象三光也;让之三也,象月之三日而成魄也;四面之坐,象四时也。天地严凝之气,始于西南,而盛于西北,此天地之尊严气也,此天地之义气也。天地温厚之气,始于东北,而盛于东南,此天地之盛德气也,此天地之仁气也。主人者尊宾,故坐宾于西北,而坐介于西南以辅宾。宾者接人以义者也,故坐于西北。主人者,接人以德厚者也,故坐于东南。而坐僎于东北,以辅主人也。仁义接,宾主有事,俎豆有数曰圣,圣立而将之以敬曰礼,礼以体长幼曰德。德也者,得于身也。故曰:古之学术道者,将以得身也。是故圣人务焉。

宾主关系是社会交往中人际互动的主要关系形式,以平等意识为主导,因而尤为注重彼此敬让之义。宾主二人以主为本,而以宾为尊,即一切仪程皆从主人的立场出发进行规划,而行礼过程中,主人要时刻遵

---

① 卫湜:《礼记集说》卷一百五十六引。

守"自卑而尊人"的礼仪原则，敬事宾客。《乡饮酒义》指出，宾主共尊，可能正是为了表示宾主平等之意，而主人共羞，自絜事宾则出于敬宾之意。在这样一个礼仪秩序中，宾、主、介、僎座次皆有所象，此取象并非机械的形式模仿，而重在使所法象事物之义理精神融贯到现实的仪式互动行为中。宾主之道，取法于天地，象天地之相接。介僎象阴阳，谓其往来传命，如沟通天地的阴阳之气。对座次的讨论看似附会琐细，实有大义存于其间。《乐记》云"礼极辨"，又云"礼者天地之序也"。在具体的礼仪过程中，序便体现在站、坐之位等各类仪制细节中，而这些细节也时时透显出圣人之意、天地之序。《乡饮酒义》指出，"四面之坐，象四时"，谓主人东南象夏始，宾西北象冬始，僎东北象春始，介西南象秋始，之所以如此安排，乃是为了通宾主之志、和宾主之序。具体的座法，则依据阴阳之气消长出入的原则。阴气生于西南，盛于西北，其特性是肃杀凝重，恰如义主有所制约裁断，故而说阴乃天地之义气。而阳气恰与之相反，生于东北而盛于东南，其特性是温和宽柔，因而称为仁气。义气严肃，令人悚然起敬，仁气则是爱养万物之盛德。主人既尊重宾客，故而请宾客坐于西北，正是最尊严的方位。主人坐于东南，则象征主人以最大的热情和谦逊柔和的态度接待客人。

由此看来，宾、主、介、僎之座位安排乃象征天地之时序，但并非毫无意义的形式模仿，而是要以此表宾主之德，所谓"宾者，接人以义者也；主人者，接人以德厚者也"。要求宾主本仁义之德以相互交往，这使乡饮酒礼具备了显著的德性教化功能。其座次之所以象阴阳四时，则是为了求"和"，因为阴阳相交通，四时顺序而行，正是天道能"和"的根本。仁、义两种德性也须相互交通才能达到一种真正的和德。乡饮酒礼以宾主相接的形式象征仁、义之德的沟通，最终还是为了培养一身之全德、和德。《乡饮酒义》论道术、德性云：

> 仁义接、宾主有事、俎豆有数曰圣。圣立而将之曰礼，礼以体长幼曰德。

圣，郑玄解释为"通"，"所以通宾主之意也"。"宾主有事"者，汪绂云："主人接人以仁，宾接人以义。主人以养贤为事，宾以教人为事。"① 俎豆有数言其仪与物，仁、义则为宾主之德，亦即乡饮酒礼内涵的精神。圣，谓仪数得常而使宾主之德相通。秉持敬意而将"圣"贯彻于行动之中便是礼。将主敬之礼施行于具体的人伦秩序中而各得其宜，便是德。所谓德，乃指人于自身生命之中，培育并且具备了礼义之道，使自己的生命成为仁、义相通之"圣"与体人伦之别的"礼"之肉身化实现形态。这也正是各类礼仪之教养论意义上的存在依据，它们构成一个人"得身"——培养德性，使自己的生命得以完成——的主要形式。

（三）教敬让、兴孝悌

《乡饮酒义》接下来讨论整个乡饮酒仪式中所展现的根本精神，即"先礼而后财"之义：

> 祭荐，祭酒，敬礼也。啐肺，尝礼也。啐酒，成礼也。于席末，言是席之正，非专为饮食也，为行礼也，此所以贵礼而贱财也。卒觯、致实于西阶上，言是席之上，非专为饮食也，此先礼而后财之义也。先礼而后财，则民作敬让而不争矣。

乡饮酒礼开始时，主人献宾，宾即席祭所荐脯醢，是为祭荐。祭荐之后，又祭酒。凡此皆宾敬重主人之礼。祭酒后，取俎上之肺啐（尝也）之，此是尝主人之礼。啐酒者，饮主人酒入口而尝之，此是成主人之礼。主人敬宾，故为之设席，此席之设，非为饮食。宾之祭荐、祭酒、啐肺，皆以表敬主人之物之意，体现"贵礼"精神，故在席中。啐酒则入口而自养，故在席末，以体现贱财之义。卒觯、致食，谓饮酒尽爵，孔颖达疏云："啐才始入口，犹在席末也；卒觯则尽爵，故远在西阶上。"② 此更突出席之设非专为饮食之意。乡饮酒礼由部族会食礼而来，并以饮酒为其核心环节，饮食作为一种自然现象，是最为生物性的，具有其"排他的自私性"的一面，同时又以现实的物质供给即

---

① 汪绂：《礼记章句》卷十。
② 孔颖达：《礼记正义》卷六十一。

"财"为基础,这一切都是诱发人际争端的主要因素。而乡饮酒礼作为一种社会性仪式,恰意在通过会饮共食而实现一个与饮食行为的生物性内容全然异趣的社会目的。在乡饮酒礼仪程中,人的饮食行为必须遵循特定的仪式要求和规范,饮食行为变成社会性的,生物性欲求的满足必须受到一些更高原则的规范。从最基础的意义上讲,这些规范的目的首先指向社会秩序的建构,即通过敬让的方式免除纷争,消弭人祸,这些都通过礼仪形式展现出来,并为礼仪的参与者所感知和领会,将自己的注意力从饮食行为本身转移到礼所体现的社会与精神意义上来。此即乡饮酒"贵礼而贱财""先礼而后财"之义。最为生物性的饮食行为在这一礼仪中也获得了重要的教化意义,这也是儒家教化哲学在礼义诠释方面所独有的思想特质。

《乡饮酒义》阐发"先礼而后财"之义后,又着重探讨了乡饮酒礼通过尊长养老之礼教民孝悌的意图:

> 乡饮酒之礼:六十者坐,五十者立侍,以听政役,所以明尊长也;六十者三豆,七十者四豆,八十者五豆,九十者六豆,所以明养老也。民知尊长养老,而后乃能入孝弟。民入孝弟、出尊长养老而后成教,成教而后国可安也。君子之所谓孝者,非家至而日见之也,合诸乡射,教之乡饮酒之礼,而孝弟之行立矣。

尊长养老是乡饮酒礼的基本精神之一,这在坐立之殊、豆数之异中体现得最为显著。在儒家看来,尊长养老和孝悌乃是彼此相通的德行。汪绂云:"老近于亲,明养老而民知孝矣;长近于兄,明尊长而民知弟矣。"[①] 孝悌主家庭内部血亲伦理关系,尊长养老主外部社会伦理关系。一内一外,囊括了日常生活中的基本人伦关系,二德立,则教化之根本已立,故云成教。内成亲敬,外成和让,则可免于争夺斗辨,国家得以安宁。

(四)乡饮酒五行

乡饮酒礼所具有的广大社会教化功能,使之成为王者政教的重要实

---

① 汪绂:《礼记章句》卷十。

现路径。《乡饮酒义》称，孔子曾对乡饮酒礼的政教主题进行过细致讨论。

> 孔子曰："吾观于乡，而知王道之易易也。"主人亲速宾及介，而众宾自从之。至于门外，主人拜宾及介，而众宾自入：贵贱之义别矣。三揖至于阶，三让以宾升，拜至、献、酬、辞让之节繁，及介省矣；至于众宾，升受、坐祭、立饮，不酢而降；隆杀之义别矣。工入，升歌三终，主人献之；笙入，三终，主人献之；间歌三终，合乐三终，工告乐备，遂出；一人扬觯，乃立司正焉：知其能和乐而不流也。宾酬主人，主人酬介，介酬众宾，少长以齿，终于沃洗者焉：知其能弟长而无遗矣。降，说屦升坐，修爵无数；饮酒之节，朝不废朝，莫不废夕；宾出，主人拜送，节文终遂焉：知其能安燕而不乱也。贵贱明，隆杀辨，和乐而不流，弟长而无遗，安燕而不乱，此五行者，足以正身安国矣。彼国安而天下安。故曰："吾观于乡，而知王道之易易也。"

乡饮酒与王道契合之处，在于其内涵之"五行"："贵贱明，隆杀辨，和乐而不流，弟长而无遗，安燕而不乱。"此处最引生疑问的可能是贵贱、隆杀二事，这似乎与前文所言乡饮酒之平等性原则相冲突。需要说明的是，中国传统对"等级"和"平等"都不曾作西方式的形式化理解，而是将之理解为动态的变化着的社会生活之不同展开方式，因此"等级"和"平等"都无法抽象和绝对地谈论自身的合理性。儒家更倾向于接受一种现实的以德性才能为本的等级秩序，所谓贵贱，只有在这个意义上理解才是恰当的。因为宾、介、众宾之间的"贵""贱"并非血统或政治意义上的，而恰是"尊贤尚齿"意义上的。所谓隆杀辨，谓因其人之贵贱而礼有繁省之别。这样一种等差秩序体现的是崇尚贤能、尊敬高年的价值观念，而非政治等级秩序。这种差等性和献酬仪式中所体现的宾主互敬并行不悖，此互敬体现的正是对彼此人格和德性之承认，因而内涵一基础的平等精神。"和乐而不流"在乡饮酒礼之用乐中体现。乡饮酒礼的目的，即是构筑和谐亲睦的社会关系，乐在此过程中起到关键作用，因此，乡饮酒礼必用乐且有细致的内容与仪式规划。用乐意在和乡里，然而"乐胜则流"，人亦可能因此亲狎无别。乡饮酒礼乐歌有节制，体现和乐而不流之义，社会人际关系既能亲和而又不破坏基本秩序。弟长而无遗者，谓既体现敬老尊贤之意，在仪式、器物等方面突出以贤者、长者为先的原则，又普遍惠及仪式中的每一个参与者，不使有所遗漏，这正是要在等级价值秩序和平等价值秩序间寻找一个协调的方式，以保持社会整体的和谐。安燕而不乱，谓乡饮酒礼是会饮聚餐的乐事，意味着丰足的生活享受，人在此享乐中容易沉溺放纵，破坏生活的总体秩序。乡饮酒礼能"朝不废朝，莫不废夕"，宾主之间始终保持礼数节文周全，足见其仪式精神和参与者生命德性之中正安和。这些，成为"王道"理想的外在社会秩序和内在德性人格之保证。

儒家所言王道，并非某种高高在上的政治法则或遥不可及的社会理想，更非某些人臆想的所谓"王权主义"政治观念。相反，孔子"观于乡而知王道之易易"，恰意味着儒家所追求的王道是至为平易简单的事物，就在乡饮酒礼这样最为普通的日常生活礼仪中现实地实现。所以如此，是因为王道根本不是依赖于君主的权威或某种形式的权力运作而实现，而只是社会生活内在秩序的呈显与协调。如本书第五章综论儒家礼乐政教精神时所论述的那样，儒家的王道并非某种权力形式，而恰是以政刑制度的退隐和权力的消解为前提。对比《论语》在"浴乎沂，风乎舞雩，咏而归"中展示的王道，可见王道即是人伦日用之常，即是社会生活的自适与自安。《乡饮酒义》在乡饮酒礼中展示的王道，同样意在说明，王道即在日用常行之中，在礼乐协调下的社会生活中当下实现。

第四节 《射义》：志正体直以立德行

射礼是"八礼"之一，同时又是"六艺"之一，其对于古代中国的重要性由此可见一斑。射之受重视是因为在古代，战争决定着国家的命运，如《孙子》所言："兵者，国之大事，死生之地，存亡之道，不可不知也。"故《左传》称："国之大事，唯祀与戎。"射礼之发生，实本于军事教育目的。射礼成为古代礼仪系统的核心组成环节，证明礼乐教养体系并不如今世一些浅妄者所言,是文弱退懦的,而实涵蕴勇毅尚武之精神。但若射礼成为纯然的战斗技能竞赛,一味培育好勇斗狠的气质,则与文明社会的理想南辕北辙,因此,射礼在保留其军事教育特征和尚武精神的同时,也日渐与礼乐文明之价值观念相协调,获得了更丰富的德性价值内蕴。如业师李景林先生所言:"射不仅是一种技艺的练习与竞赛,更重要的是体现了一种观盛德、司礼乐、正志行,以成己立德的道德教化意义。"①

一 射以观德

《礼记·射义》一篇,正为阐发射礼之意义而作,其要旨在于由射礼以考见人之德行,这构成儒家射礼释义的中心论题。

> 古者诸侯之射也,必先行燕礼;卿、大夫、士之射也,必先行乡饮酒之礼。故燕礼者,所以明君臣之义也;乡饮酒之礼者,所以明长幼之序也。

射礼一般在大型宴会后举行,此时进行箭术比赛本身即具有一定的娱乐性,意在使公共的聚会变得更有趣味,同时,也可以提振人之精神,使其不至于因为酒食之享受而陷于松弛懈惰。这也许是古人将射礼与燕礼、乡饮酒礼等安排在一起的最初动机。《射义》的解说则将之与燕礼、乡饮酒礼所体现的价值精神相联系,认为其目的在给予射礼一个礼义之前提,以免其演变为纯然的体育竞技娱乐活动,彰显其教化功能。如汪绂所言:"射者,武事,而必以礼合之。故燕射即以明君臣之义,乡射即以明长幼之序。先王以礼教民之意,亦可见矣。"②

儒家射礼释义首先着眼于其"观德行"的价值追求:

> 故射者进退周还必中礼,内志正,外体直,然后持弓矢审固;持弓矢审固,然后可以言中,此可以观德行矣。

---

① 李景林等:《仪礼译注》,吉林文史出版社1995年版,第80页。
② 汪绂:《礼记章句》卷十。

若仅仅从膂力和技巧的角度考察射术，则射箭本身与德行并无关联，善射之人未必有德君子。因此，《射义》的论述并非仅仅着眼于箭术本身，而是立足于包含箭术技能在内的整个射礼仪式过程。射礼要求射者"进退周还必中礼"，不只关心竞技，同时也关注竞技者的仪容风貌，这并非否定射礼本来的军事训练和体育竞赛性质，而是在肯定此特质的同时，赋予其更高的教养和精神目标，以此持养情性，培育德行。射礼之"观德"意义与其"养德"效能实并存而两行，彼此交互相生。

"进退周还必中礼"是从整体上描述射礼中射者行动与礼仪之协调，"内志正，外体直"则刻画比箭过程中射者的身心状态。内志正，谓射者专注于射事本身，心无旁骛。外体直，谓射者身姿端正。只有内志正、外体直方能"持弓矢审固"，只有射者全身心投注于射事，方能真正掌握射术，而这恰是射箭中的之前提。因此，射事本身就对射者有一全方位的要求，箭术本身就涵蕴着使人身心凝定的意味，人通过箭术训练就可以体会一种精神的可能性，此即所谓由技进道或由艺进道。在射事中，人之身心、内外获得根本统一，德行生活即根植于此统一。吕大临的解说可以帮助我们体会射以观德所涵蕴的思想精神：

> "君子敬以直内，义以方外，敬义立而德不孤，则不疑其所行矣。"故发而不中节者，常生乎不敬。所存乎内者敬，则所以形乎外者庄矣。内外交修，则发乎事者中矣。……射，一艺也，容比于礼，节比于乐，发而不失正鹄，是必有乐于义理、久于恭敬、用志不分之心，然后可以得之。则其所以得之者，其德可知矣。①

古人所追求的德行不是一种抽象的事物，而是现实地呈显在社会生活中：

> 射之为言者绎也，或曰舍也。绎者，各绎己之志也，故心平体正，持弓矢审固，持弓矢审固则射中矣。故曰：为人父者以为父

---

① 《蓝田吕氏遗著辑校》，中华书局1993年版，第400页。

> 鹄，为人子者以为子鹄，为人君者以为君鹄，为人臣者以为臣鹄，故射者各射己之鹄，故天子之大射谓之射侯，射侯者，射为诸侯也。射中则得为诸侯，射不中则不得为诸侯。

德行和个人具体的社会身份联系在一起。麦金泰尔对古希腊德性论的描述颇有可资参证之处："在一个得到明确界定并具有高度确定性的角色和地位系统里，每个人都有既定的角色和地位。……在这样一个社会中，一个人是通过认识到他在这个系统中的角色来认识到他是谁的；而且，通过这种认识他也认识到他应当做什么，……判断一个人也就是判断他的行为。判断一个人的德性和恶的依据，在于他在具体环境中所做的具体行为；因为德性就是维持一个充当某种角色的自由人的那些品质，德性就表现在他的角色所要求的行为中。"[①]

在儒家的射礼释义中，射之与德行的关联还体现在其所暗含的内省原则中，这正是儒家最看重的。

> 射者，仁之道也，求正诸己，己正而后发，发而不中，则不怨胜己者，反求诸己而已矣。

此意亦见于《中庸》：

> 子曰："射有似乎君子，失诸正鹄，反求诸其身。"

儒家继承了传统德行的社会性内涵，同时又着力展现一种内在的人格精神自觉，并力图将作为社会性行动的德行与此人格精神自觉协调起来。射礼最明确而集中地体现了这一协调之可能，故而儒家经典中反复以射礼为喻，将射之精神与仁德和君子之道相比拟。由于这是一种内省式精神体验，故而两者之间不但是相似，亦是相通。通过对射之精神的积极领会，人有希望获得根本的精神自觉，将"反求诸己"作为根本的行事原则，而这恰是人格成长和德性培育的根基。

---

① 麦金泰尔：《德性之后》，中国社会科学出版社 1995 年版，第 153—154 页。

射礼不但要求射者之容貌动作与礼仪相协调，亦要求射者之发矢中的与乐曲之节奏相合：

> 其节：天子以《驺虞》为节；诸侯以《狸首》为节；卿大夫以《采𬞟》为节；士以《采蘩》为节。《驺虞》者，乐官备也；《狸首》者，乐会时也；《采𬞟》者，乐循法也；《采蘩》者，乐不失职也。是故天子以备官为节，诸侯以时会天子为节，卿大夫以循法为节，士以不失职为节。故明乎其节之志，以不失其事，则功成而德行立；德行立则无暴乱之祸矣，功成则国安。故曰：射者，所以观盛德也。

礼射要求合乐节，主要是希望射者能深体其所配乐曲之情志。因此，要求射中乐节，实为希望行礼者"明乎其节之志，以不失其事"。汪绂云："志，犹意也。明其志，知之真也；不失其事，守之力也。天子知人则哲，无旷庶官；诸侯凛王章而谨侯度；卿大夫各循其法而不失其职，内之所以立德行者，即外之所以成事功。然非心与之融者，或不能有以比其节也。和顺于乐焉，则其德盛矣。"① 自天子以至于士，不同的身份和地位有不同的责任和德行标准。天子应努力寻求贤才，共治天下；诸侯应按时参加天子举行的朝聘会盟，以示勤王之意；卿大夫为政行事须谨守法度；士则应保证自己不致荒废其所掌职司。各阶层的人都努力完成其本职要求，则事业成功，德行修立，国家安宁，而不致陷入暴乱。吕大临曾解释射礼用乐之意图云："先王制礼作乐以养人，起居动作，多为文章以寓于声色臭味之间，无非所以示人者也。薰沐渐渍，日迁于善而不自知也。射之为义，容体既比于礼，又欲其节比于乐。乐不可以无尊卑，故天子、诸侯、卿大夫之诗各异。诗不可以无义，故各以其所乐告之。此所以明乎其节之志以不失其事，则功成而德行立，无暴乱之祸矣。"② 人体其节之志于射礼中，而行之于为政之时，自然功成而德行立。"德行立"谓其行合分位之正，"功成"谓其事业修治，故国家得以安定。

---

① 汪绂《礼记章句》卷十。
② 《蓝田吕氏遗著辑校》，中华书局1993年版，第402页。

二 射以选士

射既能观德，故古代国家以射礼作为拣选人才、考察政绩的重要手段。《射义》云：

> 是故古者天子以射选诸侯、卿、大夫、士。射者，男子之事也，因而饰之以礼乐也。故事之尽礼乐而可数为以立德行者莫若射，故圣王务焉。

郑玄云："选士者，先考德行，乃后决之于射。男子生而有射事，长学礼乐以饰之。"① 射礼最重要的意义在于拣拔人才，这是古代尚武之风的孑遗。古代贵族男子都有为国出征的责任，因而射、御等军事素养成为考察其才能的重要标准，故而称射乃是男子之事。吕大临曰："古之选士必以射者，非专事以射也。诸侯岁贡士于天子，固以德进言扬选也。天子又试于射宫而进退之，将以考诸侯所选之中否而从之有赏罚也。射者，男子之事也。男子之事，必有志于四方，御侮扞难，则其任也。故桑弧蓬矢，设于始生；士不能射，则辞以疾。盖不能射，则几于非男子也。及其礼射，则容体欲比于礼，节欲比于乐，而中欲多。非其志专一则不能也，非动容闲习则不能也，非心夷气平强有力而不惮烦则不能也。由此观之，射虽一艺，而可以观人之德行，则先王选士之意，微矣。"② 随着后世文明的繁盛，射不再单纯是一种军事教育行动，而成为一项重大的公共体育竞技活动，加入了更多的礼乐内涵，如射者彼此的辞让、射箭时的奏乐等，目的是使射事变得更文明化，强调其中的德行色彩。汪绂云："射本男子之事，因其所有事而纳之礼乐，所以使之习而安焉，以养成其德也。盖冠、昏、丧礼不兼及乐。而专于学乐，又未必兼夫礼。朝、聘、祭、飨之大，士庶或未得与，而冠、昏礼又非所数为，故事之备礼乐而可数为

---

① 孔颖达《礼记正义》卷六十二。
② 《蓝田吕氏遗著辑校》，中华书局1993年版，第402—403页。

以立德行者莫如射,此圣王因人所有事而饰之以礼乐之意也。"① 射是一个人全身心投入的活动,尤其能显露一个人的素质,古人观德,并非纯粹如今人狭隘理解的,只涉及一个人的伦理行动和意念,而是包括了其政治、军事、文艺等诸方面在内的整体精神素质。以德行拣选诸侯、卿大夫、士而以射为其主要方式,实有着重大意义。

正是因为射礼具有明确的选士功能,而射箭本身就具有明确的竞技特性,无论意在求胜还是志在"辞养",射都必然要求人有所争:

> 孔子曰:君子无所争,必也射乎?揖让而升,下而饮,其争也君子。(《论语·八佾》)

儒家之道的一个重要内容便是尚辞让而耻争夺,故《论语》等文献皆言"君子无所争"。在礼乐生活系统中,唯一带有竞争色彩的事物就是射礼,这与射礼的竞技特质有关。但儒家并未因此主张废除射礼,反而根本上肯定射礼之争,可见儒家并不是某些论者讥讽的天真的理想主义者与和平主义者。射礼之争的意义可从两方面理解,其一是射中包含的对人之武勇之德和身体素质的肯定,包括其所体现的男子气概,展现折冲御侮、奋发有为的能力。其二是射礼之争本身也处处体现君子谦逊尚德的精神,这既表现在其"揖让而升,下而饮"的动容周旋中礼中,也体现于其争胜行为的意图中。古人射以观德,射者必娴于礼乐,心平体正而后能中能胜,若不胜,则当反求诸己,是平素修身立德之工夫不足,故而射之争胜,其实质乃是各自努力展示自己的德行成就。

射之考德行、选贤才、行教化,使人知耻而奋发的意图在"孔子射于矍相之圃"一节体现得淋漓尽致:

> 孔子射于矍相之圃,盖观者如堵墙。射至于司马,使子路执弓矢出延射,曰:"贲军之将、亡国之大夫、与为人后者不入,其余皆入。"盖去者半,入者半。又使公罔之裘、序点扬觯而语。公罔之裘扬觯而语曰:"幼壮孝弟,耆耋好礼,不从流俗,修身以俟死

---

① 汪绂《礼记章句》卷十。

者不？在此位也。"盖去者半，处者半。序点又扬觯而语曰："好学不倦，好礼不变，旄期称道不乱者不？在此位也。"盖廑有存者。①

子路于孔门，以好勇著称，故使之为司射而出延射者。子路誓众选士，首先斥去三类不贤之人：贲军之将、亡国之大夫，与为人后者。《礼记正义》解之云："贲谓覆败也，败军之将，言无勇也；亡国之大夫，谓亡君之国，言不忠且无智也；与为人后者，与犹奇也，谓有人无后，既立后讫，此人复往奇之，是其贪财也。"② 此三类大节有亏之人，不得参与射礼，则见射礼首重德行，其次才是射术。

射事既毕，又使公罔之裘和序点二人扬觯而语，此时"众耦射事既了，众宾皆在宾位，主人以礼接之，不复斥言其恶，故此但简其善"。马晞孟云："盖公罔之裘语之以略，而序点语之以详。略故责之以轻而处者半，详故责之以重而存者少。"③ 自子路至序点，对人之德性贤能之要求节节提升，而这样一则可以明确贤才的标准，同时也使得本来如堵墙而又渐次散去的观者自明其失，努力振拔德性，乡射礼之教化功能于此充分展现。

第五节 《燕义》《聘义》：君臣宾主相敬之道

《礼记》八礼中，朝、聘二礼属于政治性礼仪，主要行之于朝堂之上。吕大临曰："天子之与诸侯，诸侯之与邻国，皆有朝礼，有聘礼。朝则相见，聘则相问也。朝、宗、觐、遇、会、同，皆朝也。存、頫、

---

① 此节所记是否实事，古人颇有致疑者。吕大临云："孔子于乡党，恂恂如也。……以温良恭俭让之德行于天下，未闻拒人如是之甚也。孟子曰：'仲尼不为已甚者。'故矍相之事，疑不出于圣人。"孙希旦云："愚谓贲军之将、亡国之大夫、与为人后者，此三者之人，盖廑有之尔。今以如堵之众而乃居其半焉，其说固已可疑矣。至于已与射之人，至旅酬之后，乃挨之使不得与于无算爵，非但不近人情，恐于礼亦未之有也。公罔之裘、序点之所言，若在圣门，亦当为高第弟子，而乃以责之与射之众，岂圣人与人不求备之意？此记盖传闻附会之言与？"
② 孔颖达：《礼记正义》卷六十二。
③ 卫湜：《礼记集说》卷一百五十七引。

省、聘、问，皆聘也。故聘礼有天子所以抚诸侯者，……有诸侯所以事天子者，……有邻国交修其好者。"① 据《周礼》，古代朝礼有四："春见曰朝，夏见曰宗，秋见曰觐，冬见曰遇。"《仪礼》有《觐礼》，而朝、宗、遇三礼仪节不复可考。加之《礼记》无"朝义""觐义"一类文字，无可据依，故本书不复论析朝礼。聘礼则是诸侯国之间彼此往来的礼仪，目的是协调和增进国与国之间的友好关系。《仪礼》有《聘礼》，又有《大射仪》《公食大夫礼》记载相关仪节，《礼记》中有《聘义》对聘礼之精神和仪式象征意义进行专门讨论。又《仪礼》有《燕礼》，燕礼是国君和臣僚之间相互礼敬的仪节，亦属朝堂政治性礼仪。《礼记》有《燕义》篇，对燕礼之仪程及意义进行解说。故本节主要围绕《聘义》《燕义》两篇，讨论儒家礼学对政治性礼仪的释义方案及其特征。

一 诸侯相接之道——聘礼与《聘义》

《仪礼·聘礼》所记，乃诸侯相聘之礼。孙希旦曰："古者诸侯同在方岳之内而有兄弟婚姻之好者，久无事则相聘焉。大聘使卿，小聘使大夫，而三等之国，其出聘之卿、介有多少，主国所以待之之礼亦有升降。"②《礼记·聘义》正是《仪礼·聘礼》的释义作品。

《聘义》首言聘礼明贵贱、致尊让、致敬之义：

> 聘礼，上公七介，侯、伯五介，子、男三介，所以明贵贱也。介绍而传命，君子于其所尊弗敢质，敬之至也。三让而后传命，三让而后入庙门，三揖而后至阶，三让而后升，所以致尊让也。君使士迎于竟，大夫郊劳，君亲拜迎于大门之内而庙受，北面拜贶，拜君命之辱，所以致敬也。敬让也者，君子之所以相接也。故诸侯相接以敬让，则不相侵陵。卿为上摈，大夫为承摈，士为绍摈。君亲礼宾，宾私面、私觌、致饔饩、还圭璋、贿赠、飨食燕，所以明宾客君臣之义也。故天子制诸侯，比年小聘，三年大聘，相厉以礼。使者聘而误，主君弗亲飨食也。所以愧厉之也。诸侯相厉以礼，则

---

① 《蓝田吕氏遗著辑校》，中华书局1993年版，第412页。
② 孙希旦：《礼记集解》，中华书局1989年版，第1456页。

外不相侵，内不相陵。此天子之所以养诸侯，兵不用而诸侯自为正之具也。以圭璋聘，重礼也；已聘而还圭璋，此轻财而重礼之义也。诸侯相厉以轻财重礼，则民作让矣。主国待客，出入三积，饩客于舍，五牢之具陈于内，米三十车，禾三十车，刍薪倍禾，皆陈于外，乘禽日五双，群介皆有饩牢，壹食再飨，燕与时赐无数，所以厚重礼也。古之用财者不能均如此，然而用财如此其厚者，言尽之于礼也。尽之于礼，则内君臣不相陵，而外不相侵。故天子制之，而诸侯务焉尔。

聘礼的目的在于保持国与国之间的密切交往，其仪式首先强调等级秩序认同，对不同爵位的诸侯国之礼制等杀，都有严格的规定，目的是彰明贵贱等级，防止僭越躐等行为。作为周代封建等级秩序之中的政治性礼仪，聘礼突出诸侯之间的等级序列，正是欲借助仪式维系此政治结构的稳定。

但聘礼并非以政治等级认同为核心主题，而是以国与国之间的睦邻邦交为目标。因此聘礼突出的仍是敬与让，只是由乡人之间上升到了国家之间。而敬、让都将通过宾主礼仪实现。聘礼过程中一定要由介来传达自己的意图，是为了表示自己不敢与对方匹敌，乃极端尊敬对方的体现。宾主三让传命，三让入门，三揖至阶，三让而升，是为了向对方表达自己的尊重和谦让之意。本段指出在聘礼中着力强调宾主之间尊重谦让之意的意图所在，敬、让是君子相互交往的原则，保持彼此对对方的尊重，相互谦让，这样彼此就不易起冲突，不会相互侵凌。聘礼重礼轻财之义，目的是表彰一种重视礼乐修养，轻视物质利益的行为，以引导百姓学习礼让。文中含有与乡饮酒礼相似的词句，正显示出礼仪精神的一体相通和共有的政教功能。《聘义》认为，诸侯间以礼相互约束，彼此激励，使德性和礼节成为判断一个国家优劣的标准，可以有效地减少国家间的争夺杀伐。这正是聘礼欲达成的政治目标。

二 明君臣之义——燕礼与《燕义》

燕礼乃古代君主于朝堂之上与群臣燕饮之礼。郑玄《仪礼目录》

云:"诸侯无事,若卿大夫有勤劳之功,与群臣燕饮以乐之。"燕礼的目的是通过宴会的形式,传达君臣相互尊重的心意,以此协调君臣上下之关系。孙希旦云:"古者饮食之礼有三:曰飨,曰食,曰燕。飨、食礼重而体严,燕则体轻而情洽。"① 与其他大型宴会相比,燕礼仪式相对简单,因而宾主也都比较放松,容易培养感情交流的气氛。

> 诸侯燕礼之义:君立阼阶之东南,南乡尔卿、大夫,皆少进,定位也;君席阼阶之上,居主位也;君独升立席上,西面特立,莫敢适之义也。设宾主,饮酒之礼也;使宰夫为献主,臣莫敢与君亢礼也;不以公卿为宾,而以大夫为宾,为疑也,明嫌之义也;宾入中庭,君降一等而揖之,礼之也。

燕礼既以宴饮为基本内容,自然以敬让相接、情好和洽为其根本特征,但燕礼施行于君臣之间,又不可淆乱君臣之分,动摇这一基本政治秩序。《燕义》指出,在燕礼的细节中,这两种意图同时存在,并得到一定程度的协调。这首先体现在燕礼开始时的君臣各自定位,定位意在使群臣由初入面君时的恭谨不安状态变得平静,而定位本身又体现朝廷本有的严格秩序特征。君主实为燕礼的主人,饮酒必有宾主,宾主相敬,则其地位相敌,如天地阴阳,其中暗含着君臣身份差异之严肃性的缓解。燕礼中君主独自升立席上,西面特立,群臣不居宾位,主人献宾时,以宰夫为献主,以示臣不敢与君相抗礼之意。为了避免臣地位过尊而拟于君主之嫌,燕礼中不以公卿为宾,因为公卿地位,本即显贵,若作宾而受更高礼敬,则俨然与君主齐等。此类仪式都出于严君臣之分的意图。燕礼中仍然设宾主,君在迎客时,降等而揖之,则是为了表达君主礼敬群臣之意。如此君臣互敬,才能互通情谊,形成良好的君臣关系。汪绂云:"盖君臣之分甚严,其情甚亲。使宰夫为献主,所以严君臣之分;而举旅于宾,略去势分,致其谦光,所以通上下之情也。"吕大临对之曾如此解释:"君不敢以己尊莫亢,而必伸宾主之敬;臣不敢以为宾,而必屈君之尊。故燕礼之节,至于以宰夫为献主,则礼之于宾

---

① 孙希旦:《礼记集解》,中华书局 1989 年版,第 1449 页。

主,义之于君臣,并行而不相悖矣。君尽君之礼以下下,……臣尽臣之礼以事上,……天下之理,未有不交而成者也。故天地交而万物通,上下交而其志同,此所以君臣和、礼义行也。"①

> 君举旅于宾,及君所赐爵,皆降,再拜稽首,升成拜,明臣礼也。君答拜之,礼无不答,明君上之礼也。臣下竭力尽能以立功于国,君必报之以爵禄。故臣下皆务竭力尽能以立功,是以国安而君宁。礼无不答,言上之不虚取于下也。上必明正道以道民,民道之而有功,然后取其什一,故上用足而下不匮也。是以上下和亲而不相怨也。和宁,礼之用也。此君臣、上下之大义也。故曰:燕礼者,所以明君臣之义也。

燕礼的另一根本精神是君臣以礼相报、上下和亲之义,表现于燕礼的仪式过程,便是君臣以礼相报答的互动。《燕义》认为,这一互动过程有重要的象征意义。君举旅于宾,赐爵,以表达礼敬大臣、尊养贤才之意。臣再拜稽首,升成拜,此所以明臣礼,表示其将竭力尽能以立功于国。臣行礼后,君答拜之,此见君上行为合乎礼之精神,即"礼无不答"。礼无不答义同礼尚往来,表明礼必须在对等性的现实互动过程中才能存在,君臣之礼同样具有这一特征,其主要方式即臣立功于国而君报之以爵禄。这构成由臣而君的互动。臣之立功,足使"国安而君宁";君之答报,则见其"不虚取于下",君臣之间,通过这种实质性的互惠,形成良好的关系。燕礼通过各种象征性仪式展现君臣相报之意,有力推动其在政治生活中的落实。《燕义》进而推言君民关系,亦与君臣相礼互惠具有同样形式,即君上以正道治国理政,教导百姓,百姓顺君上政教而行,则可以"有功",此上之惠下;取其什一,则下之惠上。如此则上下皆能用度充足,和亲而不相怨。通过礼之践行,有望实现上下和亲,国安君宁,礼之政治效能于此充分体现。

综括上文,《燕义》对燕礼中传达的"君臣之义"的理解主要包括三个方面。一是君臣之分,突出君主的政治权威和独尊地位,以保持基

---

① 《蓝田吕氏遗著辑校》,中华书局1993年版,第412页。

本政治秩序的稳固。二是君臣相敬，以实现君臣之间的情意沟通，推动现实中君臣关系的和洽。三是君臣相报，通过互惠的方式实现上下和亲、国安君宁。此可谓儒家对各类政治性礼仪之精神的根本理解。

通过以上对冠、昏、乡、射、燕、聘六类古典礼制及其释义文献的解读，儒家礼乐教养体系的基本精神已逐渐明晰起来，在本章的结尾，我们可以从以下三方面对之进行总结：

其一曰，宾主敬让之道。宾主关系构成一切礼仪行动的基本要素。人际交往，礼尚往来。在其交往行为中必然会形成宾主关系，宾主关系是人际关系的必然形式。因为其他社会关系都是静态意义上的形式划分，诸如长幼、尊卑、上下等，但这种静态关系却是非现实的，它们必须在当下的人际交往中，通过宾主关系的形式实现自身。因此，宾主交接成为一切社会、政治礼仪的基本形式，贯彻于各类礼制仪程之中。

对宾主关系而言，如本书在乡饮酒礼释义部分所言，实本于一种宾主对等意识而强调宾主间的彼此敬让，此乃一切人际礼仪的根本处理原则，是一种和谐社会生活形式之可能性的保证。

其二曰，德性人生追求。几乎所有的释义文献都会指出，施行礼仪的目的不在于礼仪本身，亦不纯然在于调节人际关系，而必然以德性培养为重要目的。一方面，必须有德之人方能使礼义真正实现于礼文形式中，"苟非其人，道不虚行"。故德性乃是礼之运行的内在要求。另一方面，礼本身也具有养成德性的效能，如冠礼之正容体、齐颜色、顺辞令，使人修饰以自治，是修德之初阶。乡饮酒礼之教民孝弟、贵礼贱财。射礼以志正体直，反求诸己自约自省，都使之成为养成德性的重要途径。而且这是在一种身体力行的周旋动作中习得，因而更自然更稳固。德性须借助礼乐教化而实现，其根本原因正在于此。

其三曰，教化政治理想。人们会注意到，儒者的礼制释义始终暗含着一种王者立制为教的政治视野。即使在冠、昏礼这样的家族内部场合，也强调这些礼仪对巩固国本有着不可替代的作用。所谓冠、昏为礼之本、始，也意味着其同样为治国平天下之本始。乡、射所以咨议国是、养老、选贤，其政治意图更不待言。

第八章

情文意识与终极关怀：
《礼记》丧祭理论疏义

《论语》有云："所重：民、食、丧、祭。"国以民为本，民以食为天，民与食成为国家政令关注的重点自然毫无疑义，而丧、祭与民、食并列，则其在古代政教系统中的重要地位不言而喻。如《昏义》所言，礼"重于丧、祭"。丧祭礼释义同样构成儒家礼乐释义理论的重心。

丧祭礼在古典礼制系统中的突出地位，由其相关释义文献在《仪礼》《礼记》两部礼学经典中所占篇幅即可见一斑。《仪礼》十七篇，记丧礼者有《丧服》《士丧》《既夕》《士虞》四篇，述祭礼者有《特牲馈食礼》《少牢馈食礼》《有司彻》三篇，两类合计占总篇目的四成以上，实际篇幅则几达全书一半。《礼记》四十九篇中，专论丧礼者有《曾子问》《丧服小记》《杂记》上下篇、《丧大记》《奔丧》《问丧》《服问》《间传》《三年问》《丧服四制》凡十一篇，若加上以记丧礼之制度、故事、言论为主的《檀弓》上下篇，则足有十三篇之多，已超过总篇目的四分之一。专论祭礼者则有《郊特牲》《祭法》《祭义》《祭统》四篇，与丧礼类文献合计共十七篇，更达总篇数的三分之一强，实际篇幅则占了全书总篇幅的接近四成。更遑论《礼运》《礼器》等通论文献之言礼，也实际主要据丧祭礼以立论。① 凡此皆足见二者在礼制系统中的重要性的确非其他礼仪所能比。

传统经籍中往往将丧、祭礼相连属而进行讨论，这首先是因为古人将丧、祭二礼视为事亲之孝道的延伸，如《论语》所言："生，事之以

---

① 如《礼运》中，丧祭礼被理解为远古礼仪的最初形态，同时又是后世礼仪活动的核心，"礼之初始"与"礼之大成"都存乎丧祭。

礼；死，葬之以礼；祭之以礼。"① 丧、祭之礼时间上前后相连，精神上一体相通。其次则因为丧祭礼都与生命中的终极事物相关，丧礼关乎生死，而祭礼关乎天地鬼神，因此，丧祭礼是华夏传统信仰生活的主要体现和承担者，这也是其在礼制系统中的特殊重要性之原因所在。

业师李景林先生著有《儒家的丧祭理论与终极关怀》② 一文，以《礼记》等文献中的丧祭释义资料为本，对丧祭礼的根本精神，尤其是儒家终极关怀之特性进行了系统阐述。本章对《礼记》丧祭礼释义文献的讨论，即沿李师此文所指点的思想路向展开。

第一节 "称情立文"：《礼记》丧礼释义

丧礼普遍存在于世界各文明系统之中。通过特定的仪式处理死者遗体，安顿亡灵，对逝者进行哀悼，对其亲属表达慰问，构成绝大多数丧葬礼俗的基本内容。丧礼集中表达一个文化共同体对死亡现象的理解方式和根本态度。

对华夏文明而言，丧礼在其历史生活中占据尤为突出的地位。丧礼不但对死者的直系亲人至关重要，而且是整个家族的重大事务，甚至成为一个社会性事件，凡是和逝者及逝者亲属有关系者都普遍参与其中，哪怕这种关联只是地域性的。③ 俗语云"人死为大"，以至于"君遇柩于路，必使人吊之"。传统社会围绕丧礼而形成的丧服制度，更是古代宗法制度的实际体现形式，堪称华夏民族独特的社会整合方案。

一 丧礼与儒家生死观

死永远是人类生存中最内在因而无可遁逃的命运、最神秘因而令人无比惶惑的谜题。死究竟是什么？所谓现代科学意义上的死亡现象解说

---

① 当然，此处所言祭礼仅指祭祖之礼，而古代祭礼所包含内容极广，但祭祖之礼的确是所有祭祀仪式中最重要，也最接近民众日常生活的。
② 参见李景林《教化的哲学——儒学思想的一种新诠释》，黑龙江人民出版社 2006 年版，第 141—159 页。
③ 《曲礼》云："知生者吊，知死者伤。"又云："邻有丧，舂不相。里有殡，不巷歌。"

第八章　情文意识与终极关怀：《礼记》丧祭理论疏义

根本无法为人理解其所亲身经验着的生与死提供任何有价值的帮助。死似乎是人必须面对的一个可怕悖论：它是人最本己、最内在的可能性，同时又是最不可把捉、最难以理解的可能性；死既是生命过程的一部分，又因其对生命的斩断而将自己展现为"生"的对立面。对死之"怕"因此成为人直面这一神秘时最直接、最本质的体验。"死的恐惧是人最大的恐惧。"① 面对死，人们或者兴慨伤怀："驱车上东门，遥望郭北墓。白杨何萧萧，松柏夹广路。下有陈死人，杳杳即长暮。潜寐黄泉下，千载永不寤。浩浩阴阳移，年命如朝露。人生忽如寄，寿无金石固。万岁更相送，贤圣莫能度。"（《古诗十九首》）"丘墓蔽山岗，万代同一时。千秋万岁后，荣名安所之？"（阮籍）或者诙谐调侃："世无百年人，强做千年调。打铁作门限，鬼见拍手笑。"（王梵志）"家山随处可行揪，荷锸携壶似醉刘。纵有千年铁门槛，终须一个土馒头。三轮世界犹灰劫，四大形骸强首丘。蝼蚁乌鸢何厚薄，临风拊掌菊花秋。"（范成大）死嘲讽人间世一切的雄心壮志、经营算计、丰功伟业、富贵荣名，仿佛一个虚无的深渊，以一种威胁的姿态吞噬一切，将之带入永恒的黑暗。于是，人们或倡言及时行乐："子有酒食，何不日鼓瑟，且以喜乐，且以永日。宛其死矣，他人入室。"（《诗·唐风·山有枢》）"人生天地间，忽如远行客。斗酒相娱乐，聊厚不为薄。驱车策驽马，游戏宛与洛。""生年不满百，常怀千岁忧。昼短苦夜长，何不秉烛游？为乐当及时，何能待来兹。愚者爱惜费，但为后世嗤。"（《古诗十九首》）然而这恣情尽欢的背后，是深沉的无奈与悲凉。于是又有人求仙访道以期不死："人生非寒松，年貌岂常在？吾当乘云螭，吸景驻光彩。"（李白）然而汉魏时人早已洞明："服食求神仙，多为药所误。"无怪王右军慨乎言之："况修短随化，终期于尽。古人云：'死生亦大矣。'岂不痛哉！每揽昔人兴感之由，若合一契，未尝不临文嗟悼，不能喻之于怀。固知一死生为虚诞，齐彭殇为妄作。后之视今，亦由今之视昔。悲夫！"（《兰亭集序》）白日飞升、长生不老，究为梦幻泡影；死后世界，地狱天堂，亦属渺茫无稽。死是每个人当下无法回避的最痛切的必然性。

---

① 别尔嘉耶夫：《人的奴役与自由》，贵州人民出版社1994年版，第225页。

死因而是最基本的哲学问题，且高于和先于其他一切命题。在死面前，哲学家各种"此亦一是非，彼亦一是非"的观念争吵岂不全然形同儿戏？因此，苏格拉底宣称："那些以正确的方式真正献身于哲学的人实际上就是在自愿地为死亡作准备。"① 自此以后，"向死而生"成为泰西哲人面对死之问题的基本思想姿态。

相比之下，中国思想传统，尤其是儒家似乎很少对死予以特别关注。提及这一问题，人们自然会想起孔子和子路间的著名问答：

季路问事鬼神，子曰："未能事人，焉能事鬼？""敢问死。"曰："未知生，焉知死？"

孔子的这种态度曾被不少人理解为对死等重大问题持回避态度，并指责作为文化圣人的孔子阻塞了中国思想传统通过死而达到深度生存反思的道路。但事实上，孔子在此并未否认"知死"意图的合理性，而只是引领我们寻找切入问题的另一种可能方式。因为我们不可能对死形成任何真正的知识，各种关于死的说辞要么是外在的现象观察，绝非那每个人都必将亲身经历和体验的唯一性事件，要么只是习俗的、古老的意见或信仰。人对死的恐惧岂不正是由于其如深渊般无可测度，吞噬一切？因此，可以确定，一切"知死"的努力终属徒劳。孔子正是出于对死之不可经验性的觉察而意识到一切固执于死亡现象本身的思考都将是一种猜测和想象，对形成有关生死之真知毫无裨益。生者只能借助自己的生命经验来理解死，故云"未知生，焉知死？"更重要的是，生与死的难题从来都不是纯然的形上思辨课题，而只有在现实的生活和行动中才真实地发生和呈显其意义。因此，孔子对生与死之探问方向的扭转便是将人从对不可知之物的玄思和想象中带回到切问近思、躬行践履的现实生活路向上来。

本书的任务并非讨论儒家的死亡哲学，而且，正因为孔子对生死问题之理解方向的彻底扭转，历代儒者也从未试图建构一种关于死的形上话语体系。对于一个儒者而言，死恰恰是考验其所得深浅的方式，而

---

① 《斐多》，《柏拉图全集》第一卷，人民出版社2002年版，第60页。

"生吾顺事，没吾宁也"则理当是其应有态度。这与苏格拉底对死的超然心态虽进路不同，却颇有殊途同归之致。不过，普通民众难以达成圣贤哲人面对死时展现出来的智慧和勇气，于是，丧礼成为大多数普通人所置身其中的群体化地应对死的方案。或许在哲学家看来，众人的这一选择属于典型的"沉沦"状态，把本质上只是自己的死标识成一个公共事件从而继续对之采取"躲躲闪闪"的态度。然而，百姓自有百姓的生活，对于常人而言，若能通过一种宗教或类似宗教的方式，将自己的生与死都安顿在与他人的共同生活之中，并于此间获得一份安全与温暖，亦无可厚非。哲学家又何苦将自己的精神重担强加给普通人，或者本诸自身的精神境界而对常人指手画脚？

丧礼和死亡哲学同样都面对死这一事件，但关注点完全不同。死亡哲学关心的是作为终有一死的个体之人如何理解和面对其独一无二、不可替代之死，丧礼则是一个文化共同体中的生者表达其对死的共通理解并予以妥善处理的方式，重在生者如何对待死者，以及如何将必定时时降临的死亡事件与仍将延续的生活本身协调起来。《中庸》曰："道不远人，人之为道而远人，不可以为道。"儒家从未将自己的哲学思考仅仅定义为追求某种"超凡脱俗"的思想境界，而更倾心于"极高明而道中庸"的精神生活样态，因而肯定丧礼作为一个社会文化共同体对死之公共性应对方案的普遍合理性和重要意义，并努力通过对丧礼的释义性解说和生活化参与实现其教化目的。孔子言丧礼极为详审，《檀弓》更是以丧礼为中心描绘了一幅孔门弟子群像。近世说儒之风盛行以来，胡适等人曾因此猜测儒家乃由古代丧礼中的傧相一职演化而来，[①] 虽属附会臆测，却也折射出儒家对丧礼高度重视之文化特征。

二 《礼记》丧礼释义要旨

（一）"唯哀为主"：丧礼的情感本质

"丧礼，哀戚之至也。"《檀弓》此语代表儒家对丧礼精神的根本理解。《论语》载，林放问礼之本，子曰："礼，与其奢也，宁俭；丧，与其易也，宁戚。"《檀弓》记子路述孔子语云："丧礼，与其哀不足而

[①] 参见胡适《说儒》，《胡适精品集》第7卷，光明日报出版社1998年版，第33页。

礼有余也，不若礼不足而哀有余也。"儒家对丧礼的思考，本诸其一贯的以情为礼本之原则，认为丧礼中的各种仪式及制度皆为人失去亲人时哀痛思慕之情的表达。《问丧》云：

> 亲始死，鸡斯，徒跣，扱上衽，交手哭。恻怛之心、痛疾之意伤肾干肝焦肺。水浆不入口，三日不举火，故邻里为之糜粥以饮食之。夫悲哀在中，故形变于外也；痛疾在心，故口不甘味，身不安美也。三日而敛，在床曰尸，在棺曰柩。动尸举柩，哭踊无数。恻怛之心、痛疾之意悲哀志懑气盛，故袒而踊之，所以动体安心下气也。妇人不宜袒，故发胸击心，爵踊，殷殷田田，如坏墙然，悲哀痛疾之至也。故曰：辟踊哭泣，哀以送之。送形而往，迎精而反也。其往送也，望望然、汲汲然如有追而弗及也；其反哭也，皇皇然若有求而弗得也。故其往送也如慕，其反也如疑。求而无所得之也，入门而弗见也，上堂又弗见也，入室又弗见也。亡矣！丧矣！不可复见矣！故哭泣辟踊，尽哀而止矣。心怅焉怆焉、惚焉忾焉，心绝志悲而已矣。祭之宗庙，以鬼飨之，徼幸复反也。成圹而归，不敢入处室，居于倚庐，哀亲之在外也；寝苫枕块，哀亲之在土也。故哭泣无时，服勤三年，思慕之心，孝子之志也，人情之实也。……或问曰："死三日而后敛者，何也？"曰：孝子亲死，悲哀志懑，故匍匐而哭之，若将复生然，安可得夺而敛之也？故曰：三日而后敛之者，以俟其生也。三日而不生，故不生矣。……是故圣人为之断决以三日为之礼制也。……故曰：丧礼唯哀为主矣。女子哭泣悲哀击胸伤心，男子哭泣悲哀稽颡触地无容，哀之至也。……此孝子之志也，人情之实也，礼义之经也。非从天降也，非从地出也，人情而已矣。

儒家以情释礼的方式与其他类型礼仪解说之最大不同，在于指明礼从根本上讲绝非为了某种外在目标的仪式表演，即便这种表演具有强烈的情感力量，相反，礼之仪式行为的根源即内在于人当下的生命情感之中。这一点在丧礼中体现得尤为突出，也是丧礼之所以为儒家格外重视并作为谈论礼之基本参照的原因。《问丧》指出，丧礼中亲始死时鸡斯、徒跣等行为，并非某种社会性的外部规制，而是孝子"悲哀在中，故形变于外"。"水浆不入口，三日不举火"，是因为"痛疾在心，故口不甘味，身不安美"。这一切都是孝子那"伤肾干肝焦肺"的"恻怛之心、痛疾之意"不容自已的自然流露。《间传》本于此而将丧礼中更为严整的制度亦解释为哀情的不同程度之表现：

> 斩衰何以服苴？苴，恶貌也，所以首其内而见诸外也。斩衰貌若苴，齐衰貌若枲，大功貌若止，小功、缌麻容貌可也：此哀之发于容体者也。斩衰之哭若往而不反，齐衰之哭若往而反，大功之哭三曲而偯，小功、缌麻哀容可也：此哀之发于声音者也。斩衰唯而不对，齐衰对而不言，大功言而不议，小功、缌麻议而不及乐：此哀之发于言语者也。斩衰三日不食，齐衰二日不食，大功三不食，小功、缌麻再不食，士与敛焉则壹不食。故父母之丧，既殡，食粥，朝一溢米，莫一溢米；齐衰之丧，疏食水饮，不食菜果；大功之丧，不食醯酱；小功缌麻，不饮醴酒：此哀之发于饮食者也。……父母之丧，居倚庐，寝苫枕块，不说绖带；齐衰之丧，居垩室，芐翦不纳；大功之丧，寝有席；小功、缌麻床可也：此哀之发于居处者也。……斩衰三升，齐衰四升、五升、六升，大功七升、八升、九升，小功十升、十一升、十二升，缌麻十五升去其半。……此哀之发于衣服者也。

哀是儒家哲学所关注的人之基本情感形态之一，丧礼犹为哀情最自然、最集中的表现场所。在对丧礼之哀进行解读的过程中，儒家与希腊哲人和老庄道家对问题的提出方式和思考路向全然不同。古希腊哲人将面对死亡时的悲哀、哭泣都视为凡夫俗子们软弱和缺乏智慧的表现，先秦道家也表达过类似的看法，以至于人们印象中哲学生活就应该是没有七情六欲的超然状态——"圣人无情"。他们之所以否定哀情，乃本于一个独立面对其不可替代的死之临在的哲人之超然，关注的是一个人面对自己的死时所采取的态度。然而儒家，特别是先秦儒家，却向人们展示出完全不同的生命情态，一种至情至性的生活风格。如前所述，儒家面对死，同样表现"不忧不惧"的精神境界。但在论丧礼之哀时，儒家关注的是一个人面对他人之死时所表现出来的情感心理。明乎此，就可以避免对两种全然不同的理解路向进行表层的比较解读。孔子并不羞于表达自己的情感，每一个亲人、朋友、弟子的逝去，总是令他无比伤痛。① 这才是华夏文明的圣人，与我们一样有着最真实的喜怒哀乐，这才是我们温厚深情、亲切平易的至圣先师。

不难发现，希腊哲人和老庄道家实际上将生者的哀痛之情解读为移情式的对死之恐惧。在儒家看来，这绝非丧礼之哀的实质，通过《问丧》等篇章对孝子之哀情的刻画，我们可以对此有更深刻的领会。

哀是一种内心极度痛苦的感受，哀情发显于外的方式，首先是哭泣。哀号和眼泪是悲伤痛苦情绪最直接、最普遍的表现形式。"哭泣是人类独有的行为"，② 强烈的悲伤情绪抑塞积郁于胸中，充满于人的全部身心，形成生理的苦痛，号哭和眼泪正是哀痛之情所引发的生理反应，这种反应展现哀情的强烈，也使人内心的苦痛得以通过生理方式宣泄出来，于是"女子哭泣悲哀击胸伤心，男子哭泣悲哀稽颡触地无容"。除哭泣外，无论男女，皆以顿足之踊表达其孺慕之情。一般而言，女性的情感体验和表现皆较之男子更为强烈，因此丧礼中往往"殷殷田田，如坏墙然"，在悲哀情绪的冲击下，几乎无法站立。丧礼之哀中还包含了对亲人的不舍之意，如《问丧》所言："孝子亲死，悲哀志懑，故匍匐而哭之，若将复生然。"其对送葬和反哭中孝子此类心理状态的描述尤其传神。往送时，孺慕之情令孝子望望然、汲汲然，如儿童唯恐与父母相失。而反哭时则彷徨不安，既祈望亲人之精魂归来，又因其不可见而充满疑虑。

哀是我们面对亲人之死时的情感反应，无论我们对死如何理解，对死后世界抱持何种信念，都仍然真切而痛苦地体会到，死令我们和亲人在现实的意义上永远和彻底地隔绝开来。死将亲人从我们身边夺走，将我们的世界撕裂，在我们的生命中留下深重的创口，哀痛之情正源于这

---

① 《论语》：颜渊死，子哭之恸。《檀弓》：孔子哭子路于中庭，有人吊之，而夫子拜之。既哭，进使者而问故，使者曰："醢之矣。"遂命覆醢。孔子之卫，有旧馆人之丧，入而哭之哀，出，使子贡说骖而赙之。

② [美] Tom. Lutz：《哭泣：眼泪的自然史和文化史》，庄安祺译，上海社会科学院出版社2003年版，第1页。

种生命的残缺与破裂感。古人用身体的创伤和痛楚描述哀情,正是源于这种真实而痛切的经验。如《三年问》以身体之外部创伤来比喻哀中蕴含的痛感:"创钜者其日久,痛甚者其愈迟。"《问丧》则以身体内部脏器的损伤所形成的痛楚来形容:"伤肾、干肝、焦肺。"外部创伤之痛感清晰尖锐,内部损伤之痛感沉浊滞重,孝子之哀情亦然,表现为"恻怛之心,痛疾之意"。当一个人完全被此种痛苦所占据,自然无心饮食。这哀甚至会对身体形成不同程度的损害,表现为"毁瘠",如《间传》所描述:"斩衰貌若苴,齐衰貌若枲,大功貌若止。"

哀是如何发生的?我们的哀痛之情并非针对死本身。如果我们对死怀抱忧惧之情,这忧惧也不一定(而且大多数情况下不可能)以哀伤的方式表现出来。对亲人之死的哀痛更是如此。哀情之产生,是由于和自己生命关系最密切、对自己最重要的人或物的丧失而引起的生命之残缺与破裂感。哀之发生,实本于人之有爱。哀、爱二字在古汉语中为通假字,《释名·释言语》云:"哀,爱也。"王念孙《读书杂志》云:"哀与爱古字通。"① 两字的通假关系犹足证明其内在语义关联。爱本诸人对与自身处于一体性关联状态的事物的觉知(如古人所谓父子一体),以及对人在其生命中自觉地建构起来的与其他事物的一体性关联(如古人所谓夫妇一体)的执着。这种一体性观念从根本上讲并非一种主客对待式的以自我为中心而将外物附属于自我,而是将自身理解为必须在与外物的联结中才得以完整。当人发现这一联结被割断,自己的生命被夺取,必然会陷入巨大的苦痛之中。

现实中,人天然地与其父母处于最直接最本质的一体性中,或者用更为极致的传统方式来讲,我的生命本就是父母生命的延续,所以"身体发肤,受之父母,不敢毁伤"。父母是我的生命之本,通过父母,我可以追溯到自身生命更广远的根本,如《郊特牲》所说:"万物本乎天,人本乎祖。"作为世间万物之一,我的生命最终与天联为一体,而作为一个人,我首先与自己的祖先联为一体。《大戴礼记·礼三本》称:"天地者,性之本也;先祖者,类之本也。"正是此意。此处所谓本,固当作本原、根本解,但此"本"并非追溯考证意义上的,而是

---

① 王念孙:《读书杂志·管子》卷一,《续修四库全书》影印清道光刻本。

当下与我现实地关联着。因此，父母之丧成为对人的最大打击。

丧礼所以表哀，哀作为人类基本的情感，也应当获得其表达的渠道。但对儒家而言，丧礼绝不仅仅是悲哀情感的宣泄，哀也绝不仅仅是一种毫无价值意味的情感的事实。儒家认为，我们可以在丧礼之哀情中体察人之至情，此情表达出人自然赋有的对亲人的深情厚意，而这将是一个人德性成长的根本。情不但是礼之本，也是德之本。但不是以哀成就德，而是哀证实了人足以成德。因此，儒家认为，丧礼中的哀恰证明人性的美好，不必对此矫饰抑制。

将这种情感和心理状态以如此体贴入微的语言形诸笔端，也显示儒家对此情感心理的真切体验。正是这一当下主导人之生命的、最为真实的情，使儒家确信，礼的根本即在此情之中："此孝子之志也，人情之实也，礼义之经也。非从天降也，非从地出也，人情而已矣。"通过丧礼的解说，儒家实现了对礼之本问题的根本解答，并以情给予礼之全体以最坚实稳固的生存论奠基。许多人将情视为虚无缥缈、变化无常的事物，果真如此的话，儒家以情释礼，岂不等于将礼之本建筑于流沙之上？但在儒家看来，这绝非对情的真实理解，或者说，儒家发现了情的重大生存论意义。情绝非人性之弱点、精神生活之负累，相反，情是人之生命本真的发显形态，性之德即由情而显。郭店楚简《性自命出》篇对儒家性情论的基本理论思路有明确而清晰的表述：

> 凡人虽有性，心无定志，待物而后作，待悦而后行，待习而后定。喜怒哀悲之气，性也。及其见于外，则物取之也。性自命出，命自天降。道始于情，情生于性。①

《性自命出》的观念与《中庸》彼此呼应，其核心理论在于即情显性，性出于天。性与天道的内在一体和彼此贯通，实现了对人间生活的生存论意义上的形上学奠基。业师李景林先生指出："在先秦儒家的观念中，出自天命的性，其内容即一个'情'字。在'情'上才能见

---

① 《郭店楚墓竹简》，文物出版社1998年版，第179页。

'性'之本真。"① 情之根本性与真实性,不可亦不必借助外求式的经验或理性逻辑证明,情在人之反躬自省中当下呈显,以一发而不容已、沛然不可御的形式当下笼罩人的全部身心,以至塞乎天地之间。② 这一理解使得"重情"成为儒家哲学的基本特征,也开创了儒家哲学内省式理论方向,即通过"反求诸己"而当下获得其在自我生命中的真实确证。

上述诸篇对丧礼以哀为本的论断和描述是儒家礼学以情为本之理论特色的绝好体现。礼本于情,情是制礼的根本动因和原则,礼将生活中人之情感的表现以特定形式加以固定,即形成各类仪式。这些仪式追本溯源,恰是人性的表现形式,而非外在强加于人的规则,此儒家礼乐释义的根本要义。

(二)"立中制节":丧礼的制度法则

礼本于情且表现情,但礼并非对情感无所作为的顺遂和放任。儒家认为,无论出于个体还是社会的理由,都需要对情进行适当的调整、引导和制约,这同样也是礼的根本特性。对丧礼而言,则对哀情的节制同样是丧礼的主题之一。《檀弓上》载:

> 曾子谓子思曰:"伋,吾执亲之丧也,水浆不入于口者七日。"子思曰:"先王之制礼也,过者俯而就之,不至焉者跂而及之。故君子之执亲之丧也,水浆不入于口者三日,杖而后能起。"

又:

> 乐正子春之母死,五日而不食。曰:"吾悔之,自吾母而不得吾情,吾恶乎用吾情?"

由此可见,不管出于什么动机的"过情"之举,都是不可取的。

---

① 李景林:《教化视域中的儒学》,中国社会科学出版社2013年版,第35页。
② 少陵诗云:"忧端终南齐,澒洞不可掇。""感时花溅泪,恨别鸟惊心""白水暮东流,青山犹哭声。"此不可仅作诗家语看,恰是诗人善写情处。

礼固然首先是情显发于外的自然形式，人情之发，自然而成一种"文"。但这种意义上的"文"实在太过粗糙，基本上完全是人之情感生命的放任自流。因此，完全因顺情之自然会导致负面后果：情意的过度和极端化形成对生命的伤害，在丧礼中表现为"哀毁灭性"。这被很多人视为至情至性的体现，从"用情"的角度看，儒家对之也表示肯定。但若过度悲伤而损毁身体，则一方面是对去世父母的不孝（因为这违背逝者的心意），另一方面也会废事不举，如果人人皆如此，无疑将破坏群体生活，使宗族和国家削弱。因此，礼一方面要因顺人情的自然方向，使之得以适当的方式抒发，另一方面也必须对之加以限制，以保护个体生命的健康和群体生活的稳定。

《檀弓》载：

> 弁人有其母死而孺子泣者，孔子曰："哀则哀矣，而难为继也，夫礼，为可传也，为可继也，故哭踊有节。"

礼并不是个人一时的情意表达。除了表达情意之外，礼还必须"可传""可继"，形成一种可被一个群体普遍接受的仪式和规范系统，以调节群体生活，将之联结为一个有着共享价值的文化共同体。如前文所说，意识到亲人与我之一体自然会遭遇亲丧时的巨大痛苦，但这种意识也同样要求人爱惜自我，因为亲人的生命也正在我身上现实地延续着，故《曲礼》云："居丧之礼，毁瘠不形，视听不衰。头有创则沐，身有疡则浴，有疾则饮酒食肉，疾止复初。不胜丧，乃比于不慈不孝。"①正是从这个意义上立论。《杂记》曰："毁瘠为病，君子弗为也。毁而死，君子谓之无子。"亦本此义。在回答子贡问丧时，孔子称："敬为上，哀次之，瘠为下。颜色称其情，戚容称其服。"将敬置于哀之上。所谓敬，正是对作为自己生命之本的父母之敬。敬被列为丧礼的第一情感原则，瘠则被视为不可取的致哀方式，显然意在突出保护作为父母之遗体的自我身心的重要性。

面对亲人之死，与哀伤过度以至"毁瘠灭性"的极端方式相对，

---

① 郑玄注曰："不留身以继世，是不慈也。又违亲生时之意，是不孝也。"

还存在着另一种极端形态之可能，即"忘"与"恶"。荀子云："丧礼之凡：变而饰，动而远，久而平。故死之为道也，不饰则恶，恶则不哀；尒则玩，玩则厌，厌则忘，忘则不敬。一朝而丧其严亲，而所以送葬之者不哀不敬，则嫌于禽兽矣。"① "忘"是对亲人之死的无动于衷，是情义寡浅的凉薄行径。"恶"则有较复杂的社会心理背景。《檀弓》中子游和有子关于丧礼的一场讨论，其主旨与《荀子》所言略同：

　　有子与子游立，见孺子慕者，有子谓子游曰："予壹不知夫丧之踊也，予欲去之久矣。情在于斯，其是也夫！"子游曰："礼有微情者，有以故兴物者，有直情而径行者，戎狄之道也。礼道则不然。人喜则斯陶，陶斯咏，咏斯犹，犹斯舞。舞斯愠，愠斯戚，戚斯叹，叹斯辟，辟斯踊矣。② 品节斯，斯之谓礼。人死，斯恶之矣；无能也，斯倍之矣。是故制绞衾，设蒌翣，为使人勿恶也。始死，脯醢之奠；将行，遣而行之；既葬而食之，未有见其飨之者也，自上世以来，未之有舍也，为使人勿倍也。故子之所刺于礼者，亦非礼之訾也。"

有子曾觉得丧礼中踊的仪式莫名其妙，欲行废弃，见到孩童（孺子）因思慕父母而顿足哭号，终于明白此礼乃本于人之真情。"其是也夫"一语，正是体认到情为礼之合理性的根本依据后发出的由衷感叹。

---

① 《荀子·礼论》。
② 按，"舞斯愠"一句，昔人多曲为之说，如《正义》云："凡喜怒相对，哀乐相生。若舞无节，形疲厌倦，事与心违，所以怒生。愠怒之生，由于舞极。故《曲礼》云'乐不可极'也。"然"哀乐相生""乐极生悲"云云，泛泛虚说则可，必着实而言则差，安见乐舞则必生愠怒？《正义》对此亦不无疑虑，故又云："诸本亦有无此一句者。"刘敞云："案人舞宜乐，不宜更愠，又不当渐至辟踊，此中间有遗文矣。"故将"舞斯愠"改作"舞斯蹈矣。人悲则斯愠"。《钦定礼记义疏》亦云："案本文是论丧之宜有踊，而以喜之舞蹈形之，断以悲喜两开为是。……若谓中间一句哀乐相生，则此孺子之慕岂因舞蹈之过而来？下言绞衾、蒌翣，岂歌舞、羽籥之变必用此邪？"则古人已知其非矣。上世纪末郭店楚简出土，其《性自命出》篇有相似文句，作："喜斯陶，陶斯奮，奮斯詠，詠斯犹，犹斯舞。舞，喜之终也。愠斯忧，忧斯慼，慼斯叹，叹斯辟，辟斯踊。踊，愠之终也。"可以断定郭店简系完整表述，而《檀弓》显为传写过程中文字脱漏的结果，不必强为弥缝。哀乐相生，固有此理。然古人言礼，吉凶异道，不得相干，绝不肯随意混为一谈，此不可不知。

子游则进一步指出，礼本于情，但也并非"直情而径行"，因为具体个人的情感状态不一，若任情而为，则等于全然废除了礼，也不足以持养情。情感有自然的外化表现形式，如喜之极致表现为舞蹈，哀之极致表现为哭踊。礼即因应此表现形式而来，但礼并非仅因顺此情，而是予之以品节，品节的方式则是"有微情者，有以故兴物者"。陈澔对此解释道："虑贤者之过于情也，故立为哭踊之节，所以杀其情，故曰'礼有微情者'。微，犹杀也。虑不肖者之不及情也，故为之兴起衰绖之物，使之睹服思哀，故曰'有以故兴物者'。此二者皆制礼者酌人情而为之也。"① 至于"直情而径行"之所以被称为"戎狄之道"而不可取，乃由于现实中面对亲人之死，未必人人皆能有孺子之慕，而亦可能"恶之""倍之"。"倍之"即荀子所谓"忘"。忘是因为无情，也是由于觉得人死后便"无能"，不复能对现实产生任何影响。"恶之"则首先是源于古老的对死者及其亡灵的恐畏心理，同时也出于对死者身体腐败的厌恶。如荀子所言，"恶则不哀"，"忘则不敬"，不哀不敬不但是德性的衰替，甚至引向人性的丧失，"近于禽兽"。因此，丧礼中的许多仪式，乃是为了防止"直情而径行"中的"恶之"和"倍之"。由此可见，礼之节文规制的起源与意义，不能仅仅从表现情感的角度进行衡量，还要注意其对情感进行调节、规范、修饰的意图。荀子即认为，丧礼的主要目的在于"饰哀"：②

变而饰，所以灭恶也；动而远，所以遂敬也；久而平，所以优生也。礼者，断长续短，损有余，益不足，达爱敬之文，而滋成行义之美者也。③

如此一来我们便接近了儒家丧礼释义的核心问题：如何才是对哀情之必要而合理的节制与文饰，其标准何在？作为情之节文形式，礼的基本制作原则是什么？礼既然要达成节人情的目的，它就不能仅仅是"直

---

① 陈澔：《云庄礼记集说》卷二。
② 《荀子·礼论》："凡礼，事生，饰欢也；送死，饰哀也。祭祀，饰敬也。师旅，饰威也。"
③ 《荀子·礼论》。

情而径行"，而必须参以其他法则。在这方面，儒家对三年之丧的讨论最具典型性。

三年之丧制度的由来，近代以来不少学者颇致疑问，理由是先秦史书对此并无明确记载，而诸子之间对三年之丧的合理性颇有争议，甚至在《论语》和《孟子》中人们也听到异议的声音：

> 宰我问："三年之丧，期已久矣。君子三年不为礼，礼必坏；三年不为乐，乐必崩。旧谷既没，新谷既生，钻燧改火，期可已矣。"（《论语·阳货》）
>
> 然友反命，定为三年之丧，父兄百官皆不欲。曰："吾宗国鲁先君莫之行，吾先君亦莫之行也。至于子之身而反之，不可。且志曰，丧祭从先祖，曰吾有所受之也。"（《孟子·滕文公上》）

颇有人据此断言，三年之丧并非三代典礼，而是儒者托古立制。三年之丧在先秦列国是否通行，固须待历史研究的进展来解答。但以为其纯属儒者"创制"，实为今人疑古过勇之一例。儒家虽然主张礼应因时损益，并指出礼"可以义起"，但对制礼作乐始终采取谨慎态度，因为重大创制需要很多条件才能真正成功，如《中庸》所言："上焉者，虽善无征，无征不信，不信民弗从。下焉者，虽善不尊，不尊不信，不信民弗从。"因此，"虽有其位，苟无其德，不敢作礼乐焉；虽有其德，苟无其位，亦不敢作礼乐焉。"故孔子言："吾学周礼，今用之，吾从周。"由《檀弓》的记载可以发现，儒家对春秋以来许多礼制变革之细节和原因都有清晰的记载，不可能对如此重要的制度创新略而不论，而径直称为"自天子达于庶民"的"天下之通丧"。围绕三年之丧所发生的争议，可能是各国文化背景和历史传统的差异、冲突与春秋以降礼坏乐崩的社会变革夹缠在一起所致。对三年丧制之合理性的论证由此成为儒者必须解答的课题。

《三年问》正是要说明三年丧制中包含的圣人经天下、理人伦之大义。

> 三年之丧何也？曰：称情而立文，因以饰群，别亲疏、贵贱之

节而不可损益也。故曰：无易之道也。创钜者其日久，痛甚者其愈迟。三年者，称情而立文，所以为至痛极也。斩衰苴杖，居倚庐，食粥，寝苫，枕块，所以为至痛饰也。三年之丧，二十五月而毕；哀痛未尽，思慕未忘，然而服以是断之者，岂不送死者有已，复生有节哉？

凡生天地之间者，有血气之属必有知，有知之属莫不知爱其类。今是大鸟兽，则失丧其群匹，越月逾时焉，则必反巡过其故乡，翔回焉，鸣号焉，蹢躅焉，踟蹰焉，然后乃能去之。小者至于燕雀，犹有啁噍之顷焉，然后乃能去之。故有血气之属者莫知于人，故人于其亲也，至死不穷。将由夫愚邪淫之人与？则彼朝死而夕忘之，然而从之，则是曾鸟兽之不若也，夫焉能相与群居而不乱乎？将由夫修饰之君子与？则三年之丧，二十五月而毕，若驷之过隙，然而遂之，则是无穷也。故先王焉为之立中制节，壹使足以成文理，则释之矣。

然则何以至期也？曰：至亲以期断。是何也？曰：天地则已易矣，四时则已变矣，其在天地之中者，莫不更始焉，以是象之也。然则何以三年也？曰：加隆焉尔也，焉使倍之，故再期也。由九月以下何也？曰：焉使弗及也。故三年以为隆，缌、小功以为杀，期、九月以为间。上取象于天，下取法于地，中取则于人，人之所以群居和壹之理尽矣。故三年之丧，人道之至文者也，夫是之谓至隆。是百王之所同，古今之所壹也，未有知其所由来者也。孔子曰："子生三年，然后免于父母之怀。夫三年之丧，天下之达丧也。"

儒家认为，三年之丧是圣王制礼的一个法式，其原则是"称情而立文，因以饰群，别亲疏贵贱之节，而不可损益者也"。这是整个礼制系统的核心创制原则之一。"称情而立文"意味着，礼本质上是出于人情，因顺人生存中的真实情感而兴起的。正如孔子提点宰我时所言："食夫稻，衣夫锦，于女安乎？"父母之丧给孝子心灵造成的沉重打击和巨大哀伤，使之无法安于日常安逸舒适的生活方式，于是有变易居处、饮食诸举。文中论"有知之属莫不知爱其类"一节，情深意切，低徊悱恻，尤为动人心魄。信乎哀之源于爱也，"可以人而不如鸟乎？"父母之丧所以有三年之期，正是因为人作为万物之灵长，有着远较鸟兽更为深厚的情感，甚至"大孝终身慕父母"，至死不穷。

然而，无论从人之情感的自然变化规律还是从个体生命和社会生活之存续要求的角度看，人的极度悲哀伤痛之情都不可能也不应该一直持续下去，礼制必须强调"送死有已，复生有节"。"称情立文"者，文有节度义，有修饰义。无论节度还是修饰，都与人之情感的自然变化形态相适应。对哀情之自然弱化的特征，《檀弓》有极细腻的观察和描述："始死，充充如有穷；既殡，瞿瞿如有求而弗得；既葬，皇皇如有望而弗至；练而慨然；祥而廓然。"此乃从众人性情之通常表现而言，实际生活中则人各不同。如《三年问》所说，君子情深，小人情浅，"患邪辟淫之人"则"朝死而夕忘之"，君子则以为三年之丧"若驷之过隙"。君子的终身慕父母和小人的朝死夕忘之间，确实很难找到一个公共的尺度。一任情感之自然，实不足以奠立具有社会普适性的礼仪规制。礼文的存在，不但要能"称情"，也需要能"饰群"，即协调社会群体生活。

因此，圣王制礼，必须采取能为民众所普遍认可和接受的"中道"。"先王焉为之立中制节，壹使足以成文理，则释之矣。"礼制的目的不是强人所难，而是为群体生活提供各种公共的制度、秩序和行为模式，因此必须"以人治人"，以"不远人"的中道为尚。各种制度节文的目的，在于使人之行为"成文理"，具备适宜的节文条理，而不作超出普通民众承受能力的要求。

礼之"立中制节"首先要依循性情之自然节律。人之个体性情虽千差万别，但也存在基本的共同性。但就从众人的现实生活情态考察，此共同性较为模糊，不易明确裁量标准。但人性出于天道，人情之节律实与天道暗合，因此，可以参照天地万物明确的自然秩序法则确定礼制的节限标准。譬如"至亲以期断"，便是因为经过一整年后，天地万物皆全面更新，生命进入新的开始，故而人当法此天道而改换生活方式，丧礼至此当有重大变化。其下九月、缌、小功等丧制之创作亦同此例。故《三年问》认为，三年之丧，是结合了天、地、人三重标准而制定的："上取象于天，下取法于地，中取则于人"，拥有最高的规范意义，充分体现了人类"群居和聚"之所以可能的根本法则，因此是"人道之至"，"百王之所同，古今之所一"。相比于孔子诉诸人的反躬之爱，《三年问》显出为三年之丧这一体制寻找更权威、更严密的支持法则的努力，也是《礼记》诸篇讨论礼义时一个显著的特征，说明从战国到秦汉，人们的理论兴趣在不断提升，儒家对礼乐文化之辩护和传扬也因之更有形上理论色彩。

三 丧服制度的政教意义

丧服是生者为哀悼、追思去世亲属而穿着的与平素不同的服饰，其目的在于表达一种禁忌状态。作为一种文化现象，丧服制度普遍地存在于世界各地，而以中国传统丧服制度最为严密规整。丧服制度在传统中国担负着重要的社会功能，是宗法社会的基本组织模式，同时也构成一个符号表意系统，具有丰富的义理内蕴，这使之成为传统教化的根本方式之一，在人类文明史中堪称绝无仅有。斯特伦曾评论说："在西方人看来，把丧祭仪式作为一种宗教教育的模式，似乎是太奇特了。然而在人死之际举行哀悼仪式，的确是人们以规范的方式，遵循自然法则确立自己的职责，以及与他人关联的一条佳径。……在各种场合，哀悼仪式都确定了每个家庭成员的适当行为。与此同时，它还明确了每个人的职责界限。通过参加丧葬的仪式。年轻人会对自己在家庭生活序列中的地位有所了解。"[1]

华夏传统丧服制度之起源和古初形态，今日已不易追溯。唐贾公彦《仪礼注疏》云：

> 黄帝之时，朴略尚质。行心丧之礼，终身不变。……唐虞之日，淳朴渐亏，虽行心丧，更以三年为限。……三王以降，浇伪渐起，故制丧服以表哀情。[2]

---

[1] ［美］F. J. 斯特伦：《人与神——宗教生活的理解》，金泽、何其敏译，上海人民出版社1991年版，第114页。

[2] 贾公彦：《仪礼义疏》卷二十八，阮元校刻十三经注疏本。

贾氏此说纯属后世学者兼综儒、道的臆想之辞。现代人类学家对世界各地原始部族丧葬风俗的研究表明，死亡事件所特有的神秘性以及其与死后世界或神灵世界的关联使处于"蛮荒状态"的人类对死尤其重视，因而竭力通过各类仪式、禁忌以及变易服饰、饮食等方式来完成这一过渡。从这个意义上说，丧服制度恰出于远古，而贾氏所谓"行心丧之礼，终身不变"才是最不可能发生的情景。不过，后人所熟悉的丧服制度，的确应该是经过一定时期的历史演变而逐步完善的结果，此即周代丧礼之"五服"。

所谓五服，指对应于传统父系宗法家庭结构而规定的五等丧服制度，包括服制和丧期两方面。服制指居丧期间所着服饰之规格与等级，包括斩衰、齐衰、大功、小功、缌麻，凡五等。丧期指为死者服丧的期限，分为三年、一年、九月、七月、五月、三月，凡六种。两者以服制为纲而统领起来，即为五服之制。邹昌林认为，在父系家庭中，大父之下最多可以包括五代人共同生活，由此产生上至高祖，下至玄孙的区分。① 詹鄞鑫也指出，中国古代氏族以五代人为限②。五等丧制恰与之相应，甚至可以说正是本源于此，因此邹昌林称："五服，是指以男子为中心的，上至高祖，下至玄孙，旁及三从兄弟，再加母族、妻族亲属的服丧系统。"③ 五等服制的目的，是为了辨宗，即《曲礼》所谓"定亲疏、决嫌疑、别同异、明是非"，确定一个人在家族中的分位及其相互关系。

丧服制度的存在依据和和创制原则在《丧服四制》中得到了系统论述。其第一节云：

> 凡礼之大体，体天地，法四时，则阴阳，顺人情，故谓之礼。訾之者，是不知礼之所由生也。夫礼，吉、凶异道，不得相干，取之阴、阳也。丧有四制，变而从宜，取之四时也。有恩、有理、有节、有权，取之人情也。恩者，仁也；理者，义也；节者，礼也；

---

① 邹昌林：《中国礼文化》，社会科学文献出版社2000年版，第147页。
② 詹鄞鑫：《神灵与祭祀》，江苏古籍出版社1992年版，第133页。
③ 邹昌林：《中国礼文化》，社会科学文献出版社2000年版，第147页。

权者，知也。仁、义、礼、智，人道具矣。

此书为《丧服四制》全篇之总纲，其余章节皆申论此节所提出的基本观点。通过给予礼以终极意义上的重新定位，引文首先阐明了儒家丧礼释义的根本原则。起首提出礼之大体在于体天地、法四时、则阴阳、顺人情，将礼之本原归诸天人之际，与通论部诸篇相呼应。文中特别提出"訾之者，是不知礼之所由生也"，明确针对当时流行的非毁礼制的思想言论。对礼之存在合理性进行辩护，是先秦儒家礼乐释义的根本理论出发点。

所谓"体天地"，谓礼乃法象天地而作，亦可谓本天地而生，其制度形式体现天地自然之序。如郑玄所言："礼之言体也，故谓之礼，言本有法则而生也。"下文言阴阳，言四时，言人情，独不言天地者，盖如孔颖达所说："天地包此四时、阴阳、人情，无物不总，故不复说体天地之事。"天地之道即体现在对阴阳、四时、人情等基本原则的讨论中。

以上为礼制总说，其下则就丧服制度而阐述上述礼之精神的体现方式。"则阴阳"，表现在"吉凶异道，不得相干"。吉礼与凶礼所用之衣服、器物及人之容貌皆不可相同，如阴阳之气自然分别，不可淆乱。"法四时"谓"丧有四制，变而从宜"。丧服有四种不同体制，皆属因应事势变化而产生，恰如四时节序变换，皆自然而有。如孙希旦所说："天有四时，或生或成，因乎物之宜者也。丧之四制，或隆或杀，随乎事之宜者也。"① 丧服之四制，即为恩、理、节、权四者，四者从其变化处看，有似于四时，而从其"变而从宜"之指向看，则皆出于人情。因此，丧服四制恰恰体现了礼制通合天人的特质，达天道、顺人情的原则在礼制中融为一体，而非两个独立系统，这才合乎儒家的礼制理想。恩、理、节、权皆从丧服制度与人情之关联方式上说。《丧服四制》又指出，四制分别对应于仁、义、礼、知四德，从而明确了礼制与德性之间的关联。四制与四德之对应性的理由，盖如方悫所言："恩则有所爱，故曰仁。理则有所宜，故曰义。节则有所制，故曰礼。权则有所明，故

---

① 孙希旦：《礼记集解》，中华书局1989年版，第1496页。

曰知。"① 仁、义、礼、知四德为人道之大端。礼制贯通天人，故为世间至道。

> 其恩厚者其服重，故为父斩衰三年，以恩制者也。门内之治恩掩义，门外之治义断恩。资于事父以事君而敬同；贵贵、尊尊，义之大者也；故为君亦斩衰三年，以义制者也。三日而食，三月而沐，期而练，毁不灭性，不以死伤生也；丧不过三年，苴衰不补，坟墓不培；祥之日，鼓素琴，告民有终也：以节制者也。资于事父以事母而爱同；天无二日，土无二王，国无二君，家无二尊，以一治之也；故父在为母齐衰期者，见无二尊也。杖者何也？爵也。三日授子杖，五日授大夫杖，七日授士杖。或曰担主，或曰辅病。妇人、童子不杖，不能病也；百官备，百物具，不言而事行者，扶而起；言而后事行者，杖而起；身自执事而后行者，面垢而已；秃者不髽；伛者不袒；跛者不踊；老病不止酒肉。凡此八者，以权制者也。

此节依次分疏恩、理、节、权四制。先言恩制。丧礼首先行于家门之内、至亲之间，服制皆本于仁恩之情，为丧服之本始形态。恩体现的是最直接的血缘亲情，以为父斩衰三年为代表。孔颖达云："父恩最深，故特举父言之，其实门内诸亲之服皆恩制也。"② 次言义制。仁、义之别是儒家思想中的重要课题，以恩制本于性情，以义制则本于事理，故此处先言仁恩与理义之分别。首先是两者主要施用范围不同，即，"门内之治恩掩义，门外之制义断恩"。家庭宗族之内，以亲亲之爱为主要关系法则，故虽有等杀分宜，而要在突出仁恩之情。出此家门之外，则为社会，为国家，皆以义为主要关系法则，对恩情亦当以义断割。所谓义，乃事理当然之谓，所指极广，就社会政治而言，其要则在于"贵贵""尊尊"，贵贵尊尊莫大于君，故为君制丧服亦斩衰三年，其理由是"资于事父以事君"。这意味着，义代表一个与仁不同而又在某种意

---

① 卫湜《礼记集说》卷一百六十引。
② 孔颖达：《礼记正义》卷六十三。

义上可与之相匹敌的原则。儒家突出义的原则，证明其关注点绝不限于家族伦理关系，而有更广阔的社会政治视野。次言节制。节者，有次序、有制度、有限定之谓。所以需制度、次序、限定者，为不灭性，不以死伤生。以节制，核心在于生命关切，这也是礼制的基本原则之一。此处需专门讨论下母丧服制。丧服制度中为母所服之丧有二：父没则为母服齐衰三年，父在则为母服齐衰期。为母三年者，亦本恩而制，故曰："资于事父以事母而爱同。"此处讨论的重点则是父在为母齐衰期，所以如此，乃因为父在无二尊之义，故为此制度以节之。次言权制。《丧服四制》以杖制为例予以说明。人在丧礼中身份不同，加以面临各种特殊状况，皆须应时而变，故须反经行权，权正是儒家礼学之重要观念之一。

> 始死，三日不怠，三月不解，期悲哀，三年忧，恩之杀也。圣人因杀以制节，此丧之所以三年，贤者不得过，不肖者不得不及。此丧之中庸也，王者之所常行也。

此节由丧服而推论与之相应的丧期制度，阐明其中所蕴含的礼制精神，突出丧制不同之根源在于"恩之杀"，即因时间推移而自然发生的哀情之消减。人于父母初离世时，哀痛最深，哭不绝声，水浆不入口三日，故云"三日不怠"。古时三月而葬，未葬之前，哭无时，居倚庐，寝不脱绖带，故云"三月不解"。既葬之后，卒哭，一周年之前，唯朝夕哭，故云"期悲哀"。一周年后，不复朝夕哭，唯哀至乃哭，直至三年丧服期满，故云"三年忧"。这些都属于大多数人正常而普遍的情感消退规律。因此，三年之丧及其内在诸仪节并非圣人刻意订立，而是依循此自然节律而予以规整的结果，故《丧服四制》称此乃"丧之中庸"。礼以制中，此处再次提示礼制与中庸之道的内在关系。中庸是制礼的根本原则，贤者不得过，不肖者不得不及，此中道正人情之常度。中庸既有无过无不及之义，又有平常之义，于丧制中亦可得见其概。

> 父母之丧，衰冠、绳缨、菅屦、三日而食，三月而沐，期十三月而练冠，三年而祥。比终兹三节者，仁者可以观其爱焉，知者可

以观其理焉，强者可以观其志焉。礼以治之，义以正之，孝子、弟弟、贞妇，皆可得而察焉。

前节讨论三年丧制的制度原则，此节则论述其中展现的德性价值。三年之丧，其中大节有三，为既葬、既练、既祥。所谓"终兹三节"，即能以上节所言"三日不解，期悲哀，三年忧"的方式完成三年丧期，此足以证明一个人具备仁、知、强、礼、义诸德，而为孝子、弟弟、贞妇。孙希旦云："恻怛疾痛、伤肾干肝，非仁者之笃于爱，则不能也。袭、含、敛、殡之具，虞、祔、练、祥之仪，变除轻重之节，宾客吊哭之文，无不中乎礼，非知者之明于理，则不能也。笃于情而又足以勉乎其文，有其始而又足以要乎其终，非强者之志气坚毅，则不能也。以三者为本而治以礼，以为之节文，正以义，以适乎事宜，居丧而能如此，则其孝可知矣。"① 通过丧礼可以观察一个人是否拥有仁、义、礼、知诸德，由此可见礼制与德行之间的密切关联。

接下来我们重点讨论丧服制度所体现的传统宗法社会之结构机理及其文化精神特质。

如上节所言，丧礼之哀乃是爱的体现，《丧服四制》亦指出，丧服的第一制作原理是恩，因此，丧礼的核心精神便是"亲亲"即血缘之爱，丧服制度的根本原则正是血缘关系的亲疏远近之差。《丧服小记》云：

> 亲亲以三为五，以五为九，上杀，下杀，旁杀，而亲毕矣。

此语可谓对传统丧服和家族结构特征的最简括表述。"以三为五，以五为九"者，按郑玄注："己上亲父，下亲子，三也。以父亲祖，以子亲孙，五也。以祖亲高祖，以孙亲玄孙，九也。""上杀，下杀，旁杀"者，杀，谓减杀，随着血缘关系的疏远，其服制也逐渐变轻。《礼记正义》云："上杀者，据己上服父、祖而减杀。为父三年，为祖期，曾祖、高祖则齐衰三月。下杀者，谓下于子孙而减杀。为子期，为孙大

---

① 孙希旦：《礼记集解》，中华书局1989年版，第1474页。

功，为曾孙、玄孙缌麻。"至于"旁杀",《正义》列举多种，有"发父之旁杀"，如为世叔期，从世叔五月，族世叔缌麻。又有"发祖之旁杀""发兄弟之旁杀""发子之旁杀"① 等。"亲亲"之情是家族得以产生和存续的原因。此亲亲之情自然会顺血缘关系而延伸，故能"以三为五，以五为九"。在此延伸中，亲亲之情也会因血缘关系的逐渐疏远而自然弱化，即"亲亲之杀"。"杀"所体现的是亲情的自然等列，由此自然划出一个家族的界限，即"亲毕"。丧服制度即在此家族内部实施。亲亲乃是丧服制度的统摄性原理，是一切丧服之本。丧服内在的制度差异首先源于亲亲之杀，这"杀"本身就是亲亲的表现形式，因此在亲亲中内涵着"别"即等差性和秩序性原理，此别即"亲疏之别"。

在"亲亲之杀"或曰"亲亲之别"外，传统丧服制度还内含着另外几项重要的价值秩序原理，《丧服小记》云：

> 亲亲、尊尊、长长、男女之有别，人道之大者也。

古汉语中，"人道"与"天道"相对言，指人类社会生活之根本方式与原理。《丧服小记》称丧服制度中包含了亲亲、尊尊、长长、男女有别这四项关键而意义重大的"人道"，由此足见其在人类社会生活中的重要性。《礼记正义》对此四项原理如此解释："亲亲，谓父母也。尊尊，谓祖及曾祖、高祖也。长长，谓兄及旁亲也。男女有别，若为父斩、为母齐，姑姊妹在室期、出嫁大功，为夫斩、为妻期之属。"② 其对"亲亲"之解说乃从狭义观点出发，将"亲亲"视为与"尊尊""长长""男女有别"三者相区别而独立的原则，但若将"亲亲"仅限定于对父母，则对子女当如何定位？故元吴澄即反其道而行之，将"亲亲"对象解释为"子孙"。③ 实则《丧服小记》在此乃总论丧服制度中

---

① 孔颖达：《礼记正义》卷三十二。
② 同上。
③ 吴澄云："亲亲谓亲而非尊非长者，《大传》谓之下治子孙，此章所谓下杀之亲，正子孙之服与从族旁亲之子孙也。"参见氏著《礼记纂言》卷十二，文渊阁四库全书本。如果"亲亲"在此必须作狭义理解，则草庐之说更恰切，因父母除了亲，还有尊的一面，如果亲亲必与尊尊相别，则对应于子孙而言更为适宜。

展示的"人道之大者",不必拘泥于具体的服制细节。在丧服制度中,"亲亲"乃第一原理,尊尊、长长、男女有别三者并非由"亲亲"之道自然延伸而出,但皆在"亲亲"的前提下展开。尊尊、长长体现出礼制的"上隆"特征,尊尊即对祖、曾祖虽亲情渐减,但出于崇敬之情而将本该依一定程式予以减杀的服制适当提升,长长亦然。尊尊和长长代表与亲亲之"仁"不同的"义"之精神,我们将在对《大传》的分析中专门讨论。相比于"长长","尊尊"的社会和伦理意义更为突出。亲亲和尊尊代表两种不同社会生活秩序的精神法则:"亲亲之'恩'表现的是血缘自然情感;尊尊之'义'则表现的是社会等级关系。"① 汉儒甚至将此作为区别"质家"与"文家",建构其历史—政治哲学的核心原理。男女有别的意义,本书上章讨论儒家婚礼释义时已详为解说,此不赘。

丧服制度不但是家族建构的根本方式,更有着重要的政教功能。对儒家而言,王道不外乎尽人之道,"乐其乐而利其利",使天下百姓各得其所,各行其是。宗族是古代中国人的基本社会组织和生活空间,根据宗族的内在秩序原理协调之,以其中内涵的伦理价值精神教养民众,使其通过这一生活样式获得生命的安顿和意义实现,正是儒家王道政治的根本原理。

《大传》称,武王克纣之后,即祭天告庙,以"治亲"即整顿宗族秩序为其施政理民的第一要务:

> 上治祖祢,尊尊也;下治子孙,亲亲也;旁治昆弟,合族以食,序以昭缪,别之以礼义,人道竭矣。
>
> 圣人南面而听天下,所且先者五,民不与焉。一曰治亲,二曰报功,三曰举贤,四曰使能,五曰存爱。五者一得于天下,民无不足无不赡者;五者一物纰缪,民莫得其死。圣人南面而治天下,必自人道始矣。
>
> 立权、度、量,考文章,改正朔,易服色,殊徽号,异器械,别衣服,此其所得与民变革者也。其不可得变革者则有矣:亲亲也,尊尊也,长长也,男女有别,此其不可得与民变革者也。

---

① 李景林:《教化的哲学》,黑龙江人民出版社2006年版,第148页。

相比于《丧服小记》，《大传》并不纯从丧服制度立论，而是重在阐述宗法制度的基本原理，由于宗法秩序最鲜明地体现于丧服中，故二者之义理通而为一。"上治祖祢"一段即是"治亲"之法，也可以说是宗法制度的根本原理，故吕祖谦称："上治祖祢、下治子孙、旁治昆弟，此三句正是宗法。《大传》一篇主说宗法。"① 《大传》称王者治天下优先施行的五大要务分别是治亲、报功、举贤、使能、存爱，此五者皆先于民。这并非不关注民，而恰是以此五者养护民。所谓"民不与焉"，即以此五者为先，而不汲汲于治民之细务之意。实则如《大传》所言："五者一得于天下，民无不足无不赡者；五者一物纰缪，民莫得其死。"如前所述，家族宗法秩序既是"人道"之集中体现，则"治亲"自然成为五事之首。而亲亲、尊尊、长长、男女有别既是"人道"，故而是"不可得与民变革者"，不受政治格局变动的影响，并始终应作为执政者的关注重心。

　　周代以降的传统宗法制度即是上述"人道"原则严整的社会表现形式。王国维认为宗法的核心特征是"立子立嫡"即嫡长子继承制度，并将之视为周代人的创造。当代史学研究表明，殷商时代已出现嫡长子继承制。② 所谓嫡长子继承制，即在继承问题上采取"以贵以长"原则："立嫡以长不以贤，立子以贵不以长。"③ 这使得继承问题有了一个最严格的解决程序，在理论上最大限度地排除了纷争的隐患。嫡长子继承制度可以说是在"尊尊""长长"之外又提出了一个"贵贵"原则，其政治等级意味愈益突出。但这样一来就引出了所谓天子、诸侯"绝宗"的问题，即为了保证君主地位及继承的稳定，君主一系不行宗法。于是宗法制的实际运行采取的是"别子为祖，继别为宗"的方式。

　　　　别子为祖，继别为宗，继祢者为小宗。有百世不迁之宗，有五世则迁之宗。百世不迁者，别子之后也。宗其继别子之所自出者，

---

① 卫湜：《礼记集说》卷八十四引。
② 陈戍国：《中国礼制史·先秦卷》，湖南教育出版社1991年版，第124页。
③ 何休《春秋公羊传解诂》隐公元年

百世不迁者也；宗其继高祖者，五世则迁者也。尊祖故敬宗，敬宗者，尊祖之义也。

因为宗法制的上述特征，丁鼎先生在《〈仪礼·丧服〉考论》一书中如此理解宗法制：

> 以嫡长子继承制为基础的宗法制，是周人创造的将宗族结构中的血缘亲属关系与政治结构中的尊卑上下关系相结合的一种制度，是使各级贵族的等级关系法定化的制度。其主导精神就是"尊尊""贵贵"。①

丁鼎先生在此偏重强调狭义宗法制度的政治等级意涵，认为宗法制意在与分别君统与宗统，因此天子、诸侯皆不行宗法，以此隔断血缘纽带对天子、诸侯之君权的干扰，防止众庶子侵犯嫡长子继承君位的权利，从而保障君权在一代代的嫡长子之间顺利传递。这当然可能是对周代宗法制度最准确的理解，但如此一来，只有宗法制中的"尊尊"等级秩序甚至是更狭义上的"贵贵"即君权至上观念得到了强调，而其家族伦理内涵即"亲亲"则被冲淡，甚至呈现为二者对立的态势，这恐怕也并非宗法制在传统中国人生活世界中之实际影响的全面写照。起码在儒家看来，作为宗法制度之实际组织方案和表现形式的五等丧服制度，是亲亲、尊尊、长长、男女有别四大原则的结合，而其中"亲亲"最为根本。由此亲亲之义出发，才能使宗法制度真正成为理想政治的社会结构基石。

第二节 "致敬鬼神"：《礼记》祭礼释义

祭礼是古人敬事鬼神的各种仪式之总称，是世界范围内古代宗教活动的主要形式，对华夏先民而言，更几乎是承载其信仰的唯一形式。本

---

① 丁鼎：《〈仪礼·丧服〉考论》，社会科学文献出版社2003年版，第258—259页。

书第一章尝言,"禮"字从字源上看,即来自上古祭祀仪式。《昏义》称礼"重于丧祭",《祭义》更直言"礼有五经,莫重于祭",《左传》云:"国之大事,惟祀与戎。"足见祭礼在古代政治、社会生活中的重要地位。

一 祭礼与华夏先民信仰世界

祭礼也许是古典礼制中结构最复杂,仪式最繁复的一类。不同于其他礼仪主要集中于家庭、社会和国家的人类生活平面,祭礼向天、地、人三才的立体宇宙空间和信仰世界辐射,因而成为整个礼制系统中规模最宏大、意义最丰富的一类礼仪。

先秦时代大多祭祀仪典今天已无法考见其细节,但还是需要简略介绍一下古代祀典系统的基本内容与特质。"祀典"一语,出自《礼记·祭法》,本书以之指称传统祭礼的祭祀对象、仪程以及相关制度结构。通过对祀典系统的考察,可以对传统中国的信仰世界有更深入的了解,从而对华夏文明的价值系统和终极关怀形成更真切、更准确的认知。由于中国古代历史悠久、广土众民,经历过无数次的文化融合和社会变迁,使得传统中国的祀典系统一直处于变化中,且典制浩繁,礼家说解不一,纷如聚讼。本书重在考察儒家礼乐释义理论,不拟陷入此类细节考据与争辩中,为便论述,对祀典的介绍将仅限于《礼记》相关内容。

传统祭礼之祭祀对象大体可分为天神、地祇、人鬼三类,对应于华夏思想天、地、人三才的世界结构图式。天神、地祇两者多数情况下统称为"神",以与"鬼"对言,构成"鬼神"两大系统。

(一) 天地神祇

对天、地的崇拜最富于华夏文化意味,对中国心灵而言,天、地并非两个人格神,也不是天神、地祇的集合。天、地即是人生息于其间的自然之天地,此自然之天地同时又是以其"覆""载"之功而化育万物的"生之本",并与人当下成为一气贯通之生命整体。对人而言,天地亦如父母般可依恋信靠,并能与人发生精神交流。当然,这种精神交流并非一神论信仰中的神人对话,① 而是"上下与天地同流""与天地精

---

① 对中国人而言,"天不言",因而不可能对人有《圣经》中上帝式的告谕和诫命。

神相往来"的内在生命体验。

　　作为天、地之统合的"天"亦是如此。若从华夏传统宗教信仰维度考察，"天"绝非一人格神，而是兼具自然性和神性的特征。与此"天"地位相当的是"帝"，先秦典籍中亦有将"天"与"帝"合称者。相比于"天"，"帝"的人格神意味似乎更浓些。业师李景林先生考察三代宗教观念演变过程时指出，从"帝"到"天""天命"，中国人观念中"神"的人格意义呈逐渐弱化趋势。此弱化的原因，来自天帝观念的形成与作为自然法则的天文历法之内在关联和天帝崇拜与祖先崇拜的统一。"在这种宗教观念中，神意之天与物质之天，或者精神性的原则和物质性的原则并未抽象化为两个对立的方面。天的神意或精神性即显现于自然秩序和人伦秩序的和谐中。"① 天帝并未从自然宇宙中抽离出来成为一个创世的精神本原，自然之天与主宰之天处于浑然一体的状态，自然法则作为天帝本有的内在环节包含于天帝的观念中。"昊天上帝作为浩茫宇宙和人世之主宰，体现于自然的法则，同时又通过祖先崇拜即与人的亲缘性而与现世的人伦之道合为一体。"②

　　中国人对"天"的理解方式深刻影响塑造了华夏文明精神。天不是一个"绝对的他者"，一个完全超绝于这个世界的精神存在，相反，天始终保持着最大限度的自然性并因此而与人类有着最亲密的内在连接。这使得中国人始终得以保持天人一体的生命感受并以天人合一为理想追求。表现在生活方式上，是对自然秩序的敬重和遵循，这在上至政治结构下至日常风俗中都有突出的体现。③ 而且，天具有"自然"性，但并非今人心目中物化的、质料堆积的自然，并非按照某种冷漠的机械

---

① 李景林：《教化的哲学》，黑龙江人民出版社2006年版，第253页。
② 同上书，第261页。
③ 就国家政令而言，《月令》即是遵循自然节律而规划政治生活的典型例子。落实到普通民众的日常生活而言，则中国的节日乃是典型。中国的节日从根本上讲都是自然时序意义上的，而在此时序节奏中自然融入神圣性的内容。这与西方节日的生成模式构成最鲜明的对比。西方的节日大多恰是全然非自然的。要么是纯宗教意义上的，如圣诞节、复活节，关系于某种非自然的神圣事件，因此与自然节序毫无关联；要么是纯人为的，如今人熟悉的妇女节、劳动节、母亲节之类，皆是出于某种非常明确的政治或伦理目的而理性规划的结果。因此其时日的选择或全然随机，或极为刻意，其共同特征即是节日的主题与自然的时间节律毫无内在关联。

的"客观法则"而运作的自然,而是充满着生机灵性的"四时行焉,百物生焉"的令人渴慕、崇敬的生命本源之天,因此在中国人对天的领会中包含着深厚的情感与价值内涵。天是时刻关切着人与万物并且福善祸淫的道德之天,是可以对之呼号吁求的仁恩之天。这正是中国人将整个宇宙理解为一个生命,并以对生命的恻怛之爱即仁为天道与人道之共同特质的原因。"儒家讲超越,讲天人合一,皆一本于人性之善的内在超越。这规定了以儒学心性之学为核心的中国文化传统人本论而非神本论的文化形态。"①

与天地相联系的神祇系统较为复杂。业师李景林先生认为,中国古人之宗教观念,实以自然神灵为一系统而统属于天或天帝至上神。② 首先是与天并立的地,古代祭天于郊,祭地于社。《礼记·祭法》云:

> 王为群姓立社,曰大社。王自为立社,曰王社。诸侯为百姓立社,曰国社。诸侯自立社,曰侯社。大夫以下成群立社,曰置社。

社为祭祀土地之处。土地与农事相关,是生民之本。一个尤为显著的特点是,对土地的祭祀是由上至下普及的,其对象虽一,而层次各别,不再为某一阶层所独享,因而此类祭祀活动往往具有更直接的社会教化功能,其祭祀场所也成为更重要的社会化场所。

> 埋少牢于泰昭,祭时也;相近于坎坛,祭寒暑也;王宫,祭日也;夜明,祭月也;幽宗,祭星也;雩宗,祭水旱也;四坎坛,祭四方也。山林、川谷、丘陵能出云、为风雨、见怪物,皆曰神。

上述自然物或自然现象所以成为祭祀对象,是因为其与人类生活的密切关联。同样,这些神祇都更富于自然性,而人格神意味极弱,在一

---

① 李景林:《教化的哲学》,黑龙江人民出版社2006年版,第261页。
② 同上书,第145页。

定意义上,将这些神祇理解为神圣自然物似更恰切。① 《祭法》篇末解释祭祀上述对象的原因云:"日、月、星辰,民所瞻仰也;山林、川谷、丘陵,民所取材用也。"此说可以构成上述理解方案的一个佐证。

《祭法》又有"七祀"之说:

> 王为群姓立七祀:曰司命,曰中霤,曰国门,曰国行,曰泰厉,曰户,曰灶。王自为立七祀。诸侯为国立五祀:曰司命,曰中霤,曰国门,曰国行,曰公厉。诸侯自为立五祀。大夫立三祀:曰族厉,曰门,曰行。适士立二祀:曰门,曰行。庶士、庶人立一祀,或立户,或立灶。

与前文所举天地神祇不同,"七祀"盖属小神。郑注云:"此非大神所祈报大事者也,小神居人之间,司察小过作谴告者尔。《乐记》曰:'明则有礼乐,幽则有鬼神。'鬼神谓此与?司命主督察三命,中霤主堂室居处,门户主出入,行主道路行作,厉主杀罚,灶主饮食之事。"七祀虽属小神,却与百姓日常生活关系最为密切,诸如人之健康、寿命、居住、出行、饮食诸事,都有神灵主之,构成一个民间的信仰世界。这些也许是原始宗教信仰更显性的存留,而其得以在新的祀典中存在并占据一定地位,也可以看出"绝地天通"之后远古信仰体系并未被新的神圣秩序破坏,而是经由某种整合而各安其位,这也使得古代国家宗教和民间信仰之间并未形成一鸿沟,而是相互承认。

(二) 祖先崇拜与宗庙祭祀

无论是天神、地祇、人鬼的三元结构,还是鬼、神二元结构,"鬼"即祖先在传统中国人的信仰和精神世界中都占据了与各类神明同等重要的位置,这构成中国宗教和文化的最为突出和与众不同、引人注目的特征,以至于过去中外学界都将此视为中国传统信仰生活之核心特征,并以"祖先崇拜"概括其特质。但需要辨明的是,"祖先崇拜"是一现代宗教学、人类学术语,这一术语的背后潜藏着一种自西方基督教

---

① 当然,不能排除民间神话和信仰形态中此类神圣自然物的完全人格化,但这与礼制祀典中的神祇已非全然一事。

一神论信仰传统而来的轻慢态度，将对祖先的敬拜一律视为低级的、粗糙的"原始"宗教。这种理解是否适用于中国传统中对祖先之敬拜与祭祀，尚需研讨。卡西尔曾指出，祖先崇拜是宗教的第一源泉和开端，其原因在于古人对生命之一体性和永恒性的信念，因而丧祭礼俗普遍存在于世界各民族之中。"即使在最早最低的文明阶段中，人就已经发现了一种新的力量，靠着这种力量，他能够抵制和破坏对死亡的恐惧。他用以与死亡相对抗的东西就是他对生命的坚固性、生命的不可征服、不可毁灭的统一性的坚定信念。"① 此说可以帮助我们理解丧礼与祭礼之间的内在精神关联。

从其仪式规模和对民众生活的影响而言，传统中国人对祖先的敬拜丝毫不亚于对各类神明的崇拜，甚至因为古代祭祀制度的等级化，庶民并无祭祀重大神祇之权，使得对祖先的祭祀在普通民众那里变得更亲切、更重要。儒家祭礼释义因此也主要围绕宗庙祭祀即祭祖仪式展开。也就是说，在古代信仰生活和儒家对信仰生活的理解与解释中，对祖先的祭祀即"事鬼"有着更为突出的意义。《论语》言"祭如在，祭神如神在"已透露这一消息，文中径直将"祭祖"简称为"祭"而置于"祭神"之前，其中微妙差异值得注意。在古代礼制体系中，丧、祭连称，《论语》以"慎终追远"概括丧祭礼之精神，亦是将祭祖视为祭礼的核心内容。

对神的敬拜与对祖先的敬拜连接在一起，这在王者以祖配天的礼制形式中获得最高表现。《祭法》曾略言历代郊禘宗庙制度云：

> 祭法：有虞氏禘黄帝而郊喾，祖颛顼而宗尧。夏后氏亦禘黄帝而郊鲧，祖颛顼而宗禹。殷人禘喾而郊冥，祖契而宗汤。周人禘喾而郊稷，祖文王而宗武王。

至于古代与祭祖典礼相关的坛墠庙数之制、禘祫时祭之名，礼家致辨纷然，此处亦不遑论析。

家族祖先外，一些历史上对人类做出过重大贡献，享有崇高威望的

---

① 卡西尔：《人论》，上海译文出版社1985年版，第110页。

君王和圣贤亦在祭礼中受到世人的敬拜,《祭法》文末发其例云：

> 夫圣王之制祭祀也，法施于民则祀之，以死勤事则祀之，以劳定国则祀之，能御大菑则祀之，能捍大患则祀之。是故厉山氏之有天下也，其子曰农，能殖百谷；夏之衰也，周弃继之，故祀以为稷。共工氏之霸九州也，其子曰后土，能平九州，故祀以为社。帝喾能序星辰以著众，尧能赏均刑法以义终，舜勤众事而野死，鲧鄣鸿水而殛死，禹能修鲧之功，黄帝正名百物以明民共财，颛顼能修之，契为司徒而民成，冥勤其官而水死，汤以宽治民而除其虐，文王以文治，武王以武功去民之菑：此皆有功烈于民者也。及夫日月星辰，民所瞻仰也；山林川谷丘陵，民所取材用也。非此族也，不在祀典。

致祭的原则取决于其是否有功德于民，由此，传统中国历史人物受祭祀现象也得到解释。这在某种程度上放宽了祭祀的限制，使后世的英雄崇拜如关公崇拜、行业始祖崇拜等都得到了存留的空间。这样一个开放性的祀典系统也使华夏文明的信仰世界有了更大的包容性。

二 儒家鬼神观与神道设教说

从《左传》等史料看，春秋时代许多贤哲之士对鬼神的理解都已极开明，如季梁称："夫民，神之主也，是以圣王先成民而后致力于神。"史嚚谓："国将兴，听于民。将亡，听于神。"如果《表记》的说法可信，则此态度甚至构成了周代文化精神的一部分。从这个意义上讲，孔子"务民之义，敬鬼神而远之"的观念并非自创。但《论语》中同时又对鬼神祭祀郑重其事："祭如在，祭神如神在。""吾不与祭，如不祭。"[1]"子之所慎：齐、[2] 战、疾。"[3] 为何会出现这一看似矛盾的

---

[1]《论语·八佾》。

[2] "齐"，同"斋"。朱子集注："齐之为言齐也，将祭而齐其思虑之不齐者以交于神明也。"

[3]《论语·述而》。

现象？

儒家并不否定传统的鬼神信仰，也未刻意质疑传统的"旧神"而去呼唤"新神"，而是肯定传统祭礼，特别是祖先祭祀的教化功能，通过阐扬祭祀中孝子诚敬孝爱之意，使人对鬼神的态度由邀福转向报本。在此过程中，对鬼神之本质和存在形态的理解也可能发生变化。其典型如《礼记·祭义》：

> 宰我曰："吾闻鬼神之名，而不知其所谓。"子曰："气也者，神之盛也；魄也者，鬼之盛也。合鬼与神，教之至也。众生必死，死必归土，此之谓鬼。骨肉毙于下，荫为野土；其气发扬于上，为昭明、焄蒿、悽怆，此百物之精也，神之著也。因物之精，制为之极，明命鬼神，以为黔首则，百众以畏，万民以服。
>
> 圣人以是为未足也，筑为宫室，设为宗祧，以别亲疏远迩，教民反古复始，不忘其所由生也。众之服自此，故听且速也。二端既立，报以二礼。建设朝事，燔燎膻芗，见以萧光，以报气也，此教众反始也。荐黍稷，羞肝肺首心，见间以侠甒，加以郁鬯，以报魄也。教民相爱，上下用情，礼之至也。"

宰我的提问方式显示出他不满足于对鬼神的"一般知识、思想与信仰"，而寻求更深切的理解。《祭义》首先对鬼神进行了气化论意义上的解说。依郑注，"气"即是"嘘吸出入"之气，《正义》据此以为，"此气之体无性识也，但性识因此气而生，有气则有识，无气则无识，性则神出入也，故人之精灵而谓之神"。因此，"神"只是"人生存之气"。与之相对，"鬼"作为"魄"，即是人之形体。郑注："耳目之聪明为魄"，《正义》云："魄，体也。若无耳目形体，不得为聪明。"①据此，则鬼、神纯然是人之现实生命的存在和呈现方式，鬼即是形体，神即是形体之发用。鬼神在此不复有任何超自然的意味，甚至不再是独立的实体，而只是自然生命的两种表现形式。这一理解方案成为宋明儒学"鬼神者，二气之良能"说的理论渊源之一。但这样一来，鬼、神

---

① 孔颖达《礼记正义》卷四十七。

的传统宗教意味全然丧失，丧祭礼亦将失去其存在合理性根据。对儒家而言，阐明一种无神论主张并不难，问题在于，任何一种无神论思想都势必是哲学的和思想精英式的，这将造成哲学与民众生活的疏离隔阂并使其丧失教化功能。如《正义》所说，人活着时，气、魄即神、鬼处于和合不分状态，死则意味着神与形体分散。如果此时人"之死而致死之"，将死者作为无知之物漠然置之，甚或因形体腐败而"恶之"，则人将成为禽兽不如的邪淫不仁之物。因此，对鬼神的敬畏是民众精神生活的，也是教化的重要形式之一。

人对鬼神的敬畏从何而来？学者们对此有不同的理解，《祭义》则是通过描述人死后形神分离之状来进行解释的。气为神之盛，魄为鬼之盛，但此时气魄合一，因此并无鬼神之名。鬼、神只有指人死后的形神分离状态才真正恰切。《祭义》所谓"鬼"，已完全没有任何世俗所谓"魂灵"的意味，而只是指人死后形体的状态，"众生必死，死必归土，此之谓鬼。骨肉毙于下，阴为野土"。人死而归于土，是血肉之躯向其本原的回归，鬼指的正是这样一种复归本原的状态。但这样一种状态显然不足以引发人之敬畏。与之相对，"气"因为形体的分解而无所据依，因此"发扬于上，为昭明、焄蒿、悽怆，此百物之精也，神之著也"。昭明，《正义》解为"神灵光明"，乃人之气扬于上而成。焄蒿、悽怆则为"百物之精"，谓百物死后，其气或香或臭（所谓"焄"），烝而上出（所谓"蒿"），人闻之而情有悽有怆。气发扬于上，此人与百物相同之处，而人之气"情识为多，故特谓之神"。《祭义》认为人死后，气发扬于上，仍有昭明之情识，故而能令生人得知，并因此产生敬畏之意。《正义》将昭明、焄蒿、悽怆分别对应于人和物，则神只体现为知觉之昭明。孙希旦云："昭明，谓其光景之著见也。焄蒿，谓其香臭之发越也。悽怆，谓其感动乎人而使人为之悽怆也。"① 盖谓百物之精皆能为昭明、焄蒿、悽怆，而人之气则能使三者更为显著，此三者之显著状态即为"神"。此神因其昭明、焄蒿而为人所知觉，更以其悽怆使人悚然感动，由此而对死者心生敬畏。

《祭义》本诸纯自然视角将鬼神理解为一种生命现象，这是经历过

---

① 孙希旦：《礼记集解》，中华书局1989年版，第1220页。

启蒙之"祛魅"后日益崇尚科学理性的现代人所乐于接受的。但对现代人而言,《祭义》思想又显得颇为怪异。一则从理性和自然的立场出发,鬼、神之名亦不须存在,二则其中的形、神二元观念也难以为今人所接受。形、神二元论是古代更普遍为人所持有的信念,秦汉时代尤为流行,对此我们不必再进一步讨论。值得关注的是《祭义》将"气"理解为"神"的存在形式,显属受当时兴起的精气说影响之结果。因此,神影响人也是通过一种纯自然的方式,这种自然的"感"与"应"并不具有"敬畏"的内容。我们固然可以质疑此"神"即精气是否存在,但这已然不是哲学的提问方式,并且对此问题难以获得确切答案,这样的讨论势必误入歧途。真正的问题在于,无论昭明、焄蒿、悽怆是真实存在的精气还是人因特殊情景而产生的心理反应之投射,恐怕都不构成敬畏感的真实本原。正如奥托所指出:

> 有关神秘的观念以及相应的感受,正象理性的观念及感受一样,都是绝对"纯粹的"。……神秘属于自身能力从内部提供的一类。它来自灵魂所具有的知性领悟这一最深基础。同时,尽管神秘的确是在关于自然界的感觉材料和经验材料中形成的,并且也不能没有或去除这些材料,但它却不来自这些材料,而只是借助于这些材料。这些感觉材料和经验材料是神秘经验得以激活的诱因、刺激与机缘。……神秘经验就是那样一些信念和感受,这些信念和感受在性质上不同于"自然的"感知所能给予我们的东西。这些信念和感受本身并不是感知,而是特殊的解释与评价,首先是对知觉材料的解释与评价,其次——在某种更高的水平上——对假定对象与实体(它们本身不再属于这个感觉世界而是被视为对这个世界的补充和超越)的解释与评价。……因此,神秘意识的那些事实便指向……形成宗教观念和感受的某个隐蔽而真实的源泉。这是一个蛰伏在心灵深处的、不依赖感觉经验的源泉。①

从思想史的角度看,《祭义》的鬼神观有着重要的意义。近代以来

---

① 鲁道夫·奥托:《论神秘》,四川人民出版社1995年版,第136—137页。

流行的宗教学观点认为，上古时代人对鬼神的敬畏乃慑服于其超自然威力的结果，这是一种对外在的异己事物的恐惧，鬼神表现为与人对立的压迫性力量，人则竭力通过媚事鬼神的方式以求福报，或者试图借助巫术操纵鬼神。随着人类力量和理性的成长，鬼神对人类生活的实际影响力日渐减小，人开始倾向于不信鬼神或将鬼神作自然化解释。但这种理论无法解释人类宗教精神的来源，且容易导致毁弃宗教的结论，影响社会教化在民间的推行。在儒家看来，宗教信仰是教化的重要推动形式之一，故《周易·观卦·彖传》称："观天之神道而四时不忒，圣人以神道设教而天下服矣。"《祭义》亦云："合鬼与神，教之至也。"又云："因物之精，制为之极，明命鬼神，以为黔首则，百众以畏，万民以服。"在《祭义》看来，"鬼""神"即是圣人借此精气对人之影响而创制的"尊极之称"，其目的即在于通过鬼神之尊使百姓谨守社会法则。社会法则因鬼神而获得神圣性和权威性，为民众所畏服。此即人们熟悉的"神道设教"思想之由来。

神道设教关注宗教的社会教化功能，这使其可以被置于现代社会理论的视野中进行考察。现代社会理论的宗教解释大体分功能主义和冲突论两种，功能主义将宗教理解为社会的自我神圣化方式，因而强调宗教对维系社会的根本意义。冲突论则将宗教视为统治阶级的意识形态，从此理论视野出发，"神道设教"被理解为统治者有意识地借用宗教工具欺骗、麻醉和控制民众的政治行动。冲突论视角在大陆学界的长期流行使得"神道设教"观念被理解为一种意在恫吓百姓，为统治者服务的政治阴谋，该观念中所体现的对宗教的社会功能的深刻认知和建立在此认知基础上的教化意图被完全抹杀。"神道设教"诚然有可能被统治者利用，但从《祭义》神道设教方案的内容设计看，其社会教化意图才是最根本的。

《祭义》所谓"鬼神"实指祖先，其所设之"教"则为"反古复始，不忘其所由生"，即追思本原的亲亲之意，其目的在于养成仁厚之德。所谓"听且速"，并非意谓百姓由此对执政者的各种政令都将无条件地顺从，而是教民报本追远的政令合乎人心，故民众对此类教令听且速。故《祭义》特别强调"众之服自此"。《祭义》又指出，祭礼对应于气与魄两端，分别有两类仪式表达报本之意，二礼又各有其教化内容：报气之礼意在"教众反始"，报魄之礼意在"教民相爱，上下用情"。此二礼被称为"礼之至"，正是因为其礼敬对象和教化内容对人类的重大意义。

《祭义》对鬼神的理解于儒家思想中富于典型性。但这并不意味着在儒家那里，祭礼便会因此流于形式，虚应故事，也不意味着对儒家而言祭礼只是出于神道设教目的而采取的政治手段。若无内在的诚敬之心，任何一种宗教信仰形态都难以为继。若一种信仰无法获得人心的真实认同，无法在生命中体证其真实本原，则亦不足以成为教化落实的通路。因此，儒家祭礼释义的一大主题，即是探寻其信仰体验的内在源泉。

三 《礼记》祭礼释义要旨

(一)"报本反始"：祭祀之内在情感动因

如《礼运》所言，祭礼意在"致其敬于鬼神"。既然对鬼神的理解在儒家那里发生了根本的转变，相应地，儒家对祭礼之本原与发生、祭礼之根本精神、祭礼之仪式象征意蕴的解说也因之有根本的转向。

人类的祭祀仪式，自其初始形态而言，乃是为了表达对祖先和各类神灵的崇拜。鬼神作为一种外在的、异己的超自然力量对人的生活产生强大影响，人则以祭祀祈福避祸。在此意义上，祭礼更多源于和体现人对鬼神之神秘的敬畏，如《中庸》所言：

> 鬼神之为德，其盛矣乎！视之而弗见，听之而弗闻，体物而不可遗。使天下之人，齐明盛服，以承祭祀，洋洋乎如在其上，如在其左右。①

儒家肯定敬畏鬼神的意义，但这种敬畏若只是外因导致的被动的心

---

① 这当然并非《中庸》鬼神思想之全貌，只是这种描述恰为鬼神之超自然和令人畏敬之绝佳写照。《中庸》自有其对鬼神和信仰生活的独到理解，要之不同于《祭义》的自然气化论观念。

理反应，便不足以真正奠定内在德性根基和引领人的精神生活。上节已阐明，人对鬼神之敬畏、对神秘之感受，并不是外在经验刺激的结果，而在人的心灵中有其本原。儒家祭礼释义的转向，便是奠基于对此内在本原之自觉的基础上。

《祭统》对祭礼本原与本质的讨论正是上述内在自觉的典型例证：

> 夫祭者，非物自外至者也，自中出生于心也，心怵而奉之以礼。

《祭统》首先否定了将祭礼之发生归结于外在力量影响的看法，指出祭礼乃"自中出生于心"。祭礼虽是致敬鬼神的行为，但不是鬼神强加于人，而是本于人之内在自觉需求，这种需求来自孝子"心怵"的体验。"怵"本为恐惧之意，但这恐惧和敬畏虽面对鬼神而发，却是本原于人心。是人在敬畏，并由此敬畏而积极地通过"奉之以礼"来建构自我与鬼神的互动关系。此外，《礼记》历代注疏大都承袭郑玄说，将"怵"解为"感念亲之貌"。这一解说不是概念性的而是语境性的，在《祭义》《祭统》等篇章中，儒家祭礼释义主要落实于对祖先的祭祀，大部分情况下，"鬼神"即指先祖，行礼者则是"孝子"。怵，盖指人因思念故世亲人而突然陷入深沉的痛苦和悲伤之中。《祭义》云："霜露既降，君子履之，必有凄怆之心，非其寒之谓也；春雨露既濡，君子履之，必有怵惕之心，如将见之。""凄怆""怵惕"皆本诸孝子念亲之心。在中国古代祭祀系统中，祖先祭祀最普遍也最为根本，因为祖先与生者之亲密关系，这种祭祀也最为自然而真诚。正是从这一原则出发，儒家对祭礼的解说不着眼于功利性的祈福，而着力凸显其追养继孝、报本反始之内涵。

从这一内在性原则出发，儒家首先对世俗祭礼中"福报"观念进行全新解读。对世人而言，"福报"意味着，人事鬼神以敬，鬼神报人以福。但如此一来，鬼神与人之间实构成一功利关系。在此关系模式中，人对鬼神的敬与爱便不是发自内心的和真诚的。与此世俗模式不同，儒家将"福"与"报"分开来予以解释，且认为"福"与"报"都并非来自鬼神，而是来自人。

《祭统》开篇即提出了与世俗观念迥异的对"福"的全新解释：

> 唯贤者能尽祭之义。贤者之祭也，必受其福，非世所谓福也。福者，备也。备者，百顺之名也。无所不顺者之谓备，言内尽于己而外顺于道也。忠臣以事其君，孝子以事其亲，其本一也。上则顺于鬼神，外则顺于君长，内则以孝于亲，如此之谓备。唯贤者能备，能备然后能祭。是故贤者之祭也，致其诚信与其忠敬，奉之以物，道之以礼，安之以乐，参之以时，明荐之而已矣，不求其为。此孝子之心也。

祭礼本于人对祖先的敬爱之情，而世俗求福佑的观念扭曲了祭礼的精神内涵，故《祭统》称"唯贤者能尽祭之义"。从这一理解出发，也只有贤者才真正能在祭礼中受福。世俗所谓福主要关心自我及其子嗣的财富、名望、健康、安全的获取与保持，放大言之也不过是某一群体（宗族或国家）的繁荣与恒久。这些固然是可以利用厚生的善好之物，但人并不能求则得之。《祭统》之所以非常确信地宣称"贤者之祭也，必受其福"，是因为其对"福"的内涵有了全新理解。《祭统》称，"福"之义当为"备"，此备非指上述外在福祉的全备，而是"百顺之名"。本书第三章解读《礼运》时已阐明，"顺"当解作循事物之理而动。此处的"备"即"无所不顺"。不但包括外在的"顺道"，还包括"内尽于己"。内尽于己，即下文所言"致其诚信与其忠敬"。业师李景林先生指出，《祭统》此语内涵着对己与人、内与外、人与天道之一体相通性的认知，"尽己心之诚敬真实，才能与物无隔，按照事情、事物本有之理、之宜以成就它。此即所谓'外顺于道'"。① 福、备、顺皆从孝子之自尽其心而言。祭源于孝子的"悽怆""怵惕"之心，通过祭礼，孝子之心获得安顿。因此，贤者之祭实际上"不求其为"，目的不在于获得鬼神之佑护。对贤者而言，"上则顺于鬼神，外则顺于君长，内则以孝于亲"，成就一个具有丰沛内在德性、行为合道的人生才是生命中最大的福祉，而且这福祉本身是"求则

---

① 李景林：《教化的哲学》，黑龙江人民出版社2006年版，第156页。

得之"的。

儒家同样对"报"进行了全新的解读。"报"不是世俗期待中的鬼神对人之献祭的回报，而是人对鬼神的"报本反始"，表现为"追养继孝"的祭礼仪式。"报本反始"是儒家对祭祀之动机与意图的根本理解，祭祀即人追思和报答其生命本原的根本方式。《荀子·礼论》曾提出礼三本说，后收入《大戴礼记》，对理解儒家"报本"思想有重要意义。

> 礼有三本：天地者，生之本也；先祖者，类之本也；君师者，治之本也。无天地恶生？无先祖恶出？无君师恶治？三者偏亡，焉无安人。故礼，上事天，下事地，尊先祖而隆君师，是礼之三本也。

天地与先祖构成我们现实生命的本原，君师构成人类社会生活秩序和教养的本原，传统社会民间祭祀仪式中时常供奉"天地君亲师"，正本此意。但就礼制正典而言，祭礼主要面向天地与祖先。在汉语思想语境中，"忘本"也许是对一个人最严重的否定性评价之一，懂得报恩则是最基础的德行。"报"意味着人对于关爱和恩惠有积极的回应，这是人内心情感深厚和富于德性自觉的表现，如曾子所言："慎终追远，民德归厚矣。"① 祭礼的教化和教养意义正由此体现。

报本反始的精神通过"追养继孝"而落实，《祭统》云：

> 祭者，所以追养继孝也。孝者，畜也。顺于道，不逆于伦，是之谓畜。是故孝子之事亲也，有三道焉：生则养，没则丧，丧毕则祭。养则观其顺也，丧则观其哀也，祭则观其敬而时也。尽此三道者，孝子之行也。既内自尽，又外求助，昏礼是也。故国君取夫人之辞曰："请君之玉女与寡人共有敝邑，事宗庙社稷。"此求助之本也。夫祭也者，必夫妇亲之，所以备外内之官也；官备则具备。水草之菹，陆产之醢，小物备矣；三牲之俎，八簋之

---

① 《论语·学而》。

实,美物备矣;昆虫之异,草木之实,阴阳之物备矣。凡天之所生,地之所长,苟可荐者,莫不咸在,示尽物也。外则尽物,内则尽志,此祭之心也。是故天子亲耕于南郊,以共齐盛;王后蚕于北郊,以共纯服。诸侯耕于东郊,亦以共齐盛;夫人蚕于北郊,以共冕服。天子、诸侯非莫耕也,王后、夫人非莫蚕也。身致其诚信,诚信之谓尽,尽之谓敬,敬、尽然后可以事神明,此祭之道也。

在儒家看来,对祖先的祭祀乃是孝道的延续。孝本源于人的爱亲之心,祭礼所以被理解为内发而非外至之物,正是源于对此爱亲之心的反躬自省与亲切体证。正因此爱亲之心,孝子才能如《祭义》所言文王之祭那样,"事死如事生,思死者如不欲生"。祭礼的特征是"追养继孝",而孝道之根本不在于"养口体"。《祭统》以"畜"解孝,畜本有养义,但《祭统》认为,真正的"畜"也应是"顺于道,不逆于伦"的"养志"。此"顺"同样不仅是外在的,而是内外合一的,外则于礼无违,内则志意和顺。孝子爱亲之心,一本于其情志之诚,故即便亲人去世,依然追思恋慕,而有追养的祭礼。孝虽非养口体,但祭礼之备物致养也是孝子自尽其心的一种方式,故而飨祀仪式即饮食祭献成为祭礼的核心环节之一。《祭统》通过天子、诸侯之祭阐明备物之义。所谓备物,当然包括了形式上的官备、具备即祭祀过程中人员之齐备和器物之丰美。但较之外在的"尽物",更重要的是内在之"尽志",表现为天子与王后、诸侯与夫人皆亲自参加耕作蚕桑,祭品皆其劳作所产,这才足以显示孝子追养的诚意。只有本此诚意,方为真正做到了祭祀的"尽"即尽心、尽物,才体现出对鬼神的真实敬意,此方合乎祭礼之精神。

《祭义》中也表达了同样的观念:

君子反古复始,不忘其所由生也。是以致其敬,发其情,竭力从事,以报其亲,不敢弗尽也。是故昔者天子为藉千亩,冕而朱纮,躬秉耒;诸侯为藉百亩,冕而青纮,躬秉耒。以事天地、山川、社稷、先古,以为醴酪、齐盛,于是乎取之,敬之至也。古者

> 天子、诸侯必有养兽之官，及岁时，齐戒沐浴而躬朝之。牺牷祭牲，必于是取之，敬之至也。君召牛，纳而视之，择其毛而卜之，吉，然后养之。君皮弁素积，朔月、月半，君巡牲，所以致力，孝之至也。古者天子、诸侯必有公桑、蚕室，近川而为之，筑宫仞有三尺，棘墙而外闭之。及大昕之朝，君皮弁素积，卜三宫之夫人、世妇之吉者，使入蚕于蚕室，奉种浴于川；桑于公桑，风戾以食之。岁既单矣，世妇卒蚕，奉茧以示于君，遂献茧于夫人，夫人曰："此所以为君服与？"遂副祎而受之，因少牢以礼之。古之献茧者，其率用此与！及良日，夫人缫，三盆手，遂布于三宫夫人、世妇之吉者使缫。遂朱绿之、玄黄之，以为黼黻文章。服既成，君服以祀先王、先公，敬之至也。

祭祀中的备物是对天子、诸侯而言的，一方面，只有他们才能做到备物，另一方面，备物也显示出他们祭祀时的诚意，因为备物是"竭力从事"的结果。此外，仪式与器物的美备本身也包含丰富的象征意义和教化功能。"在儒家看来，天子之孝不仅在祭祀上得到充分的完成，同时，它也表现了孝德的最高成就。"①

相对于祭品的丰美，儒家更强调祭祀时的诚敬忠慤之心。备物致养当然是孝道的体现方式，但一味追求外在的观美，反而会滋生奢靡虚夸之风，故而儒家特别重视祭礼中特有的一类仪式象征意蕴，即"反古复始""尚质贵诚"之义。《郊特牲》云：

> 笾豆之荐，水土之品也。不敢用常亵味而贵多品，所以交于神明之义也，非食味之道也。先王之荐，可食也，而不可耆也；卷冕路车，可陈也，而不可好也；《武》壮而不可乐也；宗庙之威而不可安也；宗庙之器，可用也，而不可便其利也。所以交于神明者，不可同于所安乐之甚也。

> 明水之尚，贵五味之本也；黼黻文绣之美，疏布之尚，反女工之始也；莞簟之安，而蒲越稾鞂之尚，明之也。大羹不和，贵其质

---

① 李景林：《教化的哲学》，黑龙江人民出版社2006年版，第146页。

也;大圭不琢,美其质也;丹漆雕几之美,素车之乘,尊其朴也。贵之质而已矣,所以交于神明者,不可同于所安亵之甚也。如是而后宜。

祭礼中器物虽然丰备,但不是按照现实生活中人所喜好的方式制作的,这将警醒人们,祭祀乃是与神明相沟通的神圣仪式,必须保持敬谨的态度。更重要的是祭品陈列次序,愈质朴者地位愈高,这正是欲人体会古初时代人们与鬼神相交的诚意。物品越简陋,则人对此物本身的关注越少,而更突出其心意之虔敬。业师李景林先生认为:

> 儒家论礼,从礼的内容上表现为一种"重情论";从礼的发生学上则表现为一种"复古论"。在儒家看来,只有在文明(礼文创制)中贯注一种重古、重质甚而复古的历史意识,才能避免礼文、文明发展的抽象、形式化趋向从而达成情与文的统一和连续性的完满实现。……儒家论祭仪特别强调了一种贵本、尚情、重古的观念,其实质就是要从质与文或自然与文明的连续和互动关系中来把握礼乃至人之存在的意义。①

"报本反始"乃儒家祭义释义的核心观念,并不局限于祖先祭祀,而是贯通于一切祭礼之中,成为其根本精神特质。《郊特牲》论郊祭云:

> 郊之祭也,迎长日之至也,大报天而主日也。兆于南郊,就阳位也;扫地而祭,于其质也;器用陶匏,以象天地之性也。于郊,故谓之郊。牲用骍,尚赤也;用犊,贵诚也。郊之用辛也,周之始郊日以至。卜郊,受命于祖庙,作龟于祢宫,尊祖亲考之义也。卜之日,王立于泽,亲听誓命,受教谏之义也;献命库门之内,戒百官也;大庙之命,戒百姓也。祭之日,王皮弁以听祭报,示民严上也。丧者不哭,不敢凶服,氾扫反道,

---

① 李景林:《教化的哲学》,黑龙江人民出版社2006年版,第151—152页。

> 乡为田烛，弗命而民听上。祭之日，王被衮以象天；戴冕璪十有二旒，则天数也；乘素车，贵其质也；旗十有二旒，龙章而设日月，以象天也。天垂象，圣人则之，郊所以明天道也。帝牛不吉，以为稷牛；帝牛必在涤三月，稷牛唯具，所以别事天神与人鬼也。万物本乎天，人本乎祖，此所以配上帝也。郊之祭也，大报本反始也。

郊乃祭天大典，其仪式象征极为复杂，可以从多个层次进行解说，但核心精神则是"报本反始"。人从血缘的意义上讲，乃以祖先为生命之本原，此即荀子所言先祖为"类之本"（作为一个独特物类而存在的人的具体性本原）。但若从其生命存在的意义上讲，则人亦是天地间万物之一，而天为"生之本"（万物化育生生之终极本原）。天子祭天时，以其祖配天，人的两个重大的生命本原在郊祭中同受飨祀崇敬。这"既可说是'最大的''报本反始'，亦可说是祭祀之'报本反始'意义最高、最为充分的表现"。①

《郊特牲》论社云：

> 社，所以神地之道也。地载万物，天垂象。取财于地，取法于天，是以尊天而亲地也。故教民美报焉。家主中霤而国主社，示本也。
>
> 唯为社事，单出里；唯为社田，国人毕作；唯社，丘乘共粢盛：所以报本反始也。

在礼制系统中，郊主祭天，社主祀地，天、地共同构成世间万物生生之本，故而社祭是同郊一样的重要祭典。而且，天、地统言之则共同为生之本，分言之则各有不同的功能和特征。天垂象，偏重于形式与规则意义，是人取法的对象；地载万物，偏重于质料意义，是更直接的生命滋养之原。故《郊特牲》认为人对二者的态度有所不同，"尊天而亲地"，天于人而言更尊严，地则更亲切。而且，就古代礼制而言，天子

---

① 李景林：《教化的哲学》，黑龙江人民出版社2006年版，第146页。

独占祭天之权,"王者主祭身份的政治意义在于通过天人交通的垄断确定王权的合法性"。① 地则不同,如前节所述,古代的社祭是向下普及到社会最底层民众之中的,故而季春时节的社祭也成为民间欢乐的节日。②

其他重要的祭祀活动,如蜡祭,也贯彻了同样的精神:

> 天子大蜡八。……蜡也者,索也,岁十二月合聚万物而索飨之也。蜡之祭也,主先啬而祭司啬也。祭百种,以报啬也。飨农及邮表畷、禽兽,仁之至、义之尽也。古之君子,使之必报之:迎猫,为其食田鼠也;迎虎,为其食田豕也,迎而祭之也。祭坊与水庸,事也。曰:"土反其宅,水归其壑,昆虫毋作,草木归其泽。"皮弁素服而祭。素服,以送终也;葛带榛杖,丧杀也。蜡之祭,仁之至、义之尽也。黄衣黄冠而祭,息田夫也。野夫黄冠。黄冠,草服也。

蜡祭的对象最为多样,故《郊特牲》解蜡为索,"合聚万物而索飨之",是岁末年终对一切曾施惠于人类的天神地祇乃至猫、虎等禽兽的感恩与回报。蜡祭是仁、义之德的至极体现。由祭礼之报本反始,即可体证人内在的仁义之德。蜡祭飨祀对象虽多,而重在与农事相关者,既是报本感恩之祭祀,也有收功息民的意味,故《郊特牲》又云:"既蜡而收,民息已,故既蜡君子不兴功。"《杂记》中为我们留下了孔子与子贡间一次极有意味的对话:

> 子贡观于蜡。孔子曰:"赐也乐乎?"对曰:"一国之人皆若狂,赐未知其乐也!"子曰:"百日之蜡,一日之泽,非尔所知也。张而不弛,文武弗能也;弛而不张,文武弗为也。一张一弛,文武之道也。"

---

① 同上书,第247页。
② 唐王驾《社日》诗云:"鹅湖山下稻粱肥,豚栅鸡栖半掩扉。桑柘影斜春社散,家家扶得醉人归。"写社日风物如画,最见社祀亲民特性。

蜡祭安排在一年农事辛劳结束时，因而带有了更多与民同乐的狂欢意味。孔子指点子贡去体会蜡祭中举国欢腾的喜庆气氛，生命需要劳作与严整，也需要休息和快乐。"一张一弛，文武之道。"唯在此张弛的恰切把握中，方能真正领会儒家政教精神之真义。

（二）"交于神明"：祭祀之精神现象分析

1."齐"——专致其精明之德

在大型祭祀仪式举行之前，祭祀仪式的主要参与者都要进行一段时间的"齐"。"齐"是"齊"的简体字，在此指祭礼的一个环节，读作"斋"（"齋"的简体字），① 与"齋"乃是古今字关系。在先秦和秦汉文献中，"齋戒"之"齋"皆写作"齊"。下文引证《礼记》诸文本中"齐"皆本写作"齊"，作祭礼之一部分解时，音、义皆同"齋"（斋）。特发此例，不复一一烦言。

祭祀仪式前的"齐"即斋戒行为对祭礼而言有着重大意义。故《论语》言："子之所慎：齐、战、疾。"《孟子》称："虽有恶人，齐戒沐浴，则可以祀上帝。""齐"是培养和展示对鬼神诚敬之意的基本途径。对于"齐"，《祭统》如此理解其内涵：

> 及时将祭，君子乃齐。齐之为言齐也，齐不齐以致齐者也。是故君子非有大事也，非有恭敬也，则不齐。不齐则于物无防也，嗜欲无止也。及其将齐也，防其邪物，讫其嗜欲，耳不听乐。故记曰："齐者不乐"，言不敢散其志也。心不苟虑，必依于道；手足不苟动，必依于礼。是故君子之齐也，专致其精明之德也。故散齐七日以定之，致齐三日以齐之。定之之谓齐。齐者，精明之至也，然后可以交于神明也。

祭祀是人"交于神明"即向鬼神致敬并与之沟通的根本方式，要求人于此仪式过程中保持全身心处于严肃端庄、诚恳恭敬、纯

---

① 简体字对汉字字形的改变则使得我们不太容易发现"齊"与"齋"两字的字形关联，也很难联想到二者之间的意义关联。

净专注的状态。欲达此要求，必须经历一个从日常生活方式到内心活动全方位的主动自我调整过程。《祭统》指出，"齐"本即"整齐"之义，意为整顿日常生活中散漫随意的行为和心理状态，使之变得严肃整饬。人在日常生活中并非时时处于这种全身心的严整端重状态，因此对于物欲也并不刻意的防闲禁忌。而在临近祭祀时，则必须使自己进入一个与日常生活不同的状态，为了祭祀，人必须通过禁欲和对心灵生活进行存养察识的方式让自己达到能够与神明沟通的精神状态。在此期间，人必须在一定程度上隔绝与外界的联系以"防其邪物"。斋戒往往有专门的居所，闭门谢客，通过息外缘的方式使人得以修饬身心。更重要的则是内在精神生活方面，"讫其嗜欲"，收敛和抑制日常的情绪和欲求，以达到心灵的凝定与专注，为此甚至"耳不听乐"。乐虽为儒家所特别重视，但由于乐以舒散情志为目的，易于使人身心放松，与斋戒行动所希望达到的严肃整齐状态背道而驰，故而"齐者不乐"。经过上述内外各方面的调节和努力，达到"心不苟虑，必依于道；手足不苟动，必依于礼"的状态。这一切，意在使人能够"专致其精明之德"，通过一段时间集中而专注的行动，使人获得祭祀要求的"精明之德"。"精"者，纯粹专一之谓；"明"者，纯净明澈之意。拥有精明之德，乃是人与神明沟通的基本条件，祭祀才有意义。

要达到这一状态，往往需要很长时间，《祭统》所言十天斋戒期间，首先是"散齐七日以定之"。"散齐"主要意在摒绝外物的影响，如郑玄所言，乃是"不御，不乐，不吊"。通过"散齐"，人不再受到外在干扰，则身心渐趋安定宁静。但此时并不对人内心状态作高度要求，相对宽松，故称"散齐"。"致齐"则重点对人的思想、心理、情绪进行调整，《祭义》称：

> 致齐于内，散齐于外。齐之日：思其居处，思其笑语，思其志意，思其所乐，思其所嗜。齐三日，乃见其所为齐者。

"致齐"要求人对思想、情绪和意念进行收拢和集中，这并不是无内容与方向的，而是指向祭祀的对象即"所为齐者"。儒家论祭礼，主要关注的是对祖先的祭祀。因此，"致齐"时孝子便要回想亲人生前的起居动作、音容笑貌、情志心意，以及其"所乐""所嗜"，使亲人的形象在自己脑海中鲜活生动起来，也使自己对亲人的思慕之情更加强烈。通过"致齐三日"，人最终能够"见其所为齐者"，仿佛亲人就出现在自己面前。① 此时，人方有与神明沟通的可能性。

2. "祭"——恍惚以与神明交

《礼记》祭礼诸篇最吸引人的，还包括其对祭礼仪式现场气氛的传神写照，对仪式参与者心理状态的细微体贴刻画，使我们可以对祭礼尤其是祖先祭祀这一华夏传统宗教形态所内涵的精神体验和信仰特质获得更直观而真切的理解可能。《祭义》指出"致齐"之目的在于"见其所为齐者"后，即为我们细致描述了祭祀仪式中心理体验的呈现：

> 祭之日，入室，僾然必有见乎其位；周还出户，肃然必有闻乎其容声；出户而听，忾然必有闻乎其叹息之声。是故先王之孝也，色不忘乎目，声不绝乎耳，心志嗜欲不忘乎心。致爱则存，致悫则著，著、存不忘乎心，夫安得不敬乎！君子生则敬养，死则敬享，思终身弗辱也。
>
> 君子有终身之丧，忌日之谓也。忌日不用，非不祥也，言夫日志有所至而不敢尽其私也。
>
> 唯圣人为能飨帝，孝子为能飨亲。飨者，乡也，乡之然后能飨焉。是故孝子临尸而不怍。君牵牲，夫人奠盎；君献尸，夫人荐豆；卿大夫相君，命妇相夫人。齐齐乎其敬也，愉愉乎其忠也，勿勿诸其欲其飨之也。

---

① 对于"致齐"之思亲，程子曾提出质疑，云："凡祭必致齐，齐之日，思其居处，思其笑语，此孝子平日思亲之心，非齐也。齐不容有思。齐者，湛然纯一，方能与鬼神接。"横渠亦云："齐须是摒绝思虑，至祭之日，便可与神明交。若如此思之，却惹起无穷哀戚，如何接神？所谓思其居处、笑语，惟当忌日宜如此。"对此，黄震辩称："齐之言齐也，齐者，致一也。齐而一于思亲，则外事绝矣。思亲不害于为齐也。若谓齐不可有思，恐沦于庄子心斋之说，后世窃之为禅学者也。"参见卫湜《礼记集说》卷一百一十。

祭祀仪式中鬼神是否确实现身临在，这一问题正如鬼神是否存在及以何种方式存在的问题一样，是无从索解的，相关的争论也纯属徒耗精神。所以我们看到儒家对祭礼场景和精神的描写集中在对孝子精神状态的刻画上，这可以说是有意识地将有无之类存在问题"悬置"起来，以一个观察者的眼光审视祭礼中发生着的精神生活情态。《论语》"祭如在，祭神如神在"与此可谓异曲同工。这"如"和"然"的记述是最忠实的，但绝不意味着只是表面如此，"如"和"然"意味着，对神圣的体验正是在祭祀仪式中，在人的"致爱""致悫"中当下存在（"存"）和显现（"著"）。在祭礼中，神圣性维度在人的生命中全面打开。从这个角度看，《祭义》又绝非一个不动声色的旁观者的外在记录，而是一个拥有亲身体验的祭礼参与者的现身说法。

《礼器》也对祭礼现场精神氛围进行过类似描画：

> 太庙之内敬矣！君亲牵牲，大夫赞币而从。君亲制祭，夫人荐盎；君亲割牲，夫人荐酒。卿、大夫从君，命妇从夫人。洞洞乎其敬也，属属乎其忠也，勿勿乎其欲其飨之也。纳牲诏于庭，血毛诏于室，羹定诏于堂。三诏皆不同位，盖道求而未之得也。设祭于堂，为祊乎外，故曰：于彼乎？于此乎？（《礼器》）

《祭义》亦云：

> 宫室既修，墙屋既设，百物既备，夫妇齐戒沐浴，盛服奉承而进之。洞洞乎，属属乎，如弗胜，如将失之，其孝敬之心至也与！荐其荐俎，序其礼乐，备其百官，奉承而进之。于是谕其志意，以其慌惚以与神明交，庶或飨之。庶或飨之，孝子之志也。

值得注意的是，《礼记》祭礼各篇都指出，祭祀中孝子实处于一种精神"慌惚"状态。《祭义》云：

> 仲尼尝，奉荐而进，其亲也悫，其行也趋趋以数。已祭，子赣问曰："子之言祭，济济漆漆然。今子之祭，无济济漆漆，何也？"

子曰："济济者，容也远也；漆漆者，容也自反也。容以远，若容以自反也，夫何神明之及交？夫何济济漆漆之有乎？反馈乐成，荐其荐俎，序其礼乐，备其百官，君子致其济济漆漆，夫何慌惚之有乎？"

"慤"为诚朴之意，对仪容不加修饰。"趨趨以数"则形容其步态急促，而非从容优雅。这些表现与平素孔子所言祭礼当"济济漆漆"之容止不合，故引起子贡疑问。孔子指出，所谓"济济"的内涵是"容也远"，《正义》解为"容貌自疏远"，[①] 方慤言："威仪之齐而远，则优游而不迫。"[②] 因为与鬼神的疏离感，故而有从容得体之形貌。同样，正是在这疏离感中，人能"容也自反"，即能够从祭祀面向鬼神的状态中抽身而出反观自身，故能注意到自己的容止并对之加以修饰。而这一切，都并非一个真心奉荐的孝子应有的状态，在此状态中，人不可能与神明发生真正的交流。所谓祭祀中的济济漆漆，乃是参与祭礼的宾客应有的状态，他们要在祭祀场合保持容貌行为的谨饬严整。孝子则不然，对鬼神的诚敬荐飨之心使其处于与神明交的恍惚状态。《祭义》曾对孝子在祭礼中的容貌特征进行过细致的描写：

> 孝子之祭也，尽其愨而愨焉，尽其信而信焉，尽其敬而敬焉，尽其礼而不过失焉。进退必敬，如亲听命，则或使之也。
> 孝子之祭可知也：其立之也敬以诎，其进之也敬以愉，其荐之也敬以欲；退而立，如将受命；已彻而退，敬齐之色不绝于面，孝子之祭也。立而不诎，固也；进而不愉，疏也；荐而不欲，不爱也；退立而不如受命，敖也；已彻而退，无敬齐之色，而忘本也：如是而祭，失之矣。孝子之有深爱者必有和气，有和气者必有愉色，有愉色者必有婉容。孝子如执玉、如奉盈，洞洞属属然，如弗胜，如将失之。严威俨恪，非所以事亲也，成人之道也。

---

① 孔颖达：《礼记正义》卷四十七。
② 卫湜：《礼记集说》卷一百一十。

> 孝子将祭祀，必有齐庄之心以虑事，以具服物，以修宫室，以治百事。及祭之日，颜色必温，行必恐，如惧不及爱然。其奠之也，容貌必温，身必诎，如语焉而未之然。宿者皆出，其立卑静以正，如将弗见然。及祭之后，陶陶遂遂，如将复入然。是故悫善不违身，耳目不违心，思虑不违亲，结诸心，形诸色，而术省之，孝子之志也。

上引各段皆突出了孝子祭祀时的主导精神及情感形态，并非凛然肃穆之敬，而是时刻流露出和亲人共同生活时的和气、愉色、婉容。

3. "敬"——敬义立而德不孤

关于祭祀的意义，《礼记》诸篇首重人与鬼神交流时的庄敬之心及其所产生的德性教化效能。

"敬"是整个儒家礼学释义的中心观念。宋儒真德秀尝言："《曲礼》一篇为《礼记》之首，而'毋不敬'一言为曲礼之首。盖敬者，礼之纲领也。"① 四十九篇之先后次第编排是否包含某种深意，今日很难悬空揣测。但《曲礼》以"毋不敬"开篇显然并非随意之举，朱子指出这句话实为"君子修身之要，乃礼之本也"②。范祖禹之说犹足显示"敬"在礼中的核心地位：

> 学者必务知要，知要则能守约，守约则足以尽博矣。"诗三百，一言以蔽之，曰：思无邪。"经礼三百、曲礼三千，亦可以一言以蔽之曰："毋不敬。"③

礼以敬为本，乃儒家关于礼之本原与本质的核心观点。孟子即明确宣称："恭敬之心，礼也。"此说将对礼的理解引向人之心性本原。礼并非纯然外在作用于人之社会仪规，而实为基于人之内在心性端绪的节文形式。对"敬"的最初和最关键的体验可能来自祭祀，来自对人与

---

① 卫湜：《礼记集说》卷一。
② 同上。
③ 同上。

鬼神之交流过程中心理状态的体察。祭礼在古典礼制系统中居于重心位置，"敬"成为礼的中心情感形式，可能也与此有关。

祭祀中所表现出的对鬼神之"敬"，析言之，盖包含以下几方面内容：

第一，恐惧畏怕。敬之原始含义是对鬼神之类神秘而强有力地左右人之吉凶祸福的事物之惧怕。这惧怕并非对某种令人感到恐怖的邪恶之物的惧怕，不是面对一具体而现实的威胁而产生的惧怕，不是基于生存本能的惧怕，而是面对神秘、庄严而崇高的事物时所产生的敬畏。鬼神作为宗教情感的激发者是"可畏"的，如《中庸》所言："鬼神之为德，其盛矣乎！视之而弗见，听之而弗闻，体物而不可遗。使天下之人，齐明盛服以承祭祀，洋洋乎如在其上，如在其左右。《诗》云：'神之格思，不可度思，矧可射思！'""视之而弗见，听之而弗闻"，所以见鬼神之"神秘性"。神秘意味着，鬼神之存在与活动方式超出了人们日常经验理性的范围，具有不可测度性（《易传》所谓"阴阳不测之谓神"）。"体物而不可遗"，所以见鬼神无所不在的强大力量。如奥托所言："这种'畏惧'最初是从对某种'不可思议的''可怕的'或'神秘的'东西的感知中产生出来的。正是这种出现在原始人心中的畏惧，形成了历史上整个宗教运动的出发点。"[1] 人在面对鬼神时被激发的"敬畏"，是一种对自身在鬼神面前之卑微渺小的强烈情绪感受。

第二，警觉专注。《释名》云："敬，警也，恒自警肃也。"在面对鬼神之类神秘存在时，人时时保持高度紧张和警觉的心态，"洋洋乎如在其上，如在其左右"。这一方面是鬼神之"不可度"对人形成的压力之结果，同时也是人极力试图向鬼神致意并尽可能影响鬼神的自觉努力。这一切可能以被理解为"诚"，并与祭祀仪式中的斋戒内在关联。敬是人全身心的凝聚、专一，由此而衍生出心灵纯净之意。

第三，庄重严肃。在鬼神之前，人从世俗日常生活之散漫随意的状态中超拔出来，将全部身心，所有的情感和精神力量都集中于和鬼神之当下交流中，因而其行为、言语、容貌皆呈现庄重而严肃的形态。

---

[1] ［德］鲁道夫·奥托：《论"神圣"》，四川人民出版社1995年版，第17页。

第四，崇拜赞叹。"敬"中包含的并非全然是畏惧之情，毋宁说，惧怕只是一种较原始的、初级的感受，面对鬼神时，其突如其来的、神秘莫测的巨大压力使人惊惧战栗。但在对鬼神之敬畏中，亦并非仅仅是一种消极的、负面的惧怕之情在作用，同时也伴随着多种积极的情感因素之涌动。在恐惧之外、之上，一种喜悦和渴望的情感越来越强烈，因为鬼神是聪明睿智而福善祸淫者，是具有价值倾向的崇高存在。特别是"鬼"作为祖先是孝子生命之本，在祭祀中与孝子之间有着最亲切的交流："祝以孝告，嘏以慈告，是谓大祥。"（《礼运》）敬在此由畏变为景仰、崇拜，出现热切的与之交流、对之表达景慕热爱以致希望投身其中、与之体合为一的渴望。

如前所述，祭仪是礼乐典制的主要源头和制度重心，"敬"因此成为古人对礼之本原、本质的核心理解原则。但若"敬"只是一种宗教情感，将之视为一切礼之本究嫌牵强，且不合古籍中"敬"字普遍运用于人事的实情。这其中涉及一系列观念演化，而许多学者都注意到了周初"敬德"观念之出现的思想史意义。徐复观先生指出，周人——主要是以周公为代表的周初执政群体——推动了敬观念的第一次重大转变，使敬由一种外在的、被动的感受转变成为内在的、主动的承担。由此，敬获得了一种德行内涵，并与同时活跃于周人观念世界的"德"相联系，成为中国人文精神之发展的重要一步。[①] 业师李景林先生指出：

> 敬德观念的提出，使古人对天人关系的理解，产生了一个突破性的进展。其重要意义在于，它使周人在宗教性的天人关系框架内将德、福二原则区分开来：由此导致在春秋"天"的权威遭到怀疑的情形下形成了"道德"观念的宇宙论化，从而直接影响到儒家的性命思想。[②]

至孔子，"敬"完成了其向内在德性的转化。"敬"不但是祭祀时

[①] 参见徐复观《中国人性论史（先秦篇）》，九州出版社2014年版，第22—23页。
[②] 李景林：《教养的本原》，北京师范大学出版社2009年版，第316页。

虔诚戒惧的状态，也见于人伦关系之中，如对父母，"今之孝者，是谓能养。至于犬马，皆能有养。不敬，何以别乎？"（《论语·为政》）对朋友，"晏平仲善与人交，久而敬之。"（《论语·公冶长》）敬甚至代表一种不必有特别指向的精神状态，"子路问君子，子曰：修己以敬。"（《论语·宪问》）"言忠信，行笃敬，虽蛮貊之邦行矣。"（《论语·卫灵公》）仲弓问仁，孔子的回答也是以"敬"义为中心："出门如见大宾，使民如承大祭。"（《论语·颜渊》）"敬"还有"自卑而尊人"的意味，即通过有意识地屈抑自我而衬托出对方受到尊重。敬因此也是一种谦卑态度，构成一切礼仪中的主导原则。

据徐复观先生所言，则敬在周人便已富于哲学意味。至春秋，特别是孔子以后，敬成为儒家思想的重要内容，也是最富儒家气象的德性价值之一。敬自宗教中脱胎而出，又保留了宗教体验中严肃庄重、警醒克制，凝定纯净等精神内涵，成为儒家哲学心性修养论的重要路向。《易传》云："君子敬以直内，义以方外，敬义立而德不孤。"敬因其宗教渊源而保持着强烈的自我克制和谦卑恭谨的意味，这恰成为礼之精神的重要内容。在人际交往中，只有通过自我克制才能摆脱以自我为中心的自然心理倾向，承认他人与自己同等重要和值得尊重。长期以来，礼之敬被曲解为压抑情性，殊不知无限的自我伸张最终会挤压每个人的社会心理空间，使人时刻处于与他人共处时的紧张与不安之中，而这无限伸张的自我，一个拒绝承认其与他人、社会以及宇宙之本原性联结的自我，最终是狭隘、渺小、虚无的。无限膨胀的自我意识和内在的空洞虚无使现代人极力张皇的"个性"最终只能是一个自欺欺人的梦幻泡影。与之相反，敬所体现的谦卑和自我克制是人内在精神力量的呈现，证明一个人可以掌控自我的身体和情绪、欲求，自作主宰。同时，"敬"向一切可敬者表达敬意，以谦卑的态度接纳世界，使自我内在精神得以丰富充盈。敬更意味着向天地鬼神这样的崇高神秘者开放自身，这绝不是自我贬抑，绝非匍匐于某种权威或强力之下，而是对本原和终极打开自我，仰望崇高，人由此获得生命之超拔向上的指引和动力。没有自以为是的虚骄自大、轻狂任诞、放浪形骸，也没有随波逐流的凡庸卑琐，生命严肃而坚定，心灵纯粹而宁静，这便是敬所揭示的生活态度，也是礼所欲造就的生活样式：

"恭俭庄敬，礼教也。"

"敬"使儒家修养论兼具宗教修养的功能，① 即同时具有终极的和超越的内涵。"超越"一直是中国哲学研究中极具争议性的词语，不少汉学家和中国学者对中国文化有无"超越"维度表示怀疑，尤其对牟宗三先生等人所提出的"内在超越"说难以认同。这显然是将"超越"一词严格限定于某种西方哲学概念之上的结果。按照这种思路，"超越"必须预设一"超绝"的存在，因而根本无法"内在化"，故而"超越"一词与中国传统的"内在"倾向无法融通。但这样一种强硬的说解将使中国传统智慧的现代表达变得异常困难。本书使用"超越"一语，并非完全借用和对应于西学之"超越"概念，而是对中国思想本有的超越精神维度之抉发，其核心在超拔凡俗、对越在天之义。人在面对终极事物时超出当下的世俗生活及情感心理，使自我置身于"天命"这样的终极之前，人的整个精神生命由此而发生根本改变，获得不息的力量之源。这也是一个生命不断纯化的过程，《诗》云："穆穆文王，於缉熙敬止。"《中庸》认为，诗人道出了文王的生命正是与天道相通相同的德性生命：

《诗》云："维天之命，於穆不已。"盖曰天之所以为天也。"於戏不显，文王之德之纯。"盖曰文王之所以为文也，纯亦不已。

文王之"纯亦不已"，使其得以呈现出"穆穆"之德性，而与"於穆不已"之天同德。文王所以能致此德性之纯，则源于其"缉熙"之敬。"敬"作为儒家哲学修养论的关键内容，至宋代更成为程朱之学修养论的核心，虽然日益脱离礼学形式，但实承礼学精神而来。这一切，再度证明礼乐释义在儒家哲学发展史上的重要地位和作用。

---

① 认为西方哲学全无修养论内涵并不准确，起码对古希腊罗马哲学而言未必合适。但近代以降，西方哲学的确完全成为知识论形态。基督教虽然包含一定的"修道"理论和实践，但其"因信称义"的基本教义和外在拯救的信仰特征使修养论无法充分发展。

第三节　丧祭礼与华夏古典政教精神

一　丧祭礼与亲亲孝道

丧、祭礼共同的特征在于其内涵的亲亲孝道观念。《论语》称孝弟为仁之本，此是从德性教养言。孝悌缘何能成为德性之本，在古人不言自明，在今人便须详为解说。在各类西化知识人眼中，孝道充其量只是一种狭隘的血亲之爱，因此极力诋訾儒家的"爱有等差"思想。更有甚者，各种"孝道批判"的主调更是认为，传统孝道将个体视为家族传承链条中的一环，宗法制度下的家族利益需求完全吞没了人的个性，使人丧失自我人格独立和自由选择、自我支配的权利；孝道中父母和子女是等级关系，强调父母对子女的绝对支配权力和子女对父母的无限服从等。此类观点流传既久，影响深广，必须予以辨析。

其一，中国传统社会对孝道的理解和实践中的确存在过度强调父母权威和家族利益等现象，但此类问题并非古代中国所独有，而是人类传统社会普遍存在的问题。如果考虑到更为复杂的历史因素影响，而不是站在现代价值立场轻率地批评，就会发现这些今人看来不合理的状况在特定历史环境中恐怕不可避免。此类选择的动因虽然往往有着观念的外形，但本质上并非源于观念，恰恰相反，本质上此类观念乃是源于社会历史环境的需求。就传统中国而言，在古代社会历史处境中，保持父母在家庭中的权威，甚至牺牲子女以维护家族利益和保全家族，是一个族群的生存选择，甚至可能是唯一的选择。这使得全社会普遍采取此种选择，并将之以各种形式注入孝道观念之中。历史地讲，这些观念和行为对于应对外部危机、维系族群生存有着重要的作用。人类古代社会普遍地优先考虑家族等群体而非个体，并非因为古人愚昧，恰如今人动辄言"个体优先""张扬个性"，亦非因为今人开明，皆不过时势使然。当然，时至今日，人类生存环境的改观已使人不必刻意优先考虑族群利益，这也是当代自由主义个人主义得以发展的历史条件。现代人若以此讥嘲古人，则多见其浮浅褊狭而已。若从人类生存的真实特质而言，重群体而轻个体，以群体需要为由压制个体，与重个体而轻群体，以个体权利为由凌铄群体，皆属偏蔽之见。古人思想固有失，今人观念亦未为得。

其二，孝道之根本不在于家族利益，而在于亲亲之爱。上条辨析不过阐明流行观点之偏蔽颠顶，绝非以为其所批评者即孝道精神之所在。孝本于爱亲之情，儒家典籍中有深切著明的解说，本章所引丧祭礼释义文献中比比皆是，不待烦言。而不少西化文人，每每强作解人，谓中国传统之孝道，唯言子女对父母之义务，不如西人唯言父母子女之爱。西方文化之家庭和亲情观念究竟如何，我们不敢妄言，但若说孝道唯是义务，则纯属对中国文化精神的刻意扭曲。须知"权利""义务"一类观念，两两成对，皆属西方文化对立式思维的产物，与中国思想传统无干。而且，权利、义务理论本身皆属于政治性话语，若以中国思想传统审视之，两者皆属于"义"的范畴。《丧服四制》明言："门内之治恩掩义"，也即在家庭生活中，亲亲仁恩之情即爱的原则优先，父慈子孝、兄友弟恭、雍雍穆穆才是中国人的家庭生活理想。反倒是现代人在家庭生活中大谈权利、义务，必将根本上伤害亲情之本根。现代人家庭关系的紧张、家庭观念的淡薄，皆与此有关。

这里还需要进一步讨论的，便是今人所指责的传统孝道中所谓"等级观念"问题。等级秩序本质上讲是政治性的或政治隐喻式的，孝道中的父母与子女关系则是伦理性的。孝是基于子女视角而面向父母的，其所强调的子女对父母的和顺态度，乃本于其内在敬爱之意，而非出于对外在权威的服从。因此，在儒家的家庭关系模式构想中，实际不存在所谓等级问题，而是一本于情感原则。如《哀公问》所言，在儒家伦理格局构想中，父母也有"敬子"的一面。儒家期望在父慈子孝或父子相敬的行为模式中建立一种情感和伦理意义上的平衡关系，而非无条件、无限度地强调父母权威。

其三，关于爱有等差问题。爱有等差乃人类生活中的基本自然事实，儒家言爱有等差，不过承认和肯定此自然事实有其根本的合理性和价值而已。肯定爱有等差，并非将爱固着局限于此等差之中，而是倡言以忠恕之道推扩本心，在当下的生活现实中将此恻隐之心、仁恩之意扩展至其最大范围。充其心量之大，自然能达致"民吾同胞，物吾与也""仁者视天地万物为一体"的胸怀境界。爱亲之情乃人最自然、最强烈、最真实的情感，一发而不可已，沛然而不可御，同时也是最无私、最纯挚的情感。人若至亲父母亦不能爱，遑论爱他人？儒家主张孝悌为人之本，即是启发人于此孝爱父母、友与兄弟之情中体会仁爱作为人之天性的自然呈现和诚笃恳挚，由此自然能开发德性生命最深沉丰厚的本原，爱才能作为一种德性而成为一个人现实生命中最稳固的内容。

不少人乐于用西方基督教背景的"博爱"精神攻讦儒家仁爱之"等差性"，又进而鼓吹墨家的"兼爱"。殊不知，墨家的"爱无差等"乃是本于一种团体意识，历史上墨家拥有严密的组织，正是这种组织形式使其强调兼爱、尚同。基督教的泛爱则源于宗教集会，在宗教集会中，对神的共同信仰，敉平了各类亲疏差异。不难发现，各种申言无差等之爱的传统皆是本于某种宗教团契意识，此类宗教团契的共同特征是超逾人类的自然生活形态而创造一种纯然人为的理想化的共同生活模式。但不难发现，除非以柏拉图所描述的方式彻底消灭家庭，以一种人为的理想模型重塑社会，则此类团契始终会和人类的日常自然生活方式处于冲突状态。历史地看，几乎所有试图基于此类人为理想而重组社会的企图都最终归于失败，证明一种完全脱离人类自然生存方式并与之对抗的社会组织方案是缺乏真实的人性基础因而极度脆弱的。当然，儒家并非自然主义者，而是基于一种天人一体视野，努力寻求保持自然与人文的连续性，以期建构一种文与质的中道即文质彬彬的生命与生活理想。儒家重视并肯定人的自然天性和生活方式，但并非止步于此，而是主张基于此自然性命之情而通过教化的方式予以人文性转化和提升。纯自然形态的亲亲之爱固然难免有偏私狭隘之处，但并非必然如此和只能如此，人之为人便在于其能超越狭隘的形气之私。儒家之仁爱，不是基于墨家功利原则的利益互换，不是基于基督教信仰意识的分有上帝之爱，而是本于内心真实的恻怛之情、不忍之心而推扩至极的成己成物之道。如果说，墨家、基督教基于其宗教团契意识而倡言兼爱、泛爱，尚体现出一种伟大的宗教理想精神，现代人剥离了宗教意识而空言博爱并以此虚骄攻讦儒家仁爱精神，则根本属于矫揉造作。这种毫无德性根基的泛爱主张最终不过是无源之水、无本之木，其涸也可立而待。

二 丧祭礼与中国传统宗教信仰和终极关怀

通过对儒家丧祭礼释义的考察，我们可以进一步反思学界至今争论不休的儒家、儒学与宗教的关系问题。这一问题很大程度上也是现代学术方法"制造"出来的问题，因为在中国传统思想语境中，"儒学"与"儒教"并不冲突，隋唐以降，儒、道、释即并称"三教"。但需申明，华夏传统思想所谓"教"，却不是现代汉语学术从西方引进的"宗教"之义，而是本书所阐释的"教化"之义。古传典籍所言"儒教"，意谓其乃圣贤教化之方案，不可与今人所谓宗教混为一谈。推而言之，传统语境中道教、佛教之为"教"，亦同此理。也唯有从教化视野出发，才会有"三教会通""三教合一"之说。

至于当代学界的"儒教"说，则颇为复杂。有人从近代西方狭义的宗教定义出发，将中国历史上各种现象与之一一比附，认为古代中国存在过一个严格的"政教合一"意义上的"儒教"。也有人从儒家对中国人精神信仰、价值观念和生活样式的奠基和塑形意义立论，在一种宽泛的宗教理解中谈论"儒教"。还有人基于当前国民信仰生活现状和儒家文化所遭遇的百年历史困局，试图按照宗教模式重新创立"儒教"。上述第二种"儒教"说最接近本书对儒家文化的理解，第三种则处于尚未定型的尝试阶段，我们不复评论。第一种"儒教"说影响颇广而实多比附曲解，根本原因在于对历史上儒家与中国传统政治和宗教的复杂关联进行了简单化处理。中国历史上确实存在着一个强大的华夏古传宗教系统——通过本节所述丧祭礼俗而实现。中国人并非没有信仰的民族，其宗教信仰通过祭礼成为礼乐文明的一部分，礼乐文明又影响了中国人的信仰形态，使之与传统伦理、政治生活相协调。但由于其存在形式的独特性，长期被西方模式下的宗教学研究作边缘化处理。因为人们按照近代西方的狭义宗教观念来审视这一传统时，苦于找不到明确的教会组织、信众和教义体系，这些信仰似乎无所不在，但又无从把捉其内在联系。"儒教"说从"政教合一"视角出发，将古代国家政权本身视为教会组织，将儒生视为传教士，将民众视为教众，将儒家思想视为此宗教的教义体系，似乎将这一古传信仰形态整合为了一个严格的宗教形态，本质上却将华夏文明独特的文化模式完全扭曲了。

现代"儒教"说实基于两个基本假设，一是儒家、儒学与古代中国国家政权的完全结合，二是儒家、儒学与华夏古传宗教信仰的完全结合。仔细考察中国历史和儒家思想，便会发现上述假设只是"假设"。就第一条而言，虽然对政治的关注构成儒家学说的基本内容之一，历史上儒学的不少内容成为官方学术，汉以后作为官僚系统来源的士大夫群体普遍受过儒学教育，儒家学术与政治之间一直有着密切的互动，但传统政治并未真正儒家化，儒学也不曾全然官方化，这由中国古代国家运作机制的法家内核及其从未将儒家定为唯一国家信仰可见一斑。历史上民间儒学与官方儒学之间也一直保持着紧张关系。就第二条而言，丧祭理论只构成儒家思想的一个层面，即便在终极关怀上，儒家也并不完全依赖丧祭礼俗。如本节所言，儒家着力于对丧祭礼的精神点化，此点化以德性论和内在化为其根本特征。儒家对政治和丧祭礼俗的关切，必须在其教化精神和"内圣外王"追求的前提下进行理解，而非相反。

传统中国之所以令一些人产生"政教合一"的"儒教"联想，根源于历史上儒学与政治的密切关系。业师李景林先生指出：

> 文化或教化的理念，与人的内在的精神生活直接相关，本是一种理想性的存在。而在这种制度化和意识形态化的儒学形式中，理想与现实发生了混淆，儒学的文化和教化理念被用来直接干预现实的政治和权力运作过程。这当然会产生不良的后果。……文化或教化理念这种关联于现实的方式，是一种负面的方式。教化的理念与现实的政治权力运作必须解构，"政"与"教"必须解构。①

在儒学业已从与政治的密切关联中解构出来的今天，儒学之教化效能将主要通过民间的礼乐即华夏传统生活样式的传承与更新形态来实现。本书第七章所考察的冠、昏、乡、射诸礼和本章所考察的丧、祭礼及其释义理论为我们理解儒家教化之道的历史实现方式提供了重要参考。也许对现代人而言，其中的不少礼仪今天已难觅踪迹，或者虽有存留但已然十分不合时宜。但同样明确的是，诸如冠、昏、丧、祭这样对

---

① 李景林：《教化的哲学》，黑龙江人民出版社2006年版，第452页。

人类社会文明和精神生活之维系具有根本意义的重大仪式,虽然经历过数千年沧海桑田的变迁,又在中西文明的交汇与碰撞中不断变形,但依然在现代中国人的生活中占据重要地位,并仍将持久作用于国民精神。如何将儒家教化理念贯注其中,以此作为中国文化精神的根本传承方式,并随时代的变革而"日新"其德,已成为当代儒学研究的紧迫课题。

第九章

乐与儒家政教理想：
《乐记》礼乐论通诠

在儒家礼乐政教思想系统中，礼、乐①同出一源，然体性有别。两者相对而显，各有所主，各以其所长助成政教。同时，礼、乐在形式上和实质上又有根本的共通性，其体性、功用之差异彼此互补，融会而成一有机整体，合则两美，离则两伤，舍礼言乐和舍乐言礼都将是偏蔽的，只有在礼、乐之对举、对照中方能得见礼乐政教精神之全貌。故而《史记》孔子之"四教"、《王制》乐正之"四术"、《周官》保氏之"六艺"、后人习闻之"六经"中，礼、乐皆相连并称。《乐记》之所以被收录于《礼记》之中，正是华夏礼乐政教传统中礼、乐二者不可分割的体现，同时也因为，从一种文明生活样式之总体角度出发，人们常常用"礼"作为礼乐之统称。

本书第一章和第四章都曾努力对《论语·泰伯》"兴于诗，立于礼，成于乐"一语的深广意蕴进行理论诠表，指出诗、礼、乐分别表征三种不同的生命精神样态，诗、礼、乐之教则构成儒家理想人格养成过程中的三大核心教养方案。若将之与《论语·先进》篇曾皙所描绘的"浴乎沂，风乎舞雩，咏而归"的诗意生活景象和夫子"吾与点也"之感喟相参照，自能明了儒家之人生与社会理想是以审美教育为关键的艺术化生命境界与生活方式。而"成于乐"则意味着，乐既是儒家德性人格完成和生活理想实现的最终途径，又是其最高标志。就此而言，乐代表儒家文化精神的极致形态，其在儒家哲学中的地位高于礼并能涵摄

---

① 古人所言"乐"乃是今人所谓声乐、器乐、舞蹈三者合一的综合艺术形式，其所指较今日"音乐"一词更为宽泛。为免误会，我们在讨论时，更多使用"乐"和"乐论"之类词语。

礼之精神。

与此相应,《乐记》作为早期儒家乐论的集大成之作,绝非单纯音乐学或广义而言的美学著作,而实以儒家政教关切为其理论主旨。亦因此,《乐记》中包含大量通论礼乐的文字,涉及礼、乐两者的本原、结构、特性、价值、功能和宗旨等各个理论维度,极具概括性与纲领性,其深闳精切处,往往被后世言礼乐者引为至论。尤可称者,《乐记》着力阐发儒家礼乐政教思想的终极内蕴,在天人之际的形上哲理视野中论述礼乐政教的价值与意义,旨趣深远,见识高卓,更兼词章茂美,韵致隽永,正足彰显儒家音乐精神的高情深致。

第一节　华夏乐教传统与儒家音乐境界

儒家对乐的重视,根植于华夏乐教传统。乐教传统作为礼乐文明的一部分,在早期华夏国家的地位甚至高于礼教,构成上古教化之主体。儒家将乐作为最高境界,亦与此传统有关。作为中国上古乐教传统的继承人,儒家对乐教精神的理解与阐释构成其礼乐释义理论和礼乐政教思想的关键内容,成为《乐记》的历史文化和思想本原。

一　"古乐之发":乐之起源与上古乐教

与礼一样,乐之起源与华夏先民的宗教活动有密切关联。《周礼·大司乐》云:

> 以六律、六同、五声、八音、六舞大合乐以致鬼、神、示,以和邦国,以谐万民,以安宾客,以说远人,以作动物。乃分乐而序之,以祭,以享,以祀。乃奏黄钟,歌大吕,舞《云门》,以祀天神;乃奏大蔟,歌应钟,舞《咸池》,以祭地示;乃奏姑洗,歌南吕,舞《大㲈》,以祀四望;乃奏蕤宾,歌函钟,舞《大夏》,以祭山川;乃奏夷则,歌小吕,舞《大濩》以享先妣;乃奏无射,歌夹钟,舞《大武》,以享先祖。凡六乐者,文之以五声,播之以八音。凡六乐者,一变而致羽物及川泽之示,再变而致臝物及山林

之示，三变而致鳞物及丘陵之示，四变而致毛物及坟衍之示，五变而致介物及土示，六变而致象物及天神。① 凡乐圜钟为宫，黄钟为角，大蔟为徵，姑洗为羽，雷鼓、雷鼗、孤竹之管、云和之琴瑟、《云门》之舞，冬日至，于地上之圜丘奏之，若乐六变，则天神皆降，可得而礼矣。凡乐函钟为宫，大蔟为角，姑洗为徵，南吕为羽，灵鼓、灵鼗、孙竹之管、空桑之琴瑟、《咸池》之舞，夏日至，于泽中之方丘奏之，若乐八变，则地示皆出，可得而礼矣。凡乐黄钟为宫，大吕为角，大蔟为徵，应钟为羽，路鼓、路鼗、阴竹之管、龙门之琴瑟、九德之歌、《九磬》之舞，于宗庙之中奏之，若乐九变，则人鬼可得而礼矣。

《周礼》言乐，重在乐之施用与功能，以祭祀即乐之宗教功能为中心，虽未必是周代乐制与乐教之实录，但以乐降兴天地神祇，以歌舞为祭祀之重要内容，确实折射出古乐在先民宗教生活中的渊源。《礼运》曾描述先民祭祀仪式云："燔黍捭豚，汙尊而抔饮，蒉桴而土鼓，犹若可以致其敬于鬼神。"蒉桴、土鼓，所以歌舞娱神。乐的作用是致天神、地祇、人鬼，这或许是乐最早也是最重要的功能。

乐所以在先民心目中有致礼鬼神的伟大功能，实因其具有别的艺术形式所无法比拟的神奇特性与魅力。世界各大早期文明皆普遍地存在一种对乐的神秘理解或曰信仰，认为乐拥有沟通神人，乃至谐调天地万物的神奇力量，华夏思想同样不乏此类观念。《尚书》中典乐夔尝言："予击石拊石，百兽率舞。"《荀子·劝学》云："昔瓠巴鼓瑟而流鱼出听，伯牙鼓琴而六马仰秣。"在古人看来，音乐乃天地间至极的奇妙存在，能突破天人、物我之分别，幽、明之界限，将世间万类凝聚、联结在一起，使之情意相通，共同享受音乐所带来的美妙体验，一起加入那全宇宙皆欣然投身其中的生命之欢乐旋律。人通过乐真切地体验到其生命与心灵和天地万物当下一体相通，音乐成为人感动天地万物的终极方式。在音乐那至极而纯粹的美面前，一切华丽的辞藻都显得苍白黯淡，一切理论都不免枯涩拙劣。现代人每欲将此类古老思想归入迷信或神秘

---

① 郑注曰："变，犹更也。乐成则更奏也。此谓大蜡索鬼神而致百物，六奏乐而礼毕。"

主义之列，极力用各种人类学或心理学理论探求其背后的历史"真相"，以予之"理性"的、"科学"的解释，反而距音乐那动人心魄的力量之本质日渐遥远。

乐有感动人心的伟大力量，人类早期教育亦主要通过乐来进行。《尚书》载帝舜命夔典乐以教胄子，其要义在于养成"直而温，宽而栗，刚而无虐，简而无傲"的中和性情。乐所以能有此教养功能，在于其与人之心意情志的直接关联以及乐本身的和谐本质，如帝舜所言："诗言志，歌永言，声依永，律和声。八音克谐，无相夺伦，神人以和。"乐之和与乐使其成为教化行动的首要选择。

乐教是古代教育的根本方式，这由古代典籍中学校教育皆由乐官来主持可见一斑。《周礼》以大司乐为学政之主官："大司乐掌成均之法，以治建国之学政而合国之子弟焉。凡有道者、有德者使教焉，死则以为乐祖，祭于瞽宗。以乐德教国子中、和、祗、庸、孝、友，以乐语教国子兴、道、讽、诵、言、语，以乐舞教国子舞《云门》、《大卷》、《大咸》、《大磬》、《大夏》、《大濩》、《大武》。"《王制》则以乐正掌学校教育："命乡论秀士，升之司徒，曰选士；司徒论选士之秀者而升之学，曰俊士。升于司徒者不征于乡，升于学者不征于司徒，曰造士。乐正崇四术，立四教，顺先王诗、书、礼、乐以造士，春秋教以礼乐，冬夏教以诗书。……将出学，小胥、大胥、小乐正简不帅教者以告于大乐正，大乐正以告于王。"《文王世子》所记乐官教育制度有更丰富的细节："凡学世子及学士，必时。春夏学干戈，秋冬学羽籥，皆于东序。小乐正学干，大胥赞之。籥师学戈，籥师丞赞之。胥鼓南。春诵夏弦，大师诏之瞽宗；秋学礼，执礼者诏之；冬读书，典书者诏之。……凡祭与养老乞言合语之礼，皆小乐正诏之于东序。大乐正学舞干戚，语说，命乞言，皆大乐正授数，大司成论说在东序。"《周礼》《王制》《文王世子》所述古代学校之制皆以乐官为主导，绝非观念设计的偶然巧合，而反映出乐教作为古代教育主体的历史真实影像。俞正燮《癸巳存稿》云：

《论语》：子之武城，闻弦歌之声。子游曰："闻诸夫子：君子学道则爱人，小人学道则易使。"所谓学道，弦歌。虞命教胄子，止属典乐。周成均之教,大司成、小司成、乐胥皆主乐。《周官》大司乐、乐师、大胥、小胥皆主学。……通检三代以上书,乐之外,无所谓学。《内则》学义亦止如此,汉人所造《王制》、《学记》亦止如此。……然弦歌之道,六经之义,合是圣人告子游本义也。①

刘师培《学校原始论》亦称:

> 古代教育之法,则有虞之学名曰成均,"均"字即"韵"字之古文。古代教民,口耳相传,故重声教。而以声感人,莫善于乐。观舜使后夔典乐,复命后夔教胄子,则乐师即属教师。凡《虞书》所谓"诗言志,歌咏言,声依咏,律和声"者,皆古代教育之遗法也。又商代之大学曰瞽宗,而周代则以瞽宗祀乐祖,盖瞽以诵诗,诗以入乐,故瞽、矇皆列乐官。学名瞽宗,亦古代以乐教民之证。周名大学为辟雍,雍训为和,隐寓和声之义,而和声必用乐章。观《周礼》,大司乐掌成均之法以教合国之子弟,并以乐德、乐舞、乐语教国子。而春诵夏弦,诏于太师;四术四教,掌于乐正。则周代学制亦以乐师为教师,固仍沿有虞之成法也。古人以礼为教民之本,列于六艺之首。岂知上古教民,六艺之中,乐为最崇,固以乐教为教民之本哉?②

徐复观先生提出,甲骨文中,没有正式出现"礼"字,但不止一处出现了"乐"字,说明乐比礼出现得更早。《周礼》大司乐章以乐为教育的中心,且将乐与祭祀密切关联,当为春秋中期以前之观念。从周代历史和文献看,礼在人生教育中所占的分量,绝不能与乐所占分量相比拟。③ 祁海文甚至在《儒家乐教论》中,提出乐先于礼,礼藏乐中的观点。认为,周代文献中始出现后世的"禮"字,这证明礼的观念意

---

① 俞正燮:《癸巳存稿》卷二,《续修〈四库全书〉》影印清刻本。
② 《刘申叔遗书》(上册),凤凰出版社1997年版,第677页。
③ 徐复观:《中国艺术精神》,学生书局1966年版,第2—3页。

识直到很晚才觉醒，因而上古时期作为宗教祭祀礼仪的礼可能是以乐的形态出现的，即礼藏乐中，礼乐一体，礼本身即是乐，乐本身即是礼。① 此说当然不无可商榷之处，但乐在上古时代地位之隆却是事实，为古圣先王推行政教的第一选择。

二 弦歌雅意：乐教传统与儒家精神

春秋以下，礼乐崩坏，上古乐教传统日渐沦亡。《汉书·礼乐志》慨乎言之：

> 世衰民散，小人乘君子，心耳浅薄则邪胜正，故《书》序殷纣断弃先祖之乐，乃作淫声，用变乱正声，以悦妇人。乐官师瞽抱其器而犇散，或适诸侯，或入河海。……周道始缺而怨刺之诗起，王泽既竭而诗不能作，王官失业，雅颂相错。……是时周室大坏，诸侯恣行，设两观，乘大路，陪臣管仲、季氏之属三归、《雍》彻、八佾舞廷，制度遂坏，陵夷而不反。桑间、濮上、郑卫宋赵之声并出，内则致疾损寿，外则乱政伤民，巧伪因而饰之，以营乱富贵之耳目，庶人以求利，列国以相间。……自此礼乐丧矣。

所谓乐教衰落当然并非意谓乐的消亡，而是指上古乐教精神的式微。首先值得注意的是乐之神圣性的日渐丧失，人们越来越倾向于将乐理解为单纯的艺术形式，追求其中的感官愉悦甚至沉溺于无节制的官能享受，雅颂之乐被郑卫之音所淹没。与此同时，传统乐官体制废坏，乐人流散民间，使乐教制度难以为继。② 道家、墨家等新兴诸子更是对传统礼乐政教制度与观念极力攻讦。在沧海横流中，唯有儒家以满腔热忱坚定地守护华夏乐教传统。

《史记·儒林传》云："夫周室衰而《关雎》作，幽厉微而礼乐

---

① 祁海文：《儒家乐教论》，河南人民出版社2004年版，第70—71页。
② 《论语·微子》云："太师挚适齐，亚饭干适楚，三饭缭适蔡，四饭缺适秦，鼓方叔入于河，播鼗武入于汉，少师阳、击磬襄入于海。"

坏。诸侯恣行，政由强国。故孔子闵王路废而邪道兴，于是论次《诗》《书》，修起礼乐。适齐闻韶，三月不知肉味。自卫反鲁，然后乐正，雅颂各得其所。"太史公对孔子和儒家精神的理解与描述，以诗、书、礼、乐为中心，对乐尤再三致意，其中大有深意，绝非敷衍文字而已。儒家与乐教传统的密切关系，不但在于儒家对包括乐在内的上古三代文化传统之整体继承，更在于其对乐在国家政教和德性修养中至高地位的凸显。徐复观先生指出，"礼乐并重，并把乐安放在礼的上位，认定乐才是一个人格完成的境界，这是孔子立教的宗旨。……可以说，到了孔子，才有对于音乐的最高艺术价值的自觉；而在最高艺术价值的自觉中，建立了'为人生而艺术'的典型"。① 此意本章前文已作过初步分析。孔子晚年致力于上古文化典籍的整理工作，其中对乐的重整尤为重要。《论语·子罕》记孔子称："吾自卫反鲁，然后乐正，雅、颂各得其所。"《史记·孔子世家》云："古者诗三千余篇。及至孔子，去其重，取可施于礼义。上采契、后稷，中述殷、周之盛，至幽、厉之缺。……三百五篇，孔子皆弦歌之，以求合《韶》《武》、雅、颂之音。礼乐自此可得而述，以备王道，成六艺。"由此可见，孔子本人就是一个伟大的音乐家，其造诣之深，远在当时诸侯乐师之上。② 这大概是其所以能洞达乐教精神极诣的原因所在。

　　孔子是对音乐的极致之美有着最深刻体验和理解的圣哲，他的生命已与音乐合而为一。读《论语》，时时可以感受到孔子对音乐的痴迷。"子在齐闻《韶》，三月不知肉味。"③ "师挚之始，《关雎》之乱，洋洋乎盈耳哉！"④ 长久以来，人们几乎已然忘记那个曾和朋友、弟子们一起青春放歌的孔子，⑤ 那个在患难困顿之中、颠沛流离之际依然弦歌不辍的孔子，那个直到其生命的终章，仍负手曳杖，消摇而歌的孔子。他将自己的一生过成了一首情致深长的诗篇，一支纯净悠扬的乐曲。这才

---

① 徐复观：《中国艺术精神》，学生书局1966年版，第4页。
② 《论语·八佾》："子语鲁太师乐，曰：'乐其可知也。始作，翕如也。从之，纯如也，皦如也，绎如也。以成。'"是鲁太师尝问乐于孔子。
③ 《论语·述而》
④ 《论语·泰伯》
⑤ "子与人歌而善，必使反之，而后和之。"（《论语·述而》）

是真实的孔子，这才是真正的儒家精神。离开乐，我们便无法理解那"暮春者，春服既成，冠者五六人，童子六七人，浴乎沂，风乎舞雩，咏而归"的诗意生活理想。离开这令夫子喟然而叹"吾与点也"的深美思想意境，我们也将无法理解陶渊明"我爱其静，寤寐交挥。但恨殊世，邈不可追"的由衷感慨，无法理解程明道"吟风弄月以归"的洒然自得，无法理解王阳明"铿然舍瑟春风里，点也虽狂得我情"的悠然心会。

孔门群贤也继承了先师对音乐的钟爱和对乐境的体证，以至于庄子也对他们发出由衷的赞叹：

> 原宪居鲁，环堵之室，茨以生草；蓬户不完，桑以为枢；而瓮牖二室，褐以为塞。上漏下湿，匡坐而弦歌。
>
> 曾子居卫，缊袍无表，颜色肿哙，手足胼胝。三日不火食，十年不制衣，正冠而缨绝，捉衿而见肘，纳屦而踵决。曳纵而歌《商颂》，声满天地，出若金石。天子不得臣，诸侯不得友。故养志者忘形，养形者忘利，致道者忘心矣。（《庄子·让王》）

乐是儒家精神生命最根本的一部分，如若低估甚或遗忘了乐在儒家思想中的特殊地位与意义，则我们对儒家精神的理解必将是残缺的，论断也必将是偏蔽的，近代以降国人心目中儒家形象的扭曲在一定程度上也与此相关。曾经有学者因此提出，中国文化之演变历史中所呈现的一大症结便是传统礼教的僵固偏枯，而导致这一现象的根本原因在于秦汉以降儒家乐教的衰落，使得礼教一枝独大，而不能如礼乐文化之理想形态那样，持守中道，以乐教之欣喜欢爱、和同亲睦消解礼教流失所可能导致的僵化与疏离感。

由"六经"到"五经"的变化，许多人将之理解为乐教衰微的一个表征，认为秦火之后乐经的亡佚直接导致儒家乐教难以为继。此说自古即有学者持反对意见。① 但不得不承认，曾经在先秦儒家那里如此活泼，如此生气蓬勃的乐教精神，在秦汉以后的儒家思想文化演进中，的确似乎显得疲弱不振。深入探寻和理解这一耐人寻味的现象之根源脉络，是今日重思华夏礼乐文明传统，特别是重塑乐教精神的前提。

三 《乐记》及其文献学考察

乐教在礼乐文化之整体结构中的地位与作用如此重要，不难想见，正处在发端期而富于理论创发力的七十二子及其后学们在乐曲之创作、古乐之传扬和乐教理论之探索方面定然产生过丰硕的成果。遗憾的是今天已再难一睹其盛况全貌，而值得庆幸的，则是我们还可以通过《乐记》窥豹一斑。

《乐记》为《礼记》第十九篇。郑玄《三礼目录》云："名曰《乐记》者，以其记乐之义。此于别录属乐记。盖十一篇合为一篇，谓有《乐本》，有《乐论》，有《乐施》，有《乐言》，有《乐礼》，有《乐情》，有《乐化》，有《乐象》，有《宾牟贾》，有《师乙》，有《魏文侯》。今虽合此，略有分焉。"② 可见《乐记》并非有着内在结构统一性

---

① 乐经亡佚之说，乃古文经学家所倡，而今文经学家不以为然。他们提出，乐本无经，乐即在诗与礼中。丘琼荪综合今文说云："盖乐之自古相传者为曲调及其演奏技法，其音节之铿锵，未可以文字传也，其可传者唯声诗与乐谱。声诗传者，有《三百篇》及汉兴以来二百三十四篇等。乐谱则汉初已多亡佚，存者唯雅琴三家及《河南周歌诗曲折》与《周谣歌诗声曲折》，合八十二篇。乐之所贵者在乎音节，乐以音声感人，不以文字说教，不以文字说教，即不言义理。是故窦公所献者，亦唯《周官·大司乐》，未有经。制氏虽世在乐官，亦不能言其义。其所以不言者，非不习或失传，无是经也。"丘琼荪《历代乐志律志校释》，转引自《乐记论辩》，人民音乐出版社1983年版，第69页。

② 《礼记正义》卷三十七引。案，《正义》对《乐记》十一篇的章句次第划分，以南朝皇侃之说为本。《史记·乐书》整抄《乐记》而略有增益，其次第与《乐记》小有出入。然二书皆有窜乱之处，其十一篇之次第亦与郑玄目录所言不同。依《正义》说，今本《乐记》篇次如下：《乐本》第一，《乐论》第二，《乐礼》第三，《乐施》第四，《乐言》第五，《乐象》第六，《乐情》第七，《魏文侯》第八，《宾牟贾》第九，《乐化》第十，《师乙》第十一。又《艺文志》谓《乐记》二十三篇，今存十一篇，余十二篇篇名犹存，《礼记正义》据《别录》，叙十二篇之篇名次第云：《奏乐》第十二，《乐器》第十三，《乐作》第十四，《意始》第十五，《乐穆》第十六，《说律》第十七，《季札》第十八，《乐道》第十九，《乐义》第二十，《昭本》第二十一，《招颂》第二十二，《窦公》第二十三。案《别录》，《礼记》四十九篇，《乐记》第十九。则《乐记》十一篇入《礼记》也，在刘向前矣。

的单篇文字，而是儒家乐论文献的汇编。其渊源流变，《汉书·艺文志》言之甚详：

> 《易》曰：先王作乐崇德，殷荐之上帝，以享祖考。"故自黄帝下至三代，乐各有名。孔子曰："安上治民，莫善于礼；移风易俗，莫善于乐。"二者相与并行。周衰俱坏，乐尤微眇；以音律为节，又为郑卫所乱，故无遗法。汉兴，制氏以雅乐声律，世在乐官，颇能记其铿锵鼓舞，而不能言其义。六国之君，魏文侯最为好古，孝文时得其乐人窦公，献其书，乃《周官·大宗伯》之大司乐章也。武帝时，河间献王好儒，与毛生等共采《周官》及诸子言乐事者，以作《乐记》，献八佾之舞，与制氏不相远。其内史王定传之，以授常山王禹。禹，成帝时为谒者，数言其义，献二十四卷记。刘向校书，得《乐记》二十三篇，与禹不同。其道寖以益微。

《乐记》的作者及成篇年代问题，六朝以降即颇有异说，近代以来，学界更为此往复辩难，迄无定论。诸家之说约可分为四类：其一，战国公孙尼子所作说。南朝梁沈约、唐张守节主之，郭沫若、沈文倬、钱玄、李学勤、王锷等皆从此说。其二，河间献王及其门下儒生所作说，宋代黄震主之，任铭善、蔡仲德、张少康、祁海文等人从之。其三，荀子后学所作说，钱穆主之。其四，汉武时人公孙尼所作说，丘琼荪主之。①

诸家之所以各执己见，相持不下，大体源于对《汉书·艺文志》相关记载的理解歧异。诸家争论之焦点，在王禹所献二十四卷记与刘向二十三篇《乐记》是否一事。主战国公孙尼子所作者，以为王禹二十四卷记与刘向二十三篇乃全然不同之二书。主河间献王作者，以为二十四卷即二十四篇，与刘向所校只是篇目差异。而最令人迷惑的是《艺文志》在六艺略之乐部六家中同时著录二书："《乐记》二十三篇；《王禹

---

① 参见人民音乐出版社编《乐记论辩》，人民音乐出版社1983年版。亦见王锷《礼记成书考》，中华书局2007年版，第97—98页。

记》二十四篇。"《汉书》此处记载简略含混，争辩双方不免各以臆度。案班孟坚《艺文志》实系删节刘歆等《七略》而成，《七略》又以刘向《别录》为本。若刘向所得《乐记》即王禹所献，刘向既以校书为目的，必不致重复著录。今两存其目，则彼实为二书可知。故《艺文志》所谓"与禹不同"，当系指内容不同，而非篇次差异。①然而刘向所得《乐记》之渊源仍显得扑朔迷离，我们可以想见有两种可能：其一，为汉秘府旧藏，如礼类百三十一篇记之属。然前引《艺文志》未曾提及旧藏此类书，则或为刘向据中秘诸论乐之文抄撮而成，亦未可知。其二，为河间献王等所制《乐记》，后入秘府，而其内容有不同于《王禹记》者，故刘向别为著录。由于文献无征，这两种可能何者属实，已不可考。

因《乐记》与《荀子·乐论》部分内容存在重合之处，故而也有学者认为《乐记》乃荀子所作或部分源自《荀子》。但这个问题比较复杂。事实上，《乐记》与《荀子》重合内容很有限，显然不能就此推论《乐记》整体为荀子作品。当然，不排除《乐记》相关章节源自《荀子》的可能性，但也可能《乐论》和《乐记》相关内容皆有更早的渊源，比如《公孙尼子》。②

至于以公孙尼子为《乐记》作者，今可考最早提出此观点者为南北朝时代的沈约。《隋书·音乐志》引沈约语称："《乐记》取《公孙尼子》"。按《艺文志·诸子略》儒家类有《公孙尼子》二十八篇，注云："七十子之弟子"。此书《隋书·经籍志》《唐书·经籍志》《新唐书·艺文志》皆有著录，沈约当熟知其内容，可见其说必有所据。然细考沈说，所谓"取"《公孙尼子》，并非一定意味着"出自"《公孙尼子》，

---

① 按王禹献书、刘向校书皆于成帝年间，二事相去不远。《王禹记》何至于篇章、文字便有了出入？若秘中所藏仅王禹所献一种，料想书于竹帛的文字不会自己"出入"起来。若有所誊抄传写，则各本相校之后，所得者当仍为《王禹记》，刘向又如何能另校出一部二十三篇的《乐记》来？这只能说明，《乐记》与《王禹记》并非"略有不同"，而是"大有不同"，甚至是"全然不同"。

② 或以为荀子乃是原创性思想家，不可能在论著中抄录他人观点，这显然是不熟悉古书通例的看法。古人没有知识产权观念，即便《荀子》一书，也未必尽出荀子本人之手。古人著书，但求达意，转相节引，并无不妥，与今人心目中的"抄袭"无关。

也可能是指"有所取"于《公孙尼子》。唐张守节《史记正义》云："《乐记》者，公孙尼子次撰也"，则径谓公孙尼子所作。张作为唐朝人，或尚得见《公孙尼子》，故有此言。然否定公孙尼子所作说者驳议称，六朝隋唐间流传之《公孙尼子》或为后人伪托抄合而成。姑不论此等怀疑本身就有遁词之嫌，① 即使沈、张诸人所见《公孙尼子》果真属后人伪撰，作伪者抄撮古籍，亦当有所依据。将众人熟知的《乐记》整抄入《公孙尼子》，要么证明此作伪者手段太过愚蠢拙劣，要么说明原本《公孙尼子》与《乐记》在内容和篇目上肯定有大量重合之处，由此岂不恰足证明《乐记》与《公孙尼子》大有渊源？且《艺文志》早已明言，河间献王之《乐记》乃"采《周官》及诸子言乐事者"而成，其主体应属先秦旧说，而非汉儒自造，因此不能排除河间《乐记》大量整抄《公孙尼子》的可能性。故刘向所校可能既是河间献王之遗文，又属公孙尼子之旧著。

在缺乏新的出土文献佐证的情况下，关于《乐记》之文献来源的聚讼不可能有终了之时，但这其实并不妨碍本书对《乐记》义理的研究。无论其是主要来自《公孙尼子》，还是完全意义上的诸子乐论汇编，《乐记》都当之无愧地构成中国思想史上最全面、影响最深广的乐教理论文献，是战国至汉初儒家乐论的集大成之作，也是我们研究儒家礼乐政教思想的基本依据。

第二节 本情象德：音乐之本原与特质

由于音乐在古人生活中的崇高地位及其自身涵具的神奇精神力量，古人很早便试图对乐之本原一探究竟。《乐记》开篇推论乐本，乃周秦诸子本原意识的体现，也对进一步理解乐之本质、功用有着决定性的影响。

---

① 《公孙尼子》一书，有宋以后公私目录再未见著录，则其逸于宋世可知。若其如《古文尚书》《孔子家语》之类传世至今，或可证其真伪。该书既逸，今人缘何知其为伪？此等勇于疑古而疏于考实之论，万不可通。

一 "乐由中出"——乐的心性本原

《乐记》首先明确指出乐之本原的内在性,这既是对先秦诸子特别是墨家之"非乐"主张的回应,也与先秦儒家心性论之发展密切关联。

> 凡音之起,由人心生也。人心之动,物使之然也。感于物而动,故形于声;声相应,故生变;变成方,谓之音;比音而乐之,及干戚羽旄,谓之乐。

乐虽然表现为外在的声音形式乃至肢体动作,但这些物化形式并非独立自在,而是"由人心生"。这当然并非主张此类外在形式皆由人心创造,而是意指人心是音乐之所以发生的根本原因,若无人心之动,音乐亦无从发生。只有因人心之动而由内向外发显并具备与人之审美心理相应之美感形式的声音才能被理解为真正的音乐。

乐由人心而生,并不意味着其发生只与人心有关甚或乐本身即现成性地存在于人心之中。《乐记》指出,乐在人心之动的过程中现实地发生,乐之内在并非静态的、现成性的,而是动态的、生成的。所谓"人心之动",即是一个内与外、心与物相感应的过程,外"物"在此过程中也起到一个根本的引发作用。因此,严格地讲,乐本原于心、物之感应。由此可见,《乐记》的内在性主张并非倡导一种孤绝的或泯除内外之分的内在性,而是在内外、心物相感应的动态结构中突出心的主导性。乐固然在物来相感的过程中才能发生,但其表现形式并非"物"由外向内地给与,而是因心之动而由内向外的显发,此《乐记》最终将乐归本人心之原因。

人心之感物而动即呈显为"情",但情与心并非二物,情本身即是心的"动"态存显方式,因此,《乐记》亦称人之情感为"心":

> 乐者,音之所由生也,其本在人心之感于物也。是故其哀心感者,其声噍以杀;其乐心感者,其声啴以缓;其喜心感者,其声发以散;其怒心感者,其声粗以厉;其敬心感者,其声直以廉;其爱心感者,其声和以柔。六者非性也,感于物而后动。

将感物之心称为哀心、乐心等，即是将哀、乐、喜、怒等情感理解为心之应物的方式，肯定其非由物之外铄而致。强烈的内在情感波动会引发人的生理反应，首先通过"声"而表现出来，因此，"声"与"情"之间存在着直接的对应性："噍以杀"之声乃"哀心"之表现，"啴以缓"之声则为"乐心"之表现，他皆类此。

更耐人寻味的是《乐记》"六者非性也，感于物而后动"之说，更进而关注与"情"即"心之动"相对的"性"。儒家心性哲学心、性、情三大主题及其关系模式在《乐记》中得到明确表述，其基本观点对后世儒家哲学特别是宋明理学产生了深刻影响。

> 人生而静，天之性也。感于物而动，性之欲也。物至知知，然后好恶形焉。好恶无节于内，知诱于外，不能反躬，天理灭矣。夫物之感人无穷，而人之好恶无节，则是物至而人化物也。人化物也者，灭天理而穷人欲者也。于是有悖逆诈伪之心，有淫泆作乱之事。是故强者胁弱，众者暴寡，知者诈愚，勇者苦怯，疾病不养，老幼孤独不得其所：此大乱之道也。是故先王之制礼乐，人为之节：衰麻哭泣，所以节丧纪也；钟鼓干戚，所以和安乐也；婚姻冠笄，所以别男女也；射乡食飨，所以正交接也。礼节民心，乐和民声，政以行之，刑以防之，礼乐政刑，四达而不悖，则王道备矣。

《乐记》的性论是其礼乐政教思想的形上理论前提。由"人生而静，天之性也"一语可知，上文之所以认为六情"非性"，是因为"静"在《乐记》看来才是性的本然状态，而情则是动态的。情非性的断言，正是为了突出"静"作为"性"之第一存在样态的根本性和前提性。"天之性也"意谓此性乃是天道的实现形态，而"天"与"性"的同一性只有在"人生而静"中才能被真实地理解和体验。中国哲学之言"动""静"，大率本心性而立论，"静"指内心之平静安详，不为情绪和欲求所扰动。《乐记》将之对应于"性"，以此强调"静"对"动"的优先性。但这并不意味着"动"与性无关甚或与之对立。对《乐记》而言，"静"是性的本然和初始样态，而"动"也是性之动，

第九章　乐与儒家政教理想:《乐记》礼乐论通诠　329

是性为外物所感而向外呈显的方式。如果没有"感于物而动",则性的本质可能性无法呈现,性也无法被全面地理解,甚至会处于一种隐而不现的状态而不能为人所知觉。因此,"动"对于理解性同样具有根本的意义,如《乐记》所言,"动"乃是"性之欲也"。

历代《礼记》注疏文献大多将"欲"解为情欲,这一理解模式显然因下文"灭天理而穷人欲"一语而来,并受到汉儒性善情恶说的影响,暗含着对"欲"的否定性价值判断,由此造成了"人生而静"和"感于物而动"的对立,开宋明儒"存天理,灭人欲"观念之先河。俞樾《群经平议》卷二十一辨之云:

> 《说文》"心"部:"情,人之阴气有欲者。""性,人之阳气性善者也。"然则"欲"属情,不属性。古言"情欲",不言"性欲"。"性之欲也",义不可通。据《史记·乐书》作"性之颂也",疑古本《礼记》如此。徐广曰:"'颂'音'容'。"当从之。"颂"即"容"之叚字。《月令》篇"有不戒其容止者",注曰:"容止,犹动静也。"以动训"容",以静训"止",是"容"有动义。《孟子·尽心》篇"动容周旋中礼者","动容"连文,其义一也。……"感于物而动,性之容也。"上句言动,下句言容,文义相应,盖"动容"本古人常语耳。且此两句以"动"、"容"为韵,上两句以"静"、"性"为韵,皆有韵之文。"容"作"颂"者,古字通也。……学者不得其义而改"颂"为"欲",失其义,兼失其韵矣。下文曰:"人化物也者,灭天理而穷人欲者也。"夫性者,天之性也,若欲为性之欲,则是天欲而非人欲矣,安得云"穷人欲"乎?①

据俞氏,"性之欲也"当作"性之容也",然若仅以"动"解"容",则与上句"感于物而动"重复。此处用"容"字,不但为避重复,更意在突出"感物而动"乃性之外显的方式。只有在感物而动的过程中,性才能向人显示自身并为人所觉知。当然,《乐记》之说不无

---

① 俞樾:《群经平议》,《续修〈四库全书〉》影印清春在堂全书本。

可议之处，因为人若果然是"生而静"的话，则人之"感物而动"完全是被动形态的。这首先与人之实际生存情态不符，因为人之基本生命欲求，如《礼运》所谓"饮食男女，人之大欲存焉"，并不待感物而后有。同时，人在应物而动的过程中何以会对物有好恶之分也变得不可理解。可以认为，《乐记》"人生而静"说并非对人性的整体论断，而是在人心感物而动的当下体验中对此动发生之前心理状态的回溯，并将此回溯式的"静"之体验理解为"中正平和"的理想心性状态。人心之动虽不可避免，然一旦有动，便极易陷入"流失"形态，因此，静相对于动而言，具有修养论意义上的优先性。这一观念对宋明以降的理学工夫论同样有着深远影响。

"性"是中国哲学关键词之一，同样也是令西方哲学熏染之下的现代中国哲学研究深陷诠释困境的词语之一。将心性论释读为准西方式的"人性论"本身就会带来视角的偏离，照搬西方哲学的对象化分析方式更往往使古典文献之"性"论变得完全不可理解，《乐记》以动静言性的理路在西方哲学的概念化思维方式中便显得不知所云。诚如业师李景林先生所言，今人在西学观念笼罩下研究人性的根本思路是采取逻辑的方式，把人或人性作为一个客观的对象予以分析。人性被分解为不同的要素、属性，然后从中抽出所谓的本质属性来构成人性的概念。这一研究范式的问题在于，"一方面，这种共时性静态的考察方式，由于缺乏具体历时性或历史性的意味而丧失了心灵的诗意和个体生活的丰富性。另一方面，主谓结构的定义方式既不能穷尽人性概念的内涵，同时，它又往往把'人'作为被述说的主辞变成为一种属性的概念，从而障碍了对'人'的生存性和本原性的具体了解"。[①] 与此不同，中国哲学言性，不是在"本质"或"属性"意义上立论，而是在本体和本原意义上立论，并以此为基础而将本质、属性等范畴收摄其中。中国哲学之本体与本原思想亦非概念论意义上的，而是生存论意义上的。性不是一抽象观念，而是人当下之全部生命存在，性即存在于人的身体性或曰肉身性中，人的各种"本质""属性"都必于其肉身实存中获得其根据。《乐记》云："夫民有血气心知之性而无哀乐喜怒之常，应感起物而动，

---

① 李景林：《教化的哲学》，黑龙江人民出版社2006年版，第37页。

然后心术形焉。"将血气即肉身性作为其性论的基础内容。"情"即根本于此肉身性，性由心显，心由情著，心、性、情皆在人生存之整体性中贯通一致。

《乐记》称，人心感物而动的具体方式是"物至知知，然后好恶形焉"，又涉及中国传统思想中的"知"论。人能应物而动的前提是其有"血气心知之性"，"知"同样是"心"的根本存在与呈显方式，情即建立在"知"的基础之上。"知"在古代经籍中有知觉义，有知识义，有智慧义，此处当作知觉讲。但需要说明的是，在中国哲学语境中，对知觉的理解，乃着眼于人之生命活动的整体特征，而非仅涉及人的认知能力及其作用形式。"知"是内与外、心与物彼此相感互通的过程，是人类生命之感通性本质的呈现。正因此，"物至知知"之后发生的不是知识性的对物之观察分析，而是好恶情感判断。亦因此，《乐记》虽然以"知"为心之动的前提，但仍然主张心物关系中情的主导性，这与西学传统心物关系理解中知识优先的思路大相径庭。中国哲学总体显现为一种生存论形态而非知识论形态，正根源于此。

《乐记》出于对人类情感之复杂性的明确意识而言六情，继而又将情概括为"好""恶"两端。动虽为"性之欲"，但极易流于偏失。一方面，内在的好恶之情可能失去节制（"好恶无节于内"）。好恶之情具有很强的任意性，未必合理、公正，而且往往以个我私己利益为本，趋利避害本能容易造成人对利害的偏执，失去对自我心性的把控。另一方面，不断变化中的外物对心知又构成强烈的诱惑牵引（"知诱于外"），使人陷入无休止的纷扰之中。人在逐物任情的过程中逐渐丧失"反躬"的可能。所谓反躬，即将心志从对外物的驰逐中收束回来，反归"生而静"的"天之性"。若不能反躬，必将造成"灭天理"的恶果。《乐记》称，人在现实生活中极易陷入"物之感人无穷而人之好恶无节"的内外交困之中，导致人完全被外物所控制，此即"人化物"。人化物的表现，即"灭天理而穷人欲"。上述说法的确让人联想到宋明理学的基本观点，甚至可以说，宋明理学"存天理，灭人欲"主张和察识涵养工夫以及"物物而不物于物"的境界追求都源于《乐记》的直接启发。但也应注意到，《乐记》虽描述了一个"灭天理而穷人欲"的大乱大恶场景，但并未反其道而行之，提出"存天理，灭人欲"的主张，此其与宋明儒不同处。所以如此，盖因《乐记》并未如宋明儒般将天理与人欲完全对立起来。恶的根源不在于人欲本身，而在于"穷人欲"，即在对物欲的无限追逐中遗忘乃至殄灭"天理"。由《乐记》之"天理"到宋明儒之"天理"，其间固然有着清晰的观念联系，但同样有着微妙的思想差异。从《乐记》本文看，"天理""人欲"之分的确与前文"天之性"和"性之欲"之分有对应关系，但并非二者的替代用语。《乐记》中"理"字主要用以指谓事物所展现出来的差异性原理与秩序关系，如"乐者，通伦理者也"，突出的是乐沟通因伦类不同而显示出不同之"理"的纷繁物类之效能。由此可以推论，《乐记》所言"天理"，正指世间万物所天然具有的伦类之理，这构成自然与人类社会合理秩序的本原，"穷人欲"由于破坏了人与物的正常关系而威胁到此秩序所维系的自然与社会之和谐。《乐记》思路与宋明理学最突出的差异，在于其为防止大乱而设计的治理方案侧重社会性的礼乐政教。这样理解绝非认为《乐记》排斥内在心性修养——事实上，乐教本身就是以心性为其关注对象，也绝非认为宋明理学即是无视礼乐教化的心性空谈，而是意在突出两者关注重点之不同。

通过对心、性、情的讨论探寻乐的本原，《乐记》为华夏乐教传统进行了心性论奠基，其内在思路、精神皆与儒家礼乐释义理论的整体义理规模和宗旨相协调呼应。

二 情、文、器、象——乐之结构要素

《乐记》开篇即阐述了声、音、乐三者的关系与区别，将之视为人心感物而动后情感由内向外显发的三个阶段。第一阶段，"感于物而动，故形于声"。因物之所感而动的心，很自然地推动人以"声"的形式表达其感受，"情动于中，故形于声"。"声"是最为直接而单纯的生理性的声音形式，是特定感受的纯自然的表现形式，具有特定的意义和情感内容，但还不具有美感和艺术性。"声"是人与动物共有的自然本能表达方式，故《乐记》云："知声而不知音者，禽兽是也。"第二阶段，"声相应，故生变；变成方，谓之音"。单出之"声"虽然亦可在一定程度上表情达意，但极为有限，尤其是在人的情感和生活日趋丰富复杂之后，自然会产生"声成文"之"音"。在特定情境中"感物而动"发

出的"声"可能是单一的,但所感的变化也会引起"声"的变化。自然界中不同的"声"之间本来就存在着"清浊高下"之类音色、音高等天然差异,其对比关系("相应")凸显了声音的各种变化形式("生变"),这使由自然之"声"向艺术之"音"的过渡成为可能。人类运用自然的"声"之变化,使之形成规则性的富于美感的("成方""成文")声音系统,即为"音"。但"音"不同于今人所谓"音乐",现代语境中的音乐包含了声乐和器乐两类,而《乐记》首章所谓"音",主要指声乐而言,① 如《礼记正义》所言:"音犹今之歌曲也。""音"与"声"不同,乃是人所创造的艺术形式。第三阶段,"比音而乐之,及干戚羽旄,谓之乐"。"比音而乐之"谓在歌曲中配入器乐演奏,使情感的音乐表现形式更为丰富,"及干戚羽旄"谓在声乐、器乐之外加入各种形式的舞蹈,三者合一才构成《乐记》所理解的"乐"。可见古人所谓"乐"亦不同于今人所理解的音乐,而是声乐、器乐、舞蹈之合一,不仅包含了声音艺术,还包括了舞蹈这样的形体动作表演艺术。所以如此,是因为在古人看来,上述艺术形式皆属本于人心之动而由内向外情感抒发的自然序列,因此其外在的形式区别并不重要,其内在的精神一贯才是根本的,即都是为了表现"乐"(快乐)。声、音、乐构成一个前后相继的发生序列,因此这种分析是生成性的而非结构形式意义上的。

《乐记》对乐之结构的理解即以上述生成性分析为本,将乐称为内心情感的形现之"象"和对此象之"饰":

> 乐者,心之动也;声者,乐之象也;文采节奏,声之饰也。君子动其本,乐其象,然后治其饰。

乐被分为情感("心之动")、声音(情之"象")和"文采节奏"("声之饰")三个方面,三者之关系虽有形式结构的意味,但总体以生

---

① 当然《乐记》并未严格遵循首章的这一区分,在后文中,又往往以"音"泛指各类形式的音乐作品,如称先王之乐为"德音",而称郑卫之音为"溺音";有时则又以"声"来泛指一切形式的音乐作品,如"雅颂之声"。

成性关系为本，这由"君子动其本，乐其象，然后治其饰"一语可知。在这种生成关系中，三者间也有主次先后之别，"文采节奏"作为"声之饰"，显属末节。

《乐记》又云：

> 德者，性之端也；乐者，德之华也。金石丝竹，乐之器也。诗，言其志也；歌，咏其声也；舞，动其容也。三者本于心，然后乐器从之。

《乐记》中之"德"观念，我们下节再进行重点讨论。"德"在乐之结构分析中的地位与上文所言"心之动"即情感相当，所不同者，情乃就常人心理而言，德则就君子人格与儒家音乐理想而言。乐作为外在艺术形式被理解为"德之华"，即内在德性之华美呈现，分析言之，则又包括诗、乐、舞三种艺术形式。诗言说内在情志，歌通过咏唱使其进一步抒发，舞则形诸容貌动作，三者构成表情达意的浅深序列，都系"本于心"而发。乐器则构成外在的辅助，与三者有主次之别。

《乐记》又将乐分为情、文、器三个层次。

> 故钟鼓、管磬、羽籥、干戚，乐之器也；屈伸、俯仰、缀兆、舒疾，乐之文也。

钟鼓、管磬乃声音之器，羽籥、干戚乃舞蹈之器，合言之而"乐器"乃备。屈伸、俯仰乃舞者之形体动作，缀兆、舒疾谓舞者之行位节奏，合言之则为"乐之文"。《乐记》此处以舞为文，盖因舞乃古人心目中乐之极致表现形式。若就乐之整体而言，则其"文"当不止于舞。如前文言"声相应，故生变，变成方，谓之音"，郑注："方，犹文章也。"郑玄以"文章"释"方"，此"文"即指声调之间交错有致的和谐关系以及由此形成的节奏、旋律等。对器乐演奏而言，金石丝竹等"八音克谐，无相夺伦"，亦共同形成"文"；在舞蹈中，则舞者肢体动作之屈伸缓急有致，构成"文"。此处文、器对言，二者彼此分别，若将文理解为外在的物化形式，则器亦属于"文"。与乐之"文"相对者,则有乐之"情"。

乐本于人心之感物而动,即本于情。情不但是乐之本原,也被理解为乐之本质。《乐记》云:"乐由中出,故静。""静"字颇费解,历代注疏多将之比附于"人生而静,天之性也"之"静",① 实扞格难通。因为"人生而静"乃形容心未感之状,然既未有所感,则无乐之发生,而《乐记》明言乐乃人心感物而动所生,则以"静"说乐,显属自相矛盾。此困惑至清代高邮王氏父子始得解决,王引之《经义述闻》卷十五"乐由中出故静"条云:"郑以'静'为'动静'之'静',故云:'文犹动也。'今案,乐者感于物而动,故形于声,不得谓之静。'静'当读为'情'。情者,诚也。乐由中出,故诚实无伪,下文曰:'和顺积中而英华发外,唯乐不可以为伪',正所谓'乐由中出故情'也。古字'静'与'情'通。"② 乐之"情"正与礼之"文"对言,"情"指内在情感之真实呈现,"文"则对人之性情加以修饰节制。《乐记》情、文对举,正合乎儒家礼乐释义根本原理。以动、静解之,反而不伦不类。

《乐记》云:"知礼乐之情者能作,识礼乐之文者能述。作者之谓圣,述者之谓明。"此处情、文对言,使人联想到荀子礼论和《礼记》丧礼诸篇对礼之情、文两因素关系的讨论。然彼所谓"情",乃情感之意,儒家尚情重质,又强调文的意义,以文质中道即"情文俱尽"为礼之理想形态。《乐记》亦以"情"为乐本,但此处所谓"情",却并非情感义,而为情实义,所谓"知礼乐之情",谓知其"实"即"本质"。对"乐之情",《乐记》如此理解:

> 论伦无患,乐之情也;欣喜欢爱,乐之官也。

"欣喜欢爱"正属乐之情感内容,被称为"乐之官",而"论伦无患"显然与情感无涉,则"乐之情"非指内心情感可知。"伦"字在

---

① 如郑玄为解乐之静,而将对应的"礼自外作,故文"一语之"文"释为"动"。《礼记正义》以为"行之在心故静",并引庾蔚说:"乐成在中,是和合反自然之静。"

② 王引之:《经义述闻》卷十五,《续修〈四库全书〉》影印清道光刻本。

《乐记》全篇中多次出现并构成理解乐之精神的关键，《乐记》对比声、音、乐之差异云：

> 凡音者，生于人心者也；乐者，通伦理者也。是故知声而不知音者，禽兽是也；知音而不知乐者，众庶是也。唯君子为能知乐。

这段文字强调音与乐的区别不但在于其所指艺术形式之范围宽窄，更在于其精神内涵的差异。音、乐皆本于人心而构成一个艺术形式的生成序列，但此处唯言音之"生于人心"，而以"通伦理"解乐，意在突出"音"直接受制于特定的内心情感形式。"乐"则不然，能够超越此限制而会通不同物类之理。《乐记》所言"伦理"，显非今日道德哲学意义上的伦理。郑注："伦，犹类也。理，分也。"《正义》云："比音为乐，有金石丝竹、干戚羽旄，乐得则阴阳和，乐失则群物乱，是乐能通伦理也。阴阳万物各有伦类分理者也。"① 因此，"通伦理"指乐具有协和沟通天地万物之效能。所以如此，乃因"万物之理，各以类相动"。物类之间并非各不相干，孤立静止，而是始终彼此相感相动，其相互感动以类的方式进行，并遵循一定理则。所谓"论伦无患"，即谓乐之根本精神，在于体现和实现此伦类之理而不使之滞塞变乱，此即"通伦理"之义。

"乐之官"② 与"乐之情"不同，但整体归属于"乐之情"，欣喜欢爱实为"论伦无患"的一种表现形式。如果作为"乐之本"的情感与物类之理相比都可理解为次生性事物的话，音乐的各类物化形式，"器"与"文"，自然更属末节，故《乐记》云："乐者，非谓黄钟大吕、弦歌干扬也，乐之末节也，故童者舞之。"并由此认为，"德成而上，艺成而下"。这显然也是先秦儒家重本观念的体现，为防人舍本逐末而发。然情与文、德与艺原非对立，虽有本末先后之分，但在人之教

---

① 孔颖达：《礼记正义》卷三十七。
② 马晞孟如此理解"情"与"官"之不同："乐以和为实，其和足以通伦理而无缪，故为乐之情，情犹言实也。乐虽以和为实，而和之所见，则在于欣喜欢爱，无欣喜欢爱，则和之理几乎隐矣。故欣喜欢爱为乐之官，官犹言职也。情者，官之所始；而官者，情之所成也。"参见卫湜《礼记集说》卷九十三引。

养生活中实相互支持。若唯重"情"而遗"文",则乐可以不作矣。此亦非儒家乐教真义所在。只有德、情、文、器、象、数诸因素皆得完美实现与相互协调,方为《乐记》的理想音乐形态:

> 发以声音,而文以琴瑟,动以干戚,饰以羽旄,从以箫管。奋至德之光,动四气之和,以著万物之理。是故清明象天,广大象地,终始象四时,周还象风雨,五色成文而不乱,八风从律而不奸,百度得数而有常。大小相成,终始相生,倡和清浊,迭相为经。故乐行而伦清,耳目聪明,血气和平,移风易俗,天下皆宁。

三 "乐者,乐也"——乐之精神实质

古人为什么将"乐"(音乐)作为音乐舞蹈艺术形式之名?在儒家看来,这是因为它们都是人内心之"乐"(快乐)的表达形式。汉语中"音乐"之"乐"与"快乐"之"乐"同字异音,说明二者之间既有语义分别,又存在着不可分割的意义关联。若单纯从字义演变角度看,则二者之间不过语义孳乳关系。"樂"字本为象形字,义为乐器。乐器为演奏音乐而制,故引申而为音乐之义。音乐可以和理情性,使人愉悦,故又引申而为快乐之义。与这种语义历史演生次序相反,儒家礼乐释义理论从生存论意义上理解"乐"(快乐)与"乐"(音乐)的关系,认为前者乃后者之心性本原并构成后者的精神实质,由此提出著名的儒家乐论命题——"乐(音乐)者,乐(快乐)也"。

> 夫乐者,乐也,人情之所不能免也。乐必发于声音,形于动静,人之道也。声音动静,性术之变尽于此矣。

儒家以"乐"(快乐)释"乐"(音乐),曾遭到墨家的批评。墨家基于形式逻辑法则,将"乐者,乐也"视为同义反复,显然完全不了解儒家在此命题中展现的对乐之本质的理解。"乐者,乐也"首先意味着乐根植于人之性情,在人之生命中有其内在本原,是生命情感之自然的("人情之所不能免")、本真的("惟乐不可以为伪")发显形式。从这个意义上讲,墨家之"非乐",虽然有其现实针对性,但就理论本

身而言，则是违离人性的。问题在于，情有哀、乐、喜、怒、爱、敬诸种形态，乐亦善于表达各类情，何以唯独以"乐"（快乐）为乐之本质？

汉语中乐（音乐）、乐（快乐）同字显示出华夏思想独特的音乐理解方案和文化精神。乐（快乐）在此并非专指某种特定的情感形态，而是泛指生命中各类正面情感，这些情感尽管存在内涵、形态和程度的差异，但都呈现为彼此相通的美妙身心体验，在发展和强化中都会转变为至极的乐感体验。对快乐的追求在某种意义上可以视为整个人类最基本的生存特性和生命动力，这一观点容易得到心理学家的赞同，考察人类生活的历史和现实也让人倾向于相信这一点。但过于轻易的快乐主义也经常遭到来自哲学家的怀疑与批评，将快乐作为生活的目标和幸福的标志往往被视为肤浅和缺乏高远精神理想的表现。一种常见的反批评则宣称，其实各类最严肃的宗教观念甚至苦修行动也都指向和追求一种快乐体验，并倾向于将哲学和宗教意义上的至福和极乐等同于世俗意义上的感官享受之乐，认为哲学家和宗教徒对世俗快乐的排斥只是为了追求更长久地享受此快乐。这一观点显然否定了快乐的层次之分，而将官能享乐视为快乐的唯一形式，理所当然地遭到反对。不过，哲学家和宗教徒也都不否认追求真正意义上的"快乐"的意义，只是强调这种快乐乃是一种纯净的精神性的欢乐乃至狂喜。鉴于此，笼统地谈论中国文化的乐感体验，并将其描述为一种"乐感文化"就仍显得草率，许多对中国文化似是而非的批评就建立在这一含混的概念之上。

快乐一词若详为辨析，至少有三重义涵。一是感官和身体意义上的快乐。此生理意义上的快乐，源自人之官能欲望的满足。二是心理意义上的快乐。"心理"一词在此意指各种世俗意义上的日常普通心理活动，与之相关的快乐也多种多样，但大体而言，或源于某种愿望和期待的实现，或来自某种滑稽诙谐的语言、行为或场景的逗引。心理意义上的快乐和感官意义上的快乐虽有明显差异，但也有相通之处，感官快乐往往引发一种心理的愉悦感，而心理快乐也大多伴随着发笑以及由此而来的身体放松和生理快感。三是精神意义上的快乐。也许还应该对此类快乐体验作更细致的区分，因为我们试图以之指称诸如人在欣赏自然景观和艺术作品时的审美愉悦，人在完成一件善举时所体验到的心灵喜悦，人在获得某种神秘的宗教经验时的狂喜，当人感受到自我生命与宇宙秩序的和谐以及生命和德性人格之成就时的欣然之情等多种类型的欢悦心灵体验。尽管上述体验之间亦存在差异，但其共同特征是超越了生理和世俗心理领域的快感形式，而呈现一种精神性特质。对前两类快乐而言，物、我之分，以及在此分别的前提下物对我之欲望或期待的满足效能十分重要，因此这些快乐也根本上依赖于物，故而是外在的和有待的。在精神性的快乐体验中，物与我的界限泯除了，人或者进入一种"无我"的状态，或者获得一种"万物皆备于我矣"的体证，因此这种快乐不是源于外物的感动（即便在其发生中有外缘的作用），而是由生命和心灵的最深处自然发生，这种快乐因而是内在的和无待的。

那么，儒家用来解释"乐"（音乐）的"乐"是何种意义上的快乐？经历过长达一个世纪的反传统精神的熏染，现代国人心目中的儒家形象大体是严肃刻板甚至迂腐拘执的，而一些"不喜儒"的文化人更乐于以"虚伪"来诋訾儒家。但熟悉儒家典籍的人都清楚，儒家思想和行动的极境不在于各种伦理、政治信条，而恰在于对生命之"乐"境的追求。每一个宋明理学的研究者都会记得周茂叔命二程"寻孔颜乐处"的著名典故，《论语》中孔子和颜回在贫穷清苦的生活条件下仍能"乐在其中""不改其乐"，其所乐显然与外物无关，而属于发自内心的"真乐"。儒家所追求的这种"真乐"的特别之处正在于其与音乐精神的内在相通性，这使儒家自始即与音乐结下了不解之缘。但孔颜之乐并非在作为艺术形式的乐中所获得的审美愉悦。这样说并无卑视审美之意，事实上，儒家哲学整体恰具有突出的美学意味。孔子将人格造就的过程概括为"兴于诗，立于礼，成于乐"三个阶段，一种审美的和艺术教养的意味贯穿始终。审美对儒家而言绝不是低级的、仅与感觉相关的，而同样融贯于理想生命之终极境界即"乐"中。"乐"本身作为艺术形式就以审美性为其基本表征。精神性的理想并不与美和艺术对立，而恰在美和艺术中最充分地完成和呈现自身。那么，孔颜之乐是否一种基于"德感"体验的伦理性的德性自足之乐？儒家重视伦理德行，并将之作为人格成就和生命理想的根本实现方式，但德并非对外在道德规范的机械遵从，德之所以为德，恰因其是"性与天道"在人之生命中的实现。因此，德是成己成物的前提，自我与终极事物当下合而为一，

"下学而上达",而非停留于平面的社会政治维度的行为方式与心理习惯。因此儒家之乐感固然可以说基于一种德感,但此德感内涵着超越性与终极性维度,而非单纯伦理意义上的。进而言之,儒家的终极视域和超越境界中所展现的乐境,又不同于宗教体验所追求的神秘狂喜。先秦儒家几乎从不言及各类神秘体验,可见孔颜之乐并非某种神秘的类宗教体验,而是一种平静安详因而平实恒久的乐。人在生活中时时体证道,使道在自己的生命中当下实现与展开,使生活本身成为一种至美的艺术形态,身与心、物与我、天与人回归其本然的和谐,如同音乐之至极和谐,生命因此成为音乐性的,充满真乐。此乐不能分解为审美或伦理或宗教意义上的乐,而是贯通今人所言伦理、宗教和艺术诸领域,即德性即超越即审美,而臻于中和之至境。

四 "中和之纪"——乐之本质特性

乐之为乐,无论从其艺术形式还是精神理想而言,都以"和"为本质特征,"和"是乐之所以能表现和引发人之真乐的根本原因。《乐记》甚至将"乐"与"和"等同为一,赋予其根本的宇宙论意义:"大乐与天地同和","乐者,天地之和也。"

中西方古典哲学对音乐的理解皆以和谐为中心,认为音乐之美源于音符之间遵循特定数学规律而形成的和谐关系。就此而言,音乐是一种纯粹的形式艺术,音乐之美完全源于其形式自身。如数学拥有自明的真理性一样,音乐拥有自明性的美,这是其他任何艺术形式都望尘莫及的。如果将音乐之美归结为完美的和谐,此和谐首先是由其乐音之数律关系建构起来的,因而是纯形式的。《乐记》云:"变成方,谓之音。"又云:"声成文,谓之音。"皆就此艺术形式意义上的和谐而言。

在古人看来,乐中所呈现的"和"并不限于艺术形式本身,更是天地万物之自然和谐的体现,这构成《乐记》论和的基本精神,《乐记》正是由此认为"乐之情"即乐之本质在于"通伦理"。乐之所以能通伦理,是因为"万物之理"本自"以类相动",协调互通,此"天理"之自然。因为人"灭天理而穷人欲",才造成物类之理的变乱滞塞,因而需要乐教之"通",以使天地万物返归其本然之"和"。乐之"和"的形上宇宙论意义和心性论意义皆本于此。

《乐记》亦从"通伦理"的意义上，将乐之"和"表述为"同"。这不免惹人疑惑：中国传统思想历来以"和而不同"为尚，《乐记》何以将二者混同？《乐记》之所谓"同"，并非与"和"相对的，以取消差异而彻底趋于划一为特征的"同"，而是以"通伦理"为前提的万物之间的协同互通。因此《乐记》在提出"乐者为同"之后，又申言"同则相亲"，"同"的意义在于推动人与人之间彼此接纳和认同，从而使人相亲。《乐记》言"同"多从社会和政教层面立论，言"和"则多从心性和天道层面立论。

相比于艺术形式意义上的"和"，儒家更注重乐中体现的性情之"和"。《乐记》认为，音乐的意义和目的，就在于"教民平好恶而反人道之正"，所谓人道之正，便是此平和安静的天之性。也因此，儒家乐论并不以烦文促节穷尽哀乐之情，满足和激发人的官能快感为乐之能事，而主张乐之理想在于"简易"，所谓"大乐必易"。由此观念出发，《乐记》将能否和理性情作为评价音乐之品质高下的标准，由此提出著名的"音""乐"之辨。

五　德音、溺音——乐之品位差别

《乐记》篇首辨析"音""乐"，重在言其艺术形式之差异。对儒家而言，"乐"与"音"之间更重要的区别，在于"音"纯为人心之动，而"乐"则可以"通伦理"。统言之，则音与乐皆本于情性；析言之，则音只是性情之写照，纯以形式之美展示各类情志，并无特定的价值追求和精神祈向。"乐"则不然，乐能"通伦理"，要求自己依循和呈现世间万物的伦类理则和人的"性情之正"。《乐记》因此将"乐"称为"德音"，并宣称只有"先王之乐"即"古之乐"才有资格称为真正的"乐"。《乐记》所述魏文侯与子夏的对话即围绕此主题展开。

> 魏文侯问于子夏曰："吾端冕而听古乐，则唯恐卧；听郑卫之音，则不知倦。敢问古乐之如彼，何也？新乐之如此，何也？"
>
> 子夏对曰："今夫古乐，进旅退旅，和正以广；弦匏笙簧，会守拊鼓；始奏以文，复乱以武；治乱以相，讯疾以雅。君子于是语，于是道古，修身及家，平均天下：此古乐之发也。今夫新乐，

进俯退俯，奸声以滥，溺而不止；及优侏儒，獶杂子女，不知父子；乐终不可以语，不可以道古：此新乐之发也。今君之所问者乐也，所好者音也。夫乐者，与音相近而不同。"

文侯曰："敢问何如？"

子夏对曰："夫古者天地顺而四时当，民有德而五谷昌，疾疢不作而无妖祥，此之谓大当。然后圣人作为父子君臣，以为纪纲；纪纲既正，天下大定。天下大定，然后正六律、和五声，弦歌诗颂，此之谓德音；德音之谓乐。诗云：'莫其德音，其德克明。克明克类，克长克君。王此大邦，克顺克俾。俾于文王，其德靡悔。既受帝祉，施于孙子。'此之谓也。今君之所好者，其溺音乎！"

文侯曰："敢问溺音何从出也？"子夏对曰："郑音好滥淫志，宋音燕女溺志，卫音趋数烦志，齐音敖辟乔志。此四者皆淫于色而害于德，是以祭祀弗用也。"

魏文侯的问题诚可谓人类文化史中历久弥新的老问题，在今天尤其引发许多人强烈的共鸣。所不同者，魏文侯尚为自己的品味感到疑惑与惶恐，现代人则颇有拥抱世俗而拒绝古雅的倾向。

"古乐"谓先王之正乐，即雅乐。"新乐"以郑卫之音为代表，即《孟子》中齐宣王所言"世俗之乐"。但古乐之为古乐，并非仅仅因为其来自久远的过去。郑卫之音若流传至今，对现代人而言也可谓历史意义上的古乐。也许有人会设想，现代音乐熏陶下的人听到历史上的郑卫之音也会如魏文侯般"唯恐卧"。无法排除这种可能。因为随着岁月流逝和文化变迁，人群的审美趣味也不可避免发生改变。但趣味的变迁并不影响其内在精神品质的一致性，不难想见，这种精神品质的一致性会推动今天的人去肯定古代的"新乐"而排击"古乐"。实际上，这已经是思想史研究的现实，一种"新传统"。由此可见，"古乐"与"新乐"的分别，不在于时间意义上的先后远近之分，而在于其不同的精神品位。

但这并不足以解释何以"古乐"令人"唯恐卧"而"新乐"令人"不知倦"，而且令人疑心"古乐"之缺乏吸引力正是缘于其艺术形式的"守旧""僵化"，无法适应"人民不断发展的"审美需求，而"新乐"则是具有"人民性"的"新生事物",因而为人所喜闻乐见。表面看来,这是场关于艺术形式的讨论,子夏作为儒家学者,自然站在"古乐"的立场上,因而必须就古乐对许多人甚至大多数人而言缺乏魅力这一事实做出解释。这一问题当然首先涉及艺术形式,子夏比较古乐与新乐的形式差异称:古乐演奏之时要求"进旅退旅"①,音乐和动作遵循统一的法则并时刻保持一致。"和正以广",和谐而不流滥,无论声音动作都有宽缓不迫之意,弦匏笙簧之类乐器,皆待击鼓之后方开始演奏。"始奏以文"谓奏乐之前先击鼓警众,"复乱以武"谓舞蹈结束时鸣金而退,"治乱以相"谓奏乐之时击相为节,"迅疾以雅"谓舞蹈之时以雅为节。古乐表演始终遵循严格的规制,不能肆意而为,其艺术表现力和情绪感染力难免会因此受到影响,这也是魏文侯在努力自我警醒(端冕而听)的状态下,仍会感觉"唯恐卧"的原因。但古乐之和正、节制使人神志安详,将人的注意力引向内心精神生活,因而"乐终可以语,可以道古"。这就是说,古乐可以承载并且实际上也确实承载着价值内涵和教化目的,因而能够"修身及家,平均天下"。

与古乐之和正相比,"新乐"的根本特征是节制与条理的完全丧失。舞蹈上则"进俯退俯",舞姿恣意放肆,毫无章法;音乐上则"奸声以滥"。② 就美感形式而言,新乐未必不和谐,甚至可能呈现比古乐更动人的艺术形式。新乐真正缺乏的是性情之和谐——节制、平和、安详的精神状态,因而其形式之美容易使人陷溺其中,无节制地追求感官享乐和自我放纵,最终造成对人伦秩序的总体破坏:"及优侏儒,獶杂子女,不知父子"。这样,新乐的婉美动人,使人"不知倦",反而形成对天人秩序和性情内在和谐的根本破坏。古乐被子夏称为德音,并指出只有德音才是真正的"乐"。与之相对,子夏称"新乐"为"溺音",并分析了当时流行的四种新乐之特性:郑音表现邪淫之欲,使人情志放荡;宋音留连女色,使人情志陷溺;卫音节奏烦促,使人情志不安;齐

---

① 郑注:"旅,俱也。俱进俱退,言其齐一也。"
② 所谓"奸声",乃对比于"正声"而言。《乐记》云:"凡奸声感人而逆气应之,逆气成象而淫乐兴焉。"奸声的特征是"其声哀而不庄,乐而不安;慢易以犯节,流湎以忘本;广则容奸,狭则思欲;感条畅之气而灭平和之德。"新乐即郑卫之音更是奸声泛滥的淫乐形态。

音敖很辟越，使人骄纵傲慢。它们的共同点是"淫于色而害于德"，惑乱情志，使人心偏离正道，不但无助于教化，反而从根本上威胁群体生活秩序。儒家坚信，不应为了迎合众人的低俗趣味而牺牲乐教的德性理想，否则，乐教将不复为乐教。

由子夏与魏文侯的对话可知，"古"与"今"的差异和冲突是历史悠久的话题。① "古""今"之别并非历史时间的差异，而是精神品质或曰心性品质的差异。子夏明确地以德性层次来区分"乐"和"音"，认为音乐有品位高下之分，并非所有音乐都能体现中和理想，并直截了当地宣称，先王之雅乐才称得上是"乐"，郑卫之"新乐"只能算"音"。"音""乐"之别的关键不在于是否包括器乐演奏和舞蹈，而在于其所体现的性情德性的差异。如子夏所言，"夫乐者，与音相近而不同"，相近是就其艺术形式上讲，不同是就其所表达之德性层次上讲。

子夏将"古乐"称为"德音"，指出只有"德音"才能当得起"乐"之名。乐与德之内在关联，是儒家乐论的基本主题，乐的理想性和乐教的可能性皆基于此。对《乐记》而言，"音"为感物而动的性情之直接发显形态。乐由音而来，其所以超越于音者，即在于因"通伦理"而彰显出的德性内涵，故《乐记》云："乐者，所以象德也。"象者，拟象、形显之意，即以乐的形式展现内在德性。《乐记》又云：

> 德者，性之端也；乐者，德之华也。金石丝竹，乐之器也。诗，言其志也；歌，咏其声也；舞，动其容也。三者本于心，然后乐器从之。是故情深而文明，气盛而化神，和顺积中而英华发外，唯乐不可以为伪。

前文论乐本于心，对此段部分内容已作疏解，可参。"德者性之

---

① 当然，从《论语》《乐记》等古代经籍看，古典时代虽然也有"古"与"今"的冲突，但"古"的立场占了上风，无论魏文侯等人从心性上如何倾近于"今"，仍然对"古"保持崇敬心态，也愿意接受子夏"厚古薄今"的评断。而现代思想文化的特征是"厚今薄古"，认为"今"优于"古"。现代《诗经》研究推崇郑卫之音而贬抑雅颂之声，便是明证。这两种对立心态在一定意义上恰构成区别古典时代与现代的根本特征之一。

端",谓德乃性之端绪,① 即内在性情的根本呈显方式。《乐记》此处言"性"及下文言"情",皆自其本原处即"人生而静"和"性情之正"上立论。然德既然已经是一种呈现,则更多侧重于"性情之正"。"正"是"好恶平"即人之情欲得到适当节制的状态,只有在感物而动,好恶形焉的情志形态中才得以凸显。"乐者德之华"一语最能体现儒家以德性为本而又富于审美精神的思想风采。德是性情之美的显现,而乐则是"德"(德性—德行)之美的呈现。"华",《正义》释为"光华",辅广解作"英华",即花朵。作光华解,盖谓德如珠玉珍宝,而乐即此珠玉之质自然而具的流光溢彩之美。作英华解,盖谓德如花木之本,而乐如花卉所绽放的缤纷绚烂之美。乐即内在德性之华美呈现,而德性才是人生命中内在的光彩之源。故《乐记》申言云:"情深而文明,气盛而化神,和顺积中而英华发外。""情深"一语,历代注家所言多曲折,② 其实略如《杂记》所言:"孝子之有深爱者,必有和气,有和气者必有愉色,有愉色者必有婉容。""文明"即文采著明之意,谓其声律谐美。"情深而文明",言内在之情意深厚,自然能发而为外在的文章之美。"气盛而化神"者,《正义》谓"志意蕴积于中,故气盛。内志既盛,则外感动于物,故变化通神也"。所谓"化神",盖即孟子"过化存神"之意,谓内在志意诚笃充实,自然能与外物相通相感,引发和推动事物之形态发生变化,此感通变化过程微妙而活泼,有不可测之几,故曰"神"。"和顺积中而英华发外"乃对上两句的深化解说。人之性情中正平和,心志顺理,培植积累深厚德性,自然有光辉纯美的人格精神之外现。乐与音不同,音唯关乎形式之美,由之无从察见德性之优劣浅深。乐必以德为本,境界高下、品位雅俗自然著现,无法伪装。此亦乐教之所以成为教化之终极方式的根本原因。

---

① 《正义》解"端"为"正",云:"言德行者是性之端正",然"端"作"正"解时,于古汉语中多作形容词用,如《孟子》云:"夫尹公之他,端人也,其取友必端矣。"然本句与下文"乐者,德之华也"句式一致,"端"与"华"对,皆当作名词解。作为名词之"端",当作"端绪"解,如《孟子》云:"恻隐之心,仁之端也。"

② 如孔颖达云:"志起于内,思虑深远,是情深也。"孙希旦则云"情深者,谓喜怒哀乐之中节。"孔氏之说得其深而昧其情,孙氏之说则知其情而遗其深。

第三节　广乐成教：乐教之内容与方法

儒家乐论以教化为其理论归宿，但并非将教化功能强加到审美生活和艺术形态之上，而是对乐本具的和理性情、通和天人之功能的积极阐扬。《乐记》对乐教的理解同时包含了内在性情德性教养和外在社会政治教化两方面，彼此贯通，不可分割。

一　立乐之方——乐之创制原则

儒家乐教理论的基本思路由其对乐之本原与本质的理解而来。《乐记》开篇讨论乐之发生与人心的关系后指出，既然人的一切情感与行动都来自心与物的感应，人类社会治理行动从此根本处入手，方能奠立最理想的政教秩序。

> 是故先王慎所以感之者。故礼以道其志，乐以和其声，政以一其行，刑以防其奸。礼乐刑政，其极一也，所以同民心而出治道也。

《乐记》敏锐的政治洞察力使其并不全然依赖礼乐教化，也注重政、刑之意义，并认为礼、乐、政、刑四者的目标和宗旨在先王的治理行动中是协调一致的，都指向"同民心而出治道"。礼以制度仪轨对人之情感心理进行引导，乐以音律之美谐调人之性情，政以法规政令规范人的行动，刑则以惩罚措施防范奸慝。儒家主张礼乐教化为主而政刑约束为辅，政、刑虽与礼、乐并存，但只有在礼乐教化失效之时才开始作用。

在"人生而静"一节对人之心性特征尤其是天理、人欲之消长关系进行分析后，《乐记》指出，如果人不能对其好恶嗜欲进行合理节制，将可能陷入"强者胁弱，众者暴寡，知者诈愚，勇者苦怯，疾病不养，老幼孤独不得其所"的"大乱之道"，而节制人欲的最好形式，正是礼乐。

> 是故先王之制礼乐，人为之节：衰麻哭泣，所以节丧纪也；钟鼓干戚，所以和安乐也；婚姻冠笄，所以别男女也；射乡食飨，所以正交接也。礼节民心，乐和民声，政以行之，刑以防之，礼乐政刑，四达而不悖，则王道备矣。

作为儒家政教理想，王道之要旨在于认为政治问题的根本解决必须从教化入手，重在影响和调节"民心"。这决定了在儒家政治观念中，政、刑不可能成为主导。当然儒家从不否认二者存在的必要性和意义，《乐记》将之与礼乐并称即可见对其重视程度。但相对礼乐教化而言，刑政只能居于辅助性地位。

既然解决政治问题的关键在于礼乐，"制礼作乐"自然也成为儒家礼乐释义理论关注的核心主题之一。礼乐所以行王道，制礼作乐也是王者之事。《乐记》云：

> 王者功成作乐，治定制礼。其功大者其乐备，其治辩者其礼具。干戚之舞，非备乐也；孰亨而祀，非达礼也。五帝殊时，不相沿乐；三王异世，不相袭礼。乐极则忧，礼粗则偏矣。及夫敦乐而无忧，礼备而不偏者，其唯大圣乎！

王者制礼作乐必于功成治定之时，因为礼乐标志着全新秩序形态的建立。这一观念包含两大内容，一是礼乐本身的秩序意味，政治问题的解决即是秩序的建立与巩固，一是礼乐秩序在历史中的转变即因革损益。按照儒家的历史—政治哲学，人间礼乐秩序在天人相与的过程中有一自然变化历程，礼乐之运转即为适应此变化，汉儒三统三正说，亦由此而来。《乐记》言"功成作乐，治定制礼"，即从此政治秩序的变化、整顿与重新奠基而言，故下文又云"五帝殊时，不相沿乐；三王异世，不相袭礼"。王者兴起的历史意义，即在于顺应天命转移而成为新的礼乐政教秩序创制者。因此，在"殊时""异世"的情景下，五帝、三王不可能沿袭礼乐。礼乐之隆杀则与王者德行事功之大小相应，唯有德业至伟的大圣之人方能"敦乐而无忧,礼备而不偏"。

对《乐记》而言,乐教作为一种社会治理方案的可能性在于人心与乐之间的互动关系。乐本诸人心,表现人之情感欲求,而一旦发生,便成为外在的物化形式,又对人心形成感动效应。心与物之间的感动依循确定的形式,人们可以通过对音乐的选择影响性情。

> 夫民有血气心知之性而无哀乐喜怒之常,应感起物而动,然后心术形焉。是故志微噍杀之音作而民思忧,啴谐慢易、繁文简节之音作而民康乐,粗厉猛起、奋末广贲之音作而民刚毅,廉直、劲正、庄诚之音作而民肃敬,宽裕肉好、顺成和动之音作而民慈爱,流辟邪散、狄成涤滥之音作而民淫乱。

尽管《乐记》相信"人生而静,天之性也",这甚至可以被理解为一种特殊形态的性善论主张,但同样清楚的是,人心之感物而动无法避免,而社会大众并不具有现实的稳定心性。乐与内在性情的直接关系,使乐对人心有着最为直接而强烈的影响,正因此,乐教变得极为迫切。《乐记》称:

> 乐也者,圣人之所乐也,而可以善民心,其感人深,其移风易俗,故先王著其教焉。

此处言"乐",乃从"德音"的意义上立论。民心无恒,虽是其一大缺点,同时恰又成为教化得以可能的前提。民心在作为"德音"之"乐"的感动下便会趋向善,乐教由此自然推动着社会风俗的淳化。

乐具有如此突出的教化效能,故而其制作本身便成为最重要的政治和教化行动。在对民众受不同音乐影响而呈现不同精神和行为状态这一特征进行讨论后,《乐记》便提出:

> 是故先王本之情性,稽之度数,制之礼义。合生气之和,道五常之行,使之阳而不散,阴而不密,刚气不怒,柔气不慑。四畅交于中,而发作于外,皆安其位而不相夺也。然后立之学等,广其节

奏，省其文采，以绳德厚；律小大之称，比终始之序，以象事行；使亲疏、贵贱、长幼、男女之理皆形见于乐，故曰：乐观其深矣。

乐之创制，首先当"本之性情"。乐本出人情，亦必与性情相协，方能感动人心。这并不意味着乐全然出于民众缺乏稳定性的情感欲求，而应理解为乐本诸人生而静的中和之性。其次则"稽之度数"，即合乎艺术形式法则。乐必形诸节奏、韵律，此并非内在情志自然而有，必通过对声音和形体动作自然呈现的高下、清浊、俯仰、急徐之别来创构各类和谐的声音和动作形式，才得以可能。再次则为"制之礼义"。这显示出"德音"之乐与礼的内在联系，其具体方式或如陈澔所言："礼义，贵贱、隆杀、清浊、高下各有其义也。"① 情性、度数、礼义构成乐之创制的三个核心要素，"合生气之和，道五常之行"则为乐之创制的两大原则。郑玄解"生气"为阴阳二气，又解"五常"为"五行"，谓乐之创制当遵循阴阳五行之自然秩序。此解说方式是否合乎《乐记》本义，尚难定论。相比于对其所指进行猜测，更值得注意的是其所传达的基本价值关切，即乐之"和"应体现"生"气，以对生命之关爱为特征，而乐之"行"则应体现"常"道。乐之创制所欲达成的目标首先是性情修养意义上的，所谓"阳而不散，阴而不密，刚气不怒，柔气不慑"。阴阳刚柔指人因禀赋不同而呈显出的四种气质与性情样态。"阳"谓人天性豁达疏放明快，然性阳者或流于散漫放失；"阴"谓人气质谨慎安静周密，然性阴者或失之蔽固刻深；刚气使人勇猛果决，意志坚强，然刚强者或暴躁易怒，不能持心之平而行理之正；柔气使人温和宽容，慈爱良善，然温柔者或懦弱退缩，不能守心之安而赴义之当。阴阳刚柔之气皆可以成就美德，亦可能流于恶德，这也恰是教化之必要的现实依据。在《乐记》看来，乐教对于陶冶性情、养成德性有着其他方式不能替代的意义，甚至可以说，只有乐教才能从最本源和最终极的意义上解决这些问题。通过乐，人可以实现阳而不散、阴而不密、刚气不怒、柔气不慑的性情理想，使四气皆能畅顺通达，充分实现于人的现实生命之中，相互协调，阴阳刚柔"各安其位"，都能在最合适的情

---

① 陈澔：《云庄礼记集说》卷七。

境中发挥恰切的作用，达到性情的完美形态。

以上这些，可以说是乐之创制的准备工作，其核心是对性情的调节，也可以说是"先王"的自我教养。以在教养生活中充分实现的性情德性为本，才能创制出最理想的德音，并成为乐教的开端。

乐之创制也以对民众性情的教养为关注重点，《乐记》云：

> 夫乐者，乐也，人情之所不能免也。乐必发于声音，形于动静，人之道也。声音动静，性术之变尽于此矣。故人不耐无乐，乐不耐无形，形而不为道，不耐无乱。先王耻其乱，故制雅颂之声以道之，使其声足乐而不流，使其文足论而不息，使其曲直、繁瘠、廉肉、节奏足以感动人之善心而已矣，不使放心邪气得接焉，是先王立乐之方也。

在乐之"声音动静"中，可以穷尽"性术之变"。民众之性情不稳定，其内在自然节度的缺乏，或者说对性情之本的偏离，导向对伦类秩序的破坏即"乱"。先王立乐之意，即在于用"雅颂之声"即"德音"引导民众回归其本然的性情之正。乐教之主旨不在于穷尽音乐形式之美的可能性，以无限地迎合民众性情欲求，故雅颂之声展现出非常有节制的美感特性，并含有明确的德性追求。《乐记》接下来谈到乐之德性教化功能的展开方式：

> 是故乐在宗庙之中，君臣上下同听之，则莫不和敬；在族长乡里之中，长幼同听之，则莫不和顺；在闺门之内，父子兄弟同听之，则莫不和亲。故乐者，审一以定和，比物以饰节，节奏合以成文，所以合和父子君臣，附亲万民也，是先王立乐之方也。

经由乐之教养，社会生活中各种德性价值都进入"和"的状态。这一切的前提是乐之创制完全体现"和"，故《乐记》指出立乐的第一步便是"审一以定和"。郑玄以为审一即"审其人声"。《正义》云："人声虽一，其感或有哀乐喜怒之殊，当须详审其声，以定调和之曲。"郑释"一"为人声，不知何据，故后世颇有不同理解。陈旸云："五声所以为一者，以宫为之君也；十二律所以为一者，以黄钟为之本也。故审宫声则五声之和定，审黄钟则十二律之和定，审一以定和也。"① 孙希旦则云："一者，谓中声之所止也。……盖五声下不逾宫，高不过羽。若下逾于宫，高过于羽，皆非所谓和也。故审中声者，所以定其和也。然五声皆为中声，而宫声乃中声之始，其四声者，皆由此而生，而为宫声之用焉，则审中声以定和者，亦审乎宫声而已，此所以谓之一也。"②上引诸说，皆就乐之形式而言。《钦定礼记义疏》云："此言作乐之感乎人心。无不善者，性之一；有善有不善者，性术之变也。先王知其术之变原于性之一，故审其性之一，乃有以定其情而为和。"③ 此说与《乐记》前文论性情之语更有呼应性，亦更为全面。"比物以饰节"，谓"比八音之物以饰音曲之节。""节奏合而成文"，陈旸以为"节以止乐而奏以作之，一节一奏，合杂以成文也"。④ "合和父子君臣，附亲万民"乃是立乐的宗旨和意图，其方式则是以内在性情的调节为本，而以音乐艺术为其实现方式。

二　致乐以治心——乐教之德性主题

《乐记》称："乐者，所以象德也。"儒家的终极人格理想是本于和而充满乐的。和表现为人之身心内外的和谐，人与宇宙万物处于本原性的和谐之中，人体证到这种和谐并使对此和谐的体证成为其生活的根本内容，则其性情也呈现为稳定的和谐形态。因此，儒家理想的德性和德行，绝非仅指某种特定的伦理规范之被遵守和被践行（当然这种遵守和践行同样重要），也并非单纯意味着让某些特定道德价值主导自己的生命，而是使自身的性情之德（包括伦理德性，但又绝不止于伦理德性）彼此协调而达到恰切的平衡和均衡，从而能够最切当地应对生活的各种可能性，并且在这个过程中始终保持行为和性情的节制、平和。这种身心内外的和谐使人体味到一种极致的精神愉悦，

---

① 卫湜：《礼记集说》卷一百引。
② 孙希旦：《礼记集解》，中华书局1989年版，第1033页。
③ 《钦定礼记义疏》卷五十二。
④ 卫湜：《礼记集说》卷一百引。

一种由内心深处焕发的喜悦之情，此即乐。儒家之德不是刻板的持戒式的遵行伦理教条，也不是对某种神秘的狂喜状态的追求，而是带有强烈艺术性和审美特质的音乐化的性情和生活理想。这是一种乐式的德行、乐化的生命、乐性的精神境界。

与儒家德性理想的音乐性相对应的，是儒家乐论的德性内涵。"德"是儒家乐教理论之枢纽。乐不但是表现德性人格的根本方式，也是达致德性理想的必由之路。对于乐在人之德性养成中的作用方式，《乐记》有许多精彩论说：

> 凡奸声感人而逆气应之，逆气成象而淫乐兴焉；正声感人而顺气应之，顺气成象而和乐兴焉。倡和有应，回邪曲直各归其分，而万物之理各以类相动也。
>
> 是故君子反情以和其志，比类以成其行。奸声乱色不留聪明，淫乐慝礼不接心术，惰慢邪辟之气不设于身体，使耳目、鼻口、心知、百体皆由顺正，以行其义。然后发以声音，而文以琴瑟，动以干戚，饰以羽旄，从以箫管，奋至德之光，动四气之和，以著万物之理。是故清明象天，广大象地，终始象四时，周还象风雨，五色成文而不乱，八风从律而不奸，百度得数而有常。小大相成，终始相生，倡和清浊，迭相为经。故乐行而伦清，耳目聪明，血气和平，移风易俗，天下皆宁。
>
> 故曰：乐者乐也。君子乐得其道，小人乐得其欲。以道制欲，则乐而不乱；以欲忘道，则惑而不乐。是故君子反情以和其志，广乐以成其教。乐行而民乡方，可以观德矣。

人之"气"最容易受到声音的感动，而声可以概括地分为"奸声""正声"两类，与此两类声相感应的则有"逆气""顺气"，由此产生"淫乐""和乐"两类性质截然相反的乐。在《乐记》看来，这体现了万物之理以类相动的宇宙秩序法则。

既然如此，对修德而言，最根本的方式就是防止被奸声影响，保持正声的主导地位，由此实现"反情以合其志，比类以成其行"，从内在情志和外在行动两方面调整自我。历代注家对"反情以和其志"一语的理解颇有分歧。郑玄云："反，犹本也。"则反情即本情之意，这与乐本原于情性的观念一致。但仅本诸情性，是否能"和其志"？人能否在其情性中当下拥有或实现"和"？如果性情本然即是和，淫乐又何从发生？正是出于此考虑，后世不少学者将"反"解释为"反对"之反，如《礼记正义》云："反情，谓反去淫溺之情理，以调和其善志也。"陆佃云："情所谓可，有否焉，是之谓反情以和其志。"①当然，即便从这一意义上理解，"反情"也并非反对或禁绝一切情之意，气有邪、正之分，情有淫溺、中和之别，反情正针对此邪僻淫逆之情而言，反去此情，则情之发无非中和之情志。

对比了奸声、正声之后，问题便转向如何去淫乐而兴和乐，反去邪僻之情而成就中和之德，使"奸声乱色不留聪明，淫乐慝礼不接心术，惰慢邪辟之气不设于身体"。陈澔《礼记集说》云："曰'不留'、'不接'、'不设'，如《论语》'四勿'之谓，皆反情比类之事。"②可见本节的主题，即下文所言"以道制欲"。唯其如此，人才能得其性情之正，实现心志之和，进而"使耳目、鼻口、心知、百体皆由顺正，以行其义"。所谓"以行其义"，谓耳目鼻口等器官在情志平和的前提下方能和顺而正当地发挥其功能，而不陷于淫邪物欲，如此则其所发无非义之所当。所谓义，并非抽象的外在伦理法则，义者，宜也。如耳能听，目能视，视听不邪则能保其耳目之聪明，使耳目之官皆能顺利而持久地作用，此即"行其义"。

《乐记》认为，乐（和乐）便是内在性情之正的自然发显流形，所谓"发以声音，文以琴瑟，动以干戚，饰以羽旄，从以箫管"，乐因此能"奋至德之光"，显发内在光明之至德，此就乐与人之性情德性之关联而言。"动四气之和"，汪绂以为指前文所说"阴阳刚柔之气"。"以著万物之理"，《正义》以为"谓风雨顺，寒暑时，鬼神降其福，万物得其所也。"此说带有较多天人感应意味，乃汉唐乐论遗风。汪绂以为"即亲疏贵贱长幼男女之理，五常之行也。"则更显平实。《正义》说未能体现万物之"理"本身，汪氏说则将

---

① 卫湜《礼记集说》卷九十六引。
② 陈澔：《云庄礼记集说》卷七。

"万物"狭隘化为人伦生活,皆有所偏。实则《乐记》之"理",兼指"伦理"(伦类之理)和"物理"(万物之理)而言,唯乐能协调会通二者使之各适其宜。

"清明象天,广大象地,终始象四时,周还象风雨。"四句言乐之所象。所谓象,并非以形象相拟议之谓,而是指其内在精神相一致,即"法象"之意。郑玄以为,"清明,谓人声也。广大,谓钟鼓也。周还,谓舞者。"似过于拘泥。清明、广大,盖谓乐之精神气象,四句皆通乐、舞而言,不必强分人声、器乐和舞蹈。清明谓乐之清澈明畅高远发越者,以天之高明喻之;广大谓乐之深沉宽广浑厚含容者,以地之博厚喻之;终始谓乐之主题推进如四时之次第相生;周还谓乐之节奏旋律如风雨之回旋往复。这些都显示出《乐记》对乐之形式特征的深刻理解。"五色成文而不乱"一节言乐之形式法则。五色成文,以喻五声成音;八风从律,以喻八音合度。百度得数而有常,郑玄以为"百度,百刻也。言日月昼夜不失正也。"亦嫌迂远不切。陈祥道谓百度即"十二律之度",应镛以为,"大而日月星辰之度,小而百工器物之度,各有数焉,不止昼夜之百刻也。"汪绂亦以为,"百度,凡乐器之制度,舞者之缀兆皆是也。""小大相成,终始相生,倡和清浊,迭相为经"一语,陈旸以为:"声音律吕,发越于乐县之间,其体有小大,不相废而相成;其用有终始,不相戾而相生。一倡一和,一清一浊,迭相为经而其常未始有穷也。盖音莫不有适,太清则志危,太浊则志下,皆非所谓适也。一清一浊,迭相为经,要合清浊之中而已,安往而不适哉!"① 正因乐本诸性情之德,而又能以艺术形式表现此德,会通万物之理,其形式之和美足以彰明守护此德此理,故而乐之推行成为培养德性的最佳方式。"乐行而伦清",首先从乐"通伦理"和"著万物之理"的角度,言乐得施行则万物伦类之理清明,各得其宜,彼此和谐,此盖统言乐之大用。而后《乐记》重点分析其对人类生活之影响,首先是个体的"耳目聪明,血气和平",在乐之和理下人的身心性情皆达到最理想的状态。由个体而及群体,则乐可以养成美善社会风俗,实现天下和平安定的至善理想。

---

① 卫湜:《礼记集说》卷九十六引。

礼乐对德性养成之根本意义及作用方式，《乐记》下文言之最亲切：

> 君子曰：礼乐不可斯须去身。致乐以治心，则易直子谅之心油然生矣；易直子谅之心生则乐，乐则安，安则久，久则天，天则神；天则不言而信，神则不怒而威：致乐以治心者也。

此处将乐的主要功能归结为治心，与前文乐生于心而本诸性情的观点一致，也与上述乐与德直接关联的理论相呼应。致者，郑玄解作"深审"，言体之深而知之审。真德秀谓："致者，极其至之谓也。"辅广以为"致谓我有以致之而彼自至"。汪烜谓："致，推致也，实即之而穷其理，非徒习气声容揖逊之末已也。"诸说虽不同，而实相通，皆谓当理会践行其道而至极。乐感人深，故以乐治心。"易直子谅"者，《正义》云："易谓和易，直谓正直，子谓子爱，谅谓诚信。"按《经解》云："广博易良，乐教也。"良谓和悦，更贴近乐之特性。人有此易直子谅之心，自然有和乐之意，精神和乐则身心安定，安定然后能长久。能久于善道，生命精神渐臻于化境，此之谓"久则天"。① 方悫云："天者以言其化也。至于化，则广大有以致而高明有以极矣，故久则天。至于化而不可知，则为神。"② 此则乐教养德之极致，所谓"不言而信""不怒而威"，则推言其效耳。

三 审乐以知政——乐教之政治期待

乐乃人心感物而动所生，人心所感之大端，莫过于政，故乐最真切、最直接地反映国家政治的善恶臧否。《论语》曰："诗可以兴，可以观，可以群，可以怨。"兴、观、群、怨既属个体情感，同时又指向国家政教。《乐记》认为，一代之乐的情感特性与政治之善恶臧否有内

---

① 郑玄谓："志明行成，不言而见信如天也，不怒而见畏如神也。"则是"天"与"神"并称，而与《乐记》层递语气不合。且其说纯从外在政治影响立论，亦与本节"治心"之主题不协。

② 卫湜：《礼记集说》卷九十九引。

在关联，两者之间呈现内在的对应性：

> 治世之音安以乐，其政和；乱世之音怨以怒，其政乖；亡国之音哀以思，其民困。声音之道与政通矣。

治世政治清明，教令和美，百姓安居乐业，发而为咏歌风谣，自有安详欢乐之意。乱世政令乖僻，百姓劳苦不安，则歌诗中必多仇怨愤恨之气。国家危亡之际，百姓深陷危难，流离失所，其歌声必多悲哀忧思之情。"声音之道与政通"，乃儒家乐教论的基本原理，此观念正建基于对乐与政互动互通之本质关联的理解之上。

《乐记》又云：

> 宫为君，商为臣，角为民，徵为事，羽为物。五者不乱，则无怗懘之音矣。宫乱则荒，其君骄；商乱则陂，其官坏；角乱则忧，其民怨；徵乱则哀，其事勤；羽乱则危，其财匮。五者皆乱，迭相陵，谓之慢，如此则国之灭亡无日矣。郑卫之音，乱世之音也，比于慢矣。桑间、濮上之音，亡国之音也，其政散，其民流，诬上行私而不可止也。

《乐记》认为，宫、商、角、徵、羽五声与君、臣、民、事、物五者彼此对应，相互影响。在现代人眼里，此说包含太多神秘色彩，不免贻穿凿附会之讥。然古人如此立言，乃是为了提供一种乐音与政事之感应关系的结构图式。《乐记》认为，乐声所体现的情志变化与政事之变动有着内在联系。若政通人和，诸事得宜，则五声也将谐和而无敝败；若某一项政事出现了问题，其相应之音也将受到干扰而失去正常形态。《正义》云："宫音乱则其声放散，由其君骄溢故也；商音乱则其声欹邪不正，由其臣不治于官，官坏故也；角音乱则其声忧愁，由政虐民怨故也；徵音乱则其声哀苦，由徭役不休，民事勤劳故也；羽音乱则其声倾危，由君赋重，民贫乏故也。"① 若五声皆坏乱，彼此冲突，则称为

---

① 孔颖达：《礼记正义》卷三十七。

"慢",国家政治已彻底败坏不可收拾,距灭亡之日不远了。《乐记》称,郑卫之音即属乱世之音,其特征是"比于慢"。桑间、濮上之音则为亡国之音,政令荒散,百姓流离失所,各种诬上行私之事层出不穷。

既知声音之道与政通,则可通过乐来考察政治得失。《汉书·艺文志》云:"古有采诗之官,王者所以观风俗,知得失,自考正也。"《王制》称天子巡守时,一项重要的事务便是"命太师陈诗以观民风",目的同样是为了考察国家政教得失。

《乐记》指出,"凡音者,生于人心者也;乐者,通伦理者也。"通伦理,固然包含万物之理,但古人于"伦理"中首重人事,人事之大,自然是上文所言君、臣、民、事、物五者。乐通伦理,可以理解为,一则乐与政通,可察知政事之善恶,一则乐亦可使伦类之理彼此协调,从而推动善政的实现,这将是乐的另一重大功能。

> 是故知声而不知音者,禽兽是也;知音而不知乐者,众庶是也。唯君子为能知乐。是故审声以知音,审音以知乐,审乐以知政,而治道备矣!

声、音、乐的差异中包含着精神品位的差异,禽兽知声而不知音,众庶知音而不知乐。众庶不知乐并非谓其不知舞乐声容之美,而是谓其不知乐之大理,即其和天地、通伦理之大本大德,因而其所知始终停留在"音"即声音、节奏、旋律等感性形式之美的层面,而尚未达到对乐之精神内涵的领会。当然,乐本于声音,故必审于声音而后能知乐,然而知乐更包含着对音乐形式之感受以外的精神能力或曰德性力量的需求,因为理解和把握乐与"伦理"的相通之情需要同时具备极高的艺术修养和政治德性及敏锐的观察和判断力,故非君子莫能。对儒家礼乐政教理论而言,达到了"审乐以知政"的地步,治政之道方真正备具。

第四节　天地中和：礼乐政教之全体大用

《乐记》固然以乐教为中心，而在此之上，尤为注意作为一个整体的礼乐政教传统。《乐记》中太半篇章通言礼乐，特别善于将二者进行对比论析。这样做一方面固然意在通过礼、乐对比深化对乐的理解，另一方面也显示出《乐记》对礼乐文化总体精神的关注。相比于《礼记》其他篇章，《乐记》的礼乐通论极具系统性，视野宏阔，对礼乐之本原、体性、功能、宗趣都有极为准确而深刻的理解和表述。《乐记》对比论析礼乐的文字甚夥，在此不妨依原文次序逐章进行疏解。

一　乐者为同，礼者为异

《乐记》首先指出礼、乐之功用有别：

> 乐者为同，礼者为异。同则相亲，异则相敬。乐胜则流，礼胜则离。合情饰貌者，礼乐之事也。礼义立，则贵贱等矣；乐文同，则上下和矣。好恶著，则贤不肖别矣；刑禁暴，爵举贤，则政均矣。仁以爱之，义以正之，如此则民治行矣。

作为王道政教的核心方式与内容，礼、乐的功能彼此不同并形成互补关系。上文即重在阐述其功能或曰作用方式之不同。"乐者为同"，意谓乐在王道政教中主要的作用方式和目的在于创造"同"或推动"同"的实现。乐所以能"为同"，关键在于其"和"的本质。前文已经指出，《乐记》中"同"与"和"并不矛盾，"同"并非同一、同化之意，而是彼此认同、"同情"（情感相通相同）。这"同"沟通人际情感，拉近人的距离，使人彼此相亲，这些都是音乐所展现出的伟大力量。表面上看，礼与乐恰相反对："礼者为异。"礼的根本功能之一，正是通过仪式象征和行为规范确立和维系某种形式的差异性或等差性。不过，礼所建立的差异性之要义并不在于现代人无比关注的利益划分，而意在通过此差异分别使人相互尊敬。乐为同而使人相亲，不难理解；礼为异而使人相敬，对于将礼仅仅视为等差秩序，并将之等同于特权和不公正的现代人而言，则难以理解。为此需要说明的是，首先，礼所彰显的差异性包含等级秩序但并不等于等级秩序，本书第七章中探讨的宾主关系作为礼之施行中最普遍的差异关系就是以互敬为本。《曲礼》云："夫礼者，自卑而尊人"，人人皆以此自卑而尊人的方式交往，自然展现为彼此间的互相尊重，并以此实现生活中的对等。相比于抽象的"平等"，这种交往中的对等是更为活泼的方式。其次，古人的等级秩序，固然体现为"贵贱等矣"，但在儒家社会理想中，贵贱之分并非以家世出身和资产财富为准，而是以德性之贤、不肖之差为准。《乐记》在提出"礼义立，则贵贱等矣"之后，立刻转向讨论贵贱的标准，此即"好恶著，则贤不肖别矣"，好恶之情彰显出一个人性情德性的品位差异，可以由此判断其属于贤德之人抑或不肖之徒。贤德之人，则当举而用之，授以爵禄，若不肖而至于暴虐，则以刑禁之，这样的政治才是真正的"均"，即公正的政治。礼之等差秩序义及由此而来的别异功能，恰是基于人在生活现实中自然形成的贤、不肖之差而来，因而具有内在的合理性和公正性。但绝不可由此推论儒家对礼之等差、别异特性的阐释乃是为历史中特定的等级秩序提供合理性论证，因为儒家礼乐政教理论的真正关注点，是在动态的生活现实中以礼乐教化协调和推动社会秩序和人际关系的合理与和谐。《乐记》言"礼胜则离""乐胜则流"，即着眼于此。礼别异而有贵贱之等，虽然可以通过对礼之"相敬"之义的强调而协调彼此，但如果纯然依靠礼，则难免因为对差异性的强调而造成人与人之间的疏离，此所谓"礼胜则离"。针对此，则须用乐之和同功能实现人际的沟通与亲和。但若一味强调同与和，则有可能抹杀差异而导致人际关系的失范，此所谓"乐胜则流"。只有礼乐互补，共同作用，彼此协调，方能实现王道政治理想。

二　殊事合敬，异文合爱

《乐记》接下来指出，乐之和同功用与礼之别异功用分别源于其各自不同的体性特征，二者的体性不同则来源于天、地之道所展现的自然秩序差异：

> 大乐与天地同和，大礼与天地同节。和故百物不失，节故祀天祭地。明则有礼乐，幽则有鬼神，如此，则四海之内合敬同爱矣。礼者，殊事合敬者也；乐者，异文合爱者也。礼乐之情同，故明王以相沿也，故事与时并，名与功偕。

就本节文章风格看，其重点不在于论证礼乐与天道的关联，而意在从天道的角度阐明"和"与"节"乃是礼、乐的根本特性，并阐明王者政教法天道，故能以礼乐、鬼神教人"合敬同爱"。乐主和同，使人情意相通，彼此亲爱；礼主节制，使人行为合度，相互尊敬。以"节"概括礼之特性与精神，与上章"礼者为异"说彼此呼应。节谓节度、限节，世间万物皆有其限度，此节限使之呈现自然的差别性。《正义》云："天地之形，有高下大小之限，大礼辨尊卑贵贱，与天地相似，是与天地同节也。"① 礼之别异，即此自然差别性在人类社会秩序中的体现。由此差别与节限而显出事物之自然秩序，故《乐记》又云："礼者，天地之序也。"异、别、节、序四者实为一事，共同构成礼的根本要义。乐之形式特性为和，其情感内核为爱；礼之形式特性为节，其情感内核为敬。王道之目的，便是使"四海之内合敬同爱"。欲达成此目标，除了礼乐之教外，还需要有鬼神之助力。礼乐、鬼神分别代表幽、明两端。郑玄注云："明则有礼乐，教人者也；幽则有鬼神，助天地成物者也。"② 如此，则鬼神属天道而言，与下文"合敬同爱"之教无关，似与文意不协。陈旸云："礼乐则合敬同爱于其明，鬼神则合敬同爱于其幽。"③ 以为礼乐、鬼神共成合敬同爱之教，更为恰切。

《乐记》更对礼、乐两者之形式特性和情感内核之关系有深度辨析，指出礼乃"殊事合敬"，而乐则为"异文合爱"。礼之殊事与乐之异文，表面似与其"合敬""合爱"之政教目的相冲突，但恰是通过这一方式达成了真正的敬与爱。就礼而言，唯有通过"殊事"即明确人

---

① 孔颖达：《礼记正义》卷三十七。
② 同上。
③ 卫湜：《礼记集说》卷九十三引。

之差异殊别，方能使人以敬为彼此相交的根本原则。就乐而言，其所以能以和乐之情实现人际沟通和社会团结，恰是因为其形式之和谐及所表现的情志之和谐。和谐不是无差别的同一，而是基于差别性的相互协调、相互彰显、相互映衬、相互成就，在此和中显示出丰富的美。唯其存"异"，而后有"文"。

礼、乐之体性、效能皆不同，各有所职，不可偏废。这并不意味着礼乐之差异是对抗性的或悖谬性的，相反，如《乐记》所言，"礼乐之情同"，两者相合方是历代"明王"相沿不失的治政要道。礼乐何以情同？《正义》云："礼乐之状，质文虽异，乐情主和，礼情主敬，致治则同。"① 以为乐则主和而偏于质，礼则主敬而偏于文，二者之情亦不同，然共成治道，不相违谬，故言其情同。后儒注解，与此说大同小异。如辅广云："礼虽殊事，然所以合天下之敬；乐虽异文，然所以同天下之爱。由是观之，则礼乐之见于事文者虽或不同，而其情则未尝不一也。"② 此则以为礼乐之情同乃谓礼同天下于敬而乐同天下以爱，所谓"其情一"者，谓其所以为同之情则一，归本于情之义则同。进而言之，因礼之敬，人与人之间得以建立彼此尊重相互协调的秩序，人方能合聚而为一整体。因乐之和，人与人之间得以实现生命情感的内在沟通和交流，彼此亲和，凝聚为一。方式虽殊，最终目的和效用却彼此一致，此所谓情同。

三　乐由中出，礼自外作

《乐记》又从礼乐之本原出发推论两者的不同特性及政教功能：

> 乐由中出，礼自外作。乐由中出，故静；礼自外作，故文。大乐必易，大礼必简。乐至则无怨，礼至则不争。揖让而治天下者，礼乐之谓也。暴民不作，诸侯宾服，兵革不试，五刑不用，百姓无患，天子不怒，如此则乐达矣。合父子之亲，明长幼之序，以敬四海之内，天子如此则礼行矣。

---

① 孔颖达：《礼记正义》卷三十七。
② 卫湜：《礼记集说》卷九十三引。

"乐由中出",谓乐本原于内在情性,此《乐记》关于乐之本原的基本论点,前文已详为论析。与之相对,《乐记》言"礼自外作",意在凸显礼与乐的对比与互补关系,但也不免引生疑虑。儒家礼乐释义理论的基本论点之一,即认为礼乐皆本原于性情。此处以礼为自外而作,似乎与孔孟以下儒家礼学的内在化理论方向相悖。可否因此认为《乐记》属于对礼作外在化理解的思想进路?恐未必然。《乐记》称,礼乐皆有其"器"与"文"的外在形式与物象层面,亦皆有其"情"与"质"的内在心性与情感层面。因此,"乐由中出,礼自外作"一语,并非对礼、乐各自本原的论断,而是从其现实发生与作用方式上观照两者体性之差异及其对政治社会生活的影响方式。对《乐记》而言,虽然礼、乐皆有内外,但人们对二者关注的重点有所不同:乐则重其"由人心生",以抒发情志为本的内在化特性;礼则重其制中立节,以规范言行为本的外在化形式。"乐由中出,故静"之"静"当作"情"解,前文已述,此不赘。礼虽然本乎情性,但其制度仪文之创制设施及作用于人的现实方式,都具有突出的外在化特征,如果全然否认或刻意淡化此外在形式,则礼将丧失其存在现实性。礼在创制中包含了许多"自外作"的因素:首先,礼因性情而为之节文,此节文以"制中"为本,其具体方式《礼器》言之甚详。制中之法,在于循天道,因性情,而加以圣王之用心。在中国礼文化传统中,自然与人为(文明)绝非对立,而是内在连续的。人文生活本于自然,但人在此间并非全无作为,而是有积极的创制。正是此创制,使人类行为有了根本的规范性,得以克服其自然情性的不稳定性;使社会生活获得制度意义上的确定性,得以维系群体化和文明化的生活形态;又借助礼的仪式象征意蕴赋予现实生活以价值与意义。礼作为一种群体性文明生活样式,对个体而言具有外在性。其次,从礼作用于人的方式看,礼虽本原于敬心之表达,但现实中,礼是一个学习、践履、体认的过程。人要通过克己复礼、约之以礼的工夫持养性情,培育理想人格。礼作为德性养成过程中的一种规范性力量,对个体而言具有外在性。再次,礼并非仅关涉性情,更是政治、社会伦理秩序建构的主要方式,这使得礼之制作更要强调外在规范和修饰的意义。《乐记》认为乐主情而礼主文,正是本于此内、外差异而立论。乐主情而以亲和为本，情通故无怨；礼主敬而以节文为主，文明故不争。如此，则可以揖让而治天下。

《乐记》又云：

> 乐也者，情之不可变者也；礼也者，理之不可易者也。乐统同，礼辨异，礼乐之说管乎人情矣。穷本知变，乐之情也；著诚去伪，礼之经也。

此节与上文内容相呼应，将情、理与同、异两者贯通，共同形成对礼乐之体性的整体理解。乐由中出，为人情之真实流露，故乐本原于情而以情为体。礼自外作，顺循伦类自然之文理，故礼本于理而以理为体。所谓不可变易，如孙希旦所言："乐由中出而本乎中节之情，故曰情之不可变，若其可变，则非情之和而不足以为乐矣。礼由外作而合乎万事之理，故曰理之不可易，若其可易，则非理之当而不足以为礼矣。"① 正因为乐主情而能和同人心，故乐可以"统同"；礼明辨事物之理，使各得其宜，故礼可以"辨异"。情与理，同与异，构成人之生活现实中的两大要素，既各自分别，又相互为用，人情之大端，不外如是，故《乐记》称礼乐"管乎人情矣"。"穷本知变"以下，乃所以申言礼乐之管人情的根本方式。② 汪绂云："本者，人心寂然不动之本体，而变者，感应之情。诚者，人生所得于天之实理，而伪者，后起之私。乐由情作而统同，所以尽其心而为万变之主；礼以理制而辨异，所以著其理而去伪妄之私。是穷本知变为乐之实，而著诚去伪为礼之经也。"③

从礼乐作为儒家教化的两种主导方案而作用于人的方式看，其间亦有内、外之别。

> 致乐以治心，则易直子谅之心油然生矣；易直子谅之心生则乐，乐则安，安则久，久则天，天则神；天则不言而信，神则不怒

---

① 孙希旦：《礼记集解》，中华书局1989年版，第1009页。
② 参见《钦定礼记义疏》卷五十二。
③ 汪绂：《礼记章句》卷七。

而威：致乐以治心者也。致礼以治躬则庄敬，庄敬则严威。心中斯须不和不乐，而鄙诈之心入之矣；外貌斯须不庄不敬，而易慢之心入之矣。

故乐也者，动于内者也；礼也者，动于外者也。乐极和，礼极顺。内和而外顺，则民瞻其颜色而弗与争也，望其容貌而民不生易慢焉。故德辉动于内而民莫不承听，理发诸外而民莫不承顺。故曰：致礼乐之道，举而措之天下无难矣。

《乐记》对比礼、乐在德性养成中各自作用对象和方式之不同，指出乐之效用在于治心，即调养人之心志情性，以达到"不言而信，不怒而威"的境界。与乐相比，礼之效能在于"治躬"。"治心"以内言，故突出心志情性之"易直子谅"；"治躬"以外言，故强调容貌体态之"庄敬严威"。乐重在谐调人之内在情志，礼重在规范人之外在行为。乐能不言而信，不怒而威，是其可以由内而外显发德性；礼可以防止"易慢之心"，是其可以由外而内持养德性。二者共同作用，外内夹持，可以有力地推动德性之养成。

礼、乐的内外之别，使其在涵养性情方面所展现的效能也各不相同。《乐记》认为，乐主要培养一种"和"的心态，而礼主要培养一种"顺"的精神，并指出二者对于政教理想的实现都有根本的推动作用。需要强调，此内和而外顺的性情和行为特征首先是对执政者而非民众的要求。在儒家看来，只要具备了上述德行，自然就能对民众的心理和行为产生积极的影响。使民众"莫不承听""莫不承顺"的，只能是执政者身行之有"德"和政令之合"理"。

四 乐由天作，礼以地制

《乐记》最引人注目的一大理论特征，便是将礼乐归本于天地之道。终极视域的开启固属礼乐文化精神题中应有之义，也得益于先秦儒家"达礼乐之原"的思想探索努力。中国哲学的终极关切，以《论语》所言"性与天道"也即天人之际问题为核心，而以天人一体也即众所熟知的"天人合一"为根本精神。《乐记》"人生而静，天之性也"一语，已包含了天人一贯的思想精神，人之性情本身即是天道的呈现方式。同时，天道又以外在自然秩序即万物伦类之理的形式存在。"乐者，通伦理者也"一语更直言情理与物理、天道的相通性。对儒家而言，现实中的伦理、政治等社会生活形式并不是纯然平面的、凡俗的，而是当下蕴含着超越的、终极的指向，具有其"宇宙—本体论"意义。人生之意义与价值在礼乐这种通合天人的生活样式中得以根本奠立，儒家礼乐释义理论的形上精神维度在此过程中展开，并成为儒家哲学基本内容。

在儒家理论视野中，礼乐绝非世俗的人为造作，而是与天地拥有相同的精神特性和作用形式。《乐记》称：

> 大乐与天地同和，大礼与天地同节。和故百物不失，节故祀天祭地。明则有礼乐，幽则有鬼神，如此，则四海之内合敬同爱矣。

乐之本质在和，礼之要义在节。礼乐与天地同和、同节，意谓礼乐之作"顺天地之气与其数"。其具体方式，如刘彝所言："律吕和而四时顺，阴阳和而万物生，是与天地同和也。寒暑节而万物遂，等降节而兆民安，是与天地同节也。"① 应镛以为，《乐记》开篇论礼乐政刑所以"出治道"，继而言审乐知政则"王道备"，继而言礼乐刑政四达不悖则"民治行"，意在反复推论"礼乐周流，太和极治之验也"。自本节开始，则见"充塞两间，无非礼乐之用，刑政亦余事耳"。他对"大乐与天地同和"一节的疏释详密周备，殊为可观：

> "大"者，赞礼乐之深远无尽而推其极致之妙也；"同"者，言其与天地同运并行，不可以差殊先后观也。乐和，故泛言百物不失，举物类之至众，见其小大各得也；礼严，故特言祀天祭地，举祭祀之至重，见其高下有等也。礼丽于定体，收敛而不散，鬼之归也；乐游乎和气，发达而不流，神之伸也。昭昭之际，进退盈缩而经纬不穷者，无非礼乐之用；冥冥之中，屈伸往来而阖辟不已者，无非鬼神之用。幽冥各有管摄，其分不同而理则一。曰"有"者，

---

① 卫湜:《礼记集说》卷九十三引。

显然见其理之可以相有不可以相无也。①

言礼乐与天地同和、同节，乃侧重于言其特质、功用之同。《乐记》更进而指出，礼乐与天地之道，实为一体：

> 乐者，天地之和也；礼者，天地之序也。和故百物皆化，序故群物皆别。乐由天作，礼以地制。过制则乱，过作则暴。明于天地，然后能兴礼乐也。

本节与上节语势、文义相近而词旨又颇不同。首先，前文言礼乐与天地同和、同节，仅意味着礼乐与天地之道存在共同点和相呼应之处。此节直言乐乃天地之和、礼乃天地之节，则意谓礼乐本于天地之和、序，天地之和、序即为礼乐。如周谞所言："天地之所以节与和也，以礼乐也；礼乐之所以节与和者，以天地也。是天地则礼乐也，礼乐则天地也。"②《钦定礼记义疏》亦谓："乐不仅与天地同和，究其本，则乐即天地之和；礼不仅与天地同节，究其本，则礼即天地之节。天地具自然之礼乐，而圣人之礼乐由是而兴。天地无心而成化，圣人有心而化成，其自然者一也。"③人间之乐本于天地之和，并以此和为其本质，乐本身即是天地之和的根本呈现方式，同时天地之和本身又可以视为天道意义上的"乐"。同理，人间之礼本于天地之序，并以此序为其本质，礼本身即是天地之序在人类生活中的根本呈现方式，同时天地之序本身又可以被理解为天道意义上的"礼"。

其次，上节以"节"言礼，此节则以"序"言礼。节，谓有度制，礼因物之理，从物之宜，物有其自然之节度规制，故上节以"祀天祭地"释礼之"节"。天地各有体段，故祀天祭地之礼，各有制度，不可混同。推而言之，万事万物皆同此理，此礼之所以为节度规制之义。序，谓有秩次。"序故群物皆别"，谓天下万物各有其体性，彼此之间

---

① 同上。
② 卫湜：《礼记集说》卷九十三引。
③ 《钦定礼记义疏》卷五十二。

自然因体性之殊异而形成某种秩序。礼之伦类秩序义，正本于群物之殊别而来。至于乐之和，前后两节表述也微有差别，陈旸云："均是和也，或谓百物不失，或谓百物皆化者，盖乐者道天地冲和之和，所以合天地之化、百物之产者也。与天地同和，其功浅，故止于百物不失；为天地之和，其功深，故至于百物皆化。"①

礼乐本于天地之道，此儒家礼乐释义理论之要义。《乐记》更进一步分析认为"乐由天作，礼以地制"，将乐、礼与天、地分别对应，此《乐记》思想独到之处，近于《易传》"知崇礼卑，崇效天，卑法地"之说。② 前文论乐之和与礼之节（序），所指向的是作为整体的天地。和并非单纯就天而言，节（序）亦非仅就地而言。此处言乐由天作，则明确将天理解为乐的本原和效法对象。与之相对，礼以地制，亦以地为礼之本与效法对象。此节较前节更进一步，径直将礼乐与天地之道等同，这意味着礼乐本原于天地，乃天地之道的核心呈现方式，而非人为制作。准此，道家通过"失道而后德，失德而后仁，失仁而后义，失义而后礼"之类论断对礼乐进行贬抑之举不过其一偏之见而已。《乐记》也完全有理由称，道家根本未曾明了礼乐与天地之道的真实关系。"乐由天作，礼以地制"，礼乐之本在天地，其存在之根据与价值皆有宇宙—本体论的终极支持。"乐由天作，礼以地制"还意味着，礼乐之制作绝非仅靠人为，而是顺应和效法天地之道而成，礼乐作为人文生活形态，与自然天道之间有着存在的连续性。唯有在此连续性意识的基础上，我们才有望建立真正天人合一的生活方式。③ 这种方式，只有在礼乐教化中才能实现。这样，也就不难理解《乐记》何以特别突出礼乐与天地之道的关联，并强调唯有"明于天地，然后能兴礼乐"。礼乐不能背离作为其本原的天地之道，否则将完全失去其存在根基。这也是制礼作乐必须秉持的第一原则。

---

① 卫湜《礼记集说》卷九十三引。
② 然《系辞》以知、礼对言，意在凸显"知礼成性"即理性认知与道德践履并建的人格养成方案，此其与《乐记》不同处。
③ 道家因为将自然与人为完全对立起来，因而无法真正承认人文生活的合理性与价值。道家式的反人文论述固然可以成为人类思想文化中一个重要的自我反思和调适性观念形态，但却无法推动真正的与人类文明生活形态相适应的天人协调生活方式之实现。

礼乐与天地的对应性与关联，《乐记》有如下更为细致的论述：

> 天高地下，万物散殊，而礼制行矣。流而不息，合同而化，而乐兴焉。春作夏长，仁也；秋敛冬藏，义也。仁近于乐，义近于礼。乐者敦和，率神而从天；礼者别宜，居鬼而从地。故圣人作乐以应天，制礼以配地。礼乐明备，天地官矣。
>
> 天尊地卑，君臣定矣；卑高已陈，贵贱位矣；动静有常，小大殊矣；方以类聚，物以群分，则性命不同矣；在天成象，在地成形。如此，则礼者天地之别也。地气上齐，天气下降，阴阳相摩，天地相荡，鼓之以雷霆，奋之以风雨，动之以四时，暖之以日月，而百化兴焉。如此，则乐者天地之和也。

《乐记》首先重点探讨了礼、乐各自与天地之道相关联的不同方式。"天高地下"言天地有秩序，"万物散殊"言物类有分别，秩序与分别乃所以定天地万物之体而明其分，天地之道由此体现其确定性、差异性，礼制即本此而生，为天地之秩序义、分别义的展现。天地之秩序、分别所体现的确定性与差异性并不意味着天地万物皆处于固定和静止形态。相反，"流而不息"言天地万物变化周流，生生不穷；"合同而化"言物类既有分别，而其变化恰发生于其突破、超越分别而彼此融通交流的过程中。天地之道由此展示出其生生变化、和谐融通的特性，乐即由此而兴，为天地之变化义、和谐义的展现。散殊言事物之分别与差异，合同言事物之合聚与融通。因散殊，一物得以彰显其为此物而非他物之独特体性，由此建构一种万物之间的秩序与张力关系；因合同，物与物得以超越彼此界限而互相沟通、融合，并在此过程中生生变化，而不陷入僵固凝滞。

接下来，《乐记》将天地万物之散殊分宜与迁流化育在春夏秋冬四时生长敛藏的生命循环历程中融而为一，为仁义礼乐提供了宇宙—本体论奠基。春生夏长，所主在于万物之生育、长养与性命之畅达，本于重生爱物之意，此天道意义上的仁。世间人伦德性之仁即天地之仁的体现。"仁者以天地万物为一体"，仁之恻隐，正源于生命之感通，而仁之成己成物，亦以物类生命之发畅为目的。乐和同，顺遂人情物理，所谓"异文合爱"，使万物得到内在的生命精神之沟通交流而相互亲睦。仁与乐之相近，正缘于此。义与礼之关系亦然。秋敛冬藏所以为义者，盖以秋、冬二季体现天道对万物之敛抑、成就与保存，唯其收束、规约而敛抑之，方能使物趋于成熟、完成。若一味畅而不收，一则难以为继，二则物类必因丧失自性贞定即自我确定、自我完成之可能而丧失其存在现实性。春作夏长与秋敛冬藏皆非外力加于万物之上的规则，而是万物本然具备的内在生命法则。春夏与秋冬，长养与敛藏，相须而成，共同构成天道生生之整体。仁、义之并立，与此同理。义者，宜也。物有差异分别，因而各有伦类，各具其性命之理。明确其伦理之差，而使之各行其道，物方能各正性命，此即义。古人以为义主"裁制断割"，正是就其明确物类分限的意义而言。礼别异，因物理而制为节度，其根本精神正与义相通。仁义与礼乐之不同，则在于礼乐必须以外在的物化形式存在，而仁义则属于价值和精神原则。《乐记》此说意在突出礼乐作为外在的形式之"文"与作为内在精神与价值原则之仁义的关联。

上承前文"乐由天作，礼以地制"之意，《乐记》本节中又将礼乐与天地鬼神之道分别对应关联，认为乐之意义在于"敦和，率神而从天"，礼之功能在于"别异，居鬼而从地"。礼乐与天地之分别对应，有学者认为其根据在于天以气为主而地以形为主。① 礼乐与鬼神之对应，可以用阴阳之道予以解释，② 也可以认为神乃气之伸而鬼为形之归。不得不说，《乐记》在一定程度上受到了战国至秦汉年间流行的阴阳学说之影响，特别是直接因袭了《易传》的世界图式。但《乐记》并未如《郊特牲》一样，明确将礼乐与阴阳对应。因此，本节对此类解释仍持保留态度。

礼乐既然与天地之道融通一贯，圣人制礼作乐即是人对天地之道的

---

① 陈旸云："天高地下，万物散殊，形也；流而不息，合同而化，气也。"方慤云："阴以形为体，故于礼言天地万物之形；阳以气为用，故于乐言天地万物之气。"（卫湜《礼记集说》卷九十四）

② 马睎孟云："神者，阳之类，而天者，阳之所积也。乐由阳来，故率神以从天。鬼者，阴之类，而地者，亦阴之所积也。礼由阴作，故居鬼以从地。神言率而鬼言居。率者，引而上之也。居者，俯而就之也。故神言率，则知乐者，崇之道也。鬼言居，则知礼者，卑之道也。"（卫湜《礼记集说》卷九十四）

呼应与配合。《乐记》指出，礼乐不但是天道在人间的呈现方式而已，同时又对天地之道有着根本的影响。礼乐昌明完备，可以使"天地官"。官者，职司之谓，天地各得其位而成其事，即所谓"天地官"。天地之道，本属自然，原不待人之礼乐而后成，但人类社会生活作为天道的一部分，必待礼乐之推行而后方能进入理想状态，而人作为三才之一、万物之灵，其生活对天地万物有着根本的影响，正是在这个意义上，唯有礼乐明备，天地方能尽其道而成其功。

"天尊地卑"一段，是对"天高地下万物散殊而礼制行"一语的推阐式说明，其语式、内涵与《易传》颇为相似，亦为历代学者所关注。按《系辞上》云：

> 天尊地卑，乾坤定矣。卑高以陈，贵贱位矣。动静有常，刚柔断矣。方以类聚，物以群分，吉凶生矣。在天成象，在地成形，变化见矣。是故刚柔相摩，八卦相荡，鼓之以雷霆，润之以风雨，日月运行，一寒一暑，乾道成男，坤道成女。乾知大始，坤作成物。

两者对读可以发现，《乐记》虽然大略袭取了《易传》的宇宙论架构，但实际致思方向却与之存在很大差异，不妨对之略加比较分析。

《易传》意在阐明乾坤定位变化生生之道，故言"乾坤定矣"，着眼于易象系统之建立。《乐记》则言"君臣定矣"，将关注点直接转向人间政治伦理秩序，从而与礼之主题相连。"动静有常"下，《易传》言"刚柔断矣"，意在分别乾坤之特性不同，而为其相摩相荡以致变化生生作铺垫，《乐记》则言"小大殊矣"，转而言万物形体之殊，亦关联于礼之别宜主题。"方以类聚，物以群分"下，《系辞》言"吉凶生矣"，仍着眼于说明周易象占原理，《乐记》言"则性命不同矣"，则重在揭示其中所展示的与礼制相关的物类差异。故"在天成象，在地成形"之后，《系辞》言"变化见矣"，转向阐释天地万物及易象系统变化生生之原理，《乐记》则言"如此，则礼者天地之别也"，以总结此前所述天道诸端内涵的君臣、贵贱、小大、性命之差异与秩序原理，意在申明礼乃法天道而立，是天道的人间存显方式。

《易传》"刚柔相摩"以下，直承前文而来，前言体而后言用，对天地万物和易象变化生生的根本方式进行分析。《乐记》较之《易传》增加了"地气上齐,天气下降"一语,使天地阴阳相摩相荡而变化生生之义更为顺畅。用"阴阳相摩,天地相荡"替代《系辞》之"刚柔相摩,八卦相荡",有意识地消除了周易卦象系统的痕迹,集中于描述天道生生变化之理,并将之与乐之精神相关联。"雷霆""风雨"也不再关联于卦象,而只是天道运转的一种表现形式。"动之以四时,暖之以日月"相较于"日月运行,一寒一暑",后者更集中于描述阴阳二气之交替相推,前者则侧重于四时、日月之运转中体现的对万物生命之推动与关切,故下面直接称"百化兴焉"。《易传》则需要进一步将各类天道运行之分析性意向统合而归于乾坤二象以言"乾道成男,坤道成女",而后才推出"乾知大始,坤作成物"的结论。《系辞》止步于对生生化育的天道精神之展现,《乐记》则进一步推论此生生化育之道与乐之精神的关联,认为"和"作为乐之精神本质恰来自天道,和是贯通于天地之变化推荡而长养万物之过程的根本精神。

与前文将礼乐与天、地分别对应不同,这段文字的主题再度回到礼乐与天地之道的总体关联上来。只有在天地之尊卑定位中,礼之差别与秩序原理才得以彰显。礼之制度要义在于"别"即明分辨异,具体而言,则礼之君臣、上下、贵贱之差等,本于天尊地卑之自然秩序。世间万物动静小大之差,类聚群分之理,皆源于其性命之不同。礼所体现的,正是天地万物之差别性原理。同样,只有在天地之气化交感中,乐之合同与流变精神方能突出。与礼之定位、分别相反,乐表现天地万物变化生生的动态特性。地气上齐,天气下降而后乃能阴阳相摩,天地相荡,生生化育方始可能。雷霆、风雨、四时、日月都是天地阴阳相摩相荡而展现出的动态形式,并由此动态形式推动万物的生化流程。在物与物的交会与相互感通中,生命方始得以发生,此交会与感通即呈现为一种"和"的形态。"和"意味着差别性的物类之协调共生,彼此接纳,相互映现,彼此推动,通过这种方式获得各自生命的充分实现,也只有以"和"的方式,万物之性才能在其共存和互通中真正地实现。天地万物之化育生生,正是源于"和",并以"和"为其内在特质。《乐记》肯定,乐之和即"天地之和"的艺术表现形式。

经过对礼、乐二者的对比辨析,其各自之体性及与天地之道的关联得以分解阐释。在此基础上，《乐记》重新回到礼乐一体的整体性诠释视野：

> 化不时则不生，男女无辨则乱升，天地之情也。及夫礼乐之极乎天而蟠乎地，行乎阴阳而通乎鬼神，穷高极远而测深厚。乐著大始而礼居成物。著不息者，天也；著不动者，地也。一动一静者，天地之间也。故圣人曰礼乐云。

"化不时则不生"，言万物生生必以四时之和，此生化以时之和乃乐之所本，然化育必以时序，则见乐之精神本与礼相通。"男女无辨则乱升"，以男女之别为礼之标志，乃就人事而言，以见差异分别乃秩序之源，又暗含在此分别秩序基础上建立生生和谐的意味，可见礼中又涵蕴着乐的精神。这一切被《乐记》概称为"天地之情"，点明礼乐之事与天地之道本原上的一体性。礼乐之极致则与天地之德相合。《乐记》言礼乐可"极乎天而蟠乎地"，与天道为一、充塞两间，无物不在礼乐之中，不因礼乐而成。"行乎阴阳而通乎鬼神"一语，又从动态作用上见礼乐之无所不至。行乎阴阳，谓礼乐循万物化育之理而动；通乎鬼神，谓礼乐顺幽明变化之机而作。礼乐涵具天地之道，故云"穷高极远而测深厚"。"乐著大始"乃就万物之变化生生而言，"礼居成物"乃就物类之成性与别异而言。上引《系辞》"乾知大始，坤作成物"一语为《乐记》此说之所本。乾、坤乃天地之象，礼、乐因天地而制。故天道创始之功，因乐而著；地道成物之德，因礼而定。天之创始万物，以生生化育不息为本；地之生成万物，以安静包容为本。是天地有动静，礼乐亦有动静："乐著大始"为动，如乾之资始万物以健动不已之德；"礼居成物"为静，如坤之涵容万物以博厚安顺之德。礼乐之动静与天地之动静密合无间，如邵渊所言："礼乐虽因天地而形，天地亦以礼乐而著。方其天地别而为礼，天地和而为乐，是礼乐因乎天地也。及夫礼乐极天蟠地，行阴阳，通鬼神，穷高极远，测度深厚，礼乐之理无所不有，天地亦赖礼乐而著焉。故大始，气也；成物，形也。大始本有是气，乐则著而明之；成物本有是形，礼则居而辨之。故著而运行不息则为天，著而一定不易则为地，著而为一动一静，则在动非动，在静非静,乃天地之间而机缄之妙也。圣人于此穷其所自而归之于礼乐,故曰礼乐云,又以见天地造化亦无不待于礼乐也。"① 礼乐本原于天道,并成为天道的根本呈现方式,又是人效法天道的根本方式,最终推动儒家参赞化育、天人合一之生命理想的实现。

礼之别与乐之和所共同体现的,是对于天地万物生生化育之道的关切,这也是儒家哲学生命哲学主旨的体现,在《乐记》中得到充分阐扬。

> 礼乐偩天地之情,达神明之德,降兴上下之神,而凝是精粗之体,领父子君臣之节。是故大人举礼乐,则天地将为昭焉。天地䜣合,阴阳相得,煦妪覆育万物,然后草木茂,区萌达,羽翼奋,角觡生,蛰虫昭苏,羽者妪伏,毛者孕鬻,胎生者不殰而卵生者不殈,则乐之道归焉耳。

在《乐记》对礼乐与天地之道的理解中,无时无刻不透显出中国古典思想的生命关切主题。天道与礼乐同以秩序与和谐为其根本特质,这一切又最终向华夏文化的生命主题生成。对生命的热爱、关切与呵护是中国文化精神的价值根基和终极意义归宿,儒家天人论乃至整个中国哲学的形上学系统由此可以被恰切地概括为一种"生命哲学"② 形态。方东美先生在《中国哲学之精神及其发展》中认为,原始儒家哲学乃是"关于有生机的自然的新哲学观",这种哲学相信,自然并非某种物质元素和物理过程的机械秩序,而是渗透着生命的一体动态流行。自然是创造性前进的生机动力,趋向于使万物共享生命的完成与圆满。③ 儒家生命哲学之精神主旨和理论规模,正是在《中庸》《易传》和《乐记》等著作中得到根本确立。《中庸》和《易传》所展示的儒家生命哲

---

① 卫湜:《礼记集说》卷九十四引。
② 此处所言"生命哲学",与作为现代西方一大哲学流派的"生命哲学"无涉,并非借重其思想观念而来,而是对中国哲学经典之精神要义进行总结而得。关于中国生命哲学之源流与主旨的探析,可参见拙作《生命哲学与中国哲学的历史和未来》,《河南社会科学》2003年第1期。
③ 方东美:《中国哲学之精神及其发展》,中州古籍出版社2009年版,第78—79页。

学之基本要义在于，明确指出整个宇宙（天地万物）乃一创造性生命历程，人的生命是这宇宙生命的延续和实现，人的使命就在于实现其生命的充分发展（尽性），参与并助成此伟大的宇宙化育生生过程，通过人所独有的德性修养和人文创制展示人的伟大，从而肯定其在宇宙中的崇高地位及其生存之意义与价值。

《乐记》礼乐论和天人论的生命哲学精神与《中庸》《易传》上述观念相互呼应、印证，同时又显示出自身独特的思想性格和精神气质。首先，《乐记》是在天道与礼乐的彼此开显中阐扬其生命关切内蕴的，旨在探明礼乐本身在生生流程中的本原，指出礼乐是天地生生大化在人伦生活和人文世界中的实现方式，以促成身心内外、家国天下之秩序化与和谐化为根本宗旨，目的在于推动人类种群之生生不息和繁盛昌明。同时礼乐之秩序与和谐又与天道相通，以襄赞助成天地之化育为终极理想，推动万物生命之实现，成就与天地参的德行功业。因此，《乐记》通过其礼乐论点明天道之价值内涵即仁、义之道，又通过其天道论点明礼乐之终极意义即参赞化育。其次，生命并非只是"春生夏长"之创造与畅发，也包含"秋敛冬藏"之收束与贞定，由此方能生生不息。天道并非只有"合同而化"，也有"各正性命"，和因序而得以生成，序因和而得以存续。无序，则乱而不能和，万物无以生生；无和，则滞而不能通，天地必归于寂灭。故礼乐不可相无，此儒家对礼乐之道的终极认知。乐是天地和同推荡、万物生生化育的象征，同时也是天地中和之道的全体呈现。乐代表儒家最高的德性境界，是华夏政教传统的理想施行方案，也是儒家哲学生命主题的极致表达方式。

结　　语

通过对《礼记》礼乐释义文献的疏解，我们对华夏礼乐政教传统之文化特质、精神主旨和价值内蕴，及与之相应的制度设计和生活样式已有初步的认知与理解。此刻，反思礼乐文化传统与现代中国之关系问题再度变得迫切。如本书绪论所言，礼乐曾是华夏文明与传统中国的身份表征，是一种达天道、顺人情的富于美学意味的生活样式，这一生活样式以情文协调的中和之道为基本建构原则，致力于培养一天人、合外内之德性人格，奠定合敬同爱的和谐社会生活秩序，并以参赞化育为其终极追求。然而近代以来的社会文化剧变使国人现实生活和礼乐传统之间出现了深刻的断裂，这一历史过程将我们的社会文化和精神生活带入一个进退失据的危险境地。如此说，并非为求耸人听闻，或出于一己之私忧过计，而是本之于对当代国人生活与精神状况的省思。

一　礼乐教养在当代中国

毫无疑问，即便在古代中国，礼乐也处于不断的变迁之中，这一态势也得到儒家的认可甚至推动。作为一种弥漫铺散于政治、社会、精神生活各领域并将之融为一体的礼乐政教系统自从周朝衰落后便不曾重现，但作为一种生活方式和教化形式的礼乐则一直是传统中国的根本文化特征之一，华夏礼乐也因此呈现突出的历史连续性和仪轨稳定性，直到近代"三千年未有之大变局"的到来。

就作为一种生活方式的礼而言，近代以后，特别是民国以来，最引人注目的演变态势即是传统礼仪之式微和西式礼仪之兴盛。时至今日，在国人日常生活中已经很难觅得传统礼仪的痕迹，人们见面时的拱手相揖被西式的握手取代，对尊长的鞠躬礼久已荒废，跪拜更被视为"封建"的尊卑等级仪式，各种敬语被遗忘以至于敬语本身被视为日、韩文化。与之适成对照的是西式礼仪无处不在。西式礼仪最早被西化知识分子引入，并因为近代西方文化的强势地位而被视为更"高雅"、更"有教养"的身份表征，在社会上层和城市居民中迅速扩散。西服被定义为"正装"，从仪表谈吐、人际称谓到日用饮食，无不竞以模拟泰西为风尚。一些民间重大礼仪如婚礼和丧礼，则普遍呈现不同程度的杂用中、西礼俗的特征，特别是在婚礼中，传统仪式已处于边缘化状态。尽管乡村居民在更广泛的意义上保留了一部分传统礼俗，但也随着社会的变迁而产生颇多变形。这些变形中的一部分在某种意义上或可以称为改良，更多的则是缘于现代生活方式的销蚀而呈现的扭曲与残缺。

传统礼仪的迅速消逝实为多种社会历史和思想观念因素复杂作用的结果。首先是政治制度和社会结构的剧烈变革，使国人传统的社会关系形式、交往形态及相关礼仪难以为继。与之相对应的，是随着自由、平等、个性之类思想观念的广泛传播和日益深入人心，传统礼仪的许多内容被视为与之背道而驰的落伍形式而遭到不断的批评。同时，随着中国现代化进程的深化，人们的生活方式也发生根本变化，人群的大规模流动和生活节奏的加快使现代人普遍崇尚简便快捷，传统礼仪则往往被描述为各种繁文缛节而令人避之唯恐不及。此外值得关注的因素便是现代中国社会审美风尚的迁转，人们的感官逐渐被各种时尚和流行文化元素所吸引，这从民间各类礼仪用乐的变化可见一斑。曾引起广泛关注的电影《百鸟朝凤》中唢呐艺人的遭际正折射出传统礼乐所面临的深刻困境。[1]

最近一段时期以来，上述情形已有所改观。二十世纪末开始兴起的"国学热"和"传统文化热"并未流于一时的"热情"，而逐渐转化成为国人积极而持恒的自我教化行动，并由思想观念形态渐次进入社会生活形态。一些重要的文化现象即根源于此：传统节日重新受到重视，相关礼俗也呈复苏之势；汉服之名得到普遍认可，其复兴运动与一系列古典礼仪的重新实践联系在一起。这一切隐然形成传统礼乐复兴的迹象。"礼"字在各种公众媒体文化宣传中的出现，显示华夏礼乐传统开始得

---

[1] 当然，据笔者见闻所及，《百鸟朝凤》一曲喜庆欢快，传统民间多用于婚庆场合，而非片中所言"大哀"之音。如此处理，不免有"臆造民俗"之嫌。

到官方和民众的正视和重倡。在学界，礼学研究不再局限于历史文献学领域，其思想文化地位被重新认知，开始焕发新的生机。

二 相关疑虑之消除

当然，华夏礼乐传统无论从义理宗旨还是历史实践而言，都绝非人际交往中的仪式、礼貌而已，而更广及政治制度、社会结构、宗教信仰和生活理想等，并将其融合通贯而为一种传统中国独有的文化模式和生活样式。近代以降礼乐文化所面临的种种质疑非难，正是主要围绕其所涉及的政治、信仰问题及相关价值观念而发。至今中国知识界对礼乐政教传统仍颇存偏见，重提礼乐未免让许多人心生疑虑，这些疑虑主要集中于政治制度和社会文化领域。譬如许多人断言，礼乐政教传统在政治上与"君主专制"政体相应，以等级秩序为主题，与"现代"政治的自由、平等、民主、法制等制度、价值相凿枘。在社会文化方面，"现代"社会高扬个体权利，明确公私界分，倡导个人主义，逐步形成一种"个体化社会"，而礼乐文化则被视为与"东方专制主义"相应的"集体主义"文化形态，指责其压抑个性，并进而扼杀创造等。或者认为"现代"社会是"开放"的、宽容的，因而实现了社会文化的多元化，而宣称传统缺乏包容性。或者指出"现代"社会的"理性化"趋势，使得仪式行为失去意义，因而礼乐只属于"前现代"文化形态。①

可以看出，对礼乐文化表示疑虑之根源即近代以降中国思想界持续至今的"现代化"诉求，而且，因为中国是被动地进入世界性现代化历程的，一种强烈的受挫感使得"现代化"成为中国知识分子灵魂中的一道魔咒，推动其不断地以破碎传统的方式来拥抱"现代"。② 如此，问题便在于，何谓"现代"，"现代化"诉求的实质是什么？

"现代"现象是一个庞大复杂的课题，十九世纪以来学者们已经试

---

① 譬如汉语学界曾经非常流行的一个观点认为：礼乐文化植根于宗法社会结构，宗法制是农业社会的基本结构形态，与小农经济相适应，而现代化以工业化为前提，礼乐作为农业社会产物不可能与工业社会相适应，因此其消亡具有必然性。

② 当然，西方的现代化历程中也有"古今之争"，现代性本身就是在与古典传统的决裂中发生的，对这一问题的回顾与评析，可参见刘小枫《古今之争的历史僵局》，载《古典学与古今之争》，华夏出版社2016年版。

图从各个方面对之进行阐释，此处不复罗列各种观点。刘小枫指出，现代现象是一种总体转变，包括社会制度（国家形态、法律制度、经济体制）和精神气质（体验结构）的结构转变。[①] 故而人们经常将现代现象与近代化过程中的民族国家世界体系、工业化生产方式[②]和资本主义经济结构的兴起与扩张联系起来。艾森斯塔德称，现代性乃基于一种独特的社会想象、文化方案的全新制度形态，其核心特征在于空前的开放性和不确定性，[③] 其基本前提是个人自主和理性至上观念。上述两种观念逐渐演生出今人耳熟能详的一系列现代制度形态与价值信念，如平等、民主、自由等，被自由派知识分子尊为"普世价值"。

现代社会的理性化特征被许多人所特别强调，其基本理论范式承自韦伯，认为现代社会的基础是两大理性化力量，即资本主义经济和科层化组织，其核心特质是形式理性，强调可计算性、效率、可预测性、技术化和可控性，体现为普遍而抽象的规则、法律、法规即制度化和超越个体的形式。理性化体现于经济、政治、法律等社会组织与管理领域，并与思想文化中的科学主义相渗透融合，塑造了现代生活伦理和价值诉求。理性化自身包含了社会生活的合理化诉求，这一点为现代化思潮所极力推崇。但源于近代西欧工业化历程的理性化模式中也包含了无法克服的内在冲突因子。韦伯曾指出，现代社会的形式理性结构系统产生了一系列非理性后果，主要表现为经历过理性的"祛魅"后，世界失去神秘感而失去意义，这在一定程度上可以解释现代社会虚无主义泛滥的原因。同时，社会组织的理性化与个体主义之间也形成冲突。刘小枫曾援引特洛尔奇，指出资本主义的伦理后果是赢利意识、奢侈和享受欲的高涨，其前提是政治上的法权个人主义，而资本主义经营又使社会成为

---

① 参见刘小枫《现代性社会理论绪论》，上海三联书店1998年版，第16页。
② 中国人之寻求现代化，最初正是震惊于工业化所产生的巨大物质和技术力量，工业化使得人类的生存方式发生了巨大的变革，从这个意义上讲，人无力也无法拒绝现代化。然而问题在于，如果现代化仅仅只是工业化，则可以设想多种现代化路径之可能。但事实上，现代化过程总不免和许多问题纠葛在一起，譬如至今余响未歇的中国资本主义萌芽何以得不到发展问题，中国何以未能产生现代科学问题。凡此种种，其背后的思想情绪，一是痛切于中国近代以来的"落后挨打"，二是将现代西方文明视为人类历史发展的唯一标准模版。
③ 参见艾森斯塔德《反思现代性》，生活·读书·新知三联书店2006年版，第7页。

"原子化""非个体化"的，现代社会计算式商品拜物教意义上的合理化与真实的个体生命无法协调，这也导致现代社会两种政治诉求——平等的民主和自由的民主之间的冲突难以调和。①

与理性化过程紧密相连而又形成根本冲突的是现代式"个体"的出现，这也是现代性的基本内核之一。个体化是现代社会经济、政治组织形式的前提，而这种"个体"即"现代人"模型本身就具有内在的撕裂性。现代人在工商社会中首先被设定为一个通过理性计算追求自身利益最大化的"经济人"，而"利益"被世俗化了的现代伦理日益归约为甚至可以用金钱来计量的物欲享受。这种个体化与现代性的"平等"诉求和自由、民主等主张内在一体，形成了一种"个人主义"的自然权利论。如郝大维和安乐哲所说："以权利为基础的自由主义认为，个人是基本的社会单位，社会与国家都是从这个单位出发而形成的。这个个人在其进入社会之前便拥有基本的权利。"② 这种个人主义自由主义的一个重要后果是将道德、宗教等价值理解为个体偏好而采取相对主义立场，这固然可以美其名曰"宽容"，但同样导致了现代社会普遍的信仰和伦理价值落空，所以自由主义的"普世价值"目录中只剩下了"自由""民主"等并不具有伦理和信仰意味的概念，尽管他们力图将之描述为至上的道德价值并作对之进行宗教性的膜拜。另外，现代个体的内在精神冲突还表现为功利主义的理性利益计算式主体意识与追求生命主观体验的感觉至上论之无法协调，而这两者恰构成现代人心性的基本结构性要素。

本书在此对现代性问题略作阐释并非意在推进现代性批判，而是希望表明现代性问题的累积是当代世界面临的根本问题，但当前汉语思想界却日益陷入一种意识形态式的"普世"与"民族"之争，正逐渐丧失对现代性问题的感受与反思力量。进行上述辨析亦并非欲求抵制和排拒民主、自由等观念，而是意在显明，时贤所谓"普世性"观念与价

---

① 参见刘小枫：《现代性社会理论绪论》，上海三联书店1998年版，第102—103页。
② 他们同时指出，以权利为基础的自由主义设定的个人唯意志论的概念，本质上是十八至十九世纪经济学的"经济人"的概念。依据这一概念，自我利益被认为是凌驾于同情心或同胞感情之上的。参见郝大维、安乐哲《先贤的民主：杜威、孔子与中国民主之希望》，江苏人民出版社2004年版，第45、143页。

值，至今仍然根本建基于近代西方观念意识基础之上，并且被自由派知识人视为"只能如此"和"必须如此"，进而将中国传统视为与之对立因而必须根除的敌对观念形态。但如果现代性制度与生活形态及价值系统内含无法协调的冲突与裂隙，并不断引生出各类新的社会难题和生存困境，则对之进行反思并寻求解决之道也正是当代思想的重中之重。然而时至今日，中国思想界的各类时尚观念仍停留于无反思地拥抱现代，譬如当前流行的"普世"诉求充满意识形态气味，而无人在意此"普世价值"的根基是什么，其根基是否真实、牢固。① 现代论者的思想逻辑仍是：中国还不够"现代化"，因而一切不利于"现代化"的思想都应该噤声，让步于这一"伟大历史进程"，至于现代化的可能弊端，需得实现"现代化"之后再予理会。上述高论无异于说：待得了天花后再种牛痘，实在不见得是多么通达的见解。

三 礼乐华夏之未来展望

中国人的社会生活和文化精神在当下和未来是否仍将与华夏礼乐文化传统密切相关？对此问题很难作笼统的回答。在持有传统—现代二元对立思想的人看来，现代精神在各个方面都与传统格格不入并有着传统无法比拟的优越性，历史因此是向现代生成的目的论式的线性发展历程，中国走向现代就意味着告别传统。然而此类观点大体肤廓，一方面对传统与现代之差异——即"古今之争"问题——缺乏深度领会，使得其无论对传统抑或现代之精神实质的把握都极为偏颇；另一方面也难以正视与了解传统与现代之内在联结：现代人并未与传统隔绝，传统和古典仍是现代人教养的重要来源并由此影响和塑造现代。就此而言，华夏礼乐传统因其对现代社会生活的调校意义和教化功能仍然是现实作用着并将持续作用的重要力量。

如前所述，对礼乐传统的最大疑虑实围绕制度问题展开，其根源则

---

① 即便这种"普世"价值诉求在其"理性利己主义个体"前设被想象为真的前提下获得一种理论上的"普适性"，这一普世主义观念又能在多大意义上真正持守人类社会的基础价值系统，本身便十分可疑。何况，普世诉求并非某些现代价值观念的专利，人类文化中的许多伟大思想传统都暗含了一个普世性宣称，譬如中国传统的儒、道、释三教，绝非只是针对中国人的民族性教化观念与行动。

在于对礼乐的历史形态之偏蔽理解。礼乐每每被今人解读为与"封建专制"政体相适应的文化形态，此观念在现代中国思想的话语系统中被反复强化。但这类判断实以一系列习非成是的曲说为前提，譬如，礼乐究竟是与"封建"相适应，还是与"专制"相适应？许多现代中国知识人甚至还不能辨析"封建专制"说中包含的思想方法与结论的漏洞与谬误。更何况，华夏礼乐典制虽然历史地与中国传统社会、政治体制相关联，但其实并未预先设定某种具体的政治体制框架，因为礼乐关注的重心是人际互动的方式，突出情感原则，以秩序与和谐之建构为目的。可以说，礼乐关注的不是制度本身，而是制度的运作方式。因此，华夏礼乐并不像一些人想象的那样，天然地与现代政治的民主、平等、自由等原则相矛盾。

传统社会的确重视尊卑等级秩序，但儒家认为此种秩序应本于人之德性才能差异，特别重视本于人性的教化与自我塑造的平等原则。平等与等差之间并非简单的对立关系，礼乐所维系的并非抽象的等差原则，而是仪式秩序中的对等与互动，等差性在此更多体现为一种价值秩序。而现代人对平等的抽象理解，反而使得价值秩序被解构而导向虚无主义。必须说明，中国历史上的等级秩序根本未能体现儒家礼乐文化所追求的实质的合理性，故而传统的政治等级性礼乐秩序在今天显然已丧失其存在价值。如果设想华夏礼乐的未来存在方式，其政制性内容无疑将大为缩减，但礼乐作为一种社会教养方案的持续，仍将能有效地影响政治，对之发挥教化和规范作用，而且会更有利于价值秩序的确立与维系。

礼乐秩序总是被突出地与现代所谓法制秩序对立起来。现代法制的核心在于限制行政权力和保障公民权利，这固然有其合理性，对"法治"的推崇只有在此意义上才有价值。若从此观念出发，则传统的礼、法之争不可以被解释为古典礼乐与现代法制之争，因为中国古代的法治恰恰是站在"权力"而非"权利"的立场上的，追求的是执政者无限的权力而根本否认民众的权利。与文化界习非成是的意见相反，历史上，恰是礼乐在很大程度上维护了权利。[①] 中国建构现代法制体系当然

[①] 参见郝大维、安乐哲《先贤的民主》，江苏人民出版社2004年版，第140页。

十分必要，但现代法制以保障个体权利为中心，而不关心社会和谐和共同体价值建构（这当然不是法制本身的问题，因为现代法制本不对此负责），但共同体理当有法制秩序之上的社会组织形式与秩序。各类社会团体和宗教固然能起到一定作用，但对中国而言，礼乐无疑才是最根本的传统资源。

必须明确，中国古典思想中既无西方式的个人主义传统，其本身也并非长期以来人们想象的"集体主义"传统。与这种错觉相反，在中国文化语境中，自我被理解为一个建构过程，而不是像个人主义所作的，将之设想为一现成的、给定的孤立存在。人本然地处身于各类关系形式之中，并在此关系形式中建构自我意识，而非由各不相干的个体来建构其关系形式。个人主义的社会理解之前提即是虚假的，其模式是想象一个个封闭的原子如何去建构起彼此的关系，但事实上，人是在既有的关系形式中互动并不断调整其关系模式的。因此，礼乐文化是超越于源自西方文化的个体—社会分立对抗格局的，也对解决这一对抗模式带来的社会和心理问题有积极意义。

当代世界以西方为主导的世界秩序正面临深刻的制度与文化困境，对此困境之根源、特质的理解和解决方案的设计当然仁者见仁、智者见智，但中国作为拥有数千年未曾间断之文明传统的文化大国理应对世界有所贡献。这贡献绝不可能通过文化精神上彻底的自我放弃而实现，因为这样一来中国将成为欧美制度和文化的拙劣翻版，丝毫无助于问题的解决。

中国未来的文化生长固然将以吸纳整个世界（而不仅仅是西方）文化成果的滋养为重要内容，但其最内在的核心和根基只能是自身的文化精神传统。时至今日，这一传统仍在很大程度上被长期形成的各类谬见所笼罩，其光华精彩不得充分展现。因此，对中国文化精神的重新诠释仍是重要的课题。"千淘万漉虽辛苦，吹尽狂沙始到金。"当然，任何文化都不可能是完美无缺的，不可能彻底解决历史和当下人类所面对的所有问题。传统文化将构成未来中国文化的根基，但这绝不意味着传统的全盘回复，历史地看，也根本不可能发生一种传统的全盘回复。就礼乐文化而言，其因时损益的特质从一开始就为儒家所重视，并主张因应现实，对礼乐进行重整。《大学》云："苟日新，日日新，又日新。"

《易》曰:"日新之谓盛德。"此"日新"是天地万物生生不息之本,是人之生命实存与实现之本,是德性人格成长的根本方式和内在动力。儒家始终保持着对天地万物生生变易之道的高度关注与深入思考,对人类社会文化和生命精神之不断更新的充分肯定与积极推动。与此同时,儒家又以最大的热情守护传统,并坚信,文化的历史连续和时代创新绝非不可两全。明乎此,则我们不必去刻意想象一个礼乐华夏的未来图景,中国文化传统并不热衷于追寻一个一成不变的历史终局或"千禧王国",一切将在我们的自觉努力中当下生成,生生不息。

参考文献

中华古学经籍

清嘉庆二十年江西南昌府学刊本阮刻《十三经注疏》，台北艺文印书馆 1956 年影印本。

四部备要本《清人注疏十三经》，中华书局 1998 年影印本。

《周易》，四部丛刊本。

《尚书》，四部丛刊本。

《毛诗》，四部丛刊本。

《周礼》，四部丛刊本。

《仪礼》，四部丛刊本。

《宋本礼记》，宋余仁仲万卷堂家塾刻本，国家图书馆 2017 年影印本。

《春秋经传集解》，四部丛刊本。

《春秋公羊传解诂》，四部丛刊本。

孙星衍：《尚书今古文注疏》，平津馆丛书本。

皮锡瑞：《尚书大传疏证》，师伏堂丛书本。

马瑞辰：《毛诗传笺通释》，马氏学古堂刻本。

孙诒让：《周礼正义》，中华书局 1987 年版。

张尔岐：《仪礼郑注句读》，文渊阁四库全书本。

胡培翚：《仪礼正义》，清木犀香馆刻本。

李景林等：《仪礼译注》，吉林文史出版社 1995 年版。

卫湜：《礼记集说》，文渊阁四库全书本。

陈澔：《礼记集说》，文渊阁四库全书本。

王夫之：《礼记章句》，岳麓书社 1993 年版。

《钦定礼记义疏》，四库全书荟要本。

杭世骏：《续礼记集说》，光绪浙江书局本。

汪绂：《礼记章句》，清光绪二十一年刻本。
孙希旦：《礼记集解》，中华书局1989年版。
朱彬：《礼记训纂》，中华书局1996年版。
王聘珍：《大戴礼记解诂》，中华书局1983年版。
黄怀信：《大戴礼记汇校集注》，三秦出版社2005年版。
杨伯峻：《春秋左传注》，中华书局1990年版。
朱熹：《四书章句集注》，中华书局1983年版。
刘宝楠：《论语正义》，中华书局1990年版。
程树德：《论语集释》，中华书局1990年版。
焦循：《孟子正义》，中华书局1987年版。
段玉裁：《说文解字注》，上海古籍出版社1988年影印段氏经韵楼本。
陆德明：《经典释文》，，上海古籍出版社1985年影印宋元递修本。
皮锡瑞：《六艺论疏证》，清光绪刻本。
陈立：《白虎通疏证》，中华书局1994年版。
王引之：《经义述闻》，清道光七年京师刊本。
俞樾：《群经平议》，春在堂全书本。
陈奇猷：《韩诗外传校释》，中华书局1980年版。
皮锡瑞：《经学通论》，师伏堂丛书本。
皮锡瑞：《经学历史》，中华书局1981年版。
百衲本《史记》，国家图书馆出版社2014年影印本。
百衲本《汉书》，国家图书馆出版社2014年影印本。
《宋本国语》，国家图书馆出版社2017年影印本。
《四库全书总目》，中华书局1965年版。
《二十二子》，上海古籍出版社1986年影印浙江书局本。
《孔子家语》，四部丛刊本。
《朱子语类》，中华书局1986年版。
《张子全书》，林乐昌编校，西北大学出版社2015年版。
《蓝田吕氏遗著辑校》，陈俊民撰，中华书局1993年版。
王先谦：《荀子集解》，中华书局1988年版。
王利器：《新语校注》，中华书局2000年版。
楼宇烈：《老子道德经注校释》，中华书局2008年版。

郭庆藩：《庄子集释》，中华书局 2004 年版。
吴毓江：《墨子校注》，中华书局 1993 年版。
王先慎：《韩非子集解》，中华书局 1998 年版。
王念孙：《读书杂志》，清道光刻本。
俞正燮：《癸巳存稿》，连筠簃丛书本。
《郭店楚墓竹简》，文物出版社 1998 年版。
《廖平选集》，巴蜀书社 1998 年版。
《刘申叔遗书》，凤凰出版社 1997 年版。
《王国维遗书》，上海古籍书店 1983 年版。
《马一浮全集》，浙江古籍出版社 2013 年版。

现代汉文论著

《乐记论辩》，人民音乐出版社 1983 年版。
任铭善：《礼记目录后案》，齐鲁书社 1982 年版。
钱玄：《三礼通论》，南京师范大学出版社 1996 年版。
钱玄：《三礼辞典》，江苏古籍出版社 1993 版。
柳诒徵：《中国文化史》，中华书局 2015 版。
钱穆：《国史大纲》，商务印书馆 1996 年版。
钱穆：《先秦诸子系年》，商务印书馆 2001 年版。
牟宗三：《历史哲学》，台湾联经出版社 2003 年版
唐君毅：《中国文化之精神价值》，广西师范大学出版社 2005 年版。
徐复观：《中国人性论史（先秦篇）》，九州出版社 2014 年版。
徐复观：《中国艺术精神》，学生书局 1966 年版。
冯友兰：《中国哲学史》，华东师范大学出版社 2000 年版。
汪辟疆：《目录学研究》，华东师范大学出版社 2000 年版。
方东美：《中国哲学之精神及其发展》，中州古籍出版社 2009 年版。
李景林：《教养的本原》，北京师范大学出版社 2009 年版
李景林：《教化的哲学》，黑龙江人民出版社 2006 年版。
李景林：《教化视域中的儒学》，中国社会科学出版社 2013 年版。
陈戍国：《中国礼制史》，湖南教育出版社 1991 年版。
王锷：《礼记成书考》，中华书局 2007 年版。

李安宅:《〈仪礼〉与〈礼记〉社会学的研究》,上海人民出版社 2005
   年版。
陈来:《古代宗教与伦理》,生活·读书·新知三联书店 1996 年版。
陈来:《古代思想文化的世界》,生活·读书·新知三联书店 2009 年版。
邹昌林:《中国礼文化》,中国社会科学出版社 2000 年版。
张岩:《从部落文明到礼乐制度》,上海三联书店 2004 年版。
杨向奎:《宗周社会与礼乐文明》,人民出版社 1997 年版,
王锦民:《古学经子——十一朝学术史述林》,华夏出版社 2008 年版。
龚建平:《意义的生成与实现》,商务印书馆 2005 年版。
杨宽:《古史新探》,中华书局 1965 年版。
杨宽:《西周史》,上海人民出版社 2003 年版。
张祥龙:《海德格尔思想与中国天道》,生活·读书·新知三联书店
   1996 年版。
何星亮:《中国图腾文化》,中国社会科学出版社 1992 年版。
夏静:《礼乐文化与中国文论早期形态研究》,中华书局 2007 年版。
彭林:《儒家礼乐文明讲演录》,广西师范大学出版社 2008 年版。
詹鄞鑫:《神灵与祭祀》,江苏古籍出版社 1992 年版。
丁鼎:《〈仪礼·丧服〉考论》,社会科学文献出版社 2003 年版。
祁海文:《儒家乐教论》,河南人民出版社 2004 年版。
金尚理:《礼宜乐和的文化理想》,巴蜀书社 2005 年版。
刘小枫:《儒教与民族国家》,华夏出版社 2007 年版。
刘小枫:《现代性社会理论绪论》,上海三联书店 1998 年版。
阎步克:《"礼治"秩序与士大夫政治的渊源》,《国学研究》第一卷,
   北京大学出版社 1993 年版。

外国学术译著

《柏拉图全集》,王晓朝译,人民出版社 2002 年版。
《俄耳甫斯教辑语》,吴雅凌编译,华夏出版社 2006 年版。
[法] 马塞尔·莫斯:《礼物:古式社会中交换的形式与理由》,上海人
   民出版社 2005 年版。
[美] L. A. 怀特:《文化的科学》,山东人民出版社 1988 年版。

［德］西美尔:《时尚的哲学》,费勇、吴蕎译,文化艺术出版社 2001 年版。

［美］麦金泰尔:《德性之后》,中国社会科学出版社 1995 年版。

［俄］别尔嘉耶夫:《人的奴役与自由》,贵州人民出版社 1994 年版。

［美］Tom. Lutz:《哭泣:眼泪的自然史和文化史》,庄安祺译,上海社会科学院出版社 2003 年版。

［德］卡西尔:《人论》,上海译文出版社 1985 年版。

［德］鲁道夫·奥托:《论神秘》,四川人民出版社 1995 年版。

［美］郝大维、安乐哲:《先贤的民主》,江苏人民出版社 2004 年版。

［以色列］艾森斯塔德:《反思现代性》,生活·读书·新知三联书店 2006 年版。

后　记

《乐记》云："礼乐不可斯须去身。"盖礼乐者，内所以合理性情而养德，外所以修齐人伦而成化，实华夏文化根本之所系。然近世以来，国人内外交困之余，愤而菲薄传统，弃之唯恐不速，绝之唯恐不尽，以至礼乐衰微，沦为冬烘饾饤考据之末学。今国运日隆，中华文化亦当一阳来复之机，唯明教化以深根固本，乃为可久可大之道。然则礼乐之讲习，非徒考文之余事，亦属当世之急务。

丙戌秋，余负笈京师，从游李师景林先生之门，乃决意治《礼记》之学。然彼时全无沉潜礼经功底，幸得李师指点门径，开示蕴奥，始于纷繁之中，渐睹端绪。修业三载，恭聆训诲。大义宏旨，固已受用不尽；残膏剩馥，亦觉沾溉无穷。信乎博习亲师为学问之坦途也。拙作草创以来，每赖恩师提点，凡所批示，或摘除文章之病，或指引运思之方，率皆鞭辟入里，切中肯綮。唯赋性驽钝，虽极钻仰之勤，犹未能造履堂奥。文章浅陋，不足以发扬师说于万一，是所憾焉。

中国哲学研究所诸师，皆沉静纯和，学问深笃，奖掖后进，无彼此之分。周桂钿先生虽致事经年，而关切学子，不亚往日。每获赐见，片刻侍坐，即觉大有进境。郑万耕先生垂顾后学，时加称赏。居常请益，则循循善诱，如坐春风。张奇伟先生公务繁重，仍时相接引，学术启蒙之恩，没齿而不敢忘。李祥俊、张伟文二先生学识宏富，谦和平易。宗教所徐文明、强昱二先生，美学所方珊、严春友二先生，皆余所素常亲习，从容问学者。余得承教于诸先生，乃知斯文未坠，道在于是。拙作如或间有可取之处，则亦诸先生教谕之功而已矣。

余之为此文也，自惟才力、学问皆有不逮，每苦思路迟滞，时日促迫，常怀躁虑，又以议论浮浅，文字枯涩，时陷消沉，其间真有苦不堪言者，幸赖内子抚慰劝勉，方得静心专力于斯。内子初任教职，百务劳攘，常人所不堪，然数月以来，言语之际，绝不及其辛劳之状，余固知其不欲以此乱我心也。余拙于生计，略无蓄积，又有购书之癖，每罄囊以砌书城。内子于此未尝稍怀芥蒂，但自奉俭素，量入为出，以补家用，而余在京一应开支则唯恐有所不足。举案齐眉，愿拟梁、孟之好；缊袍蓬户，愧无宪、曾之才。诗云："宜言饮酒，与子偕老。琴瑟在御，莫不静好。"得妻若此，幸何如哉！

《学记》曰："独学而无友，则孤陋而寡闻。"余资质愚鲁，学问蹉跎。闻见道理，多赖师友之助。读博期间，同门如徐桂娣女士、刘跃女士、彭耀光、陈多旭、陈青春、许家星、张咏、董卫国、王觅泉诸君，侪辈如蒋丽梅女士、王秀江、张连伟、辛亚民诸君，交游如郑君伟、孟君琢，皆一时才淑俊彦。余幸得忝众列，切磋讲习，获益良多。岂唯共学之乐，洵有辅仁之功。谭君德贵，义理精熟、通达世情；李君冠福，学问淹博、识见宏远：此二人则余所兄事也。王君强，才捷而志卓；常君会营，谦谨而深密：此二人则余之畏友也。余得与诸君讲论道艺，岂非生平之乐事邪！又有硕士同窗若王葎女士、林新海、马智宇、李岳、李勇、张金柱诸君，时相问讯，深情厚意，皆余所铭记感戴！凡以上种种师恩友谊，区区记文，岂足为报？唯不敢以仆之拙陋掩群贤之大德，聊表吾诚而已。

老杜诗云："文章千古事，得失寸心知。"余固知拙作之失多不胜举，然提笔临文之际，未尝不觉此语若参前倚衡，使人凛然而生戒惧之意。来日方长，愿书之座右，以自勖勉，庶几不负立志求学之初怀。

岁在己丑，孟夏之月，共城张树业谨记

本书是在我的博士学位论文基础上修改而成，上述记文乃十年前所写。其中所称道师恩友谊，多年来仍是我求学问道中的莫大助力，岂敢或忘。然而历时已久，颇觉又有许多情况需要说明，故于书稿行将出版之际，略叙近怀。

十年，在一个人生命中是不短的时光，期间甘苦备尝，忧乐交集。岁月的流逝，如此迅疾，又如此悄无声息，令人猝不及防，徒生感叹。十年，女儿已由怀里呱呱而泣的婴孩成长为阳光少女，内子的青丝云鬓中却暗生华发。十年，世事万变，皆成云烟过眼。所幸立志向学以来对古圣先贤学问精神的修习探研未尝止息。

毕业后，师友多劝我将论文尽速付梓，但自己总觉不尽人意，必大力修改完善方可。不想一经搁置，便是数年之久，虽每常念及，往往又为他事所牵阻。直到六年后，才起意寻求出版。而一旦开始修订，又不免悔其少作，于是不得不以近两年时间全力校改。相比原文，许多部分几乎相当于重写，又增补了约三分之一内容，结构也进行了重大调整，方觉稍有可观。校样出来后，仍嫌瑕疵缺漏太多，又欲删改。这般心思，在学术思想也追求快餐化的时代，亦属可笑。或许人本来就很难写出一个自己绝对满意的作品，不成熟也是对自己学思历程的一个见证，姑且以此自宽罢。当年写论文时，颇多狂简习气，议论时或激切，圭角太露。虽经全面校改，而自矜之意、使气之语，恐犹未能尽除。知我罪我，所不敢辞。

书稿既成，蒙恩师李景林先生惠赐序文，多予嘉勉。自念落拓无成，且感且愧！唯当刻励勤修，以不负先生厚望。

我生长的那个北方农村，乡民淳朴，至今仍顽强地持守着许多古传礼仪。犹记孩提时起，大年初一天亮前就要走遍大街小巷给长辈磕头拜年，家家灯火，春酒对酌，最亲切真挚的笑语驱散了寒意；一年四季，外户不闭，邻里时相往来闲话家常，食味而甘便相互馈赠；一家有丧，亲朋邻里皆致赗助葬。然而当时只道是寻常，甚至年岁稍长后，也追逐风气，妄加臧否。直到在姑母的葬礼上，看着三表哥路祭时泪流满面地行三十六拜大礼，我那被各类自命不凡的"现代"观念浸染已久的内心受到巨大震动，开始真切地体会到，这些看似陈旧的古老仪式承载着今人已日渐陌生的深情和至意。思及此，我相信自己选取礼学为志业，并非出于偶然的机缘，而是来自那幼年起就在我心灵深处扎根的文化精神之引领。

如今栖身城市，故园人事消磨。父母十余年前皆已谢世，每逢岁时回乡祭扫，怀想音容，风树之悲，不能自禁。愿以本书的出版，作为对他们的一种告慰。回想大学以后，我常年游学在外，家兄、家姊侍养严慈，承欢尽孝；二亲见背之后，又对我关切备至。虽说至亲不谢，但我仍想在此表达发自内心的尊敬与感激。

这些年我学问上若有寸进，亦多有赖于内子的辛劳和付出。不知不觉间，青春作伴的欢畅已变成静水流深的相守，且将痴心同岁月，当共白首赋深情。令人欣喜的还有女儿，自得绕膝笑语盈，不羡泰冲《娇女诗》。她成长的每一步，都给这个家带来无尽的欢乐。

　　我还必须向河南师大的许多老师和同事致以谢意。本科阶段我曾受业于周相录、冷天吉等诸位老师，如今仍能同校任职，时时承教，实感幸甚。我也会始终铭记程秀波、李洪河、刘科等诸位老师。艾昆鹏、陈四海、王鹤亭等诸位老师的友谊和学养亦令我受益匪浅。

　　这里尤其要感谢责编孙萍女士，她以最大的热诚和严谨的态度审阅书稿、校对文字，督促我的修订工作，推动了本书的顺利出版。

庚子夏五月，张树业再记